新闻传播专业"十四五"规划教材

全媒体
新闻写作

Omnimedia News
Writing

韩 炼 ◎著

 中国传媒大学 出版社

·北 京·

序言 全媒体时代中国新闻教育的改革创新

　　面向全媒体时代，面向世界百年未有之大变局，为实现"两个一百年"奋斗目标和中华民族伟大复兴的中国梦，中国新闻教育改革之路如何走？如何培养党和人民信赖的卓越新闻传播人才？

　　党的新闻舆论工作是党的一项重要工作，是治国理政、定国安邦的大事。党的十八大以来，习近平总书记先后到解放军报社、人民日报社、新华社、中央广播电视总台等单位视察调研，对传统媒体和新兴媒体的融合发展作出了重要部署，从国家战略和全局高度，从理论和实践层面，对媒体融合发展进行了系统、全面、深刻的阐述，解答媒体融合发展这一紧迫课题。习近平总书记关于新闻舆论工作的重要论述是马克思主义新闻观的新发展，是新时代高等学校新闻传播教育改革发展的根本遵循和行动指南。[①]

一、中国新闻教育为什么要改革

（一）全媒体时代的需要

　　融合大发展是当今世界媒体面临的趋势和潮流，也是其面临的挑战和机遇，全世界的新闻组织都在以不同的速度向融合奋进。融合的国际化趋势是所有媒介组织不可忽视的压力和推动力，在对外开放的大背景下，中国的媒介发展已融入世界媒介发展的洪流。

　　这里仅以美国、英国、中国为例。

　　美国是媒介融合最早的国家之一，2004 年，美国本土 48 个州中，有 33 个州 107 家传媒机构进行了媒介融合。例如，创刊于 1851 年的《纽约时报》（*New York Times*），"国

---

① 教育部, 中共中央宣传部. 教育部 中共中央宣传部关于提高高校新闻传播人才培养能力 实施卓越新闻传播人才教育培养计划 2.0 的意见 [EB/OL].(2018-10-08)[2023-10-11].http://www.moe.gov.cn/srcsite/A08/s7056/201810/t20181017_351893.html.

际化"是《纽约时报》的定位。2016 年，《纽约时报》提出拓展国际化市场的目标，如今其在全球建立了 22 个记者站，其中包括中国香港站和北京站。《纽约时报》在全球有记者 1550 名，这些记者能用 55 种语言进行采访，用 18 种语言进行新闻报道。在媒介融合的探索和实践中，《纽约时报》一心打造全产业链模式。今天的《纽约时报》集报纸、网站、电视台、广播电台等于一体，无限扩大它的业务范围。再如，美国有线电视新闻网(Cable News Network，CNN) 将"移动先行，数字第一"作为转型发展的重点，主要表现为电视记者转型为全媒体记者，新闻机构转型为全媒体新闻机构。

英国广播公司 (British Broadcasting Corporation，BBC) 是一家体量巨大的老牌电视台，是独立运作的公共媒体。随着数字媒体技术的飞速发展，英国广播公司通过十余年的媒介整合确立了新的融合新闻报道机制，其核心就是集成改造现有资源并拓宽视野，建立一个庞大的、体系化的"中央厨房"。"现在的 BBC 全媒体新闻中心，各地记者采集的所有信息都要发送到新闻集成平台上，电视、网络、广播三个新闻编辑区域根据各自需求从采集平台获得信息源，再按不同受众和传播途径差异进行编辑，使信息在电视、广播、网络、手机、互动电视等不同终端播发。"[1]"中央厨房"是融合新闻生产的总枢纽，BBC 通过"中央厨房"串联各终端、各平台，打通线上线下服务渠道。

在我国，2008 年，烟台日报传媒集团率先上线运营首家全媒体采编系统，接着宁波日报报业集团成立了全媒体新闻部。从烟台日报传媒集团、宁波日报报业集团的探索开始，其他多家报业集团、广电集团探索媒体融合，探索全媒体运营。2010 年，中央级媒体启动发展全媒体，如世界十大报之一、中国第一大报的《人民日报》现已形成拥有报纸、杂志、网站、网络广播、手机报、微博、微信等多种载体的全媒体形态的"人民日报媒体矩阵"。2011 年 1 月，全国 42 家城市台联合成立城市联合网络电视台（CUTV），江苏广播电视台第一批 120 名全媒体记者 2012 年正式上岗。

《中国传媒人才能力需求报告（2018 年）》[2]提出，"一专多能"的全媒体人才备受青睐。另外，由于传统媒体与新媒体向互联网逻辑积极汇流，胜任互联网＋新媒体岗位的人才位于用人序列第一梯队，需求旺盛……传媒市场的明显趋势，就是内容创作人才稀缺。不管是传统媒体，还是新媒体创业公司或者自媒体，都一直在寻觅优秀的内容创作人才。

2020 年 10 月，中央广播电视总台在全国重点院校新闻传播人才供需会上提出，需要一批懂语言、知文化、会讲中国故事的国际传播人才；需要一批精通互联网制作、传播、运营的全媒体人才；需要一批有责任有担当、懂经营善管理的复合型人才。

媒体竞争的关键是人才竞争，媒体优势的核心是人才优势。媒介融合的国际化趋势，首先向中国新闻教育机构提出挑战，即培养目标的挑战，迫切需要新闻教育机构以卓越思维、全媒体思维加紧培养党和人民信赖的、具有国际竞争力的、会使善用"十八般兵器"的卓越新闻传播人才——这是建成教育强国的根本任务之一。

---

① 麻静. 国际主流媒体台网融合思考——以 CBS、BBC、NHK 为例看媒体融合 [J]. 电视研究，2018(8)：94–96.
② 刘蒙之，刘战伟. 中国传媒人才能力需求报告（2018 年）[M]. 北京：中国社会科学出版社，2018.

（二）新闻教育的世界走向

知识经济时代，随着知识由分科化知识向综合化知识转变，个性理性知识向社会的理性与非理性知识转变，知识更具有跨学科性质，学科之间的界限被打破，各种知识高度融合，各种学科相互渗透，学科发展呈现高度交叉的趋势。新闻教育注重跨学科培养复合型新闻传播人才，这已是世界教育的走向。

英国传播学者斯普利恰尔（S.Splichal）和斯帕克斯（C.Sparks）在考察了 22 国的新闻教育之后，提出了 21 世纪的传播人才应具备四方面的素养以及三种才能。新闻教育重视的是综合素质和独创性的培养。

我国从 1977 年恢复高考至今，走过了艰难而光辉的改革历程，得到了空前的发展，培养了一大批优秀的新闻传播人才，这为我国政治经济发展创造了良好的舆论环境。在全媒体时代，我国高等新闻传播教育还不能完全适应新闻与传播业的快速发展，人才培养模式相对单一、陈旧。近几年，新闻传播业持续低迷的就业率和居高不下的转行率暴露出现有的新闻传播教育功底不深厚、能力不稳固、技能不适配等结构性问题。[①] 提高新闻传播人才质量，已成为我国高等新闻教育改革的紧迫任务。

二、中国新闻教育如何改革

（一）中国新闻教育培养的新目标

《教育部　中共中央宣传部关于提高高校新闻传播人才培养能力实施卓越新闻传播人才教育培养计划 2.0 的意见》[②]（以下简称《意见》）指出，加强和改进高等学校新闻传播专业建设，建设中国特色、世界水平的一流新闻传播专业，全面落实立德树人根本任务，坚持马克思主义新闻观，用中国特色社会主义新闻理论教书育人。

《意见》指出，新闻传播人才培养要形成遵循新闻传播规律和人才成长规律的全媒化、复合型、专家型新闻传播人才培养体系，培养造就一大批适应媒体深度融合和行业创新发展，能够讲好中国故事、传播好中国声音的优秀新闻传播后备人才。

《意见》指出，新闻院校要强化实践育人，建设一批"进基层、懂国情、长本领"的新闻传播实践育人项目，推动师生深入基层、深入群众，培养学生为党为国为人民的情怀和担当意识；要修订完善人才培养方案，健全课程体系，加强教研室（组）建设，促进跨学科、跨专业、跨院系横向交叉融合；更新教学内容，改进教学方法，创新教学组织形式，及时融入技术变革新趋势、媒体融合新动向和行业发展新动态，综合运用文图声光电多种形式，采取案例式、现场式、任务式等多样化教学手段，用好校内外电视台、广播台、报

① 李良荣，魏新警 . 论融媒体时代新闻传播复合型人才培养的"金字塔"体系 [J]. 新闻大学，2022，189（1）：1-7.
② 教育部，中共中央宣传部 . 教育部 中共中央宣传部关于提高高校新闻传播人才培养能力实施卓越新闻传播人才教育培养计划 2.0 的意见 [EB/OL]. （2018-10-08）[2023-10-11].http://www.moe.gov.cn/srcsite/A08/s7056/201810/t20181017_351893.html.

刊、网站、新兴媒体等实习实践平台，培养未来从事新闻舆论工作的行家里手。

全媒体时代，新闻传播教育面临着前所未有的挑战。21 世纪的记者将是全媒化、全能型记者，所有媒体从业人员都将转型为全媒体记者，不再是文字记者不能搞电视和网络，而摄影记者不能搞文字报道，他们应该是通才、复合型人才，[①] "复合"并不是单纯地要求专业技能的复合，而是要在技术、表达和思想三要素方面实现能力的多维复合。[②] 这就要求新闻传播及高等教育机构加快改革步伐，培养"媒体融合"专业急需的全媒体人才——没有哪一种职业像新闻从业人员那样需要广博的知识来应对每天发生的事情。"从新闻报道多面手和媒体专家"转到"新闻报道专家和媒体多面手"[③]——任重道远！

中国新闻教育改革必须在人才培养模式（人才培养目标）上重新定位，人才培养目标集中体现了高等教育思想和教育观念，决定着所培养人才的根本特征。必须树立现代化的教育观，改进教育理念、教育体制、教学内容、教学手段等，培养具有全球视野、竞争意识，熟知国际运行法则，又不失民族特色的卓越新闻传播人才。

（二）更新教育理念

中国新闻教育要实现新的培养目标，必须首先更新教育理念，以指导新闻教育改革。"教育理念是人们对大学精神、性质、功能和使命的基本认识，是对大学与外部世界诸元素之间关系的规定，它是大学内容管理及运转的理性认识基础。"[④] 面对世界正处于百年未有之大变局，面对中华民族伟大复兴的关键时刻，面对教育强国建设，面对全媒体时代，建设中国特色、世界水平的一流新闻传播专业，培养未来新闻舆论工作的行家里手，培养造就具有家国情怀、国际视野的全媒化、复合型、专家型卓越新闻传播人才，这是时代赋予的命题，也是新闻传播学研究者、教育者所肩负的责任和使命。

在全媒体时代，媒体融合以及媒体技术革命给新闻业人才培养的源头——新闻传播教育者带来了严峻挑战：新闻传播教育如何转型与变革？如何融合与创新？如何从传统思维向卓越思维、全媒体思维转变？任重道远！

办好中国特色、世界水平的一流新闻传播专业，不能跟在别人后面依葫芦画瓢，必须扎根中国大地，具有中国特色、中国风格、中国气派，因为越是民族的越是世界的。我们要认真吸取世界上先进的办学治学经验。下面将阐述国内外新闻传播教育者是如何进行改革探索的。

世界上最早开办"媒介融合"专业的密苏里大学新闻学院，凭借颁发普利策新闻奖闻名的哥伦比亚大学新闻学院，它们培养新闻专业人才的模式分别被称为"密苏里模式"和"哥伦比亚模式"，它们的培养目标分别是"具备全媒体业务技能的新闻人才"和"拥有复合型知识结构的专家人才"，两个学院在专业设置、课程改革、师资队伍建设、实践教

① 韩炼. 系统新闻写作学 [M]. 广州：广州出版社，1998：345.
② 李良荣，魏新警. 论融媒体时代新闻传播复合型人才培养的"金字塔"体系 [J]. 新闻大学，2022，189（1）：1-7.
③ 威尔克森，格兰特，费舍尔. 融合新闻学原理 [M]. 郭媛媛，贺心颖，译. 北京：中国时代经济出版社，2011：6.
④ 刘光临. 现代大学理念与人才培养模式 [J]. 教育科研参考，2002(10)：11-14，30.

学等方面进行探索。密苏里大学新闻学院早在 2005 年秋季就开设了融合新闻课程，并同时创建了融合新闻专业，成为世界上首个开设此专业的新闻学院，在媒介融合背景下，其为业界培养紧缺的背包记者，即全媒体记者。哥伦比亚大学新闻学院采用跨学科方式联合培养新闻传播人才，如在"新闻学和计算机科学"双学位的基础上增添了"数据新闻学"教育项目；在一年制硕士生的培养上，采用全方位技能培养的新的教学方案，取消按照报纸、杂志、电视、数字媒体四种媒介形式划分方向的硕士专业架构。学生入学后的第一学期学院用四周对他们进行采访写作训练，再用七周进行必选和自选课程搭配训练，第二学期学生在学习多种技能型课程，如报纸、杂志、电视、数字媒体等的同时，完成一篇自选媒介形式的长篇深度报道，作为硕士结业项目。

再看我国，2017 年以来，中国传媒大学将智能传媒作为主攻方向，全面布局智能传媒教育，在媒体融合领域形成了特色鲜明的学科专业布局和富有成效的人才培养体系，搭建了十多个省部级科研平台和教学示范基地。

中国传媒大学"媒体融合与传播国家重点实验室"于 2019 年 11 月成立，这是我国高校唯一一个媒体融合领域的国家重点实验室，"旨在解决媒体融合领域存在的关键基础性问题，实现前瞻性基础研究、引领性原创成果重大突破，进而加大科研成果应用转化力度"[①]。2020 年 12 月 18 日上午，历时一年建设，总建筑面积超过 23,000 平方米的"国重大楼"正式启用。

中国传媒大学媒体融合与传播国家重点实验室围绕"媒体融合的服务模式""媒体融合传播与未来形态""媒体信息智能处理"三个主要研究方向开展工作，聚焦媒体融合领域重大科学前沿问题、国家重大需求，超前开展可能引发重大变革的基础研究和应用基础研究，并形成媒体融合领域高精尖人才培养模式。[②]

清华大学新闻与传播学院的实践教学、国际化办学模式居全国领先地位。学院眼界广、格局大，大力引进具有海外知识背景、有新闻实践和深厚研究功底的师资力量，组建了一支具备开阔国际视野的师资队伍，坚持走培养国际化新闻传播精英人才的道路：2012 年初步建成全媒体教学实践平台"清新传媒"；2020 年首招跨国、跨学科数据传播双硕士，即与南加州大学联合开展数据传播双硕士学位项目。

中国人民大学新闻学院 2005 年就创建了全国乃至世界范围内第一个新闻传播学案例库，近十年来案例库成功开发的案例有 600 多个。该学院以案例库为基础编写了"新闻传播学经典案例"教材系列，还在跨媒体、跨学科、跨专业、跨院系等方面，大力探索复合型专业人才培养模式。2017 年，中国人民大学新闻学院进入国家"双一流"学科建设序列，在教育部开展的四次全国一级学科评估中蝉联第一或被评为"A+"。[③]

---

① 中国传媒大学白杨网.喜讯：我校获批建设媒体融合与传播国家重点实验室 [EB/OL].（2019-11-26）[2023-10-11]. http://www.cuc.edu.cn/2019/1126/c1382a159642/pagem.htm.
② 媒体融合与传播国家重点实验室（中国传媒大学）."媒体融合与传播国家重点实验室（中国传媒大学）"招聘启事 [EB/OL].（2020-01-17）[2023-10-11]. http://www.cuc.edu.cn/2020/0117/c1527a165014/page.htm.
③ 蔡雯.媒介融合推进下的新闻教育改革 [M].北京：中国人民大学出版社，2021：104-129.

华中科技大学新闻与信息传播学院坚持"文工交叉，应用领先"的教育理念，倡导学生在独特的文理交融氛围中全面发展，培养复合型新闻与信息传播人才。

广州大学新闻与传播学院"2+2新闻人才培养模式创新实验区"是由教育部批准的国家级人才培养模式创新实验区。"2+2"新闻人才培养面向全校非新闻专业二年级学生招生，采用"2年专业教育+2年新闻教育"的模式，学院与省市媒体共同承担2年的新闻教育，并和国际知名传媒院校合作定制课程。试验区以通识教育为基础，以能力培养为本位，以创新性专业素质为核心，从制度改革入手，通过与新闻业界、境外专业新闻院校的密切合作，培养具有扎实的新闻基础、良好的专业报道能力、开阔的国际视野的应用复合型人才。

香港浸会大学传理学院的经验："一、顺应时代形势，以'融合'应对融合，包括技术与理念的融合、理论与实践的融合以及本土与世界的融合；二、以'细分'贴合细分，发展新专业及特色专业，即增设新的数字媒体专业或网络传播专业，并打造自己的优势特色专业；三、以'不变'应对万变，承续优秀教育传统，即新闻传播教育当中应该坚守的'一个根本'与'三个不变'。""即从根本上培养出具备学习力、行动力、创造力、建构力、整合力和团队力的给力人才。"[1]

南京大学金陵学院与密苏里大学联合办学，南京大学金陵学院媒介融合专业学生大一和大二在金陵学院就读，大三、大四如符合要求可到密苏里大学新闻学院就读。类似的还有华南理工大学新闻传播学院和密苏里大学新闻学院的"2+2"模式，华南理工大学有条件开设的课程学生就在本校上，少量华南理工不能开设的课程学生就到美国密苏里大学去选修。这种联合办学的方式，使各方优势得以互补，可提升人才培养的质量。不过，联合办学对学生的外语能力和学业绩点要求很高。

以上国内外高校新闻传播教育对传统新闻传播教育的模式进行了大举改革，取得了显著成绩，加速了新闻传播教育的国际化进程。

新的教育理念要突破对受教育者的时间、空间和专业等的限制，任何人在任何时候、任何地点，都可以接受新闻教育。新闻教育要从单一政府办学向多元化社会办学模式转变，新闻教育既是普通高等院校的新闻教育，又是职业高等教育与成人高等教育的新闻教育，还是私立大学、跨国大学等多种途径和形式的新闻教育。[2]新闻教育要全方位开放式发展，注重新闻大学(含新闻院系)与新闻单位、社会企业、国际的交流合作，拓宽教育的范围，多元化培养新闻人才。

如华中科技大学吴廷俊教授认为世界新闻传播教育模式分为三类。第一类是与新闻实践融为一体的学院式，以美国为代表。这种模式的特点是办学与办媒体合二为一，理论与实践紧密结合。第二类是以新闻实务单位为主的学徒式，以1990年前的英国为代表。这种模式的特点是偏重于实践。第三类以日本为代表，即大学与媒体联合，直接面向媒体开

① 黄煜. 变？不变？新媒体时代新闻传播教育——香港浸会大学传理学院的变革与创新 [M]// 张昆. 新闻与信息传播论坛：第4卷. 武汉：华中科技大学出版社，2018：9-14.
② 韩炼. 面向全球化的中国新闻教育改革 [J]. 现代传播，2004（2）：100-102.

设新闻课程或者进行短期培训。① 中国人民大学蔡雯教授则认为国内当前的新闻传播教育大体上可以分为六种不同模式：一是传统名牌新闻院系的办学模式，以中国人民大学、复旦大学、中国传媒大学为代表，具有较长的历史、雄厚的师资、完善的教材、良好的教学设施；二是综合性大学新闻院系的办学模式，以武汉大学等一批综合性大学为代表；三是全国著名大学新建新闻学院的办学模式，以北京大学、清华大学为代表；四是专业院校创办新闻传播专业的模式，如师范、体育、财经、理工类院校创办的新闻传播院系；五是非全日制成人教育的办学模式；六是民办大学的办学模式，如北京吉利大学等。

（三）改革教学内容，调整专业设置

1."通""专"结合，以"专"立身

如何培养国家所需要的具备坚定的马克思主义政治信仰和家国情怀的"全媒化复合型专家型新闻传播人才"，是摆在所有新闻教育工作者面前的紧迫任务。在全媒体时代，新闻传播专业应确立"通才 + 专才"的全新范式，创新并确立"通专结合，以专立身"的新时代新闻传播人才培养模式。

所谓"通"，即通识，打好社会科学和自然科学的一般基础。所谓"专"，一是必须具备新闻传播的专业基础知识和基本能力——采写评摄等方面的核心能力；二是具有一技之长——对某一特殊领域有深入的研究，如政治、经济、科技等。"通"与"专"结合的基础是"通"基础上的"专"，为"专"而"通"。"通识"着重于"融会贯通"，倡导将跨学科的知识延伸到主修专业之中，坚持通识为"本"、专业为"用"，即培养视野远大、见识通融、精神博雅的复合型新闻传播人才，新闻学更多需要的是具有创新性的"杂家"，即复合型专业人才。

2005 年 5 月，卡耐基基金会、奈特基金会联合推出"卡耐基—奈特未来新闻教育计划"，该计划在《宣言：新闻学教育的蓝图——培养 21 世纪新闻领袖的专业学院》中指出："新闻学院要充分利用大学的各种资源来培养学生，把大学其他人文学科的专家请进新闻学院的课堂，使新闻专业学生有机会学习政治、历史、法律、文艺等其他领域的专业理论与知识，进而在步入职场后能成为'专家型记者'。"

复旦大学新闻系于 1929 年 9 月正式成立，至今始终遵循"好学力行"的院训，坚持"两典一笔"（古典、经典加勤于练笔）的教学思路，厚基础，重实践，学生在校期间不仅在文史哲经、马克思主义理论等通识教育上打下了坚实的知识基础，还练就了良好的业务实践本领，复旦大学新闻系赢得了"复旦新闻馆，天下记者家"的美誉。此外，复旦大学在国内率先开设面向全国开放的数据新闻工作坊，邀请中美新闻业界、学界的教师授课。复旦大学 2014 年开设"数据新闻与可视化"选修课程，2018 年将其升级为学院平台必修课"数据分析与信息可视化"，当前，该课程内容分为四大模块，即数据基础与研究设计、数据

采集与处理、数据统计分析、信息可视化，重点培养学生的新闻叙事能力、编程能力、统计分析能力、可视化能力。

台湾李金铨教授的学术经历十分有借鉴意义，他念的是跨科系项目，由新闻系和社会学系、政治学系、心理学系合办，他有六成以上的课都是在社会学系和政治系选的，这养成了他的思考习惯，他一方面从政治、经济、文化的脉络来看新闻媒介，另一方面从新闻媒介折射政治、经济、文化的意义。

选修制是新闻教育改革的核心，是现代化大学最重要的标志之一。它打破了传统教育用统一的课程培养相同规格的毕业生的单一教育模式，有利于学生创造力和个性的培养，有利于学校因材施教，同时有利于激发大学教师的创造能力以及促进新学科的出现。

西班牙相关学者在研究了世界一流大学新闻与传播学科的课程、目标和能力培养的情况后，采用定量和定性的方法，分析了在传播领域排名最高的 8 所大学的 17 个传播学和新闻学项目（本科）的 687 门课程，其中选修课 468 门，必修课 219 门。西方有很多新闻传播学院的本科课程的一半甚至 70% 是其他学科。

为此，在新闻专业课程的设置上，学校要优先考虑政治学、现代国际关系、中外近现代思想史、新闻职业道德等课程，建设宽口径、厚基础、跨媒体、新专业的课程体系，并建设多功能、跨媒体、可拓展的教学平台。

2. 着力培养学生的创新能力、思维能力、分析判断能力

在全媒体时代，新闻传播专业人才应具备两点特质：（1）在技能上是复合应用型人才，（2）在思想上是创新型人才。

在经济全球化、文化多元化、政治多极化的背景下，各种思想、政治观念、意识形态、文化价值观念等相互渗透和影响，无不要求现在和未来的新闻工作者要有现代观念和素养，要有较强的批判精神和怀疑精神（批判精神、怀疑精神本质上是科学精神、创造精神），以及较强的竞争意识和竞争能力，同时在思想和政治上要具有高度敏锐的洞察力，即对变化的世界迅速做出反应的能力和自我改造的能力。正如美国著名报人普利策所说："除非具有最崇高的理想，最深切的期许，对问题能洞察其本质，同时怀抱最诚挚的社会责任，否则，无从把新闻事业从屈服商业利益、追求自我利益以及违反公共利益的歧途中挽救过来。"新闻教育的根本目的是培养新闻人才特有的社会使命感、责任感、社会价值观与专业技能。

（四）培育和造就教授专家群体的师资队伍

"大学者，非谓有大楼之谓也，有大师之谓也。"

高校立身之本在于立德树人。只有培养出一流人才的高校，才能成为世界一流大学。[①]培养卓越人才的前提是有一流的师资。

《国家中长期教育改革和发展规划纲要（2010—2020 年）》指出："探索教授治学

---

① 习近平. 习近平谈治国理政：第二卷 [M]. 北京：外文出版社，2017：377.

的有效途径。"可见，教授治学已进入国家的政策话语体系。大学为何要教授治学？现代大学是以知识为中心的学术机构，核心使命是创造和传授知识，基本任务是组织教学、科研等学术活动，学术事务的运行有其自身的规律，这种规律在各个学术领域又表现不一，相当复杂，只有专家学者才能深刻理解其复杂性。[①]

1. 高度重视专家学者的学术导师作用，充分发挥他们的学术专长

我国高等教育国际化已成为不争的事实，新闻教育要想提高质量，增强办学实力，必须拥有一支高素质的教师队伍，如世界一流大学，教授以上的高级专业人才是教师队伍的主体，占教师总数的 60% 以上，其中正教授比例达到 40%。因此，新闻教育要高度重视、充分发挥专家学者在教学科研中的主体作用，以大视野、大智慧创建与国际接轨的新闻学科，建设发展有竞争力的新兴边缘性学科。伯顿·R. 克拉克 (Burton R.Clark) 说："高等教育系统的权威在很大程度上是以学科为基础的。渊博的知识产生了一种关键性的和有特色的权威。"它一方面表现为教授"个人裁决"的权威，另一方面又表现为教授集体的权威，这两种权威结合在一起，就产生了所谓的"基尔特式的组织形式"(Guild Arrangement)，这是高等教育体系中权威的天然基石，[②] 也是打造创新型复合型卓越新闻传播人才、拔尖创新人才、国际传播人才的基石。

2. 大力培养学术骨干教师，创新人才选拔机制

打造一流教学团队，一流质量的学生要靠一流水平的教师。学校能否办好，主要取决于师资队伍。没有一支强有力的师资队伍，一切都是空谈。

世界上最早开设新闻专业的密苏里大学新闻学院创建于 1908 年，它被誉为"美国记者的摇篮"。密苏里大学新闻学院在全美新闻学院的排名中长年居于首位，而密苏里方法（The Missouri Method）更是人才培养的典范。密苏里大学新闻学院录取博士生时要求，除在大学教书外，学生至少具有两年全职的专业媒体或者策略传播方面的工作经验，而新闻学院中有 68% 的教师拥有从业经验，这是最重要且无法复制的核心竞争力，值得我们大力学习和借鉴。这也是为什么美国主流媒体在选择毕业生时，总是将密苏里大学新闻学院的学生作为首选的重要原因。哥伦比亚大学新闻学院，全职教师有 20 多人，但从各大新闻媒体聘请的兼职教师超过 120 人，许多主干课程也由兼职教师担任。[③]

在我国，如清华大学新闻与传播学院有长期国外留学和工作背景的教师占教师总数的 85% 以上。[④] 截至 2022 年 4 月，该院已有 37 名专职教师、3 名兼职教授、3 名校内兼职教师和 3 名外籍兼职教师，9 名国际访问学者；[⑤] 上海交通大学媒体与传播学院官网介绍，该院聘请了一大批包括麦考姆斯（McCombs）等大师在内的学界精英、业界领袖担任客座

① 秦绍德. 大学之水 [M]. 北京：商务印书馆，2013：249.

② 夏托克. 高等教育的结构与管理 [M]. 王义端，译. 上海：华东师范大学出版社，1987：24–25.

③ 蔡雯. 如何加强学界与业界的联系与合作——对美国新闻教育改革的调查及思考 [J]. 中国记者，2005（8）：63–64.

④ 蔡雯. 媒介融合推进下的新闻教育改革 [M]. 北京：中国人民大学出版社，2021：70.

⑤ 清华映像. 新闻与传播学院建院二十周年：薪火相传 清新依旧 [EB/OL].(2022–05–13)[2023–07–21].https://www.tsinghua.edu.cn/info/2785/94508.htm.

教授、兼职教授；复旦大学新闻学院已建立由百余名业界导师组成的导师资源库，设立"旋转门"机制，其已聘请 50 余位业界精英担任专业学位硕士研究生的业界导师；深圳大学传播学院为新闻与传播学专业硕士研究生搭建业界导师平台，邀请来自深圳新闻传播业界的 20 多家具有代表性的政府机构和企业负责人、业务骨干担任业界导师。

新闻传播教育的发展变革需要拥有跨学科知识背景、跨文化思维能力、跨媒体工作技能的师资队伍。一个院系的师资应包括来自不同专业、不同学校乃至不同国籍的学者，这样有利于促进学科的交叉，同时院系需重视专业师资中具备媒体从业经历的业界精英，因为这种人才是精通各类媒介的专家，他们懂新闻、懂技术、懂管理，而且擅长策划，请他们做教授，他们带入课堂的不仅是他们在职业道路上获得的熠熠生辉的荣誉和名号，更重要的是他们的职业精神、社会责任感、专业工作经验，以及在新闻工作和人生经历中的领悟，这些能够引导、启发学生，有利于培养卓越新闻传播人才。

大学就是一片致力于学术研究的"净土"，需要大批学人抛却功利，远离浮躁，扎根于这块园地，进行长期的耕耘，营造一种平实、淡泊、冷静、坚定的学风，恪守研究高深学问的学术精神。

韩烁

2024 年 1 月

目　录

Part 1
第一篇　全媒体新闻写作

第一章　全媒体产生的背景

　　我们正处在由传统媒体和新媒体相互融合、共同发挥作用的全媒体时代，全媒体是媒体形态大发展、大变革的必然产物，是媒体深度融合发展形成的目标媒体形态。

　　全媒体是由多种因素所形成的合力推动的，传媒技术的提高和更新，新兴媒介形态的不断出现，社会经济发展的需求，市场竞争的压力，强有力的国家战略，多元化、个性化的信息需求，以及国际化潮流等，都是全媒体产生的背景（如图1-1所示）。

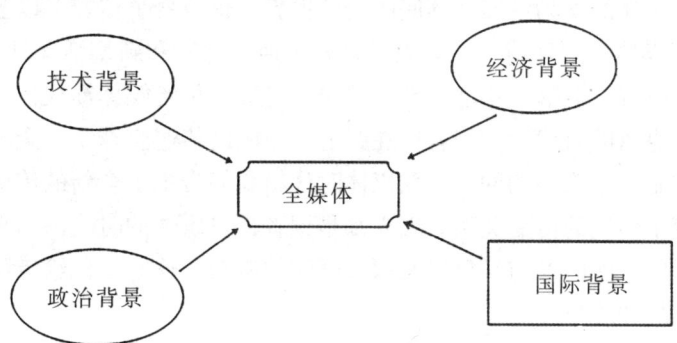

图1-1 全媒体产生的背景

第一节　技术背景

　　信息技术的每一次革命都给人类的政治、经济、文化和社会生活带来了巨大影响，人类文明正是在信息技术的推动下不断前进的。正如美国传播学者丹尼斯·麦圭尔所说："真正的'传播革命'所要求的，不只是信息传播方式的改变或者受众注意力在不同媒介间分布上的变迁，其最直接的驱动力，是技术。"[①]

---

① 麦圭尔.受众分析[M].刘燕南，李颖，等译.北京：中国人民大学出版社，2006：156.

一、"互联网 +"国家行动计划的提出

1998 年 5 月，联合国新闻部把互联网正式列为继报纸、广播、电视之后出现的"第四媒体"——互联网就是全球最大的、开放的、由众多网络相互连接而成的计算机网络。互联网不仅仅是"第四媒体"，它更是一种重新构建世界的结构性力量。互联网的出现，不仅是一场技术革命，更是一次重要的社会革命，它把人们带入一个全新的数字化世界，互联网成为人类生存发展的新空间。互联网将通信与传播集于一身，又将大众传播、组织传播、分众传播、小众传播等各种传播形态集于一体，新技术、新应用接力般出现，为网络媒体不断增添新的传播利器。它带来了全新的表达元素和表达形式，这种全新的表达元素主要是指在线互动设置，全新的表达形式则是指各种媒介元素的融合呈现。它把所有传统媒体承载信息的那些样式拿到一个全新的载体上，冲破时间阻碍和空间阻碍，进行无限制的互动。① 互联网思维是指导融合新闻生产走向成功的一种主导性思维。

马克思将技术的产生和发展置于当时的生产关系与现实历史文化背景中去思考，认为技术不是独立于社会的存在，而是社会发展中不可或缺的一部分，产生于社会生产和生活的需求中——"人在正常使用技术即人体各种延伸的情况下，人不断受到技术的修正。反过来，人又不断地寻找新的方法来修改自己的技术"②。

互联网与新媒体的蓬勃发展，彻底改变了世界，也改变了传媒。以互联网技术为基础的新媒体改变了媒体生态环境，"为人类打开了通向感知和新型活动领域的大门"③，移动互联网打通了电视、电脑、移动终端的壁垒，打破了传统媒体霸权传播的格局——"互联网是人人有麦克风的时代""记者还在路上，新闻已传遍全球"，全球重大突发性事件的报道者几乎都是亲历现场的网民。新媒体时代给我们带来了全新的传播技术、手段、媒介，彻底地改变了传统的传受关系。人人都是记者，自媒体的时代已然来临，这为互联网使用者提供了无限广阔的参与平台以及深入交流的机会。这些变化给传统媒体的发展带来了前所未有的挑战和威胁。

2015 年 7 月，国务院出台《关于积极推进"互联网 +"行动的指导意见》，所谓"互联网 +"是指在移动互联网、大数据、智能化、云计算的基础上，互联网与其他产业融合发展。"互联网 +"国家行动计划，成为我国经济社会创新发展的重要驱动力，将推动媒介融合向更深层次发展。而媒介融合来自互联网的发展，不论是存量的传统媒体还是增量的新兴媒体，都要在树立和运用互联网思维上下功夫——互联网思维是在大数据、云计算等科技不断发展的背景下，对市场用户、产品、产业价值链乃至整个商业生态进行重新审视的思考方式。打造新型主流媒体，必须先树立"互联网 +"的思维。

---

① 罗振宇. 一切产业皆是媒体 [EB/OL].(2015-06-28)[2023-11-12].https://www.sohu.com/a/20445915_114965.
② 麦克卢汉，秦格龙. 麦克卢汉精粹 [M]. 何道宽，译. 南京：南京大学出版社，2000：421.
③ 周志强. "私人媒介"与大众文化的裂变与转型 [J]. 文艺研究，2007(5)：109–115.

二、"第五媒体"无线互联网异军突起

正当"第四媒体"高唱凯歌时，"第五媒体"无线互联网异军突起。"第五媒体"几乎囊括了所有媒体的特征，在"第五媒体"时代，传统媒体必须以全新的眼光看待新媒体技术的发展和应用前景，多多学习，深入了解新媒体的特性。例如，"第五媒体"的及时互动性，激发了所有传统媒体的互动积极性，使传统媒体的原有优势更强——传统媒体对"第五媒体"的理解有多深，其优势就有多大。手机媒体通过"互动"来"整合"传统媒体，使传统媒体的单向传播向双向传播转变，这大大地丰富了传统媒体的表现形式，可以说"第五媒体"是传统媒体重新崛起的机遇和手段。

技术是媒介融合的发动机和加速器，推进深度融合要紧紧依靠技术的引领和支撑，我们必须在技术研发、创新上下硬功夫，为占据思想舆论制高点提供硬支撑。

第二节　经济背景

经济因素对媒介融合的影响主要来自日益激烈的行业竞争引发的经济压力，行业竞争来自三个层面，即传统媒体之间的竞争、传统媒体与新媒体之间的竞争、新媒体之间的竞争。此外，商业利益的驱动力，以及受众的多样化、个性化、便捷化的消费需求同样对媒介融合产生影响。

中国媒体产业历经 40 年的高速发展，产业规模急剧扩张，市场竞争力不断增强，在媒体产业发展保持增长的总体态势中，新媒体增长速度迅猛，报纸行业和电视行业面临前所未有的危机。正如查尔斯·狄更斯在《双城记》中所说的："这是一个最好的时代，也是一个最坏的时代。"

一、传统媒体的根本局限

传统媒体的根本局限在于传播的单向性和单一性，而数字技术的最大长处在于"双向传播"与"互动模式"。

以文字为媒介，注重线性思维的报业在电视的冲击下早已危机四伏，信息量有限，内容呈现形式单一，信息发布滞后，以及原本赖以生存的新颖角度与深度报道，也在无孔不入的视频技术的冲击下变得毫无抵抗力。早在 2005 年，京华时报社社长吴海民就提出：都市报的冬天提前来到了，这个冬天会比人们想象的还要漫长——"一些脆弱的报纸可能会熬不过去了"[1]。

在互联网、移动客户端的冲击下，传统媒体的日子难过，报纸销量断崖式下滑，有些

---

① 肖武 . 吴海民——都市报的冬天提前来到了 [J]. 传媒，2005(7)：20—21.

报纸甚至停刊或休刊。2000 年以后,国内出现了两波较为集中的"停刊潮":第一波起于 2002 年,大批足球资讯的报纸集体停刊;第二波起于 2014 年,大批泛生活类报刊和大众化的都市报先后停刊。直到 2020 年,每年宣布停刊的报纸数目仍然庞大,尤其是一些曾经在国内影响很大的都市类报纸也已面临消亡的局面。

　　1922 年创刊的《读者文摘》曾是发行量极大的杂志之一,拥有 48 个版本,涉及 19 种语言,畅销 60 多个国家,如今却面临申请破产保护的局面。创刊于 1929 年的《商业周刊》在 140 个国家拥有 480 万读者,面对网络的冲击,也一步步走向没落。2012 年 9 月下旬,发行了 93 年的《纽伦堡晚报》宣布停刊,并引发了德国传统媒体的倒闭潮。从 2000 年开始,《法兰克福论坛报》每况愈下,该报于 2012 年 11 月申请破产,近 500 名传媒者失去工作岗位;紧接着,《金融时报》也宣告停刊,300 多名员工失业。创办于 1933 年的《新闻周刊》,其权威性和影响力在美国早已广为人知,发行量最高时曾达到 300 万份,由于互联网的冲击,其发行量不断下滑,订户数量锐减,巨大的亏损让纸质版《新闻周刊》最终走向消亡。美国北卡罗来纳大学教授菲利普·迈耶预测,到 2043 年第一季度末,日报的读者将归于零。

　　我国传统电视媒体自诞生起就备受技术发展的限制,电视传播仅限于无线传播、有线电视及卫星技术三大技术。其中,有线电视在应用中存在多种问题,如电视无清晰定位、管理混乱、节目内容稀少且不完整、节目生产效率低下等,这导致传播优势大大削弱,收视质量难以保障,用户的权益难以维护。传统广播的生存空间狭窄,作为"耳朵媒体",其劣势主要包括:只闻其声、不见其人,在"读图时代"颇不合时宜;节目内容稍纵即逝,难以保存;灵活性差;听众选择单一;等等。

　　在直播、短视频等具有高互动性的传播平台不断涌现的时代,传统媒体的平台劣势越发凸显,如使用不便、无法携带等,传播方式的变迁向来是引发媒体行业变革的关键要素,而网络、手机等新媒体由于其内容生成门槛低,不断冲击着传统媒体的固定受众。便利的移动网络媒体,凭借内容呈现的碎片化与终端使用的灵活性,以更适应快速生活节奏和全新生活空间的优势迅速分流了传统媒体的受众群。新的传播方式与传播介质的出现不仅改变了传统的传播方式,更对人类生活、认知世界的方式进行了颠覆性的改变。以报刊、广播、电视为代表的传统媒体机构主动进行了数字化、网络化转型,媒体样式正在从单一信息传播模式向多种信息传播模式转变。这里以网络与电视为例,诚然,网络视频媒体的崛起给电视造成了巨大冲击,电视与网络视频媒体在展开资源争夺战的同时,也进行着资源共享互动,这主要体现在内容生产多元、互为传送的模式上,内容为王不再是传统媒体的唯一突围路径,内容为王也成为新媒体提升自身竞争力的重要手段之一。台网互动、台网联动实现了电视媒体与网络视频媒体从内容到平台、模式等各个方面的深度融合,构建了全新的传播体系与媒体格局。台网联动在将电视媒体具有的内容优势发挥到极致的同时,也构建了双方共存共赢的最佳模式。再如以《人民日报》、新华社为代表的,原本不擅长视听新闻的报刊传统媒体也纷纷向视听领域进军。

二、市场的竞争，受众的新需求

传统体制的禁锢，新技术的冲击，读者群流失、年龄老化，广告效果减弱、收入被分流、增速放缓等，都给传统媒体造成了巨大压力。传统媒体经营压力以及个人职业规划等多方面因素，使许多传统媒体从业者不得不"主动"或"被动"地离开自己的岗位，投身于新媒体的大潮之中。例如，原中央电视台主持人张泉灵在离职自述中说："以前和受众聊天，他们会对我说'我很喜欢看你的节目'，后来变成了'我妈很喜欢看你的节目'，不久之后，就只有奶奶爱看我的节目了。这就是我离开央视的原因……"传统媒体给从业者提供的事业空间、能力提升机会、社会地位和薪酬收入等都不能满足从业者的心理预期，致使他们转向新媒体。我们要完善人才激励机制和培养全媒人才，"双管齐下"，留住人才、吸纳人才。

无论媒体如何发展，满足受众日益增长的消费需求是传媒产品实现价值的重要方式。如今，市场局势已经被逆转，媒介组织在媒介消费市场中的主体地位已经逐步被媒介的消费者即受众取代，受众成为市场的决定者，引导着媒介组织的发展方向——如今受众对信息传播、媒介产品等都提出了更高的要求，他们不再满足于单一化、浅层次、简单无序的内容，对信息的质量提出了更高的要求。根据受众的不同兴趣爱好以及对信息的不同需求，媒体人应当利用融文字、视频、音频等于一体的多媒体传播手段，推出个性鲜明、具有针对性的信息，使受众更容易识别适合自己需要的信息内容。① 可见，社会经济发展的需求，市场竞争的压力，对经济效益的追求，以及受众的密集化、个性化、多元化、便捷化的信息需求，对于媒体具有一定的逼迫作用，其不仅加深了市场竞争的激烈程度，还推动了媒体融合的进程。

第三节　政治背景

媒介融合发展是一项重大而深刻的变革，党的十八大以来，我国为推动媒介融合发展出台了一系列政策，从国家战略和全局高度，从理论到实践，深刻回答了系列方向性、根本性、全局性、战略性的重大问题，为推动媒介融合发展工作提供了科学的认识论和方法论。

2019 年 10 月 31 日，中共十九届四中全会通过《中共中央关于坚持和完善中国特色社会主义制度 推进国家治理体系和治理能力现代化若干重大问题的决定》，该文件提出构建网上网下一体、内宣外宣联动的主流舆论格局，建立以内容建设为根本、先进技术为支撑、创新管理为保障的全媒体传播体系。

2020 年 6 月 30 日，中共中央全面深化改革委员会第十四次会议通过了《关于加快推进媒体深度融合发展的指导意见》，会议强调，推动媒体融合向纵深发展，要深化体制机

---

① 陈琦. 从传播效果看网络分众化传播模式 [J]. 青年记者，2008(32)：78–79.

制改革,加大全媒体人才培养力度,打造一批具有强大影响力和竞争力的新型主流媒体……牢牢占据舆论引导、思想引领、文化传承、服务人民的传播制高点。①

2021年3月,《中华人民共和国国民经济和社会发展第十四个五年规划和2035年远景目标纲要》提出,推进媒体深度融合,做强新型主流媒体,推进国家、省、市、县四级融媒体中心(平台)建设。②"媒介融合"还将在今后相当长的一段时间内是我国国家传播体系建设的重要内容。

媒介融合已提升至国家意志层面,这些国家战略发展的顶层设计,启迪我们要深刻地认识:党媒必须姓党,这事关党和国家的前途命运。

一、问题的提出

在2013年全国宣传思想工作会议上,习近平指出:"根据形势发展需要,我看要把网上舆论工作作为宣传思想工作的重中之重来抓。宣传思想工作是做人的工作的,人在哪儿重点就应该在哪儿。我国网民有近六亿人,手机网民有四亿六千多万人,其中微博用户达到三亿多人。很多人特别是年轻人基本不看主流媒体,大部分信息都从网上获取。必须正视这个事实,加大力量投入,尽快掌握这个舆论战场上的主动权,不能被边缘化了。要解决好'本领恐慌'问题,真正成为运用现代传媒新手段新方法的行家里手。要深入开展网上舆论斗争,严密防范和抑制网上攻击渗透行为,组织力量对错误思想观点进行批驳。要依法加强网络社会管理,加强网络新技术新应用的管理,确保互联网可管可控,使我们的网络空间清朗起来。做这项工作不容易,但再难也要做。"③会议强调了"不看主流媒体""不能被边缘化了"问题的严重性。中国互联网络信息中心(CNNIC)发布的第49次《中国互联网络发展状况统计报告》显示,截至2021年12月,我国网民规模达10.32亿人,规模居全球之首,互联网普及率达73.0%,在"信息找人"的今天,必须正视这个变化了的现实。

二、如何应对

面对前文提出的问题,我们应如何应对?应对的方法就是要"手段创新""媒介融合",就是要"加快传统媒体和新兴媒体融合发展,充分运用新技术新应用创新媒体传播方式,

---

① 新华网. 习近平主持召开中央全面深化改革委员会第十四次会议 [EB/OL].(2020-06-30)[2022-12-11]. http://www.xinhuanet.com/politics/leaders/2020-06/30/c_1126179095.htm.

② 中华人民共和国国民经济和社会发展第十四个五年规划和2035年远景目标纲要 [EB/OL].(2021-03-13)[2023-01-15].http://paper.people.com.cn/rmrb/html/2021-03/13/nw.D110000renmrb_20210313_1-10.htm.

③ 中央网络安全和信息化委员会办公室. 习近平在全国宣传思想工作会议上的讲话 [EB/OL].(2014-08-09)[2023-12-22].https://www.cac.gov.cn/2014-08/09/c_1115324460.htm?ivk_sa=1024320u&wd=&eqid=9174df0f0002870c000000036437e756.

占领信息传播制高点"①。新媒体是以互联网,特别是移动互联网为支撑发展起来的,我们必须高度重视它作为新技术和新应用的代表性结合,正视新媒体的地位与作用,充分发挥新媒体的特点与作用。有效、高效地运用新媒体,实现媒体融合,能够打通网络舆论场,正确引导网络舆论,占据制高点,占领舆论阵地。互联网已经是宣传思想工作的主阵地和最前沿阵地,信息传播的主渠道和舆论斗争的主战场,"过不了互联网这一关,就过不了长期执政这一关"②。

主流媒体要想在全媒体时代实现角色转变,就必须与广大人民群众建立基于互联网的广泛而牢固的连接,这样,传统媒体就需要解放思想,打破观念、体制、技术等多方面的枷锁,转变思维方式。传统媒体培育互联网思维是当下生存与发展的必经之路,必须树立"互联网 +"的思维,强化新媒体理念和思维,让传统主流媒体转型为新兴主流媒体,让新兴媒体融入主流,利用全媒体时代的音频、视频、动漫、图像等非语言传播方式,打造新的平台、渠道和终端,"形成全方位、多层次、多声部的主流舆论矩阵"③,进行个性化、差异化传播。主流媒体要掌握舆论场的主动权和主导权,让党的声音传得更广。为此,2018年 3 月,中共中央印发《深化党和国家机构改革方案》,决定整合中央电视台(中国国际电视台、中央人民广播电台、中国国际广播电台),组建中央广播电视总台。这一举措是构建现代新型主流媒体的重大举措,实现了国家级广播电视机构全媒体资源的集成。中央广播电视总台以新闻为龙头,以视频为重点,以用户为中心,大力推进"电视 + 新媒体"的深度融合、一体发展,创新"电视 + 新媒体"的传播模式。

媒体转型的核心在于人的转型,媒介融合发展需要全媒体人才,传统媒体若要突破组织劣势,必将从"人"的层面进行深度融合,培养适应融合环境的新型主流媒体新闻工作者。

三、强弱结合,优势互补,互相融合,共生共赢

在新媒体时代,没有一个媒体机构能够通过自己一家的传播,实现信息交互的全部过程。全球数字技术的兴起,使得以往互不相关的各种传播媒体相互融合。

融合不是完全的自我毁灭,要认识到自我的核心价值所在,认识到自我的核心竞争优势,传统媒体与新媒体之间不存在谁吃掉谁的问题,而是资本互换、互相融合。新媒体虽然传播手段新颖,传播范围广,互动性强,但在内容为王的传媒领域仍然处于弱势,需要向传统媒体学习——传统媒体的品牌力量、市场需求、数据资源和专业精神是新媒体所欠缺的。全媒体时代的融合发展,是将传统媒体的"深厚内力"与新媒体的"丰富招式"融为一体,这也是传统主流媒体发展的必由之路。图 1–2 为 2019 年报纸、广播、电视台融

① 慎海雄.创新创新再创新,抢占融合制高点 [EB/OL].(2014–07–11)[2023–12–22].http://media.people.com.cn/n/2014/0711/c192362–25271236.html.

② 杨振武.把握好政治家办报的时代要求——深入学习贯彻习近平同志在党的新闻舆论工作座谈会上的重要讲话精神 [N].人民日报,2016–03–21(7).

③ 新华日报评论员.准确把握创新舆论 引导方式的实现路径——学习贯彻习近平总书记在党的新闻舆论工作座谈会上的重要讲话精神系列评论之二 [N].新华日报,2016–03–01(2).

合传播力十强。

2019年报纸、广播、电视台融合传播力Top10			
排名	报纸	广播频率	电视台
1	人民日报	中央人民广播电台中国之声	中央电视台
2	环球时报	天津人民广播电台交通广播	湖南电视台
3	光明日报	江苏人民广播电台新闻广播	浙江电视台
4	经济日报	北京人民广播电台交通广播	山东电视台
5	广州日报	江苏人民广播电台交通广播网	江苏电视台
6	中国日报	浙江人民广播电台交通之声	上海电视台
7	新京报	广东广播电视台交通之声	广东电视台
8	南方日报	浙江之声	北京电视台
9	浙江日报	广东广播电视台珠江经济台	海南电视台
10	参考消息	中央人民广播电台中华之声	四川电视台

图 1–2　2019 年报纸、广播、电视台融合传播力十强

全媒体是新思维、新技术共同催生的，是媒介生态竞合过程中的最优选择。在产业关系结构上，它体现在媒介战略转型、信息资源整合、业务技能拓展等诸多方面。全媒体以信息数字化技术、网络技术和移动网络技术为基础，通过场景入口化设计，协同印刷、音频、视频、移动等媒介实现无处不在的交互连接，将各种不同文本、传播手段融合在一个不断延伸的平台上，通过新型终端（场景入口）分享多元、异质的资源。

全媒体正在着力建构“一个超越人类历史上全部既有知识的平台，在其上演绎出一幅全球化、个人化、现代化、社会化、信息化交相融合、此起彼伏的宏伟动人图景”，全媒体已“成为新的生产关系、知识机制、价值规律、文化观念、意识形态的社会化生产要素，它既具有继承人类过去的本能，更具有开辟未来、突破创新的天性”①。

阅读・思考・实训题

1. 分析媒介融合研究的时代背景。
2. 如何理解媒介融合的基本规律？谈谈你的看法。
3. 举例说明媒介融合与社会发展的关系。
4. 举例说明传统媒体（报纸、广播、电视）该如何实现网络化、移动化？
5. 媒介融合背景下，新闻价值的判断标准发生了哪些变化？

---

① 李怀亮 . 新媒体：竞合与共赢 [M]. 北京：中国传媒大学出版社，2009：序言 1.

第二章　全媒体时代的新闻观

当今，全球化浪潮滚滚而来，面对全球化信息、全球化受众、"全球村"的新闻报道，新闻记者必须树立全球化的新闻观，把握"双向的全球传播"，即面向中国报道全球，面向全球报道中国。

一、爱国主义与国际主义相结合

面对更加开放的全媒体时代，在各种新闻思想涌入、各种新观念融合的背景下，新闻报道需坚持爱国主义与国际主义相结合的原则，即新闻记者要树立全球报道的新闻意识，努力开阔视野，对于国内外热点、难点问题进行及时捕捉与报道；在报道中必须坚持中国立场，维护国家和人民的根本利益，特别是在复杂的环境下，正确处理对立意识和声音，应对复杂环境下的舆论压力，排除各种不和谐声音，向世界说明我国的正义立场，以赢得国际舆论。

国际新闻报道一定要把握导向立场，服务于党和国家的大局，区别客观报道与自然主义，在重大的政治原则问题上与国家利益保持高度一致，以赢得引导社会舆论的主动权。

二、世界先进报道经验与中国新闻特色相结合

把握国际传播领域移动化、社交化、可视化趋势，不断提升对外传播效果。

全媒体时代，很多国际重大事件的报道是不分国界的。很多国外报道经验、报道技法，以及先进的采编播能力值得我国新闻工作者借鉴与学习。不过，全球化背景下的新闻报道融入了各国的国家立场和不同的独立观念。因此，在吸收先进报道经验的同时，我国新闻工作者必须凸显我国的新闻特色，使我国的新闻报道既坚持正确的舆论导向，又站在世界新闻报道前沿。

三、坚持"三贴近"原则

"三贴近"是新闻报道的基本原则之一。在社会生活和受众需求多样化的今天,新闻的沟通功能、服务功能、娱乐功能日益受到重视,人们对新闻价值的评判标准从单一走向多元。在这样深刻的变革中,媒体需要贴近生活、贴近群众、贴近实际,关心百姓的吃、穿、住、行、就业、教育、医疗等方方面面的问题。

四、掌握先进手段,创新报道形式

在纷繁复杂的全球新闻报道中,新闻舆论往往会出现多元化的局面。新闻记者要在高扬主旋律的同时,讲求宣传的艺术性,掌握先进的报道手段,创新报道形式,熟练使用多媒体新闻采制设备,洞悉文字、图片、音频、视频的文本特性和传播优势,运用各种媒体技术,促进新闻向视觉化、特写化、镜头化方向发展,全方位、立体化地展示新闻事件,这样才能使新闻的表达为全球受众所接受,才能够更好地引导舆论,强化宣传效果。

五、高度的社会责任感

拥有高度的社会责任感是记者的基本职业操守,媒体工作人员要做到以下三个方面。

(一)坚持且维护新闻的真实性

多元化的信息渠道导致了更大的信息不确定性,特别是互联网领域,自由表达与网络监管缺失之间的矛盾日益凸显。如何在传播网络信息的同时避免虚假信息的流入,是媒体要解决的最大问题之一。因此,新闻记者在利用网络获取信息时需加强对假新闻的识别与分辨能力,避免虚假信息的流入,肩负起新闻工作者的社会责任,增强媒体的权威性、公信力。

(二)以人民为中心,始终与人民休戚与共

新闻记者要有正义感,做到一身正气、两袖清风,强化新闻舆论引导能力,站在党和国家的立场,以人民为中心,始终与人民休戚与共。

(三)反对和抵制侵犯媒体知识产权的行为

新闻工作者要反对和抵制侵犯媒体知识产权的行为,加强自律,提高新闻职业道德修养,坚决抵制捏造事实、凭不正当手段获得新闻线索、剽窃他人稿件等恶劣行为。

阅读·思考·实训题

1. 阅读《羊城晚报》的作品《走进"一带一路"羊城晚报全媒体海外行系列报道》(国际传播)(获 2017 年度广东新闻奖二等奖,系列报道发表时间:2017 年 4 月 24 日至 9 月 18 日)。

2. 请阅读《羊城晚报》记者王漫琪、胡润斌的《走进"一带一路"西班牙篇｜"中国制造"价廉物美广受欢迎》（羊城派，2017 年 9 月 14 日），记者如何把握"双向的全球传播"，即如何面向中国报道全球，面向全球报道中国？

从广州到巴塞罗那，约 13 个小时航程。从巴塞罗那机场出来，迎面的温暖气息与和煦的阳光，却让人感受到与广州相似的感觉：八九月的巴塞罗那，正进入地中海沿岸舒适的秋季。说起这座城市，许多 70 后、80 后最深刻的印象莫过于 1992 年的巴塞罗那奥运会了，那一届奥运会，国际奥运会全部成员 169 个国家和地区参赛，中国在该届运动会名列奖牌榜第四。

几天的西班牙行程，让我们感觉到，随着"一带一路"倡议的推进，"中国元素"已经越来越与西班牙紧密相连。

中国游客带旺商机

我们的导游小伙大隆来自中国东北铁岭，他 2008 年来到巴塞罗那，最初在学校里学习西班牙语，后来开始从事导游工作，专门接待国内赴西班牙旅游的自助游客或定制团队。

目前在巴塞罗那，类似的华人导游不少。随着中国经济的发展，不少中国游客涌向西班牙。西班牙是中国游客增长最多的欧洲国家之一，中国国家旅游局驻马德里办事处的数据显示，2016 年到西班牙旅游的中国游客达 58 万人次，比上年增长 46%，创历史新高。也有数据显示，今年春节期间，西班牙成为中国游客人数增长最快的海外旅游目的地，同比增长了 88.7%。

此外，中餐馆也开始火爆。巴塞罗那城区有不少由华人经营的中餐馆，比如"龙城""超粤""潮州佬""外滩 18"等，除了满足本地人，也接待不少刚到西班牙的中国游客，游客们往往选择中餐厅先"服水土"。

羊城晚报记者慕名来到"超粤"餐厅，时值中午，前来用餐的客人渐渐多起来，基本都是本地熟客或中国观光客。老板娘阿仪介绍，她来自广州花都区，8 年前随丈夫一家来到巴塞罗那做餐饮生意，将粤菜带到了西班牙。

此外，旅游景点也多了"中国元素"。在旅游胜地阿尔卡萨城堡，大街小巷的指示牌都用西班牙语、英语、中文标示。华人导游大庆说，几年前，指示牌上是日语，现在中文取代了日语。另外，无论是巴塞罗那圣家族大教堂、米拉之家，还是马德里皇宫、马德里足球场等景点，都有音频中文解说。

中国游客"买买买"也让西班牙受益。据当地媒体报道，西班牙旅游组织统计，2015 年中国籍游客在西班牙的购物数量较 2014 年增长 50%，每位中国游客平均消费 1000 欧元，相当于英国游客一个星期的消费额。记者发现，巴塞罗那著名的购物街感恩大道，几乎每家品牌店都雇用一至两名华人店员，专门为华人游客服务。

"中国制造"广受欢迎

在巴塞罗那、马德里的超市、商场，不少商品来自中国。导游大隆和大庆都表示，"你要买东西带回中国，得先看看产地"。在马德里附近一个著名的"打折村"，记者看中一款新颖别致的女式手提包，准备购买时发现产自中国。在托莱多古城一家文具玩具店，记者看中一款旅行用水杯，一看产地又是"P.R.C"（注：中国）。当地华人说，"中国制造"因价廉物美，在当地很受欢迎。

中国商品在这里货如轮转。距马德里城南 20 公里，有一个 Cobo Calleja 仓库工业区，这里是西班牙规模最大的"中国商贸城"。羊城晚报全媒体记者来到这里探访，只见密密麻麻的库房被道路隔成若干个规整的街区，街道两旁的店铺鳞次栉比，沿街的中文招牌琳琅满目，各种商品应有尽有。

10点多店铺刚刚开业，已陆续有客人前来进货。当地华人陈先生介绍，整个中国商贸城占地近百万平方米，是周边城市乃至邻国商户前来批发货物的主要集散地。

"商贸城"均由华人经营，商品来自中国各地：服装发自广州，手机及配件源于深圳，灯饰多来自中山，百货小商品则来自浙江义乌。

华人乐意充当桥梁纽带

"一带一路"倡议对西班牙华侨华人来说，是个难得的机遇。他们在寻找机会发展，也乐意充当中国与西班牙投资贸易、文化往来的桥梁和纽带。

当地华人介绍，目前在巴塞罗那定居华人有8万人，首都马德里则有约12万人。而旅居西班牙的华人群体中，主要以浙江青田、温州籍为主。浙江青田人周永伟是西班牙华人青年联谊会主席，同时也是西班牙华侨华人社团联谊总会主席团主要成员。据他介绍，今年6月，他们联手合股收购了西班牙加泰罗尼亚大区一个逾百年历史的橄榄油庄园，准备和西班牙本地企业合作，打造成世界上橄榄油产量最大的公司，还准备把产品销往中国。

30出头的叶茂，在广东星辉娱乐投资运营的巴塞罗那皇家西班牙人足球俱乐部工作，负责总部协调工作与足球学校、海外青训业务。叶茂9岁时就来到西班牙，父母在巴塞罗那做生意，他的青少年时光就是在这座城市度过的。"大多数华人很喜欢西班牙巴塞罗那，加泰罗尼亚民族不排外，华人在这里能够很好地融入当地社会。"

叶茂告诉记者，因为西班牙广东籍朋友的介绍及业务合作的关系，他从原来的律师事务所跳槽，进入皇家西班牙人俱乐部工作。

一提到西班牙足球，国人立即会想到"皇马"与"巴萨"等世界豪门球会，而皇家西班牙人正是与巴萨同在巴塞罗那，也是西甲联赛前十的球队。"俱乐部的足球青少年培训水平在西班牙、欧洲联赛中都是领先的，作为中资企业，下一步肯定要和中国足球走得更近一些，中国足球近年发展非常快，但长期发展还要依靠完善青训系统，才能培养出自己的优秀球员。"叶茂介绍说，接下来将把其他国家的足球学校成功模式复制到中国市场，目前已和国内几家机构在洽谈青训合作计划。

据介绍，皇家西班牙人俱乐部的足球学校还开设了一个"全华班"，接纳当地华人孩子，利用周末时间学习足球技术，目前有50多个学员。"既是一个促成当地华人交流的平台，同时也密切了华人与俱乐部的关系。"叶茂说。

对于中国提出的"一带一路"倡议，叶茂认为这不仅广受海外华人关注，西班牙当地人也有所了解，对于欧洲国家来说，这是一个非常好的发展机遇。"可以带动亚欧两大经济体的共同发展，相信西班牙的各行各业都能借助这个机会，找到适合自己的位置。"

第三章　全媒体新闻写作

全媒体是媒介形态大变革中最为崭新的传播形态，它是信息、通信及网络技术条件下，各种媒介实现深度融合的结果。全媒体新闻写作是在全媒体传播过程中，新闻内容生产的一个重要环节，全媒体的关键词在于"全"，表现在信息形态全覆盖，传播路径全平台，接收终端全品类，综合运用各种媒介表现形式，全方位、立体地展示传播内容。

第一节　全媒体新闻写作的特点

相比传统新闻写作，全媒体新闻写作的特点有以下五个。

一、全媒体新闻写作以视频为主

全媒体新闻写作较之传统媒体写作，由文字为主转向以视频为主。如网络"微"媒体（微博、微信、微视频、微电影）发布的新闻、数据新闻、网络直播新闻、AR/VR 新闻等，视频化形象生动、如见其人、如闻其声、如临其境、直观真实，视频成为全媒体时代新闻最为重要的表现方式。又如报业将视频化、移动化作为转型的关键路径，2018 年报纸微博开通率为 93.3%，微信开通率为 98.2%。再如，2016 年两会期间，新华社拍摄了新闻发布会、会议记录、现场采访等 19 个 VR 视频，人民日报客户端则用 VR 技术无死角观察全会场。视频、图像、音乐等是全球通用的视听语言，可以跨国界、跨地域、跨文字、跨语言，促使传播立体化、全景化呈现，如 1969 年阿波罗号登月直播（如图 3-1、图 3-2 所示）。

图 3-1　1969 年电视直播阿波罗号登月成功　　图 3-2　阿姆斯特朗（Neil A.Armstrong）登月的
脚印

　　新闻写作由以文字为主转向以视频为主，并不表明文字符号不重要，文字符号仍然是媒体报道非常依赖的表达元素，依然焕发着旺盛的生命力。文字具有强大的穿越时空的能力，且对媒介技术、传媒工具的依赖较弱，具有更强的独立性，可以更加完美地实现表达的自由，可以将复杂多样的内容串联起来，可以灵活地将不同媒介元素呈现的内容联结在一起，使传播主体表达实现全新拓展。文字符号释放着变革人类传播模式的伟力。

　　近些年来，视频化成为互联网新闻的一大趋势。中央广播电视总台中央电视台前副台长孙玉胜早就指出，媒介发展到视听阶段，视频是传播的最高形态，一百多年来没有改变，未来也不会改变，改变的是渠道、终端和呈现方式，近一年多来短视频井喷式的爆发再次证明了这一点。[①] 随着全媒体时代的到来，新闻制作已进入多屏时代、跨屏时代、"大电视"时代。当前，用户的两屏即"手机 + 电视""手机 + 电脑"和多屏使用习惯正在形成，如美国用户 90% 的媒体消费都花在视频上——电视、手机、平板电脑和 PC（个人计算机）。媒体的视频转向标志着现代世界已"视觉化"。

二、双向交流

　　在传统媒体中，报纸的表达元素主要是文字和图片；广播的表达元素是单一的音频媒介元素；电视虽然能运用文字、图片、音频、视频等元素来传达信息，却缺少互动设置这一关键性的媒介元素——互动设置是指在线互动设置，它是新媒体与传统媒体的关键区别所在，为传播主体与受众主体平等对话提供了无限可能。随着数字技术、网络技术的发展和 5G 时代的到来，新媒体打破了各媒介的壁垒，使文字、图片、视频、音频、超链接、互动设置等表达元素在互联网上实现融合。

　　全媒体新闻写作的特点体现在写作交流的双向互动上，传播方式由单向传播演绎为双

---

① 孙玉胜.视频是传播的最高形态 未来也不会改变 [EB/OL].(2018-09-09）[2023-11-10].https://www.sohu.com/a/252758117_570245.

向甚至多向交流。传受双方形成一种全新的自由、平等、民主的互动交流状态，通过回复、评论、点赞等方式参与传播过程，大大增强了新闻传播效果。

例如，站位高远、篇幅宏大、内容厚重、形式新颖的报道《人民至上》(《辽宁日报》，系列报道，2021年6月28日—7月1日)，既有走进历史深处挖掘党史记忆的深度报道，又有立足当下记录新时代新故事的现场速写，充分发挥了全媒体优势，其聚合了文字、图片、视频、H5、长图等多样表达元素，展现了百年大党的梦想与追求、情怀与担当。这篇多层次、多角度的立体化报道，满足了广大受众对重大主题报道深度、广度、温度的要求，实现了线上线下广泛互动，全网阅读量和受众参与人次逾5000万。

又如，《漫长的2秒：伊宁男童从5楼坠落后》(天山网新闻客户端，2019年5月24日)，讲述了伊宁小伙托尼可·吐尔干别克见男童从楼上坠落，抢先将其接住时当场被砸晕的事迹。托尼可因见义勇为被网民热情地称赞为"没有穿披风的超人"，被当地政府授予"见义勇为道德模范"称号。这一新闻一时成为网络热点，被《人民日报》、新华社、央视网、《环球时报》、《中国日报》、《北京青年报》、《广州日报》、《成都商报》等数十家媒体转发。微博视频观看量458万次，全网累计播放量超1000万次，点赞量352万。

三、数字化、网络化

数字化是借助计算机技术，把语言、文字、声音、图像等转换为数字形式进行信息交流的过程。数字化是以数字制式全面替代传统模拟制式的转变过程，占领互联网主阵地。

以数据为中心是媒体融合的必由之路。全媒体时代，数字技术、网络技术的发展与运用，使新闻写作的手段呈现出数字化与网络化的特点，数字技术和网络技术的发展，为不同媒体新闻写作提供了技术手段。记者既可以运用数字化书写和扫描工具、数字录音笔、数字照相机、数字摄像机、手机等随意进行新闻采写，又可以对视频、文字、声音、图表、图像、动画等数字化素材进行编辑、制作、修改。这就要求记者从"一专"变为"多能"，成为采、写、评、摄、录、编、网络技能运用、现代设备操作的多面手，从单一传播向多元传播转型，最重要的是，记者要具备全媒体思维能力和全平台的综合运用能力，从而成为全媒体记者、全能型记者。

四、全民性

在全媒体背景下，受众既是新闻的消费者又是新闻的制作者，"沉默的大多数"拥有了话语权和选择权，过去新闻写作是专职记者的职能，而在全媒体时代，新闻写作人群已扩展至网民、手机用户和新闻爱好者等非记者人群，我们已经进入"所有人对所有人的传播"时代。

五、专职记者的联合协作

全媒体新闻写作的又一突出特点是新闻记者不像传统媒体的记者那样单枪匹马地跑新闻、写新闻，制作新闻不再是某一家媒体、某一个记者的工作，而是媒体联合、"多兵种"作战，全媒体突破传播介质的局限，实现新闻跨媒体互动传播。

第二节　全媒体新闻写作

推进媒体深度融合发展，建设全媒体，是业界、学界研究与关注的焦点。

新闻写作即新闻制作环节，决定着新闻信息能不能以新闻报道的形式传播出去，在新闻生产中占据核心地位。新闻写作是做好新闻传播工作的决定性因素，决定了新闻作品的最终呈现，新闻写作在新闻融合转型的传播中起着关键作用，融合转型是全媒体时代媒体发展的一大趋势。

一、全媒体时代的媒体为什么要融合

移动互联网的冲击，新兴媒体的迅猛发展，受众群的流失，受众年龄的老化，广告效应的减弱，广告收入的分流等，都给传统媒体带来生存危机。融合是新闻组织摆脱职业困境的良方，也是新闻工作者理性选择的良方。传统媒体遭受的生存危机，只能通过融合、改革创新来化解。业界的全媒体实践是传统媒体危机下的自觉，也是其自我革新的使命。

在媒体发展的关键时刻，习近平总书记谋篇布局，指明方向，为新闻舆论工作提供了根本遵循，深刻回答了"为什么融合发展""怎样融合发展""融合发展的目的"等一系列方向性、根本性、全局性、战略性的重大问题，其论述是媒体融合发展的根本指南和行动纲领。

2019 年 1 月 25 日，习近平总书记在主持中共中央政治局第十二次集体学习时说："要运用信息革命成果，推动媒体融合向纵深发展，做大做强主流舆论，巩固全党全国人民团结奋斗的共同思想基础，为实现'两个一百年'奋斗目标、实现中华民族伟大复兴的中国梦提供强大精神力量和舆论支持。"[①]2019 年 10 月 31 日，党的十九届四中全会通过的《中共中央关于坚持和完善中国特色社会主义制度 推进国家治理体系和治理能力现代化若干重大问题的决定》提出，构建全媒体传播体系是我国当前媒体深度融合发展的总体目标。

媒体的融合是媒体的结构性变化，是颠覆性的、创新式的变革，是质变的过程。

---

① 中华人民共和国中央人民政府.习近平主持中共中央政治局第十二次集体学习并发表重要讲话 [EB/OL].(2019−01−25)[2023−12−22].https://www.gov.cn/xinwen/2019−01/25 content−5361197.htm.

充满朝气的新媒体，打破了传统媒体对于信息传播和解读的垄断；而原来独守一隅的报社、广播电台、电视台等传统媒体由此看到了更加广阔的发展前景和更有活力的发展机遇——紧紧抓住这一重塑的机遇与挑战，主流媒体必须从自身传统中发掘融合创新中的核心优势，在最擅长的方向上深入探索，积极拥抱新媒体，寻求与新媒体融合，由传统思维方式转为全媒体思维方式，与新媒体共同建设具有传播力、引导力、影响力、公信力的适应现代传播体系的新型主流媒体。

将媒体融合发展置于国家战略发展的高度，是巩固宣传思想文化阵地、壮大主流思想舆论的战略举措，媒体融合是一场技术革命带来的媒体转型，更是一场国家层面谋划和推动的重大变革，事关中国共产党能否牢牢掌握意识形态工作的主动权与话语权，具有重大的政治意义、理论意义、实践意义。

二、全媒体时代媒体怎样融合

全媒体时代的媒体融合一般有三条路径，即传统媒体之间的融合渗透，新媒体之间的融合渗透，新媒体与传统媒体之间的融合渗透。

（一）新媒体与传统媒体的融合之道

新媒体与传统媒体的融合需要从以下两方面入手。

1. 内容方面

新媒体是以互联网特别是移动互联网为支撑发展起来的，必须高度重视它的地位与作用，互联网已经是宣传思想工作的主阵地和最前沿阵地，已经成为信息传播的主渠道和舆论斗争的主战场。传统媒体的转型就是要进行一场媒介融合的革命，即要解放思想，打破观念、体制、技术各方面的枷锁，彻底转变思维方式，树立"互联网 +"思维，强化新媒体理念和思维，通过传统媒体与新媒体的深度融合转型为新型主流媒体，构建全媒体传播体系。

新媒体虽然传播手段新颖，传播范围广，互动性强，但在内容为王的传媒领域仍然处于弱势，新媒体需要传统媒体的深度和公信力，而传统媒体需要新媒体的互动和渠道。党报、党刊、党台、党网等传统主流媒体关注重大问题、发挥重大影响，具备权威地位，有党政机构支撑，[①] 承担着宣传党在新时期社会主义核心价值观的重要作用，肩负着重大的历史和现实责任，影响着人民价值选择和意识形态导向。传统主流媒体需挖掘体制潜力，用足体制优势，延展体制优势，即依托内容、品牌、公信力、影响力、权威性、原创力等吸引用户，即积极开办微信、微博、微视频、公众号，积极干预网络、手机、移动电视、IPTV 等多媒体领域，涉足自媒体业务，借助互联网、移动互联网等传播渠道、终端与平台，从以前单一的媒介向多种传播形态转化，形成全媒体生产与传播业态，弘扬主旋律，占领

---

① 童兵 . 论新型主流媒体 [J]. 新闻爱好者，2015（7）.

舆论的制高点，彰显新型主流媒体的强大传播力。在全媒体时代，传统媒体转型的必由之路是将传统媒体的"深厚内力"与新媒体的"丰富招式"融为一体。

2.表达形式

互联网新技术带来了全新的表达元素和表达形式：表达形式是指各种媒介元素的融合呈现；表达元素是指在线互动设置、视频、音频、文字、图片等多种媒介元素。文字元素的素材向视音频元素素材的融合转型，要依据文字素材的内容，重新构思、策划、采集视音频素材，将文字素材中精彩的描述以视听语言形式完整生动地表现出来，依托互联网媒介技术，并在互联网媒介平台上实现。视音频类型的新闻写作融合转型为文字类型的新闻写作较为容易，文字类型的新闻写作融合转型为视音频类型的新闻写作则复杂得多，媒体融合要把各种媒介元素配置到恰当的位置，让每一种媒介元素的优势得到充分发挥（见表3-1）。

表3-1　媒介元素的适宜配置

媒介元素	事实信息类别
文字	各种事件及非事件信息，观念，时政、教育、社会问题，不宜直接展示的场面或情境
照片	人物、事件、自然
图表	经济与社会发展、复杂数据
漫画	新闻模拟（灾难、事故、警事、科技、航空），暴力或血腥场面，时政、国际、体育等
音频	演讲、直接引语，有特色的声音，不愿意露面的消息来源
视频	冲突事件、灾难、事故、人物、风貌、动物、体育赛事、文艺演出
互动	用户评论、意见调查，用户创造内容
链接	新闻背景、相关新闻

文字类型元素向视音频类型元素的融合转型是大量的、普遍的，因为视频制作凭借数字和网络技术的优势，已经实现了新闻的立体化、全景化呈现，这是全媒体时代新闻写作发展的一大趋势。国内外主流媒体如《人民日报》、《中国日报》、《纽约时报》、英国广播公司（BBC）等已与新媒体深度融合，构建全媒体传播体系。

《人民日报》作为中共中央机关报，是媒体融合的先行者和实践者，近几年形成了"1+3+1"的全媒体矩阵："1"即以纸质版的机关报为主体，"3"即由人民网（国际互联网上最大的综合性网络媒体之一）、"两微两端"、电子阅报栏构成的新兴媒体三大平台，"1"指一个"中央厨房"，即全媒体平台。《人民日报》全媒体矩阵现已涵盖报、网、端、微、屏等10多种载体和400多个终端平台，综合覆盖受众超过9亿。人民日报客户端、法人微博、微信公众号的影响力均居全国媒体前列。

中国日报传媒集团近年来大力推进全媒体建设，现拥有报纸、网站、移动客户端、脸书（Facebook）、推特（Twitter）、微博、微信、电子报等 10 余种媒介平台，拥有由中国版及 9 个海外版数字媒体构建的覆盖全球各大洲的传播体系，中国日报传媒集团是国内外高端人士首选的中国英文媒体，已成为国家外宣的重要阵地和境外媒体转载率最高的中国信息源之一。

《南方日报》作为广东省委机关报，扎根改革开放的前沿阵地，守正创新。除了传统的报纸，电子报、南方网、视频直播平台、社交平台等已经成为《南方日报》的传播重镇。在南方网的首页，栏目设置覆盖要闻、党建、广东、中国、国际、经济、直播、融媒、网评、视频、社会等 23 个方面，在融媒体发展方面探索出了自己的道路。

中国国际电视台（China Global Television Network，CGTN）是以"电视+网络"为基础的，多语种、多平台的媒体集群，其拥有官方电视频道、移动客户端、社交媒体，实现了由传统电视向新型融媒体集群的转型升级。

长兴传媒集团是浙江省湖州市长兴县 2011 年 4 月 15 日成立的全国第一家整合广电和报业资源的县域全媒体传播集团，由长兴广播电视台、长兴宣传信息中心、县委报道组、"中国长兴"政府门户网站（新闻板块）跨媒体整合而成。目前，长兴传媒集团旗下有电视、广播、报纸、网站、App，"两微一端"。培养了一支能采会说、能写会编、能拍会摄的全媒体记者队伍。县级融媒体是媒体融合发展进程的关键环节，也是整个媒体融合体系中最后一个环节。县级融媒体中心 2018 年首次提出，至 2020 年底，基本实现全国范围的全覆盖，近千家县级融媒体中心取得网络视听节目许可证。

《纽约时报》是美国具有代表性的报纸，它的发展经历了广播、电视和互联网的巨大变迁，是传统主流媒体走向媒体融合的先行者。它的技术融合、内容融合、组织融合、经营融合的实践探索为传统主流媒体的数字化转型提供了众多可供参考的经验。如 2013 年获普利策新闻特稿奖的《雪崩：特纳尔溪事故》，其运用多媒体技术进行新闻创作与呈现，开启了多媒体新闻叙事新模式，具有颠覆传统报纸新闻呈现方式的里程碑意义；又如 2015 年创新运用 VR 等技术进行新闻叙事的纪录片《流离失所》，该纪录片通过构建虚拟全景，探索了全媒体时代的新闻呈现方式，给受众带来了浸入式的新闻阅读体验。

英国广播公司是西方世界进行媒介融合实践较早、发展态势较好的新闻媒体之一，它打破传统媒体界限，将内容重组为"新闻""视频""音频与音乐"三类，通过跨平台全媒体播出系统发布给广播、电视、网络、智能手机等多个终端的受众，实现了全媒体加多终端渠道的大融合，英国网民能用自主的 iplayer 终端下载、播放 BBC 的任何节目。

（二）网台联动、网台互动之道

网台联动、网台互动是指电视台借助互联网渠道，进行内容传播和功能拓展，互联网借助电视台，进行产品价值、公信力提升的双向促进过程，其打破了单一媒体的传播局限，形成了网台联动的全景式传播。

网台联动主要有电视台与网络电视台、电视台与视频网站、电视台与微博联动三种。电视台是电视节目的制作者和传播者，电视节目的核心资源掌控在电视台手中，电视荧屏这个端口是传播活动的基础平台，电视荧屏经过历史的积淀，培养了庞大的观众群体，具有"根深蒂固"的平台优势。电视媒体在全媒体时代要寻求突破，必须整合网媒资源，多频融合、互动传播，实现多屏传播的发展战略，在新的传播格局下，如何对内容资源进行全方位、深层次的开发利用，实现内容的不断创新，意义尤其重大。如在国内拥有较多资源的中央广播电视总台率先开始了网台融合的探索，2010年7月，"央视网"全面并入中国网络电视台，建成了网络电视、IPTV、手机电视、移动电视、互联网电视5大集成播控平台，已覆盖190多个国家及地区的互联网用户，建立起了全球化、全媒体、全覆盖的现代电视传播体系（见表3-2）。

表3-2　中央广播电视总台现有主要媒体资源一览表

原账号主体	产品类型												其他资源		
	旗下主要产品	自有媒体								合作媒体		总台成立后主要媒体产品	品牌栏目	子公司	其他
		国内						国际		国内	国际				牌照
		网站	微信公众号	微博	客户端安卓	客户端苹果	头条号	脸谱	推特					中国国际电视总公司 中视传媒股份有限公司 天脉聚源（北京）科技有限公司	互联网电视牌照 IPTV集成播控总平台
中央电视台	38个电视频道		√	√	√	√	√			大剧院·古典客户端		独立播出频道：中央广播电视总台4K超高清频道	《新闻联播》《焦点访谈》央视春晚 小央视频		
	央视网	√	√	√			√	√							
	CGTN	√	√	√	√	√	√	√	√						
	央视新闻		√	√	√	√	√	√	√						
	CBox央视影音														
	熊猫频道		√	√			√								
	CCTV微视		√	√	√	√	√								
中央人民广播电台	16个广播频率 2个电视频道	√	√	√	√	√	√					5G新媒体平台：央视频	《央广财经评论》《新闻纵横》	央广传媒发展总公司	互联网电视牌照
	央广网	√	√	√			√	√							

续表

原账号主体		产品类型										其他资源		
中国国际广播电台	200余家海外电台（含合作电台）	√	√	√	√	√		√		中俄头条客户端	超高清视音频领域国家重点实验室	环球资讯 轻松调频 世界华声	国广环球传媒控股有限公司	互联网电视牌照
	CIBN 国际在线	√	√	√	√	√			√					
		√	√	√	√	√	√		√					
	环球资讯广播	√	√	√	√	√								

网络电视台得到了优势电视平台的内容、广告、业务等全方位的支持，这大大提高了网络平台的引导力、公信力、影响力，双方从深度与广度上加大网台联动，实现精品内容在网台用户中传播，形成优势资源共享的新模式。

如江苏网络电视台与江苏电视台，新蓝网与浙江电视台，中国时刻网和深圳电视台，中国城市联合网络电视台（CUTV）与其17个成员台都在展开网台联动的实践与探索。中国网络电视台通过整合内容资源，打造融媒体数据库，建设多语种、多终端网络视频平台等，建立起完整的网台融合体系。

湖南卫视是国内在网台联动上做得非常好的媒体之一——完成金鹰网与原芒果TV的整合，推出全新的"芒果TV"网络平台。其实现了内容产品、运营团队、基础业务等的深度整合，走上了"以我为主，一云多屏"的融合发展之路。①

网台互动实现跨屏互动，大大提高了收视率，为视听主流媒体互动业务拓展、业务创新提供了强有力的技术支撑。

（三）单屏走向跨屏，"大屏小屏"融合，多屏联动之道

2016年移动视频直播开始攻占媒体市场，其改变了新闻报道的内容形态、生产流程和传播方式，开辟了全媒体转型新渠道，由电视、电脑的大屏转移到手机、平板的小屏，由横向宽屏变成纵向竖屏，创新地运用了"大屏小屏"融合，单屏走向跨屏，多屏联动——多屏联动并不是去"电视化"，而是电视与其他屏幕终端的深度融合。在多屏时代，没有一种屏幕能完全独霸用户的时间和距离，只有这些屏幕结合在一起使用，才能发挥出巨大的作用，即提高内容资源的利用率和投资收益率，实现内容资源多屏化运用。

移动新闻直播依托的"小屏"模式与电视"大屏"各有不同的传播特性。首先，大屏画面丰富，画质清晰，视野不受限制，承载的信息量较大，且多用于播放权威和严肃的内容；移动终端小屏受限于物理属性，画面清晰度不够高，倾向于中、近、特等镜头，但由于交互、便携等优势，其承载了更多轻量的、细节的、趣味的内容。需明确的是，大屏、

---

① 吕焕斌.以我为主建设新型主流媒体——湖南广播电视台"双平台"带动战略阐释[J].中国广播电视学刊,2016(1):48-53.

小屏两者不是对立的，而是内容上相互补充，实现了大小屏融合传播，拓展信息维度。其次，移动新闻直播不同于电视直播，它兼具横、竖两屏，横屏直播界面便于提供更多场景信息，营造更强的叙事感，竖屏直播界面的伴随性和参与感更强，便于主体性呈现，受众容易产生情绪共鸣。[1]新闻媒体可以通过多屏互联互通，多层次、立体化地呈现新闻信息，大屏小屏互动直播，两种媒介各显神通，使得现场报道更加有深度、吸引人、平民化视角，贴近实际、贴近群众、贴近生活。做更有温度的报道，这是新闻宣传的生命所在。

上文提及的湖南卫视，紧紧抓住大屏走向小屏的机遇，开辟了芒果TV这个新兴平台，芒果TV手机端几乎容纳了湖南卫视的全部播出内容，成为现象级平台。

获得第三十一届中国新闻奖一等奖的移动直播作品《巅峰见证——2020珠峰高程登顶测量》。新华社直播团队克服气象条件恶劣、5G信号难以覆盖峰顶等诸多难题，成为全球首家在珠峰峰顶完成5G+4K+VR直播的媒体，实现了重大主题融合报道、新技术应用和多形态同步直播等多项创新，直播及短视频总点击量突破1.2亿次（如图3-3所示）。

图 3-3   2020 年珠峰高程登顶测量画面

荣获第二十九届中国新闻奖一等奖的移动直播作品《直击 7·5 泰国普吉游船倾覆事故现场 救援仍在进行》（浙江新闻客户端，2018 年 7 月 7 日），通过实时图文视频滚动报道、弹幕互动文字等，完成了两场长达 11 个小时的移动直播，该直播作品"实现了传播同步性和异步性的统一，成为一个立体的跨时空信息场"[2]。

获得第三十届中国新闻奖融合创新一等奖的《2019 对话 1949：时代变了 初心未变》，选取了"H5+短视频"的表现方式，使用了"双屏互动"等新媒体技术。

第三十届中国新闻奖一等奖获奖作品《直播丨百色大暴雨引发山洪，公路塌方车辆被冲走！通讯员黄文秀发回现场视频后却不幸遇难……》（广西云客户端，2019 年 6 月 17 日），

① 张世轩. 移动客户端与电视报道的形态变革——以重庆广电集团"第 1 眼新闻"移动客户端为例 [J]. 新闻爱好者，2017（10）：42-43.
② 詹晨林，陈洁. 移动新闻直播报道：定义、特征与趋势 [J]. 电视研究，2018（3）：35-37.

其最初直播报道者为广西壮族自治区百色市委宣传部理论科副科长、乐业县新化镇百坭村党组织第一书记黄文秀。2019年6月16日晚,黄文秀在驾车回村途中遭遇山洪、暴雨、公路塌方、车辆冲走的险情,她用手机拍摄现场后,将视频发给广西云客户端百色记者站。这场直播让人牵肠挂肚,是全程性、贴近性移动报道的生动案例。广西云客户端的直播是当时国内媒体中对这一突发事件最及时、最高效、最完整、全方位的直播报道。

移动新闻直播作为新兴的报道形态,成为思想文化宣传和主流舆论阵地建设的重要入口,主流媒体借用移动直播的新形式积极发声,移动直播成为传统媒体融合转型的切入点,移动屏成为多屏传播过程中最关键的入口。

从多屏传播的本质来看,多屏联动的关键不仅仅是信息传达层面的多屏传播,更重要的是要让多屏之间的信息与受众"动"起来,只有让不同屏前的受众对节目在感知层面形成有效共识,方能将分散在不同终端的受众注意力聚合到节目的核心元素上。因此,电视节目制作者需要针对不同屏幕的需求进行多屏的内容策划与布局,真正做到"服务因屏而动",从而实现对内容资源的深度挖掘——无论媒体的形式如何变化,新闻报道的内容仍然是制胜的核心,高质量的内容是传媒竞争的焦点,这是传媒业的一条黄金"定律"。

阅读·思考·实训题

1. 学习全媒体新闻写作有什么重要意义?

2. 全媒体新闻写作与传统新闻写作是怎样的关系?

3. 融合报道等同于全媒体报道吗?为什么?

4. 面向"地球村",新闻记者如何面向中国报道全球?又如何面向全球报道中国?请举例说明。

5. 分析近期发生的一个新闻事件在全媒体环境下传播的情况,归纳其传播特点。

6. 把《周恩来总理逝世,北京沉浸在悲痛之中》尝试转成全媒体新闻。

法新社北京1976年1月9日电(记者比昂尼克) 北京电台于今日清晨当地时间5时宣布周恩来总理逝世的消息,但是,大部分中国人还不知道他们的总理已经逝世。

当新华社的电传打字机于当地时间4时过一点儿发出这条消息时,中国几乎所有的街道都没有行人。

在法新社所在的大楼里,当记者把消息告诉开电梯的姑娘时,她顿时放声痛哭。

在对一位中国口译人员表示慰问时,他眼中含着泪,嘴唇颤抖地说:"我们没有料到。我们非常爱戴他,他是一位杰出的革命家。"

中国人民对周恩来极其爱戴,这样说并不夸张,他们感到与周恩来非常亲近。

预计全中国都将表现出巨大的悲痛,就像今天清晨听到这个悲伤消息的那位中国少女所表现出来的那样。

Part 2
第二篇　报纸新闻写作

第四章　消息写作

在传播媒介中，各种各样的事实主要靠消息传播。消息是报纸、广播、电视新闻大家族中的主力军，冲在新闻的最前端，承担"第一报"的任务，在全媒体时代，消息仍然是媒体信息的"基石"。

消息又被称为新闻，它是以简要的文字迅速及时地报道有价值的新闻事实的一种新闻文体，是最经常、最大量运用的新闻报道体裁。新闻有广义和狭义之分，广义的新闻是指报刊、广播和电视经常使用的一类文章体裁，如消息、通讯、特写、调查报告等；狭义的新闻专指消息。

第一节　标题、导语、背景、结构

一、标题

新闻标题对于受众来说是第一视觉冲击波，对传播信息、沟通受众、引导舆论、表现主旨有举足轻重的作用。因此，标题的制作一向被新闻工作者看重。尤其是当今面对全媒体时代，面对市场经济的激烈竞争，新闻工作者在制作标题上更是绞尽脑汁，以期达到先声夺人、吸引受众的目的。

（一）消息标题的特点

1. 揭示新闻事实，这是构成消息标题的必备条件

如：习近平将出席博鳌亚洲论坛 2021 年年会开幕式

——《广州日报》　2021 年 4 月 20 日

2. 对事实表述须呈动态

如：中国人首次进入自己的空间站

——《人民日报》　2021 年 6 月 18 日

上海将建最大氢气充装中心　　　　　　　　　　　　（主题）
建成后将年产超 8400 吨氢气　　　　　　　　　　　（副题）

——《解放日报》　2022 年 3 月 2 日

（二）消息标题的结构

消息标题的结构是指一条消息标题的各个组成部分及其相互联系的方式。消息标题按其结构，可分为单一式和复合式两种。单一式标题只有主题无辅题，主题可以是一行题或两行题（又称双主题），但必须是实题，必须意义完整。复合式标题有主题和辅题，辅题包括引题和副题。引题又被称为肩题、眉题、上辅题；副题又被称为子题、下辅题。在复合式标题中，可同时具有引题和副题，也可只具有其中的一种。这里着重介绍复合式标题的结构。

主题、引题和副题有各自的特点，在复合式标题中各司其职。

1. 主题是消息标题的核心

主题是标题中最主要的部分，没有主题，消息标题就不能成立。从内容来说，主题说明新闻中最重要的事实和观点；从结构来说，主题是标题的枢纽，居于最显著的位置。

经中央军委主席习近平批准　　　　　　　　　　　　　　　　　　　　（引题）

中央军委印发《关于加强新时代军队人才工作的决定》　　　　　　　　（主题）

中央军委办公厅印发相关配套政策措施　　　　　　　　　　　　　　　（副题）

——《人民日报》　2022 年 1 月 27 日

主题"中央军委印发《关于加强新时代军队人才工作的决定》"是新闻中最重要的事实，位置最显著，它在报纸上的字号最大。

2. 引题位于主题前

引题的主要作用是引导和铺垫，是主题的"先行官"，字号一般大于副题。

（1）引题引出主题有多种方式，最常见的是交代和说明与主题相关的背景。

上例中的引题"经中央军委主席习近平批准"在主题之前，是为了交代、说明主题的背景。

（2）引题先交代部分事实，主题再交代部分事实。

如：一箭 22 星！　　　　　　　　　　　　　　　　　　　　　　　　（引题）

长征八号火箭创我国一箭多星最高纪录　　　　　　　　　　　　　　（主题）

——《光明日报》　2022 年 2 月 28 日

（3）引题只提出疑问和发表议论引出主题。

如：郑州荥阳碧桂园一项目多次收到"停工通知书"，却不见任何停工迹象（引题）

6 张"停工通知书"咋管不住 1 个违法项目？　　　　　　　　　　（主题）

律师表示，当地政府有关部门如不能采取有效的强制措施，有可能导致更多违法别墅项目的出现　　　　　　　　　　　　　　　　　　　　　　　　　（副题）

——《工人日报》　2017 年 3 月 27 日

3. 副题位于主题后

副题主要对主题起"续"的作用，用来补充和解释主题，是主题的"后勤部队"。

上例中的副题"律师表示，当地政府有关部门如不能采取有效的强制措施，有可能导致更多违法别墅项目的出现"在主题之后，是为了补充、解释主题。

如：广东建档立卡困难职工全部解困脱困 （主题）

　　5 年中，困难职工家庭可支配收入平均增长 23.3% （副题）

　　　　　　　　　　　　　　——《工人日报》 2022 年 1 月 6 日

（1）主题只提出论断或疑问，副题则报告新闻事实。

如：为何 2 月不仅冷而且冷得久？ （主题）

　　还是"拉尼娜"在捣乱 3 月预计广东大部气温偏高降水偏少 （副题）

　　　　　　　　　　　　　　——《广州日报》 2022 年 2 月 20 日

（2）主题报告主要的新闻事实，副题则补充报告次要事实。

如：俄乌代表团首轮谈判结束 （主题）

　　普京与马克龙通话时表明解决乌克兰危机的条件 （副题）

　　　　　　　　　　　　　　——《文汇报》 2022 年 3 月 1 日

（三）消息标题的作用

1. 传播新闻信息

消息标题以最精练的文字将新闻中最有价值、最生动的内容传播给受众。

2. 评价新闻内容

标题对新闻内容的评价方法有许多，这里主要介绍以下四种。

（1）通过对新闻事实的选择来评价。

如：回乡大学生三项发明为 800 多牧户节省 1 亿元

　　　　　　　　　　　　　——《锡林郭勒盟日报》 2019 年 8 月 8 日

标题中写什么，不写什么，代表了编辑部的立场和观点。

（2）通过将新闻事实放在标题中的不同位置来评价。

编辑部制作标题时，总是把最重要的新闻事实放在主题上，把次要的事实安排到辅题上。受众从编辑部对标题位置的安排中，能明了报纸对新闻内容的评价。

如：三明市昨日颁发全国首张林业碳票 （引题）

　　"空气"卖到钱了 （主题）

　　　　　　　　　　　　　　——《福建日报》 2021 年 5 月 19 日

（3）通过对新闻事实直接发表议论来评价。

如：重要里程碑！哈工大教授破解"T 细胞"世界之谜 （主题）

　　发现免疫细胞重要受体结构对免疫治疗癌症意义重大 （副题）

　　　　　　　　　　　　　　——《黑龙江日报》 2019 年 8 月 30 日

（4）通过叙述新闻事实所使用的不同词语来评价。

如：自强巷 65 号楼外墙粉刷只刷临街两面　居民：民心工程还是面子工程？

——《宁夏日报》　2019 年 8 月 8 日

3. 组织新闻内容

用一个大标题、专栏题来"统率"某一类消息，把报道同一内容的几篇稿件或几篇从不同角度反映同一题材的稿件集纳在一起，进行提示或评价。这样化零为整，火力集中，说服力强，传播效果好。

4. 吸引受众

诚然，内容决定形式，但形式又反作用于内容，文字简洁、通俗易懂的标题比复杂、艰涩的标题更具有吸引力；具体形象的标题比抽象概括的标题更具有吸引力；能引起广泛兴趣的标题比专业性强的标题更具有吸引力。

如：日食彗星世纪约会　天象奇观千年一回

——《解放日报》　1997 年 3 月 10 日

5. 美化版面

标题对报纸版面的美化起着极为重要的作用，因为它是报纸的"眼睛"，字体突出，位置醒目，且能够表情达意。若各个标题的排列错落有致，布局合理，就会使版面生动活泼，富于魅力。

（四）消息标题的写作

消息标题的写作同样要解决内容与形式的问题。所谓内容，就是要确定标题从新闻中提取出什么事实和观点；所谓形式，就是确定标题如何表现这些事实和观点。下面围绕这两个问题介绍。

1. 真实、准确

真实、准确是消息标题的生命。

（1）标题揭示的事实和观点，要与消息内容一致。

（2）标题中的论断在消息中要有充分的事实依据，标题中的文字表达要准确地反映消息的内容和思想观点。

2. 突出精华

（1）挑选消息中最重要、最新鲜、最有特点的事实或观点。

如：习近平：我将无我　不负人民

——人民网官方微信公众号　2019 年 3 月 24 日

把"我将无我　不负人民"放到标题中，主题突出、观点鲜明，人民领袖的大情怀、大担当跃然纸上。

又如：中国宣告消除千年绝对贫困

——新华社 2021 年 2 月 25 日

（2）把标题中最精彩的部分放在主题之中。

标题写进的事实，按照要素来分，有"何人""何事""何地""原因""结果"等，即把最有新闻价值、最有意义的要素写入主题。

如：重要里程碑！哈工大教授破解"T 细胞"世界之谜

"哈工大教授"对应要素"何人"，"破解'T 细胞'世界之谜"对应要素"何事"。

3. 旗帜鲜明

旗帜鲜明指的是标题的政治倾向、感情色彩问题，制作标题时要考虑标题的舆论导向。

一般来说，报纸的态度有三种：肯定（如歌颂、赞扬、支持、同情），否定（如怒斥、揭露、嘲笑、讥讽），中立。

肯定与否定传达的自然是鲜明的立场，这些都是从当前的经济形势和社会实际出发的，标题的针对性除针对当前形势外，还可针对当地受众。

既不肯定也不否定的中立态度，只要是实事求是地作出的恰当评价，也体现了态度鲜明。如有些消息报道的是突发事件，事态尚不清楚；有些消息报道的内容属别国的内部事务；有些学术问题尚有争议等，这类消息标题不宜表露明显的倾向。

持中立态度，不等于没有态度。含蓄，是一种表达立场的特殊手段和方式。

4. 简洁明快

要想消息的精华在标题中突出显示，文字必须简洁，以使受众一目了然。

要使标题简洁明快，可采用以下方法。

（1）删去标题中可有可无的字、词。

（2）精心"炼词"。

锤炼语言是制作标题的一项硬功夫。如 2019 年 8 月 29 日发表于《中国财经报》的《兰考"焦桐"意外长成"摇钱树"》，又如 2020 年 5 月 7 日发表于《浙江日报》的《浙江，全国首个牛杰省》，都是精心炼词制作出的标题。

（3）适当运用简称，能使标题简练。标题中出现的人名、地名、单位名、国名、事件名等凡能用简称的，都尽量用简称，减少标题字数，但用简称要符合惯例，如上例《兰考"焦桐"意外长成"摇钱树"》中的简称"焦桐"用得好。

5. 实题与虚题

消息标题的制作，除注意以上四个方面外，还需弄清实题与虚题的特点及制作上的不同要求。

根据表现方法和表现重点的不同，消息标题又可分为实题和虚题两种。实题是叙述事实的部分；虚题则是为了阐明新闻事实的思想意义。

（1）两者有何区别

实题，以叙事为主，着重表现具体的人物、动作、事件等基本要素。虚题，以说理为主，着重说明原则、道理、愿望等，点明新闻的意义，揭示其本质。

（2）实题和虚题的运用

①单独运用

凡实题能使受众明白新闻含义的，就不需要再作虚题。

②配合运用

配合运用就是指在一个标题中既有实题又有虚题：一部分实题需要借助虚题发挥和深化，而所有的虚题必须依托实题而存在。在配合使用中，主题以实题为主，因为受众看标题主要是为了获得消息中报道的事实，至于评价事实，则是第二位的。

实题和虚题的制作原则与单一型、复合型标题的制作原则基本上是一致的。

（五）当代新闻标题的特色

新时期的新闻标题有哪些特色？它的发展态势怎样？

1. 标题新闻的出现

标题新闻也被称为一句话新闻，是介于标题与简讯之间的一种新型的新闻体裁，以标题的形式对新闻事实作简要报道，这是一种脱离新闻而独立存在的标题。

标题新闻出现于 20 世纪 80 年代中期，它的出现打破了标题依附于新闻而存在的模式，现在不仅报纸，新媒体、融合媒体都在大量运用这一特殊的新闻品种。

标题新闻的特色体现在以下三个方面。

（1）内容丰富，信息量大，言简意赅，既可报道政治、经济、外事等方面的"硬"新闻，又能报道文化、体育等方面的"软"新闻。

（2）具备标题的结构与特点，可以用单一式结构，也可用复合式结构，是标题形式而非文章形式，制作原理与制作标题的原理一样。

（3）版面位置灵活自由，可集纳数条标题新闻组成一个专栏，也可让一条标题新闻独立存在；根据编辑意图，标题可置于版面的任何位置；同时，标题新闻可活跃版面，增加版面的美感。

2. 大标题的创新

大标题又被称为通栏题、横幅等，居于一个版面最显著位置，以强调某个时期的中心工作与指导思想，往往以口号形式单独出现，有很强的指导性和鼓动性。当今的大标题创造了引题＋主题＋提要题＋标题群的组合形式，给受众带来了强烈的视觉冲击。以《羊城晚报》1999 年 12 月 31 日的新闻标题为例。

2000 亚洲预测　　　　　　　　　　　　　　　　　　　　　　　　　　（引题）

21 世纪，亚洲要坐庄？　　　　　　　　　　　　　　　　　　　　　　（主题）

当我们快要结束 20 世纪，向 21 世纪迈进的时候，每个人都会提出一个问题：21 世纪是谁家的天下？美国人说，21 世纪是美国的世纪；欧洲人说，21 世纪是欧洲的世纪；亚洲则有人说，21 世纪还是亚洲的世纪。21 世纪到底是一个什么世纪，关系着每个国家、

每个地区的利益，值得我们每个人思索和研究。　　　　　　　　　　　　（提要题）

　　A 亚洲在崛起

　　B 美国正在买走日本！）

　　C 欧美，两个狠对手

　　D 几个"火车头"一齐开　　　　　　　　　　　　　　　　　　　　　　（标题）

主题是一个反问句，立足宏观，提出了一个问题：21 世纪，亚洲要坐庄？提要题提示了新闻的要点和值得人人思索与研究的全球问题。标题群中的 4 个标题引导受众多角度地进行科学分析与理性思考：21 世纪到底是一个什么样的世纪？是谁家的世纪？这种由"引题 + 主题 + 提要题 + 标题群"组合的标题气势恢宏，报道规模大，宣传力度强，多角度、多侧面、多视点、全方位地展开，对受众来说产生了抵挡不住的"诱惑"。

3. 符号标题的发展

如今越来越多的新闻工作者认识到符号标题在标题立意上的作用，认识到它在传播信息中具有独特的表情达意的功能，符号标题除用标点符号制作标题外，还可用其他学科符号作标题，如下例所示。

（1）自强巷 65 号楼外墙粉刷只刷临街两面　居民：民心工程还是面子工程？

　　　　　　　　　　　　　　　　　　　　——《宁夏日报》　2019 年 8 月 8 日

（2）郑州荥阳碧桂园一项目多次收到"停工通知书"，却不见任何停工迹象（引题）

　　　6 张"停工通知书"咋管不住 1 个违法项目？　　　　　　　　　　（主题）

　　　律师表示，当地政府有关部门如不能采取有效的强制措施，有可能导致更多违法别墅项目的出现　　　　　　　　　　　　　　　　　　　　　　　　　　（副题）

　　　　　　　　　　　　　　　　　　　　——《工人日报》　2017 年 3 月 27 日

（3）何厚铧加拿大母校的老师眼光远见，在他就读时给他的评价是：　　（引题）

　　　"A+"学生何厚铧　　　　　　　　　　　　　　　　　　　　　　（主题）

　　　　　　　　　　　　　　　　　　　　——《羊城晚报》　1999 年 12 月 25 日

前两例是标题中使用了标点符号，第三例主题中的"A+"最突出、最精练、最深刻，是具有特殊表达效果的符号，该标题由英文字母与文学符号构成，充分表达了加拿大母校的老师对何厚铧的赞美与青睐，也充分体现了报纸的肯定态度；同时启迪受众思考，澳门首任行政长官何厚铧的成功是有坚实基础的。

4. 提要题的突破

提要题原是提示新闻要点的文字，一般用在内容较重要、篇幅较长的新闻中，帮助受众快速了解新闻的实质，其位置一般在新闻标题与正文之间。如今，提要题在内容和形式上都打破了传统，打破了常规。内容上，它超越了仅提示新闻中最主要、最核心文字的局限；形式上，变单一为多样化，既可置于题后文前，又可放在总标题的上方或引题位置，还可置于正文中间。而提要题与主题直接构成的新标题形式，突破了过去提要题单独处理的常规做法，今已广泛应用于除评论外的各类新闻和文章之中。

（1）内容不"提"正文之"要"，以揭示新闻事实的某些现象，造成悬念，吸引受众。如：

"清蒸鲩鱼1元1条，甲鱼55元1只，三文鱼每例18元"，面对这样的广告牌，人们不禁犯嘀咕—　　　　　　　　　　　　　　　　　　　　　　　　　（提要题）

"特价海鲜"探虚实　　　　　　　　　　　　　　　　　　　　　（主题）

——《人民日报》 1998年8月17日

提要题中的文字虽是新闻中有的，但非新闻主要事实，更非要表现的主题，主题是揭露"特价海鲜"店对消费者的欺诈，提倡各行各业进行公平、合法、诚实、守信的竞争。提要题不"提"正文之"要"，主要是为了设置疑问，是真特价还是假特价？引导受众一探究竟。

（2）内容不"提"正文之"要"，以揭示背景材料，使受众产生兴趣。如：

在中国，"知青"是个有独特含义的词汇。它是那些有上山下乡经历的城镇知识青年的代名词，带着深深的历史印记。知识青年上山下乡的历史从20世纪50年代中期一直延续到80年代初，前后经历了27年，约有1700万人涉身其中。1968年12月22日，毛泽东号召"知识青年到农村去，接受贫下中农的再教育"，掀起了知青上山下乡的高潮，并使之演变为波及全国的一场运动。据统计，从1967年到1979年这13年间，共有1600余万知青下乡、支边，而从70年代至90年代初，又有约1500万知青离乡返城。这举世罕见的知识青年上山下乡运动引发的人口大迁徙，不仅造成了一代人的独特命运，也形成了共和国的一段独特历史。　　　　　　　　　　　　　　　　　　　　（提要题）

感受知青　　　　　　　　　　　　　　　　　　　　　　　　　（主题）

北京知青重返内蒙古锡林郭勒盟侧记（一）　　　　　　　　　　（副题）

——《人民日报》（海外版） 1998年9月11日

这篇报道是写几十年前赴内蒙古插队落户的北京知青重返旧地时的感受。提要题的这段文字新闻中未见，提要题不"提"正文之"要"，而去写"知青是什么"，去写知青那代人独特的命运、中国那一段独特的历史是怎样造成的。这些虽然表面上与新闻毫不相干，写法不合"常规"，但它的主要作用是通过介绍历史背景，制造悬念，增加新闻的深度与厚度。

（3）内容不"提"正文之"要"，通过提出问题制造悬念，吸引受众。如：

面对欧元启动、日元贬值、亚洲金融风暴等，中国如何应对当今国际市场出现的复杂局势。　　　　　　　　　　　　　　　　　　　　　　　　　　　（提要题）

专家谈国际市场趋势　　　　　　　　　　　　　　　　　　　　（主题）

——《人民日报》（海外版） 1998年9月8日

提要题中提出问题，可谓直接抓住受众和吸引受众注意力的捷径，然而，要想达到理想的效果，提出的问题必须有现实针对性，要贴近百姓的生活，要击中"要害"，引发受众的兴趣。例中提要题提出的如何应对国际市场的复杂局势，正是当时社会普遍关注的热点问题。

（4）形式上从以往行文平铺直叙发展到运用多种艺术手法，强化形式对内容的作用及其艺术魅力，目的在于增强感染力。正如《人民日报》前总编辑范敬宜指出的："新闻作品最重要的是什么？最难达到的是什么？总结几十年走过的新闻道路，我终于想出来两个字：感染……感染是新闻作品生命力之所在……"如：

运用说明的手法——

53 年间，青海湖水位下降 88 米，约 6 年下降 1 米，陆地已经向湖中延伸了 10 多公里，环青海湖地区草场的载畜量退化 40%，科学家警告——　　　　　　　　（提要题）

善待青海湖　　　　　　　　　　　　　　　　　　　　　　　　　　（主题）

　　　　　　　　　　　　　　　　　　　　——《光明日报》　1998 年 8 月 2 日

提要题用"88""6""1""10""40%"等数字说明青海湖生态环境退化形势之严峻，并警告世人：人类不能破坏生态环境，不能无限制地向青海湖索取，否则这个无价之宝会荒漠化。

运用抒情的手法——

我的孩子，咱们到家了……　　　　　　　　　　　　　　　　　　（主题）

昨天，在白花、素衣、挽联、眼泪之中，无数次目睹人间重逢喜悦的首都机场，承负了母亲失去女儿，父亲失去儿子，儿子失去母亲的巨大悲痛。

昨天，首都机场的停机坪终于把家的概念注释得真真切切……　　　（提要题）

　　　　　　　　　　　　　　　　　　　　——《北京晨报》　1999 年 5 月 13 日

"感人心者，莫先乎情。"1999 年 5 月 7 日，以美国为首的北大西洋公约组织悍然轰炸中国驻南斯拉夫联盟共和国大使馆，邵云环、许杏虎、朱颖 3 位新闻工作者当场牺牲，提要题这段文字情深意切，抒发了痛失亲人的深切悲痛之情，感人肺腑。

运用议论的手法——

走私，使大量外国货以较低的价格进入国内市场；走私，使从正规渠道进口原材料和商品的企业在市场上直面不正当竞争；走私，不仅不会给老百姓带来实惠，反而使国家和人民利益损失严重——　　　　　　　　　　　　　　　　　　　　（提要题）

打走私初显成效

进口货价位回归　　　　　　　　　　　　　　　　　　　　　　　（主题）

　　　　　　　　　　　　　　——《人民日报》（海外版）　1998 年 9 月 8 日

提要题从"价格""市场竞争""国家和人民"等多方面对走私的严重危害进行阐述，鲜明地表达了报纸的坚定立场和态度，有力地引导了舆论。

5. 长标题、厚标题的复兴

长标题（包括长题短文式）、厚标题（包括厚题薄文式）在中国的报纸上早已有之，20 世纪 90 年代以来这两种形式越来越多，形成了一股潮流。它的优势之一是便于受众快速阅读，受众能用较少的时间获得较多的信息，同时便于编辑部表述观点和态度，使受众印象深刻。如：

不久前，北京市人大常委会向社会公布《奖励和保护见义勇为人员条例（草案）》，

就见义勇为立法公开征求社会各界意见——　　　　　　　　　　　（引题）

　　立法：为见义勇为者撑腰　　　　　　　　　　　　　　　　　　（主题）

　　　　　　　　　　　　　　　　——《人民法院报》　2000 年 1 月 5 日

　　它的优势之二是长题短文、厚题薄文与大中型稿件互相配合，交相辉映，使版面生动活泼、多姿多彩。受众虽然喜闻乐见，但是这种标题又存在着一个明显的缺点，即标题一长容易与导语重复。笔者认为若消息内容不多，导语又与标题重复，倒不如把消息压缩成标题新闻，以免起负面作用，因为长题短文、厚题薄文不光是个多彩的形式，它还必须为内容服务，否则将失去它存在的意义。如：

　　三汽反扒队

　　扒手怕三分　　　　　　　　　　　　　　　　　　　　　　　　（主题）

　　市府授予"青年文明号"称号　　　　　　　　　　　　　　　　（副题）

　　1997 年 9 月 12 日，《南方日报》报道，广州市第三公共汽车保安反扒队被市政府授予"青年文明号"称号，全文仅 230 字，标题却用三行厚题。该标题若只用双行主题"三汽反扒队　扒手怕三分"也能说明新闻事实，表明报纸的立场和态度，可是受众读后未必会对其足够重视，加上副题"市府授予青年文明号称号"后，分量大大增加，厚标题鲜明地表现了当今的社会风尚、时代精神及报纸的态度。这个标题厚是内容的需要，它有力地表达了新闻的主题，也必然令受众印象深刻。

6. 运用修辞格手法

　　标题如何以优美的形式把新闻中的精华传递给受众？回答是使标题形象化，即化静为动，化虚为实，要运用修辞学中的一些手法。修辞学是研究语言文字如何更生动、更形象，如何表现力强的一门学问。要使标题令受众喜闻乐见，也要研究语言文字的表达使用问题，二者有相通之处。把修辞引入标题的制作，标题会产生艺术生命力。如：

　　比喻——

　　超历史大洪水之年白鹤依然舞鄱湖　　　　　　　　　　　　　（主题）

　　白鹤"娘家人"激动地流下泪水："它们在这里生活得很好"　（副题）

　　　　　　　　　　　　　　　　——《江西日报》　2020 年 12 月 10 日

　　对比——

　　昔日围着锅台转 今天握上方向盘　　　　　　　　　　　　　　（引题）

　　墨玉县一村庄 95 名妇女考驾照　　　　　　　　　　　　　　　（主题）

　　　　　　　　　　　　　　　　——《新疆日报》　2020 年 12 月 26 日

　　联珠，又称顶真——

　　赞超，超赞！

　　　　　　　　　　　　　　　　——《广州日报》　2022 年 11 月 7 日

　　设问、反问——

　　海文大桥没路灯照明？省交建局解释：避免灯光太亮导致候鸟撞灯杆　（引题）

赞！这座桥为保护越冬候鸟装矮灯 （主题）

——《海南日报》　2019 年 3 月 20 日

哈尔滨一场专为非公、小微企业量身定做的焊工比赛，却只有两家企业参加——一些私企为何不愿参加技能竞赛？

——《工人日报》　2019 年 11 月 14 日

7. 力求"轰动效应"

各媒体为"抢"受众，在标题制作上制造"轰动效应"，或言人所未言，或表达出人意料，让人震惊，引人注意。如：

（1）人情猛于虎

——黑龙江电视台　1996 年 12 月 18 日

（2）巨额粮款化为水

——中央电视台　1996 年 12 月 7 日

（3）在无边无际的蓝天碧海之间，有一艘蜚声海内外的远洋调查船——中国"试验 3 号" （引题）

在怒涛中测天量海 （主题）

——《人民日报》　1998 年 8 月 14 日

这几条标题不论是歌颂赞美，还是针砭时弊，都立意高、气势大，写神又写意，把夸张、比喻等修辞手法运用到了登峰造极的地步，出人意料又精彩动人。第一个标题中用"虎"喻"人情"，且"人情"胜过"虎"，标题高度概括了"人情风"这一社会问题发展到了何等严重的程度，认为其已经直接威胁到农民们的生存与命运。第二个标题中，农民交了订购粮，可是"巨额粮款"却"化为水"，农民得到的是一摞摞"白条"，标题形象地描绘了新闻事件的严重性，振聋发聩、触目惊心。第三个标题中，用"在怒涛中测天量海"来弘扬中国"试验 3 号"考察船全体船员献身于科学事业的伟大精神。这些具有"轰动效应"的标题生动活泼，感情色彩强烈，使广大受众过目难忘，极大地增强了信息传播的感染力。

8. 追求"视觉形象"

视觉形象在新闻标题制作中的作用非同小可，其不仅能大大提高标题的可读性，更是当前纯文字新闻与广播、电视新闻竞争的最有力武器。如：

（1）"禁砂"三年，黄河下游最大湖泊东平湖生态效应显现 （引题）

舍弃八亿收入，换来鸥翔水美 （主题）

——《大众日报》　2021 年 3 月 15 日

（2）"民法典实施第一案"广东诞生 （引题）

35 楼扔下矿泉水瓶 被判赔偿 9 万多元 （主题）

——《羊城晚报》　2021 年 1 月 4 日

（3）他潜心于南极淡水生态系研究，连续在野外采样，他磨破了脚，拄着拐杖，每

天照样步行七八个小时，患了"黑色素恶性肿瘤"。他是——　　　　　　（提要题）
　　两赴南极的杰出科学家李植生　　　　　　　　　　　　　　　　（主题）

——《光明日报》　1998 年 8 月 11 日

　　这三个标题构思新颖、形神兼备，从思想上和艺术上打动着受众。标题中确立视觉形象是一项艰苦的创造性劳动，是衡量新闻工作者能力的重要标准，它要求记者不仅要把握好客观事实，更要从主观上深挖主题。这三个标题的作者在开掘主题的深度上都下了狠功夫，抓住了最能反映事物本质、最感人的新闻事实来塑造标题的视觉艺术形象，第一个标题展示了鸥翔水美的画面，第二个标题展示了从 35 楼扔矿泉水瓶的吓人画面，第三个标题抓住了李植生在南极顽强地与病魔搏斗，献身科学事业的画面，为我们塑造了一个不屈不挠的英雄形象——我们似乎看到了身患恶性肿瘤，还拄着拐杖，一瘸一拐地在南极艰难采样的杰出科学家李植生。三个例子中塑造的视觉形象鲜明、突出，"色、香、声、味"俱全，栩栩如生，呼之欲出，产生了强烈的第一视觉冲击力，引人入胜。

二、导语

　　文章讲究开头，新闻也讲究开头，新闻的开头叫导语。导语之"导"，即开始、启发、引导、吸引之义。

　　导语是消息这一新闻体裁特有的概念，是消息区别于其他文体的一个重要特征。导语紧接在消息头后面，一般由最重要、最新鲜、最有意义的事实，或依托新闻事实的精辟议论组成，以揭示主旨，具有诱引力、可听性或启发性。

（一）导语的任务

　　导语肩负着以下两项任务。

　　（1）以简洁的文字把新闻中最重要、最本质、最富吸引力的事实表达出来，使受众一眼就知晓消息的主旨，这是理解全文的纲。

　　（2）引人入胜，吸引受众阅完全篇。

　　如《"太空出差三人组"回来啦！》（《羊城晚报》，2022 年 4 月 17 日）的导语就是把新闻中最重要、最本质、最富吸引力的事实先说出来。

　　据新华社电 据中国载人航天工程办公室消息，北京时间 2022 年 4 月 16 日 9 时 56 分，神舟十三号载人飞船返回舱在东风着陆场成功着陆。现场医监医保人员确认航天员翟志刚、王亚平、叶光富身体状态良好，神舟十三号载人飞行任务取得圆满成功。

　　新闻界公认导语是记者展示其杰作的橱窗，为了吸引受众阅读消息，许多记者在构思导语时总是不遗余力，甚至呕心沥血。西方一些新闻学著作都强调，一个新闻记者在构思一条新闻时，设计二十条导语不算多。美国哥伦比亚大学新闻学教授麦尔文·曼切尔认为，写好导语等于写好消息。因此，他写消息时，会用一半甚至更多的时间琢磨导语。英国新闻学家赫伯特·里德说，新闻导语是新闻的生命所在。这些的确是经验之谈。不论记者采用什么表述方式写作导语，也不论记者如何刻意求新，都是为了更完美地完成消息导语的两项使命。

（二）导语的写作

1. 导语的优劣是消息写作成败的关键

导语在结构上，是消息的中轴。向上，勾连标题；向下，提挈主体。一条好导语，能引导主体顺利地展开。如果导语构思一步走错，就会使文章布局步步错。导语直接影响着主题的表达、写作的成败、传播的效果。

不同类型的导语写作要求也不同。这里仅就各类导语写作的共同要求或一般准则作一概述。

笔者认为，成功的消息导语的写作要求是重、新、短、活。在内容上，要突出消息主旨；在形式上，要有利于吸引受众读完全篇。

突出主旨与吸引受众是相结合的，结合处就在导语。导语如何能突出消息主旨，又能吸引受众读完，这就需要记者具有敏锐的分析能力与娴熟的驭笔能力。

2. 导语的类型和写作特点

导语多种多样，按表现手法的不同，可分为叙述型、描写型、议论型、引语型、设问型导语五大类。

（1）叙述型导语

叙述型导语要注重把消息中最重要、最精彩、最新鲜的事实用简洁的文字叙述出来。在写作中应注重两个问题，即叙述什么、如何叙述。

叙述型导语包括直叙式导语、概括式导语、对比式导语等。

①直叙式导语

直叙式导语，是"倒金字塔结构"导语的最典型样式。其生命力在于能用最少的字、最快的速度、最直接的方式，把最有价值的新闻事实告诉受众。

直叙式导语适用于快速报道的新闻，但要写好它并非易事。它既有简练、明快的优点，又有呆板、干巴的缺点，因而在写作时，记者必须明确所要报道的内容中，新闻价值最大的事实是什么，对受众最有吸引力的事实是什么，并在导语中突出这个事实。

直叙式导语在强调政治性、时效性的"硬新闻"中，至今仍具有不可替代的地位，因为消息越"硬"，越需要导语一目了然、一针见血。如：

重庆日报讯 重庆，作为"中国早期共产主义运动发祥地之一"的结论，*最终被史实印证*。

——《重庆日报》 2018 年 7 月 3 日

新华社酒泉 12 月 17 日电 中国周四将首枚用于探测暗物质的空间望远镜送入太空，这是人类在寻找暗物质进程中迈出的最新一步。这种神秘物质占据了宇宙总质量的绝大部分，人们却看不见。

——《人民日报》 2015 年 12 月 17 日

②概括式导语

概括式导语，又叫综合性导语，这种导语对消息的内容进行浓缩和概括，为受众提供要点，这样的导语最适合于内容复杂、涉及面广的消息。如：

东北网4月20日讯　黑龙江日报讯　随着城市化进程推进，哈尔滨市近郊农民的身份及土地，在推土机和打桩机的轰鸣声中逐渐消失。广大失地农民在各级党委和政府的引导、扶持下，积极创业就业，融入城市生活，走上新的发展道路。

——《哈尔滨日报》　2012年4月20日

③对比式导语

对比法是人们认识事物的重要方法，对比式导语即在导语中同时写上新与旧、正与误、是与非、优与劣等两方面的事实情况，进行比较，充分显露消息中所蕴含的新闻价值。

如《揭开大脑认知之谜有望，脑认知成像研究中心成立》（《人民日报》，1996年6月3日）的导语。

凭以往的印象，如果给人类的大脑打开一扇窗，我们只能看到凹凸不平的沟回，而不是五彩缤纷的思维世界。然而在今天成立的"中国科学院——北京医院脑认知成像中心"，人们已经可以凭借磁共振和脑电成像技术直接"看到"大脑认知的过程。人类离彻底揭开大脑认知之谜的那一天越来越近了。

该例是属于高科技领域的报道，导语用以往人们只能看到大脑内凹凸不平的沟回与今天人们可借磁共振和脑电成像技术直接"看到"大脑认知的过程相比，说明人类揭开大脑认知之谜之日已越来越近；其目的是丰富受众的知识，引发受众思考，吸引受众读完全文。

（2）描写型导语

描写型导语的特点是勾画出富有吸引力的画面，简要展示人物、事物的形象或特征，给受众以现场感或生动感。

描写型导语的内容是对客观事物形象的再现，只有新闻事实中具有独特的、可供描写的形象化内容，才可采用描写型导语。要注意的是，描写要适度、精当。

描写型导语又可分为见闻式导语、特写式导语两种。见闻式导语用于记述、描绘较大的场面，以叙事为主，穿插生动形象的描写。特写式导语是抓住人物或事物的局部特征进行勾画，给受众留下特写镜头般的直观印象。描写型导语富有"立体感"，使人如见其人（物）、如闻其声、如临其境。

以《告别陈景润》（《文汇报》，1996年3月30日）的导语为例：

今天，八宝山革命公墓礼堂一片静穆。一代数学巨星陈景润安卧于鲜花松柏间，在低回的哀乐中，人们为他送行。

上例采用电影"特写"镜头的手法，描绘"一代数学巨星陈景润安卧于鲜花松柏间"，然后将"镜头"拉后，推出"全景"。这条导语既成功地运用了特写式导语的写作方法，又成功地运用了见闻式导语的写作方法。

在使用描写型导语时，需要注意以下几点。

①描写的目的是有利于表现消息的主题。

②描写要简洁传神，只需寥寥几笔勾勒。

③要避免陈词滥调和滥用华丽辞藻，要实事求是。

（3）议论型导语

议论型导语又被称为评述式或评论式导语，它从评论入手把叙事和议论交织在一起，用夹叙夹议的方法对新闻事实进行画龙点睛式的评论，叙是基础，评是目的，通过评论揭示事物的性质、意义或蕴含的哲理等，增强宣传效果。导语可以先叙述事实，然后进行议论，也可以先作评论，再写出评语的根据——事实。这两种形式都有助于突出新闻事实的意义，升华新闻主题，从而唤起受众的关注，更好地发挥新闻的指导性。这类导语多用于报道重大的、不平常的事件及政策性较强的新闻事实。如：

人民日报讯 随着美国司法部秘密窃取美联社记者和编辑长达2个月的电话通话记录的曝光，美国政府与新闻界的斗争掀开了帷幕。当然这不是第一次，但也有可能是被定义为"水门事件"的一次。西方的新闻自由在"绝对"二字面前越发站不住脚。

——《人民日报》 2013年5月18日

（4）引语型导语

引语型导语是指记者不便直接出面议论，其直接或间接地引用新闻人物精彩的、有针对性的或有代表性的谈话构成的导语。

引语是新闻的一个重要组成部分。运用引语型导语时需注意以下几点。

①引语必须忠于原意。未加改动的新闻人物的语言是直接引语，要加引号，修改了的是间接引语，不加引号。

②使用引语的目的是揭示消息的主题。

③引语要能回答受众关注的问题。

④引语要短、要新、要精，"警句式"最好。

（5）设问型导语

这是设问修辞手法在叙述型导语写作中的运用，即记者故意在消息的开头提出一个尖锐的、受众关注的问题，引发受众思考，如《赞！这座桥为保护越冬候鸟装矮灯》（《海南日报》，2019年3月20日）的导语：

……事实上，海文大桥只是在护栏处设置了低矮的照明设施，这与灯火辉煌的海口世纪大桥形成鲜明对比，为什么同为跨海大桥，照明设施居然有如此大的反差呢？

写好设问型导语的关键是善于提问，要紧紧围绕消息的核心内容和消息主题设问，所提的问题要贴近群众，能引起广大受众的兴趣，问题力图提得新颖巧妙，启迪思想。

在新闻实践中，导语写作是有规律可循的。一般来说，叙述型导语和议论型导语多用于事件性新闻，描写型导语则多表现以人物或事物为中心的非事件性新闻，间接地体现消息主题。

记者要创造性地运用导语形式，把导语写活，必须强调的是，导语写作一定要以新闻事实为基础，新闻事实是关键。新华社原社长穆青也说过："现在有些工作研究、记者来信和短新闻受到群众欢迎，主要是问题抓得准，发得及时，并不都是写作上有多少文采。"内容与形式相比，内容起决定作用。缺乏事实内容的导语，形式再好又有什么用！

三、主体和结尾

消息主体。它是消息的躯干或主干部分，是展开的导语内容，是阐述消息主题的关键部分。

下面看看消息主体部分在各种消息结构中的情况。

（1）在倒金字塔结构的消息中，主体的梗概、关键和精华，基本上都被置于导语之中。在这一类型的消息中，消息主体实际上是在导语之后，被具体、完整化了的、以事实的重要程度为序进一步展开的事实过程及其原因、影响等。

（2）在金字塔结构的各类消息中，因无导语，消息主体就是消息的全篇。如《刘广亮勇斗歹徒光荣牺牲》（《人民日报》，1996年6月6日）。

（3）在非金字塔结构的各种消息中，消息的主体是由新闻六要素构成，并在行文中对新闻事实发展过程进行有计划的展示。

（一）主体的双重功能

（1）解释和深化导语。对导语中所涉及的内容，主体进一步提供有关材料，使事实更清晰，使受众对于事实有更具体的了解。

（2）补充导语所未涉及的新事实。导语一般只简明扼要地提到最重要、最新鲜的事实，不能扩及多个有关方面，这就要求主体补充导语尚未涉及而又应涉及的内容，使新闻各要素完备，如提供新闻的有关背景，使受众对报道内容的来龙去脉有一个清楚的了解。

（二）主体的写作

如何提高消息写作的质量？为何一些消息不受欢迎？笔者认为许多记者极其重视导语的写作，而对消息主体和结尾的写作未能给予足够重视。如没有处理好导语和主体的分工，主体部分的内容写得不充实、不具体，受众想知道的新闻事实没有交代或交代的不是主要事实，或主体未能扣住主题写，或主体平铺直叙，缺乏吸引力。

消息主体和结尾的写作需注意以下四点。

1. 主体要紧扣主题选材

这一要求并不是消息主体写作的"专利"，凡文章都应遵循这个要求。消息主体因承担注释和补充导语、阐释主题的任务，涉及的材料必然多，但仍要围绕消息主题选材。与主题无关，或关系不大的材料一定要删除，不能使次要事实、派生事实取代或多于主要事实，这是消息写作最基本的原则。

2. 主体要用事实说话，要把"话"说好

事实是第一性的，新闻是第二性的，新闻必须用事实说话。事实胜于雄辩，这是众所周知的道理。主体的写作要围绕报道主题，以生动具体的事实来表现。

以《新段长三改奖金单》（《人民铁道》，1990 年 8 月 3 日）为例：

南京东机务段段长汤锦初是 5 月份才从机关调来的。上任两个月，三次修改奖金单，被职工传为佳话。5 月中旬，段发放安全奖，段业务部门按在册人数给汤段长奖金 90 元，他在审阅奖金单时说："我应在原来工作的部门做奖，不能哪边多就往哪边靠！"当即用笔勾去了自己的名字。6 月中旬，上级下发一笔段节能上等级奖，老汤再次将自己的名字勾去。6 月底，段发"双过半"奖，老汤得奖 65 元，他在自己的名字下写道："原段长得 45 元，汤得 20 元。"

汤段长三次用笔为自己划去奖金 160 元。

从这篇仅仅 200 字左右的小消息中，我们可以看到主体是如何吸引受众读完全篇的。一是主体全部用事实说话（详细叙述了汤段长三改奖金单的事实经过），并把"话"说好了，即精选了典型、深刻和富于表现力的事实并加以巧妙组合，不露形迹地表现了汤段长的廉洁自律。二是主体事实表述充分，深刻地表现了主旨。

3. 主体内容要写得波澜起伏、生动活泼

导语的作用之一是吸引受众，而如何使受众持续对报道感兴趣，这就需要我们在写作主体时善于组织波澜，方法如下。

（1）事实与事实之间要有起伏，有时甚至是大起大落。

（2）消息主体的内容比导语丰富，回旋余地大，故而对同一件事可从不同角度报道。这样写不仅行文多变，而且内容丰富，说服力与感染力倍增。

（3）多用富有表现力的细节和感人的"镜头"。

《朱镕基给灾民送红包》（《文汇报》，1998 年 8 月 24 日）是 1998 年抗洪现场报道中的一朵"小花"，也是一条成功的消息。这条消息成功的一个因素就是主体部分现场写得情趣盎然。

听说总理来了，全村的村民"哗啦"一下子聚拢来，都想一睹总理的风采。朱总理同村民们亲切交谈，谈笑风生，没有一点架子。

在石桥村一组，朱总理站着和群众交谈了二三十分钟，家住邻村的 42 岁的下岗职工刘荷香告诉总理：她家 4 口人，她和丈夫都在本县一家建筑公司工作，公司要他们交了 1000 元股金，又不让她丈夫上班。今年还要收 700 元保险金。"现在我家里进水了，遭灾了，哪有钱交呢？"她显出了一脸的无奈。总理马上转过身对县长胡元斌说："收了人家 1000 元股金，又不让人家上班，这怎么行呢？我们要多为老百姓想想啊！"谈到现在的生活来源，刘荷香接着说，她如今买来大米，进行加工，做成发糕，卖钱养活一家人。朱总理含笑夸奖道："你还不错嘛，还会做发糕卖。你能干，我相信你爱人也同样能干。"刘荷香却说："总理呀，我不行哟，人家有钱，我们没钱。"朱镕基听了哈哈大笑。临走时，

他吩咐秘书送给刘荷香一个小红包，里面有 500 元。朱总理说："这是代表江泽民总书记给你的一点心意。"就在朱镕基离开石桥村正欲登车返回时，突然，刘荷香"咚咚咚"追了上来，将红包高举过头，"扑通"一下跪倒在总理面前，说："我现在当着总理的面，把这钱交给县长，请县长转送给其他比我更困难的群众。"总理一愣，马上转过身来，将她扶起，脸上露出了和蔼的笑容，说："这钱你就收下吧，大家有困难，政府会帮助解决的。"省委书记舒惠国也劝她："总理叫你收下，你就收下，县长会考虑大家的困难。"在场的干部群众见此情景，无不为之动容。

1998 年的抗洪报道无疑是"硬"新闻，写得不好很难打动人，而这条消息从标题到内容都处理得相当"软"，写得有情、有趣。导语先介绍朱总理到江西九江视察防汛抗洪的工作，一路来到石桥村。接着主体部分交代总理来到石桥村的气氛、环境：全村的村民"哗啦"一下子聚拢来，朱总理与村民拉家常，谈笑风生。其中，重点报道了下岗职工刘荷香毫无顾忌地向总理"诉冤屈"，谈家庭的困难："总理呀，我不行哟，人家有钱，我们没钱。"总理先是"含笑夸奖"她会做发糕卖，后是"哈哈大笑"，临走时给刘荷香一个小红包。通过这些感人细节，一位平易近人、幽默风趣、关心灾民疾苦的总理形象被表现得淋漓尽致。按理，刘荷香得了红包会满心欢喜，矛盾已解决，主题也表达得不错，消息也该结束了，但文章出现了转折：正当总理欲登车返回时，刘荷香"咚咚咚"地追上来，高举着红包跪倒在总理面前，表示要把红包转送给更困难的群众。如果说主体的前半部分展现在我们面前的刘荷香只是一个快言快语、能干泼辣的可爱村妇，而主体的后半部分则深刻地表现了她的心灵美——在自家遭灾的情况下，她还想到比自己更困难的群众，到手的钱不要。这一转折大大深化了主题。

由上例可知，主体部分在消息中占有不可忽视的重要地位，是表现主题的关键部分。因此，写作时记者对消息主体的丰富内容要进行入情入理的研究、分析，全方位、多层次、多角度地表现主体，使主体内容既有广度，又有深度，即用具体的材料、典型的事例，写透消息所蕴含的思想价值，使新闻报道具有说明问题的穿透力和强大的震撼力。

此外，主体部分要引人、诱人，还必须重视文采，要写得美、耐看。

4. 消息结尾的写作

（1）消息结尾是消息结构中不可分割的组成部分，除倒金字塔式结构的消息外，大多数消息需要精心设计结尾，与导语、主体共同完成表现好主题的任务。结尾直接影响着消息主题表达的优劣。

（2）消息结尾应根据主题、事实性质、事件进程、社会影响，以及谋篇布局、记者能力等综合因素进行考虑。

（3）消息导语和结构方式可多姿多彩，结尾也应多姿多彩，可采用概括式、议论式、提问式、展望式、对比式、引语式、褒抑式等。不过，消息结尾不论采取哪种形式，都应注意两条原则：内容上要紧扣主题，要为表现和深化主题服务；形式上文字须简练。

《新段长三改奖金单》的结尾只有一句话，"汤段长三次用笔为自己划去奖金 160 元"。

这是概括式结尾，刚劲有力，不仅拓展了新闻的内容，还使读者回味无穷。

《朱镕基给灾民送红包》的结尾也只有一句话，"在场的干部群众见此情景，无不为之动容"。这一句言尽意未尽，不仅启迪受众，还升华了主题。

四、背景

消息背景又被称为新闻背景。消息背景即指新闻事实产生的历史与环境、原因与条件等。它往往能够交代出一条新闻内在的或背后的更深的东西，起到深化主题的作用。

（一）背景材料的种类及其作用

如同五彩缤纷的生活，消息背景材料的种类也是多种多样的，可以是现实性的，也可以是历史性的；可以是统计数据，也可以是引用的资料。

新闻背景材料的种类大致有三大类：对比性背景材料，注释性背景材料，说明性背景材料。

1. 对比性背景材料及其作用

对比性背景材料，即用来跟新闻事实做比较，对事物进行前后、左右、上下、正反、新旧等对照的事实材料。有"纵"的对比，也有同类事物"横"的对比。它的作用在于从比较中突出人物与事物的反差，显示其重要意义，给受众以启迪。运用对比时，材料要注意真实、准确，力戒片面，掌握好分寸。

如获第二十二届中国新闻奖二等奖的消息《牧民开始用卫星放牧》（《内蒙古日报》，2011 年 11 月 23 日）。

本报11月21日讯"图门桑，牛群已离开您的牧场，在伊克尔湖东南约3.5公里处。"11月 20 日下午，鄂尔多斯市杭锦旗牧民图门桑看了一眼手机上的短信，急忙骑上摩托，向着伊克尔湖方向疾驰而去。在卫星放牧系统应用之前，图门桑为了找寻在沙尘暴中迷失的牛群，曾在草原上转了整整 15 天。

这段背景材料从对比中凸显了卫星放牧高科技的优势。

2. 注释性背景材料及其作用

注释即注解，就是用文字去解释字句。注释性背景材料主要是对新闻中难懂的内容进行通俗易懂的注释，包括名词术语的注释、技术性问题的解释、科技成果的通俗介绍、新产品性能特点的说明、一些专业知识（文史知识、风俗人情）的简要解说等，使用注释性背景材料的目的是让受众能看明白，看懂，以丰富受众的知识，开阔受众的视野。

我们都知道，消息报道的大多是受众想知道、该知道又还不知道的新鲜事物，包罗万象，政治、经济、科技等各个领域都有涉及。其中，有些内容人们势必难以看懂、听懂，因此，记者写消息时在注意科学性的前提下，需要作些通俗的注释，以增强新闻的说服力和可读性。

如获得第三十届中国新闻奖二等奖的作品《丽水发布全国首份村级 GEP 核算报告 1.6 亿元！这个村的绿水青山"有价"》（《浙江日报》，2019 年 5 月 31 日），就是用注释性背景材料解释绿水青山为什么有了"价格标签"。

绿水青山有了"价格标签"，源于由浙江大学、中科院生态环境研究中心、中国（丽水）两山学院共同完成的《遂昌县大田村 GEP 核算报告》。30 日，这份报告通过专家评审。中科院生态环境研究中心负责人表示，这是全国首份以村为单位的 GEP（生态系统生产总值）核算报告。报告显示：2018 年，大田村 GEP 约为 1.6 亿元。

3. 说明性背景材料及其作用

说明性背景材料在新闻报道中被大量运用，它是用来说明和解释新闻事实产生的原因、环境、条件及人物的身份、特点等的事实材料。说明性背景材料的作用在于帮助受众了解消息的内容，认识其意义。

任何新闻都是对事物发展过程中某个环节的展示，为了阐明新事物的意义，阐明事物的发展和变化，必须在新闻中交代"前因"，即有关的历史背景。事物背景是关于新闻事实自身特点的说明性材料，或介绍一些新事物、新成就的有关资料，可帮助受众了解这些事物的意义和它的政治、经济价值。

如第三十一届中国新闻奖一等奖获奖作品《我国最后一个不通公路的建制村车路双通 滴滴！阿布洛哈村来车了》（《四川日报》，2020 年 7 月 1 日）的写作背景如下。

阿布洛哈村坐落在金沙江畔西溪河峡谷中，三面环山，一面临崖，一直没有通公路。

公路全线位于高山峡谷地带，绝大部分路段都位于接近垂直的峭壁上，地质结构复杂，岩层破碎，施工难度极大，平均每天仅推进 10 余米，相当于在峭壁上"啃"出一条路来。这就是地理背景材料。地理背景是关于受众未知的地区、自然环境和风土人情等方面的介绍。它的作用是勾勒一个地方的概貌，交代事实发生时的自然环境，使受众了解新闻的意义。上例介绍了凉山彝族自治州布拖县乌依乡阿布洛哈村的地理环境，该村是全国最后一个不通公路的建制村，这则报道通过回溯村庄特殊的历史背景，凸显建设的艰辛。这些背景文字起到了深化主题的作用，折射出中国扶贫伟大奇迹的来之不易。

要把说明性背景材料写得简洁、准确、浅显、生动，就要把握两条原则：其一，要对被说明的对象进行充分认识和了解；其二，要抓住说明性背景材料的本质和特点。

（二）背景的写作

背景材料如果用得好，不仅可丰富消息的内容，揭示新闻的价值，解释、烘托、深化主题，还可突出新闻特点，传播知识，增添情趣；同时，能表达记者的观点和新闻的意义。但是，若用得不当，不仅无助于消息主题的表达，还会使消息冗长。因此，记者在写作背景时，要把握以下三点。

1. 新闻背景要紧扣主题

背景材料一定要为主题服务，为受众的需要服务，这是原则。凡与报道主题关系不紧密的背景材料坚决删除，凡扣得紧的背景材料就选择性地使用，背景材料根据主题的需要可长可短，《"太空出差三人组"回来啦！》就是背景紧扣主题的佳作。

这条消息主要报道神舟十三号航天员翟志刚、王亚平、叶光富圆满完成飞行任务，从太空归来的事件。受众很想知道三位航天员什么时候去太空"出差"的，去太空做了些什么工作，背景材料被安排在消息的第三段，主要介绍了四点：一是介绍他们出差的时间，二是介绍他们创造了航天员连续在轨飞行半年的新纪录，三是介绍他们进行了多项科学技术实验，四是介绍他们进行了别具特色的太空授课。以下是该新闻正文。

新华社电　据中国载人航天工程办公室消息，北京时间 2022 年 4 月 16 日 9 时 56 分，神舟十三号载人飞船返回舱在东风着陆场成功着陆。现场医监医保人员确认航天员翟志刚、王亚平、叶光富身体状态良好，神舟十三号载人飞行任务取得圆满成功。

9 时 6 分，北京航天飞行控制中心通过地面测控站发出返回指令，神舟十三号载人飞船轨道舱与返回舱成功分离。9 时 30 分，飞船返回制动发动机点火，返回舱与推进舱分离。返回舱成功着陆后，担负搜救回收任务的搜救分队及时发现目标并第一时间抵达着陆现场。返回舱舱门打开后，医监医保人员确认航天员身体健康。载人航天工程空间站阶段飞行任务总指挥部有关领导在东风着陆场迎接航天员。

神舟十三号载人飞船于 2021 年 10 月 16 日从酒泉卫星发射中心发射升空，随后与天和核心舱对接形成组合体，3 名航天员进驻核心舱，进行了为期 6 个月的驻留，创造了中国航天员连续在轨飞行时长新纪录。航天员在轨飞行期间，先后进行了 2 次出舱活动，开展了手控遥操作交会对接、机械臂辅助舱段转位等多项科学技术实验，验证了航天员长期驻留保障、再生生保、空间物资补给、出舱活动、舱外操作、在轨维修等关键技术。利用任务间隙，航天员还进行了 2 次"天宫课堂"太空授课，以及一系列别具特色的科普教育和文化传播活动。

神舟十三号载人飞行任务的圆满成功，标志着空间站关键技术验证阶段任务圆满完成，中国空间站即将进入建造阶段。

2. 背景材料要典型

上例《"太空出差三人组"回来啦！》的背景材料将典型事件展现了出来：航天员在太空出差时间创造了新纪录，进行了太空授课，做了多项科学技术实验等。

3. 运用背景材料要灵活，要有创新

背景材料很多不是现实当中新近发生的，是"死"的。那么，怎样把这些"死"材料用活呢？

有些消息，总是在导语之后接着就写一段背景材料，几乎成了固定模式。这种安排有时候是需要的，然而易使行文呆板，难以激发受众阅读兴趣。若经常这样用，会把"活"新闻写成"死"新闻。有经验的记者总是把背景材料灵活穿插在消息的导语、正文、结尾之中，哪里需要就安排到哪里。这样安排可使行文跌宕起伏、曲折多变、扣人心弦。

如 1996 年 6 月 14 日《经济日报》刊发的《"毛泽东评点二十四史"精装本即将出版》

的背景安排得就很灵活。这篇消息的写作需要解决两个难点：一是《二十四史》是怎样的一本书？二是毛泽东与《二十四史》的关系，他是怎样研究的？

消息的第二段和第三段为背景材料，分别介绍了《二十四史》是怎样的一本书，毛泽东如何研读《二十四史》。如果消息不交代这些背景材料，一般受众很难搞清所报道的事实，更难理解这篇消息的新闻价值和报道意义。因此，这两处的背景材料必不可少。背景材料不仅为受众解惑释疑，而且传播了知识，开阔了受众视野。正是这些背景材料充分展示了新闻的价值，深化了新闻的主题。

消息要让读者看得懂，又看得有味，记者既要有一定的思想修养、实践知识、采访功夫，还要有娴熟的恰到好处地运用新闻背景的能力。胡乔木在《人人要学会写新闻》的文章中说，要把消息写得"立体化"，就要使"纵断面和横剖面的背景，色香声味，呼之欲出，人证物证，一应俱全"。

五、结构

消息的结构形式是由消息的内容决定的，消息内容的丰富性，决定了其结构形式的多样化。比较常见的有以下四种：倒金字塔结构、金字塔结构，以及倒金字塔和金字塔相结合式结构、散文式结构。

（一）倒金字塔结构

倒金字塔结构是消息独特的结构形式。

倒金字塔结构是根据新闻事实的重要程度来决定段落顺序的。最重要的放在最前面，次要的稍后，再次要的再往后安排，直至完毕。它好像一座倒放的金字宝塔，塔底在上，塔尖朝下，上大下小，依次递减。

按这种结构的要求，记者要把最重要、最精彩、最吸引受众的事实安排在第一段，即导语处。如《神舟十四号载人飞船5日发射》（《人民日报》，2022年6月4日）的结构就是倒金字塔结构，记者把最重要、最精彩、最吸引受众的新闻事实，即神舟十四号载人飞船发射的时间，飞行乘组和指令长人选放在消息的导语处来介绍。

本报北京6月4日电（记者余建斌）　6月4日上午，在酒泉卫星发射中心举行的神舟十四号载人飞行任务新闻发布会上，中国载人航天工程新闻发言人、中国载人航天工程办公室副主任林西强宣布，经空间站阶段飞行任务总指挥部研究决定，瞄准北京时间6月5日10时44分发射神舟十四号载人飞船，飞行乘组由航天员陈冬、刘洋和蔡旭哲组成，陈冬担任指令长，他们全部为第二批航天员。其中，陈冬参加过神舟十一号载人飞行任务，刘洋参加过神舟九号载人飞行任务，蔡旭哲是首次飞行。目前，执行此次发射任务的长征二号F遥十四运载火箭即将开始推进剂加注。

神舟十四号载人飞行任务是空间站建造阶段第二次飞行任务，也是该阶段首次载人飞行任务，航天员乘组将在轨工作生活6个月，任务主要目的为配合问天实验舱、梦天实验舱与核心舱的交会对接和转位，完成中国空间站在轨组装建造；完成空间站舱内外设备及空间应用任务相关设施设备的安装和调试；开展空间科学实验与技术试验；进行日常维护维修等相关工作。

按计划，神舟十四号载人飞船入轨后，将采用自主快速交会对接模式，对接于天和核心舱径向端口，与天和核心舱及天舟三号、天舟四号货运飞船形成组合体。在轨驻留期间，神舟十四号飞行乘组 3 名航天员将迎来空间站两个实验舱以及天舟五号货运飞船、神舟十五号载人飞船的来访对接，并与神舟十五号飞行乘组进行在轨轮换，于 12 月返回东风着陆场。

目前，天和核心舱与天舟三号、天舟四号组合体状态和各项设备工作正常，具备交会对接与航天员进驻条件。神舟十四号载人飞船和长征二号 F 遥十四运载火箭产品质量受控，航天员飞行乘组状态良好，地面系统设施设备运行稳定，发射前各项准备工作已基本就绪。

倒金字塔结构也不是完美无缺的，曾有人对它表示强烈不满。尽管如此，倒金字塔结构至今仍富有生命力，并被广泛使用，原因在于它仍具有强大的优势。

（1）利于记者写稿，记者只要对新闻事实材料的主次分清，写起来就得心应手。

（2）利于编辑选稿、修改、删节，因为一看导语，即可把握住消息的优劣。

（3）利于制作和修改标题。

（4）利于受众获取消息中最具新闻价值的事实。

（二）金字塔结构

金字塔结构又叫编年体式结构，或时间顺序式结构，或"积累兴趣"结构。它和倒金字塔结构相反，没有导语，段落完全自然地按事件发生发展的时间顺序排列。事件的开头就是消息的开头，事件的结果就是消息的结尾。

这种结构的写法头轻脚重，上小下大。开头一般，随着情节的推进，事件的高潮在后面出现。

（三）倒金字塔和金字塔相结合式结构

这是一种很好的结构形式，它体现了消息的鲜明特点，这种结构的特点是既有一个好的导语，又有一个重要的结尾，既吸收了两种结构的优点，又避免了各自的短处，消息的开头和结尾都能引发受众的兴趣和深思。这种结构形式一般是第一段导语用倒金字塔结构来写，突出最重要、最新鲜、最生动的事实。导语之后，正文基本上按事实发生的先后顺序或逻辑联系来写。这种结构的消息给人以叙事具体、完整、条理清晰、重点突出的印象，使受众易于理解和接受，不过写起来较复杂。如一生致力于世界和平、抗癌斗争的《列宁的朋友、亿万富翁哈默逝世》（法新社，1990 年 12 月 11 日）就是运用倒金字塔和金字塔相结合式结构，把哈默这位特殊富翁的一生写得精彩动人的。

（四）散文式结构

这种结构取散文"形散神不散"之妙，不拘一格，即写作时材料的取舍、安排及表现的时空可以散、繁、杂，没有框框，构思随意、章法灵活。如《金山同志追悼会在京举行》（新华社，1982年7月17日）就是运用散文式结构的典范之作，曾在新闻界产生巨大反响。

新华社北京7月16日电　鲜花、翠柏丛中，安放着中国共产党党员金山同志的遗像。千余名群众今天默默走进首都剧场，悼念这位人民的艺术家。

"雷电、钢铁、风暴、夜歌，传出九窍丹心，晚春蚕老丝难尽；党业、民功、讲坛、艺苑，染成三千白发，孺子牛亡汗未消"，悬挂在追悼大会会场的这副挽联，概括了金山寻求光明与真理，为人民鞠躬尽瘁的一生。人们看着剧场大厅里陈列的几十帧照片，仿佛又重睹他的音容笑貌；他成功塑造的爱国诗人屈原的形象，他在电影《松花江上》的拍摄现场，他为演《风暴》与"二七"老工人谈心，他在世界名剧中饰演的角色，他在聆听周总理的教导，他与大庆《初升的太阳》剧组在一道……他1911年生于湖南。1932年加入中国共产党，自此献身革命，始终不渝。

哀乐声中，人们默念着他的功绩。三十年代，他在严重白色恐怖中参加中国反帝大同盟和左翼戏剧家联盟。抗战爆发，他担任上海救亡演剧二队副队长，辗转千里，演出救亡戏剧，尔后接受周恩来同志指示，组织剧团远赴东南亚，向海外侨胞作宣传。解放前夕，又担负统战工作。他事事以党的利益为重，生前曾对他的亲人说："我首先是一个共产党员，演员是我的第二职业。"

解放后，他将全副心力献给党的艺术事业，不断进取、探索、求新，被誉为人民的艺术家。

他遭受过"四人帮"的摧残，但对自己的信仰坚贞不移。近年致力于戏剧教育，并以多病之身，担负起繁荣电视文艺事业的重任。

夏衍在悼词中称金山的不幸辞世，是我国文学艺术界的重大损失，高度评价他几十年来的革命、艺术活动，号召活着的人们学习他对党的事业的忠诚，学习他在艺术创造上认真刻苦、精益求精的精神。

他半个世纪前便结下革命情谊的挚友阳翰笙在追悼会上说，是党造就了金山，是党把他培养成革命的、杰出的人民艺术家。

与金山一起工作、生活过的大庆人，惊闻噩耗后，派代表星夜兼程，来和他的遗体告别。在今天的追悼会上，他们说，金山是人民的艺术家，人民将会怀念他。

文化部部长朱穆之主持追悼会。参加追悼会的有习仲勋、王任重、胡愈之、邓力群、周扬、贺敬之、周巍峙、冯文彬、罗青长、唐克、吴冷西、李一氓、傅钟、刘导生、赵寻、荣高棠以及文艺界人士林默涵、陈荒煤、司徒慧敏、艾青、吴作人、李可染、江丰、吴雪、袁文殊、周而复、张君秋、戴爱莲、陶钝等。

第二节　动态消息

动态消息是最基本、最常用的一种消息类型，在报道中占70%~80%，集中体现了新闻的特征与优势——迅速及时地报道新近发生、发现或正处于运动状态中的国内外有价值的新闻事实。在全媒体时代，动态消息大有用武之地。

动态消息的基础是动态，它的生命力是时间，动态消息处在时间的最新点上，更强调时间性和变动感,强调及时地反映国内外涌现的新事物、新情况、新成就、新问题、新动向等。因此，写动态消息要求记者具有强烈的新闻敏感性，要感人之未感，发人之未发，在新闻竞争中不失时机地抓"独家新闻"、抓"活鱼"等。例如，获第二十八届中国新闻奖一等奖的《习近平首次沙场阅兵 号令解放军向世界一流军队进发》(新华社，2017年7月30日)、获第三十届中国新闻奖二等奖的《赞！这座桥为保护越冬候鸟装矮灯》(《海南日报》，2019年3月20日)、《"太空出差三人组"回来啦！》(《羊城晚报》，2022年4月17日)、《神舟十四号载人飞船5日发射》(《人民日报》，2022年6月4日)等。

一、动态消息的分类

动态消息若按运动时态的不同进行划分，大致分为以下四类。

第一类是对新近发生的单独事件的报道，这类动态消息报道的通常是一个完整的事件发展过程，没有连续性，整篇报道便是对这一事件的概括性叙述，西方称这类新闻为"纯新闻"。

第二类是对处于变动中的具有一定连续性的事件的报道，也被称为"进行式报道"或"连续报道"。这类报道，就各个单篇而言，只报道事件发展中的某个阶段、某个片段的动向和面貌；就整体而言，则是完整系统地报道一个事件的发生、发展过程。

第三类是以突发性事件为主的报道。突发性事件有自然界的最新变化，如地震、洪水灾害；人类社会的最新变动，如经济危机、政策变化、政权更迭等；科学技术中的最新发明；社会各阶层代表人物的最新动向等。

第四类是对即将发生的新闻事实的报道，即"预告性新闻"。

二、动态消息的特点与作用

动态消息注重抓动态，因而其更鲜明地体现了消息的快、新、短、活的特点。快，即迅速及时地报道某一处于变动中的事实；新，即提供新信息；短，即文字简短，消息篇幅小，一般只有三五百字；活，即生动活泼而又新颖，可读性强。

动态消息的这些特点决定了它具有重要的作用——迅速及时地沟通情况，传递各种最新信息，能够为受众提供多方面的新闻需求。如今的时代是一个信息爆炸的时代，各种事物都处在不断变动中，这都需要动态消息去展现。动态消息在全媒体时代的新闻大家族中占有极其重要的地位，它是新闻中的"轻型武器"，是"先行官"。

三、动态消息的写作

动态消息首先要"动",动向,是动态消息最具发展意义的部分,因而最易受到公众的关注。若"动"不起来,那就不是动态消息了。因此,写作动态消息时要注意以下三个方面内容。

（一）深入实际抓动态

一般新闻的获取,不能靠"守株待兔",动态消息的获取,更不能被动地等待,要主动出击。美国新闻学者威廉·梅茨在《怎样写新闻——从导语到结尾》中说:"作为一个报道者,你要去发掘那些埋藏在'普通'公民生活中不引人注目的故事。从表面上看来平淡无奇的职业中迸发出的精彩有趣的事情,是令人惊叹不已的。但这些需要你去挖掘。"

主动出击就是要求记者抓住处于运动状态中的有新闻价值的事件;就是要记者善于透过大量的平凡小事,挑选有新闻价值的动态,以小见大地写出有特色的报道;或者善于从各种会议上获得新闻。记者只有深入实际、深入群众、深入现场,才能抓到"活鱼"。

（二）简明扼要地报动态

这是写好动态消息的关键。有人认为,动态消息篇幅短小,最多几百字,很容易写,这是误解。新闻的篇幅从长到短,材料从杂到精,不是简化是净化,不是单纯求量少,而是求质精,是增加信息量,优化信息组合,实现信息增值。这就需要记者精心打磨,要用"炼金术",增强新闻的内涵。

简明扼要的具体要求包含以下两个方面。

其一,主题集中,一事一报,通常只报道"什么事",不说"为什么"。一条新闻,一个中心,这是原则。

其二,开门见山,迅速入题。如《习近平首次沙场阅兵 号令解放军向世界一流军队进发》,就是消息开头就入题。

7月30日上午,在庆祝中国人民解放军建军90周年阅兵中,中共中央总书记、国家主席、中央军委主席习近平发出新形势下的强军号令——把英雄的人民军队建设成为世界一流军队。

（三）把动态写"活"

所谓写"活",前文说过,就是要写得生动活泼,富于魅力,引人入胜。这是提高动态消息质量,增强可读性的关键。

如何才能写"活"?需要注意以下三个方面内容。

1.报道题材要有特点、有个性

报道题材要有特点、个性,报道内容才会"活"起来。

2. 构思要破套式，形式要多样化

破套式，即在构思和运用事实上不拘一格。形式要多样化，即强化形式对内容的反作用。

3. 文字表达要"活"，要多用动词

文字表达要"活"，要写得声、色、味、形一应俱全，使人听之有声、视之有色、尝之有味、触之有感。要多用动词，因为动词是语言中最为活跃的要素，给人的印象具体、生动、形象，能增强语言的朴素美、立体感、动感。

第三节　简讯

简讯又被称为短讯、快讯、简明新闻、新闻简报，是最简练、短小的新闻文体，本质上属于动态新闻。

简讯在全媒体时代日益增多，是与简讯的特点和作用分不开的。

一、简讯的作用

（一）快速报道突发性事件

当代社会，各种突发性事件时有发生，如自然灾害、空难、车祸、暴力事件等。对于这些突发性事件，群众关注度很高，然而记者不可能在很短的时间内把事件的前因后果了解清楚，那么针对突发性事件，最适合先用简讯报道，以满足受众的新闻需求欲。例如，广州的寒绯樱、广州樱一般在一月至三月才开放，可是2023年广州这两种樱花竟然提前了一个季度开放，在10月24日绽放！《羊城樱花正好》（《广州日报》，2023年10月25日）对此进行了报道。

广州日报讯 广州10月24日迎来霜降节气，霜降是秋季最后一个节气，意味着天气逐渐变冷，昼夜温差日益增大。广州市区昨天白天以多云间晴为主，不少市民发现广州的樱树开花了，海珠湿地公园、黄埔创业公园的樱花都悄然绽放。记者来到黄埔区创业公园看到，公园内的樱树几乎都开了花，有的只是开花两三朵，有的满树艳红。

据悉，创业公园内种植有樱花600余株，主要有寒绯樱与广州樱。创业公园的寒绯樱一般在一月开花，而广州樱一般到三月才开花。如今两个品种的樱花都已不同程度地绽放，令不少街坊啧啧称奇。

（二）活跃版面，丰富报道内容

报纸版面是有限的，简讯能充分运用有限的版面。简讯报道的题材广，新闻事实丰富。它既报道国内外要闻，又报道社会生活中的趣闻，如《连山"非遗夜市"聚人气》（《广

州日报》，2023年10月25日）。

　　广州日报讯　入夜后，好吃又好玩的"非遗夜市"在连山文化广场上演，篝火映红了游客和市民的面庞，大家手拉手载歌载舞，欢声笑语，连山非遗文创特色街里的摊位上人头攒动，来往的市民纷纷驻留在摊位前，欣赏着山苍子药枕、壮锦、壮绣、瑶绣、瑶族小长鼓等精美的非遗作品，挑选着心仪的非遗好物。在特色美食区，连山大汤糍、糯米血酿、粽子等美食吸引许多市民朋友寻味而来，让大家在夜幕下的广场里切身感受连山非遗的魅力。

　　此外，特别重要的简讯可放在版面的显著位置；较为重要的简讯，可集结数条做成"要闻简报"或"简明新闻"，放在栏头等比较醒目的位置；一般简讯，可用"集纳"的形式刊在版面上。这样与大、中型稿件配合，版面显得生动活泼，多姿多彩。

　　（三）能满足受众多方的新闻需求

　　简讯文字简略，内容简单，结构单一，篇幅短小，只有百十来字，甚至几个字。

　　简讯内容丰富多彩，读起来让人一目了然，符合现代人的阅读心理。

二、简讯的写作

　　简讯的特点决定了它的写作要旨：一快二短。快，即要求快捕捉、快采写、快见报，以最快的速度把变动中的有价值的新闻事实报道出去。短，则要求简讯写作抓重点、抓特点，不求新闻信息面面俱到，只求短而精，让受众一目了然。具体体现在以下两个方面。

　　第一，抓重点。一般来说，简讯写作的重点是"事""一事一报"，即以精练的文字告诉受众发生了什么事，不追求有完整的结构。新闻六要素中的"如何""为何"常常省略。如《我国院士获得第三世界科学院农业科学奖》（《新闻联播》，2004年12月2日）。

　　中国工程院院士、华中农业大学教授傅廷栋近日获得2003年第三世界科学院农业科学奖。傅廷栋院士培育出的新杂交油菜在世界各地被广泛种植。

　　第二，抓特点。简讯的"简"，不是简单随便、简短无物，而是对自然形态的信息进行精选、加工，体现短而精。因此，记者必须抓特点，若抓不到特点，新闻就无法写短写精。如《"哭吧"亮相南京》（《新民晚报》，2004年6月30日），就是抓住了与酒吧、茶吧不同的'哭吧'这一有特点的事物，吸引受众。

　　南京消息：听说过茶吧、酒吧，如今南京又有了一家哭吧。"想哭就哭出来，为什么还要找个专门地方哭？"带着这疑问，人们走进了这家"好心情"哭吧。

　　据了解，到哭吧计时消费，"哭"一个小时50元。

第四节　人物消息

　　人物新闻有广义和狭义之分，广义的人物新闻包括人物通讯、人物专访、人物消息、人物特写等体裁，狭义的人物新闻专指人物消息。人物消息有报道单个人物的，有报道多个人物的，但以报道单个人物的居多。人物消息是用消息的形式来写人物，要具备消息写作的基本特征。

人物消息是对新闻人物的主要事迹、思想、某种行动或某一侧面做简要的报道，使广大受众产生鲜明的印象，起树立榜样、教育启迪和鼓舞大众的作用。如第二十七届中国新闻奖二等奖获奖作品《深夜挨户敲门寻找 救下昏迷夫妇》（《长沙晚报》，2016年11月17日），又如第二十八届中国新闻奖二等奖获奖作品《收养脑瘫儿14年 环卫工夫妇感动众人》（《三秦都市报》，2017年10月14日）。

一、人物消息的特点

（一）篇幅短小、叙事单一，不求"全"求"细"

人物消息短小精悍，一般不超过千字，因此只能截取新闻人物最具新闻性的一个侧面展开报道，突出人物最有特色、最具感染力的一面，切勿面面俱到，这是以"不全"求"全"。

人物消息《华罗庚的最后一天》[①] 正是一篇力作，著名数学家华罗庚的一生有许多精彩动人的故事可写，然而记者只选取了华罗庚生命中的最后一天来写，以"不全"求"全"，写得鲜活，感人至深。该人物消息只几百字，主要叙述华罗庚访问日本的第十天，他在东京大学演讲完后，走完生命之路的内容，该人物消息热烈地歌颂了华罗庚伟大的爱业、敬业、精业精神。

中国新闻社北京六月十五日电 中国著名数学家华罗庚在东京逝世的噩耗传来后，本社记者向有关方面了解了这位教授在世的最后一天的情况。

六月十二日，是华罗庚教授访问日本的第十天。为准备到东京大学向日本数学界同仁作学术报告，他十一日晚上没有休息好，深夜服下安眠药后才入睡。十二日下午二时，华罗庚教授与日本知名数学家会晤，近三点钟回到旅馆，稍事休息后到东京大学作学术报告。

六月十二日下午四时整，学术报告开始举行。华罗庚教授走上讲台作报告。

华罗庚教授已是七十四岁高龄，在国内曾遇过两次心肌梗死的危险。近几年，他腿疾日益严重，活动不便，只好坐轮椅。六月十二日在东京大学作学术报告时，他离开轮椅，自始至终站在讲台上演讲。

华罗庚教授先用国语演讲，由译员译成日语。他感到经过翻译很费时，征得主人同意后，改用英语演讲。华罗庚教授脱下西装上衣，接着又解下领带，兴致勃勃地演讲。

演讲规定时间已超过，华罗庚问会议主席："我可以延长几分钟吗？"主席点头同意。他圆满地结束了整个学术报告，历时六十五分钟。这时是东京时间十七时十六分。

---

① 戴亚平. 华罗庚的最后一天 [EB/OL].(1985-06-15)[2023-12-11].https://www.chinanews.com/gn/cns60/news/47.shtml.

华罗庚教授迎着热烈的掌声走下讲台，迈向轮椅。突然，他从轮椅上滑下来，身边的人没有扶住。华罗庚教授倒在地上。在场的医生立即抢救，替华罗庚做人工呼吸和心脏按摩。东京急救站医生也携带心脏起搏器和心脏监测仪迅速赶到东京大学。接着，东京大学著名心脏病专家杉木教授也闻讯赶来指挥抢救工作。

十八时十五分，华罗庚教授被送进东京大学医学部急诊室。日本医生全力抢救，但华罗庚教授的心脏停止了跳动。

几年来，华罗庚抱着多病之躯，走遍了国内的山山水水，走访了许多国家。他经常用"青山处处埋忠骨，何必马革裹尸还"的诗句来劝慰他的朋友们。

不久前，华罗庚教授曾说过：他剩下的时间最多只有 5 年，他要用所有的时间工作。华罗庚教授毕生驰骋在"数学王国"里，他最后在数学讲坛上走完生命之路。

（二）时效性强

人物消息所表达的内容必须是人物的最新情况，即现在做什么，现在完成了什么，这要求记者快速采写。在改革的当代，一切变化极快，同一个新闻人物，其思想、事迹、做法等常常在变化中，记者的责任就是把当今社会最新的变化揭示出来，把"两个文明"建设中涌现的新闻人物的创业过程的最新表现报道出来。写人物消息，就是要发挥它的这一优势——时间"新"、文字短。

人物消息要在时间上"新"起来，关键在于正确把握和选择报道时机。时机有两种：一是新闻传播媒体宣传报道需要的时机，二是对新闻人物先进事迹报道的时机。不少人物消息经常选用的时机是先进人物受表彰或先进人物的工作取得新成绩、达到新水平之际。若错过了这些时机，或者是发现了一些典型人物，但当时还未到新闻报道的时机，就应等待，在新的时机再作报道。

（三）有适当的情节

人物消息一般都需要通过适当的情节与人物活动来反映人物的精神面貌，揭示消息的主旨，因而故事性较强。如上例《华罗庚的最后一天》重点写华罗庚在东京作学术报告时突然离世的情况，此外，还写了他前一夜吃安眠药，作报告前与同行会晤，有腿疾，患过两次心梗等与主旨相关的典型情节、典型新闻事实。

这里需强调的是，人物消息中的新闻事实、情节，一定要具有典型性，具有新闻价值和宣传价值，不同于好人好事。

二、人物消息的写作

（一）选准新闻人物

要把握好尺度，选准新闻人物。人物消息中的人物必须既具有典型性，又具有新闻性。

所谓人物的典型性，是指报道的人物富有代表性与个性特点；所谓新闻性，是指所报道的人物的事迹是新近发生的，且这些新事能充分体现时代精神。人物消息可写的人物非常多，如各行各业的先进人物，中间的、后进的甚至反面的人物，战争和建设时期的各种人物，"两个文明"建设中涌现出的新人物、群体人物等。面对如此众多的新闻人物，我们报道的主要目标应是"两个文明"建设中的新闻人物，尤其是能反映社会变化，对促进"四个现代化"有重要意义的新闻人物。

（二）"以人帅事""以事显人"

人物消息虽然以写人为主，但人离不开事，事实是构成人物形象的实际材料。写事是为了写人——这些典型事实要为写人服务，人物消息的写作目的主要是通过写事展示人物的形象特点及时代风采，而不能像事件消息那样，把写事作为直接日的。消息中的事实叙述要适当，少写过程，不要方方面面罗列，《华罗庚的最后一天》就是以"不全"求"全"之佳作。

（三）通过人物的言行表现人物的思想

写人物消息还要强调人物的行动和语言，即要围绕所要表现的人物来选择典型的行动和语言。所谓典型的行动和语言，就是个性化的、能充分表现人物思想的行动和语言。正如恩格斯所说："人物性格不仅表现在他做什么，而且表现在他怎样做上。"如果只写人物做了什么，不写怎样做，只有记者的概述，没有人物自身的言行举止，消息不仅枯燥，还不能深刻表现人物的精神面貌，人物也就立不起来。

《华罗庚的最后一天》这篇人物消息中讲述了这些内容。华罗庚走上讲台站着作了长达65分钟的演讲，他意气风发，精神抖擞，全神贯注，完全忘记了腿疾；完全忘记了曾遭遇两次心梗的危险；完全忘记了前一夜吃安眠药才入睡；完全忘记了已74岁高龄！他先用国语，后改用英语演讲，当超过演讲规定时间时，他又请求延长时间。可是当他迎着热烈的掌声走下讲台时，他却永远地倒在了数学讲台上……整篇消息通过展现华罗庚的言行举止，充分揭示了这位数学家在"数学王国"里鞠躬尽瘁、死而后已的伟大献身精神！

第五节　现场短新闻

什么是现场短新闻？笔者认为，现场短新闻是指记者深入新闻事件的现场，目击新闻事件的发生和变化，以视觉思维采写制作的一种新闻价值大、现场感强、篇幅短小精粹的新闻。它适用性强，如消息、通讯、特写，报纸、广播、电视以及以互联网为代表的新媒体均可采写制作现场短新闻。

一、现场短新闻的特点

（一）新闻价值大

新闻价值，是指新闻事实本身的传播价值或凝聚在新闻事实中的社会价值。通常由时新性、重要性、显著性、接近性、趣味性等要素构成。

现场短新闻必须是报道新近发生、发现，变动着的事实，它能提供具含金量的信息，有极强时效性的鲜、活新闻。这里说的"鲜"，不单指时间上的新近，还指内容上的新。在衡量新闻信息的"新鲜"上，除第一次出现外，还包含某事物处于量变范围内，具有重大意义的社会事件或某事物处于质变范围内这些标准，这类信息具有很大的社会价值，应及时报道。

需要注意的一点是，新闻价值大的信息是不是就一定会报道？回答是否定的。这里还涉及一个宣传价值问题，即社会效果。在影响一条新闻的价值的多种因素中，政治因素很重要。因此，衡量某篇现场短新闻的宣传价值，就要看新闻事实本身所包含的思想及理论意义。

时效性不强，信息量不足，不能及时报道新闻事件变化过程的新闻就不是优秀的现场短新闻。好人好事或鸡毛蒜皮的小事，也不是现场短新闻报道的对象。

（二）现场感强

现场，即新闻事件的发生地。现场感，即新闻事件发生时的现场情景，如新闻事件发生的环境，新闻人物活动的环境，气氛，以及记者的现场感受。

当代新闻界把"研究现场""观察现场"提到了时代的高度，强调"新闻记者必须成为现场的研究者"，以及"现在的时代是现场观察的时代"。

现场短新闻要求记者是新闻事件的目击者、见证人，最好是"参与者"。记者不亲临新闻事件的现场，是绝对写不出现场短新闻的，优秀的记者通常会千方百计地深入现场采访。

现场短新闻是来自新闻发生地的现场报道，不是事后采访写成的追记式、回溯式的报道，因而要求记者通过现场观察，获得第一手材料，这是发现、捕捉、写作现场短新闻的唯一途径。什么是第一手材料？即不经过任何中转环节，直接来自新闻事件发源地的材料。要想获得第一手材料，只有充分运用眼睛、耳朵等去全方位地体验现场，现场短新闻不是借别人的"眼睛"、靠自己的"耳朵"写成的，而主要是记者用自己的"眼睛"写成的。美国著名记者埃德加·斯诺曾说："从未见过的事情我是不愿意写的。"

第一手材料大多是最直接最生动的材料。现场感的强弱与否，关系到现场短新闻的成败。要想把现场短新闻写好写活，记者必须身入现场观察，而且观察与思考要同步进行，记者的采访活动与新闻事实的发生同步进行，也就是说，记者对现场的观察与记者的思维活动要密切结合，记者对现场采访到的材料，随时分析、判断。尤其是广播、电视的采访，要求现场采访、现场录音、现场拍摄、现场口头报道，这对广播、电视记者驾驭现场的能力要求就更高了。

要想把现场短新闻写好写活，记者除了要敏锐地感受现场变化、认真观察现场，还要深入发掘新闻事实，要下功夫抓住其中最具有新闻性的高潮部分写深写透。高潮就是新闻事件发生与发展的关键情节，是新闻人物活动的中心场面，是事物诸种矛盾斗争的焦点，是人物感情最炽烈、奔放之处，对这些记者要进行集中、突出的描绘。

要想把现场短新闻写活，记者必须深入发掘新闻事实，并在深度上下苦功。新闻的"深度"，就是记者对凝聚在新闻事实里的新闻价值的认识和发掘程度。新闻价值的内涵是多样性的，新闻价值的结构形态也具有多层次性、多侧面性的特点。我们在分析和研究新闻事实的新闻价值时，要善于由此及彼、由表及里地认真剖析、比较，从宏观的角度去把握新闻的最大价值——反映时代，反映事物的本质特征。

如 2003 年 10 月 16 日新华社发布的《航天英雄凯旋——西郊机场欢迎仪式侧记》，主题重大，新闻价值大，描写了中国航天员杨利伟乘坐中华人民共和国第一艘载人飞船"神舟"五号，经过 14 圈太空飞行，胜利返航的经历。报道以简练的笔法横向截取了欢迎仪式现场的多个片段：航天英雄杨利伟凯旋；杨利伟向前来迎接的中央首长曹刚川报告；杨利伟幸福地拥抱献鲜花的妻儿；在欢呼声、迎宾曲中，杨利伟与前来迎接的人们一一握手；航天员系统总设计师兼总指挥宿双宁难抑心中的激动，与杨利伟紧紧地拥抱；5 个小伙子将杨利伟一次又一次地抛向空中……报道再现了航天英雄杨利伟凯旋时激动人心的画面，多个场面描写呈现出了电视画面的效果，让读者"目睹"了这一历史性的瞬间。

新华社北京 2003 年 10 月 16 日电 16 日上午 9 时，灿烂的阳光洒满了北京西郊机场，远处的西山苍茫如黛。在宽阔的停机坪上，站满了等着迎接中国首位航天勇士凯旋的人们。

9 时 52 分，随着从空中传来的由远而近的飞机轰鸣声，一架波音 737 客机出现在人们的视野里。飞机平稳降落后，经过短暂的滑行，稳稳停靠在红地毯的一侧。

在众人期待的目光里，实现了中华民族千年飞天梦想的航天勇士杨利伟出现在机舱门口。虽然经过 20 多个小时的太空飞行，身着蓝色训练服，留着平头短发的杨利伟看上去精神饱满，没有丝毫倦态。杨利伟稳步走下舷梯，以洪亮的声音向前来迎接的中共中央政治局委员、中央军委副主席、国务委员兼国防部部长曹刚川报告："中国航天员大队航天员杨利伟乘坐中华人民共和国第一艘载人飞船'神舟'五号，经过 14 圈太空飞行，胜利返航。在太空飞行期间，飞船工作正常，我感觉良好。我为我的祖国感到骄傲！"

曹刚川紧握着杨利伟的手说："我代表党中央、国务院、中央军委，代表江主席，向你表示欢迎。你为祖国和人民立了一大功，祖国和人民感谢你……"

中央军委委员、总装备部部长、中国载人航天工程总指挥李继耐和总装备部政委迟万春也先后对杨利伟的凯旋表示热烈欢迎和祝贺。

在喧天的锣鼓声中，杨利伟的妻子张玉梅和儿子杨宁康怀抱鲜花迎上前去。

杨利伟一手将妻子拥在怀里，一手将儿子抱在胸前，脸上挂满了幸福的笑容。

现场爆发出一片欢呼声。军乐队演奏出高亢嘹亮的迎宾曲，杨利伟与前来迎接的人们一一握手。从中国载人航天工程总指挥、副总指挥到7大系统的总设计师，一张张熟悉的面孔都洋溢着由衷的喜悦。航天员系统总设计师兼总指挥宿双宁难抑心中的激动，与杨利伟紧紧地拥抱在一起。身着民族服装的学生手持彩旗和气球，热烈欢迎胜利归来的杨利伟。5位身强力壮的小伙子跑上前来，将杨利伟一次又一次地抛向空中。

现场的热烈气氛达到了顶峰。欢迎的人群簇拥着杨利伟走向停在机场上的迎接车队。在人们的欢呼声中，已经上车的杨利伟，不由得又走下车来，再一次向人们挥手致意。随后，在工作人员的一再催促下，他坐上副驾驶席，将手伸出窗外，不停地向人们挥手告别。车队载着杨利伟，载着人们对这位航天勇士的敬佩之情，向北京航天城驶去。

（三）短小精粹

现场短新闻无论报道的题材多么重大，始终不离"短"的要求。短有两层含义：其一，篇幅短小，一般不超过千字；其二，新闻事实集中。

现场短新闻的精粹，体现在文字上是精简，内容上是精彩，即信息量密集，含"金"量高。从选材上说，要以一当十，以少胜多，以有限的"一"反映无限的"一"。

二、现场短新闻的写作

（一）一时一地一事

现场短新闻选择题材的面是广阔的，可全方位地反映生活，非事件性新闻、事件性新闻均可，以后者为佳，这与现场短新闻的特点和事件的特点有关。事件实际上体现了生活中的矛盾冲突（还包括人与自然的矛盾冲突），反映了事物急剧变化的阶段，既有"动感"又有情节，容易写活。这些正满足了现场短新闻写作的需要。

由于现场短新闻对篇幅、时效、再现现场等有着特殊的要求，故对题材的要求也有别于其他报道方式。现场短新闻的鲜明特色是"一时一地一事"。

"一时"，就是指主要的新闻事实是在十分明确的时间内发生的。

"一地"，就是指主要的新闻事实是在某一个具体地点发生的。

"一事"，对事件性新闻，要求写出主要新闻事实发生、发展的具体过程、具体情况，以及必要的细节；对非事件性新闻，采取"取一斑，以窥见全豹"之法。

《航天英雄凯旋——西郊机场欢迎仪式侧记》就是这样的佳作："一时"即指2003年10月16日上午9时，"一地"即指北京西郊机场，"一事"即指航天英雄杨利伟凯旋。

（二）运用多种表现手法

要想把现场短新闻写好写活，还必须善于运用多种表现手法：叙述、描写（主要是白描)、议论、抒情，或交叉并用。这样就能使现场短新闻既具有消息的简洁、明快的优势，又具有通讯生动、形象的特点，还兼有特写放大、再现的长处。《航天英雄凯旋——西郊机场欢迎仪式侧记》就是综合运用了叙述、描写、抒情、议论、特写等表现手法，使人读后如临其境、如见其人、如闻其声。

第六节 综合消息

综合消息是着眼于宏观的消息品种，是一种高级的新闻报道形式，是报纸、电台、电视台经常使用的一种新闻。它是若干或众多的有特点的新闻事实在一个主题统率下的综合报道。综合消息是全媒体时代经常使用的报道形式。

一、综合消息的特点

（一）反映全局，综合客观

综合消息是在一定时期里概括地反映某一地区、某种工作、某类问题的全局性情况、趋势的新闻报道形式，不同于动态消息的"一事一报""一时一报"，这也是综合消息的一个极为重要的特点。综合消息题材重大，立足宏观、反映全局，通过对众多材料的综合分析，反映客观事物的发展规律和本质，是"以大见大"，以跨时空的框架来揭示主题。因此，综合消息主题深刻、影响大、指导性强。

如《榆林 860 万亩流沙全部得到治理，标志着陕西告别"流沙"时代》（《榆林日报》，2015 年 1 月 27 日）。它报道了榆林生态环境改善这一事实。榆林 860 万亩流沙全部得到治理，榆林告别流沙时代，这对榆林、陕西甚至对全国的生态环境改善都具有重要意义。消息题材重大，见报后，新华网、人民网、凤凰网、《陕西日报》等国内媒体纷纷转载，伟人的治沙成就再次为世人瞩目。

（二）提炼思想观点

思想观点是综合消息的灵魂，综合消息以蕴含正确、深刻、新颖的思想观点取胜。综合消息的深刻性、影响力、指导性主要不是靠新闻事实，而是靠从事实中提炼出来的观点体现出来的。综合消息对大量材料进行综合分析时，要反复提炼思想观点（主题），由感性认识上升到理性认识。思想观点是否正确、深刻、新颖，是衡量综合消息优劣成败的关键。如《榆林 860 万亩流沙全部得到治理，标志着陕西告别"流沙"时代》揭示出榆林治沙成功的关键在于榆林走出了一条不断升级的科学治沙之路，榆林的生态建设史就是一部植树造林和防沙治沙史，榆林治沙成功对榆林、陕西乃至全国的生态环境改善都具有重要意义。又如《泾川农村新事：儿子送父进学堂》（《中国青年报》，1995 年 7 月 4 日），是作者在对汉川县 50 多个儿子送父进学堂的事例进行分析，综合研究，认识到这种现象是改革开放后农村发生的深刻变化，是农民观念上的新变化，是农民精神上的新追求，具有重大的新闻价值和深刻的现实意义后写出来的。

（三）相对稳定

综合消息与动态消息相比，时效性不如动态消息强。综合消息主要是对处于相对稳定状态的新闻事实进行深挖和综合分析，来指导和影响实际工作和受众，而不是快速捕捉发展变化中的新闻事实。

二、综合消息的类型

常见的综合消息有三种类型：纵向综合消息、横向综合消息、纵横相结合的综合消息。

（一）纵向综合消息

纵向综合消息是写一"事"多时。它是就某一个有意义的事件在一段时间内发生发展的进程组织内容的总结性报道。纵向综合信息也报道一个时期以来，某地区、某单位贯彻党的某一方针政策、开展某一活动的进程及取得的成果。因此，这类消息通常的写法是按因果关系安排内容，新闻事实之间是递进关系。如《开发当地资源，改造落后企业　建设银行为安康地区脱贫出大力》（《人民日报》，1996 年 6 月 3 日）。

（二）横向综合消息

横向综合消息是在一定的空间条件下，把不同地区、部门、单位发生的同类事件或问题加以综合报道，以反映全貌。它的特点是把发生在不同地点的同类事件组织在一条消息中，即异地同"事"，多个新闻事实之间是并列关系。这类综合消息通常的写法是在用导语概述全貌后，主体部分采用板块结构写（按地区综合），也可按条结构写（按战线或类别来综合）。

受众经常需要知道某件事情、某项工作的全貌，这类综合消息正是要把全国的或全省的、某一地区的、某一场合的新情况概括地告诉受。它既可满足受众的新闻需求，让他们对新闻有一个全面系统的认识，又可起到宣传作用，有力地推动工作。如《泾川农村新事：儿子送父进学堂》的导语概括地介绍了泾川县农村出现的新事物，主体部分分别按地区写，叙述了罗汉洞乡、荔堡乡、窑店乡的三个典型事例，最后又用概括的语言进行总结。

（三）纵横相结合的综合消息

这类综合消息从纵向来讲，是报道事物的发生发展的进程及原因；从横向来讲，是报道各地区、各部门的情况、成绩、动态。纵横相结合的综合消息要既有横向的广度，又有纵向的深度，因而写好综合消息是要下功夫的。这类综合消息通常的写法是先总写成绩或问题，然后从横的方面分出几个并列层次叙述，再从纵向剖析成绩或问题产生的原因，说清来龙去脉。

这类综合消息要写好，记者一定要深入广泛地采访，保证拥有丰富的材料——不仅要有客观的概括材料给人以认识的广度，还要有典型的具有说服力的事例，给人以认识的深度。要做到这些，记者必须不断提高马克思主义理论水平，善于由宏观到微观、由微观到宏观观察、分析问题，审时度势，树立正确的思想观念。例文如《十万农民走三江》（《黑龙江日报》，1995 年 9 月 24 日）。

三、综合消息的写作

（一）点面结合法

这一写作要求是由综合消息的综合性、宏观性特点决定的。综合消息是"以大见大"，内容涉及一条战线、一个地区或几个不同的部门，乃至全国各地，因而要有概括性的"面"上材料，使受众从宏观上对事实有一个认识。可是，单有"面"上的概括性材料易失之空泛，缺少深度。因此，综合消息中又要有具体事实。这就要求写作时记者胸中要有全局——既有概括性的面上材料，又要有代表性的典型事实，点面结合，报道出去才有力度。

点面结合，就是将具体事实和抽象概括性材料有机地结合，以便更好地表现主题，深刻地感染受众。《榆林 860 万亩流沙全部得到治理，标志着陕西告别"流沙"时代》就是以点带面的范例，其放眼陕西，历数榆林几代人特别是"十二五"以来的治沙举措，这些举措实现了经济、生态的协调发展。榆林先后涌现了一大批可歌可泣的治沙英雄，形成了敢为人先、以人为本、顽强拼搏的"榆林治沙精神"。"点"上的材料典型、有代表性，"面"上的材料全面、完整、简练，符合事物的本质。

（二）对比法

综合消息大多是反映社会中的新动向、新形势，报道新问题、新经验的。为了说明新事物在全局中的发展变化，综合消息经常要采用对比手法，把两种不同种类的事物或情形作对照，如新与旧、好与坏、正与反、纵与横、主流与支流、成绩与缺点等。这种方法如用得好，则内容真实感人，说服力强，可信度高，主题更鲜明突出，消息的价值更大。《榆林 860 万亩流沙全部得到治理，标志着陕西告别"流沙"时代》就运用了对比法，从黄沙漫天到绿荫葱葱，从徒手造林到科技造林，榆林的森林覆盖率从 0.9% 增长到 33%，全市生态状况实现由"整体恶化"向"整体好转、沙退人进、局部良性循环"的转变，读来振奋人心。

（三）夹叙、夹描、夹议相结合

任何一种新闻，都要通过叙述、描写（主要是白描）或议论的手段，来表现新闻的内容和主题思想。如动态消息主要靠叙述，即客观地向受众叙述新闻事件；新闻素描主要靠描写；新闻述评侧重于议论；而综合消息则是三者兼备。综合消息要"综合"，就要对事实进行概括与提炼，把许许多多的事实捏在一起，要做到有事实，有分析，在表达上必须有叙有议，夹叙夹议。叙，要精简，不能记流水账；议，主要是提观点，说明意义，预示前景，帮助受众了解新闻事实，议要精辟，一针见血，紧扣新闻事实，掌握事实的本质意义和发展规律，这样才能起到"画龙点睛"的作用。好的综合消息都是夹叙夹描夹议结合的珍品。《榆林860万亩流沙全部得到治理，标志着陕西告别"流沙"时代》这篇消息无论是导语、主体部分还是结尾，夹叙夹描夹议的形式用得都很好——或是紧扣新闻事实进行画龙点睛式的评论；或是先评论再用形象化的叙述语言再现新闻事实。

距离榆林城区20多公里的榆阳区大纪汗村，地处毛乌素沙漠边缘，过去常年黄沙漫天，一片荒芜。如今，这里的荒沙经过整治，已变身万亩良田，成为现代农业示范区。类似的奇迹在塞上古城榆林随处可见。1月26日，市林业局传来喜讯：我市境内最后50万亩流动沙地全部得到固定和半固定，这标志着陕西省所有的流动沙地全部得到治理，榆林沙区林业生态建设取得重大突破，实现"沙进人退"到"人进沙固"的历史性转变。

据了解，陕西荒漠化和沙化土地面积的99%集中在榆林。过去，860万亩流沙给榆林造成巨大危害，也成为陕西绿化美化的"短板"。榆林市委、市政府制定"南治土、北治沙"战略，几代榆林人坚持不懈实施三北防护林、防沙治沙综合示范区、退耕还林（草）、天然林保护、京津风沙源治理二期等国家重点生态工程项目，使一块又一块流动沙地被固定和半固定。2012年起，榆林市开展"三年植绿大行动"和"全面治理荒沙三年行动"，植树造林300多万亩，残留的50万亩流沙得到有效治理，再也"流"不起来了。目前，榆林从城区到乡村的绿色主框架已形成，在黄河沿岸形成以红枣为主的红色经济林，在中部黄土丘陵区形成"两杏"为主的黄色经济林，在北部沙区形成以樟子松为主的绿色防护林带，全市林木覆盖率由2011年的30.7%提高到33%，植被覆盖率达53.43%。

针对沙化土地不同立地类型区，榆林还走出一条不断升级的科学治沙之路。一代代治沙人采取乔、灌、草相结合，人工、飞播、封育相结合，植治、水治、土治相结合，一改（改良土地）、三化（林网化、水利化、园林化）、八配套（田、渠、水、林、路、电、排、技）等一系列综合治理措施，推广樟子松"六位一体"等造林治沙实用技术，提高了治理水平，保证了治理成效。全市初步走上沙漠治理产业化、产业发展促治沙的治沙良性循环之路，建立起以种植业、养殖业、加工业、旅游业、新能源等为主的沙产业体系，以林草为保障，沙区成为我市粮食主产区和全省畜牧业基地、新食品长柄扁桃油原料基地。

市林业局总工郝文功介绍，随着林木覆盖率的提高，榆林市的降水量逐年增加，榆林城区二级以上天数也越来越多，2014年达到336天。"860万亩流沙得到治理，对榆林、对陕西乃至对全国的生态环境改善都具有重要的意义。"

　　导语第一句"距离榆林城区 20 多公里的榆阳区大纪汗村,地处毛乌素沙漠边缘"用的是叙述,接着"黄沙漫天""一片荒芜""万亩良田"用的是描写手法,最后用评论"我市境内最后 50 万亩流动沙地全部得到固定和半固定,这标志着陕西省所有的流动沙地全部得到治理,榆林沙区林业生态建设取得重大突破,实现'沙进人退'到'人进沙固'的历史性转变"有力地结束了导语。

阅读·思考·实训题

　　1. 在近期消息中分别找出金字塔结构、倒金字塔结构、倒金字塔和金字塔相结合式结构、散文式结构的消息。

　　2. 为何说消息导语的优劣是消息写作成败的关键?从近期的消息中找出三条好的导语和三条差的导语,并分析其优缺点。

　　3. 分析《"太空出差三人组"回来啦!》的消息结构形式。

　　4. 分析下面一条导语属于哪种类型?

　　本报讯 你知道怎样把黑夜变成白昼吗?一位科学家设想在月球上装反光镜,在夜间,将太阳光反射到地球上。估计只要在月球上安装 20 万平方米的反光镜,就可以使地球永远摆脱黑暗。

　　5. 阅读《神州十四号载人飞船 5 日发射》,哪些是消息背景?有什么作用?

　　6. 为下列新闻制作一个标题。

　　2020 年 8 月 17 日,电影《夺冠》(原名《中国女排》)发布再定档海报,宣布该片将于 2020 年 9 月 40 日全国公映,《夺冠》原定于今年春节档上映,如今再次定档,无论是球迷还是影迷都表示万分期待,大家又可以在大银幕上重温女排精神,回顾中国女排那一幕幕感人至深的画面了。

　　7. 用倒金字塔结构写一篇关于校园活动的消息,注意背景材料的运用。

　　8. 鉴赏近五年获中国新闻奖一等奖的消息作品。

　　9. 动态消息的写作有哪些技巧?简讯写作怎么做到一快二短?就身边的新闻事件采写一条动态消息,将撰写的动态消息再改写成一条简讯,分组互相评议。

　　10. 现场短新闻如何写好现场?深入身边发生新闻事件的现场,采写一篇现场短新闻。

　　11. 用最清晰的笔墨描写一个人物,包含年龄、身高、穿着、体貌的特征、家人情况、家庭饮食、性格、动作等信息,要求字数 100 字以内。

　　12. 以"我的爸爸""我的妈妈""我的教师""我最喜欢的人"为主题,写一篇人物消息。

第五章   通讯写作

通讯是报刊、广播电视等新闻传播媒体中使用频率相当高的一种主要文体，是记者的常规武器，每一个新闻工作者都必须掌握这种报道形式。欧美称它为"特稿""专稿"。通讯是运用多种表现方式，详细、生动、形象地报道具有新闻价值的人物、事物的新闻体裁，其作用是评介人物、事件，推广工作经验，介绍地方风貌等。

第一节   选材、立意、结构

一、通讯的选材和立意

（一）精心选准典型对象

通讯一般是对具有典型意义的新闻人物、新闻事件的报道。因此，能否找准典型是一篇通讯成败的关键。

什么是通讯的典型对象？成为典型对象的条件，一是政治上能反映党的中心工作和时代精神，具有强烈的现实针对性。这就要求记者有正确的立场、有较高的政治敏感，对党对人民有强烈的责任心。二是要具有先进性、代表性和普遍意义，能反映广大人民群众的愿望和要求，如典型人物、典型事件、典型经验、典型报告、典型产品等。这就要求记者深入社会、深入生活，与人民群众同呼吸共命运，才能发现典型，因为典型常常寓于平凡的生活之中。

（二）抓重大题材，写凡人小事

通讯要反映时代风云、时代特色，必须通过具体的个别事物、典型对象来实现，典型对象确定后，紧接着是深入挖掘材料。最能反映时代特色的个别事物、典型对象，常常出现在广大人民群众斗争最尖锐、最激烈的地方，这些个别事物、典型对象，就是通讯写作首先要抓的典型材料——重大题材。

写通讯为什么要强调抓重大题材？因为重大题材是我们关注的焦点，它包含着生活中的主要矛盾和矛盾的主要方面，决定和影响着生活，能体现时代动向。抓重大题材来报道，能迅速、充分地揭示生活的本质，记录时代足迹，直接推动社会前进，为广大群众所关注。

例如，《我将无我 不负人民》（《中国纪检监察报》，2021 年 11 月 24 日）就是抓重大题材的通讯力作。该报道立意高远，写法具有创新性，全面展示习近平总书记心怀人民、无私无畏、以身许党许国的崇高境界、伟大形象。"我将无我，不负人民，我愿意做到一个'无我'的状态，为中国的发展奉献自己。"习近平的这句话是中国共产党人初心使命的真切表达，彰显了舍我其谁的担当精神、夙兴夜寐的奉献精神、大公无私的崇高境界、大国领袖的人民情怀！

通讯写作要挖掘的典型材料的另一类是"凡"人"小"事。

现实生活中，重大事件并非天天发生，轰轰烈烈的场面也不可能经常出现。生活中大量出现的仍是平凡人、平凡事，这就要求记者深入生活观微知著，通过现象看本质，在平凡中发现伟大。通讯不论是写重大题材还是凡人小事，都要求记者不仅要了解基本的新闻事实，还要深挖"怎么样""为什么"及"意义"等深层信息。《大山深处走出最美"古丽"》（《新疆日报》，2020 年 12 月 11 日）就是写凡人小事的佳作。

（三）站在时代的高度提炼反映时代精神的主题

提炼通讯的主题除了遵循一般的提炼文章主题的要求，如正确、深刻、新颖外，还要做到对全局的宏观把握，反映时代精神。这对通讯来说是至关重要的，因为通讯要真实、及时地反映现实生活，要教育和鼓舞人民群众为实现中国式现代化去奋斗。若一篇通讯不能反映这一时代人民群众特有的精神面貌，也就失去了通讯的时代意义和应有的教育作用。故而写作通讯首先要在提炼反映时代精神的主题上下功夫。

一方面，要站在时代的高度，分析人物、事件的深层内涵，时代意义；另一方面，要回答人民群众所关注的问题，反映他们的愿望和呼声，为人民鼓与呼。这样的主题才具有时代特点，为人民群众所欢迎。

魏巍的著名通讯作品《谁是最可爱的人》，作为一曲爱国主义、国际主义的壮烈颂歌，就是对 20 世纪 50 年代整个国家和人民革命精神的一个重要组成部分的反映。20 世纪 60 年代，新华社记者穆青、冯健、周原采写的《县委书记的榜样——焦裕禄》（新华社，1996 年 2 月 7 日）能够在当时产生强烈反响，就是因为它的主题"困难面前逞英雄"，反映了当时的时代精神——中国人民在严重的自然灾害面前昂首挺胸，巍然屹立。20 世纪 90 年代，穆青、冯健、周原三位老记者重访兰考，再次写下了感人肺腑的力作《人民呼唤焦裕禄》（新华社，1990 年 7 月 8 日）。26 年来，中国发生了翻天覆地的变化，兰考也发生了翻天覆地的变化。穆青等人在通讯中满腔热忱地展示了兰考和黄河故道的天翻地覆的变化以及当代新人的精神风貌；同时，对当前存在的某些严重腐败现象、玷污党的形象等消极面不乏针砭。因此，首都各报和地方报刊纷纷在显著位置全文登载，有的报刊还配发评论；广大受众给记者写信感谢他们，盛赞他们与党和人民心心相印，喊出了人民群众的心声；中央有的领导多次称赞这篇通讯，许多地方党政干部反复阅读，对照找差距。

这篇通讯为什么会产生如此轰动的效应？因为它传达了党的声音，说出了老百姓的心里话，即对党内滋生和蔓延的一些腐败现象的不满；因为它发掘出焦裕禄身上闪烁着具有时代光芒的精神特质，人民一往情深地怀念焦裕禄，呼唤焦裕禄，焦裕禄展现了人民公仆的光辉形象；因为它反映了共产党人全心全意为人民服务的精神，反映了党的领导干部热爱人民、艰苦奋斗的精神。该通讯反映了广大人民的意志，沟通了党和人民的感情。该通讯的结尾饱含深情地写道："'我是你的儿子'焦裕禄的这句话，表达了一个伟大真理。这是一个震撼历史的声音。他喊出了中国共产党人对人民的全部忠诚。历史将永远铭记这位人民的儿子的英名。"显示了记者历史性的眼光。

新华社于 2021 年 12 月 27 日又发表了《焦裕禄精神的新时代回响》，报道典型代表黄诗燕和蒙汉两位牺牲在湖南扶贫一线的县委书记，他们彰显了新时代共产党员的优秀品质。报道发出后，社会反响强烈，全网浏览量过亿，被 203 家媒体采用。

二、通讯的结构

在写作实践中，通讯形成了几种固定的结构，即纵式结构、横式结构、纵横式结构、对比式结构、"蒙太奇"式结构、悬念式结构，以下我们逐个介绍这几种结构，重点介绍悬念式结构。

（一）纵式结构

这是以时间推移为顺序（按事件的开端、发展变化、高潮结局来安排材料），或按作者观察、认识事物的逻辑顺序来组织材料、安排层次的布局方式。如《托举太阳的人——记南粤杰出教师黄昌孝》（《南方日报》，1995 年 9 月 10 日）即采用这一结构报道了清远市师范学校的校长黄昌孝的非凡业绩。这篇人物通讯以事件发展（黄昌孝带领全体师生员工艰苦开拓、锐意改革清远市师范学校的过程）的顺序安排材料，这与记者观察认识事物的逻辑顺序一致，因此受众跟随记者寻因探果，一步步认识主人公无私奉献的伟大精神，文中注重展现新闻人物或事件中的典型情节、细节、场面及有意义的过程，因而感人至深。

（二）横式结构

这是采用空间转换，或按事物的性质不同来组织材料的布局形式，这种结构往往不是反映一个中心人物、中心事件，因而，不受时间和空间的限制；但是，主题必须鲜明。换言之，在一个主题下，将发生在不同"方位"的事件并列起来安排，即通讯中各部分处于同等重要的地位，而各部分之间是并列关系，这适用于同时报道几个人物、写几件事的通讯。使用这种结构记者要有相当强的综合能力。如《反腐战线上的"娘子军"——广东女纪检监察干部素描》（《南方日报》，1995 年 9 月 15 日）就是运用这一结构的成功之作，其把英雄群像立体地呈现在受众面前：她们"对事业——有抒不尽的厚爱""对人民——有抒不尽的柔情"。

（三）纵横式结构

这是一种纵式与横式兼备的结构，以时间为"经"，以空间为"纬"，"纵横交叉"地布局谋篇，使新闻事件向纵、横两个方向发展，因而它具有纵式结构和横式结构的双重优势。纵横式结构的弱点是这种形式要求高，布局复杂；头绪多，且烦琐。作者既要胸怀全局，又要有较强的分析能力和驾驭文字的功底，如《为了六十一个阶级弟兄》（《中国青年报》，1960年2月28日）就是采用这一结构的著名通讯作品。

（四）对比式结构

这种结构的通讯通常是双线并列，或明暗结合，通过穿插描写，使事物矛盾对立的两个方面，形成鲜明的对比，如获得1980年全国好通讯奖的《会计伢嫌我的油壶小》（《孝感日报》，1980年6月15日）就采用了对比式结构。

（五）"蒙太奇"式结构

"蒙太奇"本是电影制作的一种手法，即按一定思维规律、客观规律，把一个个镜头按逻辑关系有机地组接在一起，使之发挥连贯、对比、递进、联想等作用，从而成为完整的一部影片。"蒙太奇"手法用于通讯写作，可突破时空局限，省略一切过程的叙述，只突出事物的最主要特征。这种结构把生活场景、人生片段分成一个个画面进行组合，节奏明快，观感强烈。如荣获1981年全国好通讯奖的《他、她、她》（《孝感日报》，1971年4月9日）就是运用这种结构的佳作。该篇通讯围绕买书、让书、退存折这一生活片段，用三个特写镜头热情地讴歌了三位平凡人——巡线工、两位营业员的高尚品格。

（六）悬念式结构

这种结构是在通讯的开头提出问题，摆出矛盾，设置疑团和悬念，引起受众的关注，然后逐渐"解扣"，消释疑团和悬念。这种结构运用得恰当，可使通讯精巧、新颖、奇特且富魅力，很多获中国新闻奖的通讯都运用了这种结构，如《主席送毛衣　情暖清江水——贵州赓续红色血脉走好新时代长征路》（《贵州日报》，2021年6月7日）、《"生活在这样的国家，太幸福了"》（《新疆日报》，2021年5月12日）、《"半条被子的故事"有新篇》（《经济日报》，2020年9月18日）、《跳绳八年，跳出两个"零"》（《中国教育报》，2021年4月15日）等。不过，用这种结构，要注意设疑与释疑融为一体，不要变成"两张皮"，以免破坏结构的完整和谐。

设置悬念可采用以下几种方法。

（1）把高潮安排在开头设置悬念。

（2）运用对比提出疑问设置悬念。

（3）运用场面描写设置悬念。

（4）描述新闻人物的反常言行，由此设置悬念。

如《"半条被子的故事"有新篇》把习近平总书记在湖南省考察调研时，特地参观郴州市沙洲瑶族村"半条被子的温暖"专题陈列馆的事情安排在开头设置悬念：总书记为什么要参观陈列馆？然后在下文解疑。

又如通讯《"生活在这样的国家，太幸福了"》把7岁男孩断臂再植危险期已过放在开头设置悬念，接着展示扣人心弦、惊心动魄的救助过程。

再如《跳绳八年，跳出两个"零"》通过对比提出疑问，设置悬念：一个师资薄弱、办学条件简陋的农村小学，竟然坚持8年让学生花样跳绳，结果是学生近视率、肥胖率均为零，育人成效显著。这个小学的育人奥秘何在？该文接着"解扣"，介绍该校特色办学、育人的举措。

在江苏省徐州市睢宁县庆安镇骑路村有一所小学，该校坚持8年让学生花样跳绳，取得显著育人成效，特别是学生近视率、肥胖率均为零。他们是怎样做到的？近日，本报记者先后两次深入该校采访，一探究竟。

骑路小学地处睢宁西北，距县城23公里，学校仅210名学生，其中留守儿童130名，全校15名教师，多数都在50岁以上。一幢两层楼房、两排平房，站在学校门口，可以一眼看遍全校，是一所典型的农村小学，也称村小。

说起骑路小学的花样跳绳，有两个人绕不过去，即该校跳绳队教练、六年级语文教师刘彦和她的丈夫、该校校长刘恩。自1987年参加工作以来，刘彦和刘恩一直在农村学校工作。2001年，他们一起转到了骑路小学。

"农村家长教育意识弱，留守儿童隔代教养，导致不少孩子养成了爱玩手机和电子产品的不良习惯。"刘恩告诉记者，由于不注重生活和学习习惯培养，前些年有些学生三四年级就近视了，还有的学生存在学习动力不足、社会适应能力较弱、合作意识不强等问题。

怎么办？怎样通过学校教育，引导农村孩子健康成长？受场馆设施设备等限制，学校能开展的音体美项目有限。2012年前后，通过校际交流学习，他们发现花样跳绳投入较少，学生们也感兴趣，于是就开始了新的尝试。那时学校没有教师熟悉花样跳绳，仅接受过几天培训的刘彦做了教练，边摸索边带着学生练习。

全员参与，跳出多种花样

"这是我儿子在和同学一起完成'彩虹跳'。"采访时，家长严艳指着办公楼墙面上的一幅喷绘说。严艳家住骑路村，两个孩子都在骑路小学读书，女儿六年级，儿子三年级，女儿冯冬梅还是校跳绳队队员。

简单的跳绳较为枯燥，怎样才能让孩子持之以恒地练习呢？学生们通过不断观察、反复练习，慢慢摸索出了窍门。单摇跳、双摇跳、车轮跳……他们学会的花样越来越多，劲头也越来越足。就这样，越来越多的学生参与进来。2015年，刘彦还带出了全校第一个花样跳绳队。

"在创新方面，学生的能力比我们强。"刘彦说，随着参与跳绳的学生越来越多，跳绳的花样也层出不穷。为提升学生创编花样的积极性，只要是学生发明的跳法和花样，学校就用他们的名字命名。目前，骑路小学师生探索出的基础跳法已逾30种，花样跳、合作跳和创新跳等多达200余种。

肖雅是该校第一个学会二人车轮跳的学生。由于父母离异，她早年一直与年迈的奶奶一起生活，直到升入初中，才跟随父亲前往常熟。通过跳绳，肖雅很快就融入了新的集体。"真心感谢老师带我们坚持跳绳，不光让我有了一技之长，还给了我生活的信心！"肖雅说。

多点开花，跳出综合育人

仅因为跳绳，就可以让学校的近视率、肥胖率均为零？学生每天要练习多长时间？"学生在校跳、回家跳、三五成群到老师家跳，每天基本都要两个小时以上，跳绳队学生跳的时间更长。"刘彦说，正是保证了两小时的跳绳时间，学生们才跳出了健康。

课外上跃下跳、闪转腾挪，课上聚精会神、自信阳光——坚持跳绳让该校学生身体越来越好，精气神也越来越旺。2019年3月，徐州市教育局与市卫计委公布的学生体质健康测试数据显示，骑路小学学生近视率和肥胖率均为零，全校学生平均身高高于同龄人0.8厘米，到了今年，这一数据已提高到1厘米。

"除了跳绳，我还加入了绳画社团，感受到了跳绳的另一种魅力。"骑路小学六年级学生刘想说，现在除了体育课，在语文、美术、综合实践活动等科目中都有跟绳子相关的内容，感觉绳子真神奇。

"以花样跳绳为载体，我们初步形成了一套较为完整的'花样跳绳'课程体系，提炼出了以绳健体、以绳增智、以绳促德、以绳创美的育人目标。"刘恩说。以"绳文化"课程建设为突破口，该校从"创""跳""画""做"等方面入手，设计校本化融合课程，分别在语文、体育、美术等学科中渗透绳元素，完成写绳、跳绳、画绳、编绳等课程任务。2017年4月，该校"绳韵少年"特色项目以苏北第一、全省第十五的成绩，获江苏省小学特色文化课程基地立项，2019年3月，该项目顺利通过省教育厅验收。

一根绳不仅跳出了"健康第一"的生动意蕴、跳出了团结与自信，还跳出了智慧与创造。近几年，学生们在身体越来越好的同时，学习兴趣也大大提高，习作水平、计算能力、美术技能、动手操作能力等都有了显著提升。在睢宁县教育局组织的2018年度质量检测中，骑路小学五、六年级全部进入农村小学第一方阵。在2019年度镇中心小学组织的所有年级、所有学科的质量检测中，骑路小学的获奖率达55%，6个学科遥遥领先。

就这样，通过持续探索，骑路小学逐渐走上了花样跳绳促进学生德智体美劳全面发展的育人之路，这个村小的孩子们不仅体会到了跳绳之乐，还收获了很多意想不到的东西。

创新举措，跳出村小新高度

村小如何办？对农民来说，同样需要家门口的好学校。

54岁的教师张都平，一辈子都在农村小学教书。由于年龄偏大，信息化等教学手段不熟练，赛课赶不上年轻教师，评职称更是没机会。"到了快退休的年纪，我原本想着只要上好课，不出错就行。"张都平说，但 2018 年来到骑路小学工作后，学校的氛围改变了他的想法。因为跳绳，全校教师相互配合，心往一处想，劲往一处使。不会跳绳，张都平就给学生摇绳，向其他老师学习编织中国结、织毛衣、织手套，带学生社团。离退休的日子一天比一天近，张都平工作的劲头却一天比一天足。

跳绳改变了骑路小学教师的精神面貌，虽然全校只有 15 名教师，但现在大家都干劲儿十足。教师王荣弟从家中带来自己种的红麻，剥皮、晾晒，用废旧的课桌椅制作了一个打绳机，带领学生在社团活动中制作麻绳；教师程艳秋、葛雅静积极参加徐州市心理健康培训，顺利拿到初级资格证书；结合跳绳特色，葛雅静发挥自己体育专业特长，开始围绕学生体质健康展开深入研究……

坚持跳绳 8 年，学生在变，教师在变，学校也在变。家门口的学校办好了，家长们更支持。原先，学校附近的百姓纷纷把孩子送到中心小学或城区民办学校就读。近两年来，陆续有十几名孩子又转学回来了。2018 年，骑路村在新农村建设中面临拆迁，因该校跳绳特色已成为睢宁教育的一张新名片，庆安镇政府决定在骑路村设置村民集中居住点，长久保留骑路小学为定点小学。

江苏省教育厅厅长葛道凯说："骑路小学的 8 年跳绳给我们呈现了德智体美劳相辅相成、'五育并举'、立德树人的生动案例，接下来，我们要推动更多乡村学校在全面发展的基础上特色发展。"

三、通讯的表现手法

通讯的表现手法与新闻报道直接反映现实生活这个特点紧密相连。通讯不仅要用事实说话，更要用形象说话。通讯要写得真、写得实、写得活、写得快，就要求调动叙述、描写、抒情、议论等多种表现手法，生动且形象地展示主题。

通讯写作的表现手法主要有以下三种。

（一）直接性的叙述

通讯写作中的叙述必须清楚明白，直截了当地讲清一个新闻事件发生、发展、变化的过程，介绍一个新闻人物，要把来龙去脉、各种关系讲清楚。

通讯的直接性叙述主要表现为顺叙，然而并不排斥运用其他叙述手法，因为多种叙述手法可以使行文多变，内容充实。如倒叙，目的在于吸引受众的注意，其或把最后的结局、最重要的事实先报告给受众，让受众留下深刻印象；或把精彩的场面、生动的情节、激动人心的高潮先叙述出来，造成悬念，吸引受众跟踪下去。倒叙应用于通讯的全文，倒叙结束后，还是要回到顺叙上来。

通讯写作中叙述的直接性表现在三个方面。

（1）开门见山点题。

（2）衔接上下文。通讯中故事与故事之间、场面与场面之间、开头与结尾之间、上文与下文之间，都需用直接叙述的方式把它们连接成篇。

（3）简要穿插。任何新闻人物、新闻事件都不可能是孤立存在的，必然与社会、环境、历史息息相关。通讯要写得丰富厚实，有立体感，就需要有穿插、对比、衬托，使通讯更生动、更深刻地表现主题；在写作时，有关社会、环境、历史方面内容都无须展开，不必具体描绘，只需用直接叙述的方法简明交代，因为它们毕竟不是主要的新闻事件。

《领导干部的楷模——孔繁森》（新华社，1995年4月6日）在全国产生巨大影响，与通讯运用穿插、对比、衬托的艺术手法分不开。文中第一部分在写孔繁森挑起西藏自治区阿里地区地委书记的重担时，穿插介绍了西藏高原的环境，接着又穿插介绍了孔繁森的经历。通讯的第二部分写孔繁森带领阿里地区的人民努力奋斗时，一场特大暴风雪席卷了阿里，孔繁森顶风冒雪走访灾民，由于持续的超负荷工作，有天深夜他预感到死神正向自己逼近，文中插叙道："在赴藏前，他就请人写过'是七尺男儿能舍己，作千秋鬼雄死不还乡'的条幅。进西藏后，他又写下了'青山处处埋忠骨，一腔热血洒高原'的豪迈誓言。"

以上内容的穿插不是节外生枝，而是有力地衬托了孔繁森的坚定党性、艰苦奋斗精神，以及无私奉献的高尚情操，正如他的座右铭："一个人爱的最高境界是爱别人，一个共产党员爱的最高境界是爱人民。"

（二）形象性的描写

通讯的写作要具体地描写，形象地展示生活的画面。形象性是衡量通讯写作优劣的准绳，因而通讯报道特别强调现场观察及目击式的描写。邓拓在《新闻工作红专的道路》中指出："我们写新闻要有创造性……对人物、现场都可以作形象的描写。像中国画中的写意一样，一两笔就勾画出一个情景，一个人物的形象。我们应该锻炼出这种神笔，这种本领。"[1] 通讯写作中描写的形象性表现在以下两个方面。

（1）如实描绘所见所闻。记者出场，可以写下亲眼所见、所感，这样也会写得更具体生动，真实可信。不少成功之作，大都有记者参与，其已成为新闻事件中不可缺少的"角色"。

（2）再现人物形象与特定场景。通讯中写人记事都离不开人，离不开环境场景，这就需要记者运用形象化手法，描绘人物的语言、行动、心态，展现场景实态。2020年12月11日《新疆日报》刊发的《大山深处走出最美"古丽"》以平实质朴的文笔，用白描手法，形象地展现了古丽帮助贫困户脱贫的言行举止和闪光性格。

11月30日22时，职工宿舍。一阵急促的手机铃声响起，帕夏古丽怀里，刚刚哄睡着的儿子不耐烦地挥舞着小手。帕夏古丽迅速按下静音键，起身下床，来到卫生间，"你好，

---

① 邓拓. 新闻工作红专的道路 [J]. 新闻战线，1958(8).

我是帕夏古丽，有什么事？"她轻声问。

电话是乌恰小伙子吐尔达力·阿布力孜打来的。"古丽姐，过几天我想再去厂里务工，行吗？""好啊弟弟，现在厂里正需要人，欢迎你来。"一番寒暄后，帕夏古丽得知，2016 年在东莞务工 3 年后，吐尔达力回到家乡，不仅盖了新房，还娶了媳妇。

"那时他是单身汉，因为穷，天天为娶不着媳妇发愁。当时我劝他，只要勤劳肯干，好日子就在前头。现在一切都变了，他说这次要带媳妇一起来挣钱。"帕夏古丽欣慰地笑了。

（三）深刻的议论和深沉的抒情紧密结合

在通讯写作中，议论与抒情通常会紧密地结合在一起：在叙事的基础上，进行画龙点睛式的议论，同时又密切结合事实，适当地抒情。《大山深处走出最美"古丽"》写全国"最美职工"颁奖现场，主持人这样定义包括古丽在内的"最美职工"。

他们立足本职、爱岗敬业、攻坚克难，在平凡岗位上做出不平凡的业绩。

而在乡亲们眼中，帕夏古丽的美更生动、更具体，她用行动让大家相信，只要努力奋斗，石头缝里也能开出美丽的花。

通讯中的议论和抒情，常常采用对比、比兴手法：运用对比，可使感情的表达愈加强烈鲜明；运用比兴，可使受众从实在的事物中领悟思想，引发联想。关于比兴的定义，宋朝朱熹《诗集传》（卷一）中说："比者，以彼物比此物也。兴者，先言他物以引起所咏之辞也。"如《在大海中永生》用"潮涨潮落，大海沉浮"比喻邓小平革命生涯中的三落三起，使受众从大海联想到邓小平的博大胸襟、思想、情怀；从浪涛联想到邓小平的顽强性格和无产阶级革命家大无畏的英雄本色。

总之，通讯中的议论和抒情，要缘事而发，要揭示事物的深层内涵，为深化主题服务，绝不能泛泛而谈，空洞无物，或矫揉造作，虚情假意。

第二节　人物通讯

通讯作为与消息并立的主要新闻体裁之一，包括报告文学、特写、专访、侧记、深度报道、新闻故事等新闻品种。它们都以报道新人新事为主，具有通讯的共性，只是在角度的选择、题材的处理、报道的广度和深度、篇幅的长短、叙述描写的浓淡、议论抒情的多少上存在着一些区别。通讯的写作十分自由、广阔。

通讯按报道内容，可分为人物通讯、事件通讯、工作通讯、风貌通讯。本节先介绍人物通讯。

人物通讯是一种真实、及时地报道特定人物事迹且深刻揭示其精神境界的通讯。具体地说，它是以写人物为中心，在一个主题统率下，反映单个人物或群体人物的思想言行与事迹，以丰富的材料，着重展示人物的精神面貌，以此来激发受众思想感情的一种新闻体裁。

人物通讯是最常见且影响深远的一种通讯体裁。它可以超越时空，流传久远，起鼓舞群众斗志、凝聚民族力量、激发社会活力的作用，是最受广大受众欢迎的通讯体裁。

一、人物通讯报道的对象

人物通讯报道的对象主要有以下三类，其中以第一类为报道重点。

（1）报道先进个人和集体。这类通讯以报道代表时代发展方向的英雄人物、社会主义新人的先进事迹与成长过程为主，在新闻作品中有相当重要的地位，在精神文明建设中发挥着巨大作用。

（2）报道普通人或转变中的人物及有争议的人物。

（3）报道反面人物。

二、人物通讯的写作

新时代为人物通讯的采写提供了广阔天地，如何真实地反映新时代广大人民的精神风貌？如何摆脱旧模式？如何在继承中发展？这对人物通讯的写作提出了一定要求，记者在人物采写、通讯写作的过程中，需要注意以下四个方面。

（一）重点刻画人物的思想

我国已进入中国特色社会主义新时代和中国式现代化建设的关键时期，记者应主要专注各条工作战线上的先进分子并表现他们的崇高精神。

写人物通讯一般是在一篇文章里集中刻画与描述一个或几个先进人物。人物通讯写人，不能就事论事。光写事迹，不写思想，人物是平面的；没有思想，人物的言行也就成了无本之木、无源之水，写了思想，人才有了灵魂（要写出人物的思想，必须写好人物个性化的言行）。因此，采写人物通讯要挖掘根本，将人物思想写出来，尤其要抓住人物身上最闪光的思想，即最能反映时代精神的思想来写，这样人物通讯才会起到积极的教育作用，才能达到写作的根本目的。

通讯《钱学森一世情缘》［《人民日报》（海外版），1995年2月17日］通过截取著名科学家钱学森生活的几个片段——"软禁""保密""激动""幽默""解谜"，展现了这位世界级科学家的"一世情缘"，即高度的民族自尊心、民族自信心、民族气节。这些情缘就是钱学森内在的精神力量，是钱学森行为之根、之本、之源。记者把钱学森与宏观的形势、时代的要求结合起来审视研究，引用了钱学森1985年3月9日给国务院领导同志信中的话，把钱老不同凡响、令人叹服的经历和高尚的思想境界、人格力量在笔端表现了出来，这一系列典型的个性化的行动与语言，集中而又深刻地揭示了钱老独特的精神世界和思想风貌。

因此，写人物通讯一方面要求记者要善于把人物放在社会大背景下、大环境下，如实地反映人物的事业、思想和生活，以及他所处的环境和氛围；另一方面，由于社会不断发展，时代特色的内涵也在丰富、变化，不同的时代有着不同的典型人物，这就要求记者站在时代的前列，学习新事物、研究新问题，以独到的慧眼去捕捉时代典型。

（二）在矛盾冲突中刻画人物

先进人物不是自然产生的，也不是自封的，是在现实生活中涌现出来的；是在同各种旧的落后的腐朽事物斗争中成长起来的；是在同各种错误思想的斗争中考验出来的。先进人物之所以先进，是因为他们始终站在矛盾冲突的第一线，推动矛盾的解决。人物的思想在矛盾冲突激烈的时候、地方，最易显现出来。因此，人物通讯要把先进人物置于矛盾的旋涡中去刻画，《人民呼唤焦裕禄》《钱学森一世情缘》《大山深处走出最美"古丽"》都是在矛盾冲突中栩栩如生地刻画出焦裕禄、钱学森、帕夏古丽的形象的报道，通过人物的言语、行动等展示人物的闪光点与思想风貌。

写矛盾冲突，包括以下三种情况：一是写人与自然的矛盾，二是写人物自身的矛盾，三是写人与人之间的矛盾。以《大山深处走出最美"古丽"》为例，第一，把古丽放在与穷乡僻壤环境斗争中写；第二，把古丽放在与自身的矛盾斗争中写；第三，把古丽放在与乡亲们同贫穷的斗争中写。

（三）在特定环境中表现特定人物

任何一个新闻人物，总是生活在一定的社会环境之中，他的言论行为往往受社会环境的影响，他的思想的形成与发展也是由环境和人与人之间的关系决定的。因此，记者不能脱离社会环境孤立地去写一个人，否则新闻人物的许多行为会显得不可理解，人物的言谈会失去感染力。

要在特定的环境中表现特定的人物，还要注意处理好报道对象与党组织以及群众的关系，先进人物是在党组织的教育与培养下成长的，先进人物的成长也离不开群众的爱戴和支持。

《"石头"的风采——全国优秀县（市）委书记石启仁剪影》（《南方日报》，1995年9月13日）就是一篇描写先进人物的优秀通讯。

花都人喜欢把他们的市委书记石启仁昵称为"石头"。

"这石头可是我们花都的无价之石。""石头这人棱角分明，有胆有识，凡事看得远，看得准，硬是教人服气。"

……石启仁的口头禅是"向党负责，向人民负责，向后代负责。"

这几个片段，就是把石启仁放在党的领导的环境下，放在群众中写，具体生动地表现了人民的英雄人民爱，人民的英雄爱人民。

《大山深处走出最美"古丽"》同样是一篇经典的人物通讯，古丽的家乡乌恰县位于帕米尔高原，是"祖国西极"，偏远闭塞，是山窝窝里的贫困村。古丽14岁时，父亲去世，家里失去了生活的顶梁柱，"当时还欠一万多元外债，妈妈和我们兄妹几个抱在一起，眼泪都流干了"。为了挣钱，她放过羊，拾过棉花，端过盘子，当过保姆。2006年，乌恰县号召农牧民去广东务工，她第一个报了名，成为东莞绿洲鞋业有限公司的员工。

从牧民到工人，再到厂里新疆籍务工人员的管理者，这条路，并不容易。帕夏古丽流过多少泪、多少汗，她自己也记不清了。

初到广东，普通话听说能力一团糟，帕夏古丽急得直跳脚。为了练习发音，不影响别人，她主动搬进空宿舍楼，"每天放声朗读，提高得很快，就是楼里空荡荡的，晚上有点怕"。

技术不过关，别人下班她苦练，手指磨出泡，手腕肿得像面包。钳工是男人干的活，她照样干，师傅心疼她，她却说："多学一样技术不吃亏。"

为了节省路费，2015年，外出务工9年后，帕夏古丽才第一次回家乡。此时，母亲已用她寄来的钱盖了安居房，弟弟已从新疆大学毕业。帕夏古丽觉得，一切付出都值了。

古丽通过奋斗改变了自己的命运，她还帮助众多乡亲走出穷山村。

为了带动更多老乡走出去，帕夏古丽常利用返乡探亲的机会，给乡亲们讲外面的精彩世界，讲党的好政策。从三五人到二三十人，再到上百人、上千人……越来越多的乡亲放下羊鞭子，进厂当工人，279户建档立卡贫困户依靠外出务工，告别贫困。

在乌恰县，帕夏古丽的电话号码是公开的，甚至周边的阿克陶县和团场连队的老乡们都知道，在东莞有个"古丽"，想要外出务工挣钱，就找她。帕夏古丽已记不清，在凌晨两三点的广州火车站，她多少次冒着风雨迎送父老乡亲。

"乡亲们不仅要脱贫，还要致富。"

……

这篇人物通讯主题重大、意义重大，在美国以及西方国家大肆污蔑我国新疆存在大规模强迫劳动的背景下，古丽这一脱贫攻坚典型，有力地驳斥了西方的谬论。作品通过最美古丽的典型事迹，充分展现了在新时代党的治疆方略指引下，南疆大地发生的巨大变化，以及少数民族群众思想深处发生的深刻变化。

（四）要写好关键性的情节，典型的细节

人物通讯讲究细节的描绘与情节的展开。情节，就是事情的变化和经过，它是由一系列能显示人物与人物之间、人物与环境之间复杂关系的具体事件组成的。细节是人物描写中的点睛之笔。好的人物通讯，应该是情节波澜曲折，引人入胜。一篇人物通讯应有张有弛，对于关键性情节要精雕细刻、着意渲染，引发受众情感共鸣；对于一般的情节可一笔带过，以求精练。要写好关键性的情节，就一定要选好典型的、富有表现力的细节，这样，不仅情节生动，还可使人物形象呼之欲出。

《领导干部的楷模——孔繁森》选用了四个典型情节：第一个情节是孔繁森两度进藏工作，其中选取了别妻离母、服从组织安排等一系列富有表现力的细节；第二个情节是孔繁森寻找阿里发展的优势，其中选取了他与地委秘书长"夜聊"、鲜血浸透内裤、救灾、死神的逼近、请求救灾款和项目基金等感人肺腑的典型细节；第三个情节是孔繁森爱民献血；第四个情节是人民对孔繁森的深深怀念。这几个典型情节从不同侧面表现了孔繁森的崇高精神，使人物"立"了起来。"献血"是记者着重展开写的关键情节，深刻地表现了孔繁森对人民博大、深沉、无私的爱，有力地凸显了主题。孔繁森为什么献血？1992 年拉萨发生地震，孔繁森在灾区收养了三个孤儿。一个单身在外的男人，既要工作又要带孩子，其艰辛可想而知。孔繁森既要照顾孩子吃喝拉撒玩，又要注意孩子们的健康成长，一旦发现孩子有了点儿毛病，就立即采取措施教育。这些，文中通过几个细节绘声绘色地描绘了出来。生活上孔繁森很节俭，省下的工资大部分花在藏族群众身上，收养三个孤儿后，他经济上更加拮据，为了不委屈孩子们，他先后三次献血。护士看他年纪大，劝他不要献血，孔繁森恳求道："我家里孩子多，负担重，急需要钱。请帮个忙吧！"语言质朴无华，情真意切，把孔繁森这个人民公仆无私奉献的崇高精神生动地呈现在人们眼前。

第三节　事件通讯

　　事件通讯是以写事为主的通讯，是报道具有典型意义的新闻事件（不论事件的大小，但要具有新闻价值）的通讯体裁。它可以具体地写出一件事的来龙去脉，即记述新闻事件的发生、进程、结果，重在深入揭示事件的意义与影响，以体现时代的新风貌、新变化，而非就事论事；也可以把全过程压缩成概括性叙述的内容；还可以把事件中的某个片段作突出描绘。总之，该类通讯所写事件要具有新闻性和典型性，它往往是消息的补充、扩展、深化。要善于运用大中取小、小中见大的方法来选择和反映事件；要善于把事件和受众的普遍兴趣、利益、要求联系起来，使通讯为受众喜闻乐见。

一、事件通讯的类型

　　事件通讯中的事件主要有以下三种类型。

　　（一）现实生活中具有重大影响的事件

　　这类事件，往往能产生轰动效应，信息量大，影响力也强，具有文献性、史诗般的价值。

　　（二）现实生活中激动人心的事件

　　这类以表扬歌颂为主的事件，体现了时代精神、社会风尚和人们的思想境界、道德水准，能鼓舞、激励人们。如《为了六十一个阶级弟兄》（《中国青年报》，1960 年 2 月 28 日）深刻地反映了广大人民群众舍己救人、团结友爱的崇高精神。

　　又如《用山野之声为梦打拼》的系列报道（《宝安日报》，2011 年 5 月 28 日），报道深圳宝安区贫困工人中 4 个来自不同民族的青年，因追逐音乐梦想，组成"部落组合"乐队，自学唱歌、演奏、谱曲，上街卖唱，奔波于酒吧等地，历时 180 多天，经历 40 多场激烈角逐，最终夺得 2011 年中国音乐金钟奖流行音乐大赛"金钟奖""最佳表现奖"的事迹，该篇通讯获 2011 年度广东新闻奖三等奖。

（三）批评、揭露性事件

这类事件触及社会生活和工作中的弊端，起催人猛醒、祛邪扶正等作用。通过报道这类事件，通讯揭示现实社会与生活中存在的问题、矛盾，评论其意义，起活跃思想、启发思路等作用。

写这类事件要求记者有胆有识，敢于触及时弊，揭露矛盾，因为这对端正党风、弘扬正气、形成良好的社会环境有积极作用。在揭露矛盾时，记者要对复杂的问题科学分析，认真核实材料，报道掌握分寸；同时，要从广阔的社会背景中挖掘出事件的深层内涵，给受众以启迪。

二、事件通讯写作

（一）典型性与新闻性相结合

社会上每天发生成千上万件事情，不是每件事都能成为新闻，不是每件事都能写成事件通讯。这就要求记者善于选择具有思想意义的，能启迪、教育人的事件，也就是要选择典型的、新近发生的、群众关注的有新闻价值的事件进行报道。只有反映事实本质的事件、典型事件，才能在人们心目中产生巨大影响。有些偶然发生的、不能说明事实本质的事件，没有普遍意义，是不能写成事件通讯的。

如《丢失纪念章 31 小时后，老人获赠新奖章》（《北京日报》，2020 年 10 月 26 日），讲述了这样一件事，2020 年 10 月 24 日下午，92 岁老兵刘延珠在逛颐和园时丢失了自己的抗美援朝奖章，非常着急。25 日记者从微信朋友圈得知消息后，第一时间与公园和发帖人核实情况，并在新媒体端连续发布消息，呼吁市民帮忙寻找。当天是重阳节、抗美援朝纪念日，又是星期天，北京市退役军人事务局工作人员看到北京日报客户端的信息，立即联系记者，表示能为老人提供新奖章。

一位抗美援朝老兵遇到困难，广大市民牵肠挂肚，政府部门热心相助，如此鲜活的新闻事件，反映了全社会关爱老人、崇尚英雄的时代风貌。这篇通讯很好地把握了时、度、效——老人丢失奖章获补颁这件事，刚好发生在重阳节及抗美援朝胜利 70 周年纪念日，在此大背景下记者及时报道这一新闻，该新闻很快引起社会广泛关注，引发强烈反响。通讯除在《北京日报》刊发外，还在北京日报客户端，北京日报微博、微信公众号、头条号、百家号，北京晚报微博、微信公众号等媒体平台推送，成为当天舆论热点，"丢纪念章老兵获赠一枚新奖章"话题登上新浪微博热搜榜，北京日报官方微博当日阅读量达 9190 万，7500 多网友参与讨论；该报道同时被今日头条、澎湃新闻、新华网客户端等平台转发，总阅读量过亿。该篇通讯获第三十一届中国新闻奖二等奖。

（二）要见事又见人

事件通讯是以记事为主的通讯，事件的本质、特点决定着通讯的主题。事件通讯中一般都有一个中心事件，其他事实都是为这个中心事件服务的。但是，事情离不开人，事件与人物是血肉相连的，事件由人生发开去，人是事件中的主体，因而写事必写人。写事件中的人物需要注意以下两个方面内容。

（1）在叙述中穿插写人，要采写与事件有关的人物，尤其是关键时刻起重要作用或有重要表现的不凡人物，以体现人与事的内在联系。事件通讯中的人物是为事件服务的，它不同于人物通讯中的写人。人物通讯刻意写人，人物本身的思想、言行决定着人物通讯的主题。人物通讯中的事件是为刻画人物性格，表现人物思想服务的。

（2）人物的形象因事而发，因事而设，只需抓住人物的特点来写。写作时应注意把写事与写人融为一体，如果只写事不写人，事件的叙述就会枯燥，事件的价值和意义就要被质疑。人是最活跃的因素，写事又写人，主题才有开掘的余地，而且要注意调动一切艺术手法，浓墨重彩地写好写活事件的"高潮"，没有"高潮"，事件就是"死"的，人物也会平平，显示不出光彩。

丢失纪念章 31 小时后，老人获赠新奖章

对 92 岁的刘廷珠老人来说，昨天是个难忘的日子。

10 月 25 日既是重阳节，又是抗美援朝胜利 70 周年纪念日，可老人的心情一直不好。因为头一天，他在逛颐和园的时候，把自己的"抗美援朝出国作战 70 周年"纪念章给弄丢了。

刘廷珠老人常住黑龙江哈尔滨。1950 年，老人曾参加抗美援朝战争，1951 年 5 月，老人左小腿在战场上被炸伤骨折，成为伤残军人。老人打算去深圳过冬，于是 10 月 23 日晚从哈尔滨坐火车先到北京中转，再前往深圳。

10 月 24 日早上到京之后，老人心情不错，当天下午在女儿的陪同下到颐和园游玩。"太高兴了，所以想戴着奖章在公园里照张相。"老人的女儿刘女士告诉记者，当天下午两点半左右，一家人入园，结果逛了仅 10 分钟，就发现胸前的奖章不见了，奖章只剩上半部分的缎带，下半部分的奖章丢了。家人赶紧跟公园联系，同时还报了警。警方和公园工作人员一起出动寻找，但都没有找到。

老人心情低落，也不愿意说话，家里人也跟着着急。

昨天中午，北京日报客户端和北京日报官方微信平台报道了老人丢失纪念章的事，发动各界帮忙寻找。北京市退役军人事务局看到北京日报的报道后高度重视，与本报记者取得联系，并与家属沟通，决定为老人赠送一枚新奖章。

"虽然老人是黑龙江户籍，奖章也是黑龙江发放的，但是既然来了北京，就是我们的服务对象。国家在发放奖章的时候也考虑得非常周到，都有几枚富余的奖章，我们就拿出一枚送给老人。"北京市退役军人事务局思想政治和权益维护处副处长金刚说："今天既是抗美援朝胜利 70 周年的正日子，又是重阳节，不能让老人失望。"

昨晚，金刚特意前往单位取了一枚新纪念章，并前往海淀区西二旗老人的住所。晚上

10点左右，新纪念章被送到老人手中。丢失31小时后，老人又获得了一枚新奖章。"老爷子真的太高兴了，你们送的不是奖章，是老爷子的长寿。"刘女士高兴地说。

"今天给老爷子送来新奖章，就是想让老人放心，如果公园方找到了丢失的奖章，再将奖章归还即可。"金刚说，如果有市民或游客发现纪念章，请与颐和园管理处联系。

第四节　工作通讯

工作通讯是报道实际工作中具有典型意义的新成绩、新经验、新教训或存在的新问题的通讯，可指导工作，推动工作。它是我国新闻界特有的报道形式。

工作通讯的形式多种多样，常见的有"记者来信""工作研究""情况调查""采访札记"等。

一、工作通讯的主要内容

工作通讯的主要内容包括以下三个方面。

（一）通过报道各种生动、典型的新事例，介绍各个地区、各个单位贯彻党的方针政策的具体经验

工作通讯中的经验必须是对其他地区或有关单位有所启发或借鉴作用的，可以指导和推动现实工作的带规律性的认识。义乌是我国常驻外商最多、接收境外社区服刑人员最多的县级市，经过多年的探索和实践，义乌的社区矫正工作走在全国前列。例如获第二十八届中国新闻奖一等奖的《"我在中国社区矫正的日子"》（《金华日报》，2017年6月5日）是报道伊拉克、印度、土耳其的三名境外人员，在义乌接受社区矫正的典型，该通讯客观、生动地展现了中国司法的严肃性和公正性。其被发表后，搜狐网、浙江在线等众多媒体全文转载，在义乌的外商纷纷在个人微信朋友圈转发该文，高度评价了中国的司法公正，国际传播效果良好。

（二）批评或揭露实际工作中存在的新问题

揭露的问题必须有一定的普遍意义，要有新意，发人深省，引起警戒。如获第三十届中国新闻奖一等奖的通讯《哈尔滨一场专为非公、小微企业量身定做的焊工比赛，却只有两家企业参加——一些私企为何不愿参加技能竞赛？》（《工人日报》，2019年11月14日），专为非公、小微企业量身定做的比赛为什么只有两家企业报名？值得深思。

高质量发展离不开一支高水平的产业工人队伍和技能大军，他们是创新驱动发展的骨干力量，必须充分调动他们的积极性、主动性、创造性。该篇通讯现实针对性强，社会反响强烈，人民网、光明网、中国经济网、中新网、澎湃新闻等重点新闻网站纷纷转发该通讯，有的媒体还进行了评论。

（三）对新形势下面临的一些新情况、新课题进行探讨和研究

这一类探讨和研究，必须以叙述新闻事实的材料为主，在叙事的基础上分析研究事件，找到问题原因，探讨解决思路。以辽河污染问题为例，2018 年 4 月，习近平总书记就辽河流域治理问题作出重要批示，两年过去了，东辽河上游的水清了吗？为回应总书记关切和群众关注，记者通过对生态环境局、城建局、水务局、林草局等部门的走访，对仙人河、污水处理厂、农村坡地等关键部位的实地探查，了解到东辽河上游经过艰苦卓绝的治理，已经出现了水清鱼跃的画面。

以上三个方面，都是通过典型报道反映和指导实际工作的开展，检验党的方针政策贯彻执行情况。工作通讯的政策性、指导性是至关重要的，记者采写的难度比其他通讯要大，要写好有质量的工作通讯，记者必须从理论政策的高度、从问题的深度上下功夫。

二、工作通讯的写作

（一）要有现实针对性

现实针对性是工作通讯的生命力，是实现新闻价值的基础。现实针对性就是指政策性、指导性。判断一篇工作通讯的优劣，首先要看它是否提出具有新意的问题，是否反映了当前实际工作中比较重要而又是广大群众关注的，迫切需要解决的具有普遍意义的问题。对问题抓得准不准，取决于记者对党的方针政策和对实际工作进展情况的了解程度；取决于记者对这个问题的判断是否准确、认识是否深刻。如果记者能认真学习，深入调查，缜密分析，抓住症结所在，那么报道就能切中时弊，引起强烈反响。

地处荆门、宜昌、襄阳三市交界处的漳河水库，是国家湿地公园、湖北省级风景名胜区，2019 年 8 月 18 日到 10 月 18 日短短两个月的时间，水库中的一座湖心岛植被遭到大面积损毁，湖心岛咋就被"全垦"成这样？收到读者来信后，记者实地深入了解情况，乘渡船上岛，发现岛上植被破坏严重，黄土裸露，湖心岛变成了光秃秃的荒岛。记者采访了当地环保志愿者、村民以及多个职能部门，掌握了第一手资料，搞清楚了事情的来龙去脉后，写下了《湖心岛咋就被"全垦"成这样？》（《人民日报》，2019 年 12 月 9 日）。该通讯见报后，人民日报客户端、人民网微信、人民视频第一时间推送，环球网、中国新闻网、澎湃新闻、新浪、腾讯等纷纷转载。当阳市委高度重视，诚恳接受监督，细化整改措施，推进高质量复绿工作，并将进一步优化漳河水库管理机制。这是一篇高质量的舆论监督报道，问题典型，调查深入，导向鲜明，该篇通讯最终获第三十届中国新闻奖三等奖。以下是该通讯内容。

8 月 18 日，漳河水库一座湖心岛植被茂密，绿林覆盖。

10 月 18 日，湖心岛东侧黄土裸露，地表绝大部分植被已消失。

两张照片，反差强烈。照片是读者随信附寄的。短短 2 个月，位于湖北漳河水库上游的这座湖心岛为何大变样？记者赴湖北荆门市、当阳市进行了调查采访。

湖心岛上黄土裸露，在青山绿水间显得格外扎眼

12 月 1 日，记者乘车从荆门出发，沿漳河水库一路向西北行驶。

在漳河水库观音寺大坝下车，记者转乘渡船，向湖心岛驶去。时值初冬，两岸青山间点缀着或黄或红的叶子。在这里开了多年渡船的张燕（化名）说："这里风景好，水很清，捧起来就能喝。"

"看！"船行约 30 分钟后，绕过几座小山，顺着何伯（化名）指着的方向，记者抬眼望去，一座黄土裸露的湖心岛，与周围青山绿水形成了鲜明对比。

"之前岛上种过杨树、松树和柑橘，环境很好。"张燕说，可惜现在挖成了一片荒山。

上岛后，记者看到黄土、砂石裸露，有被翻垦的痕迹，还布满了大大小小的坑。前一天下过小雨，土还未全干，踩在上面，不一会儿，鞋子就沾上了泥。

记者发现，如今的岛上，种了不少一人多高的小树苗，地上还有绿色的小秧苗。"这些都是后来补种的。"张燕说。

何伯认为，近几年，湖心岛附近发现了桃花水母和中华秋沙鸭，这些生物对生态环境要求都很高，说明水库生态环境非常好。但是，这样开垦破坏生态环境，容易造成水土流失，影响水质。

据了解，湖心岛名为"杨坪湾岛"，位于漳河水库上游。漳河水库是荆门城区唯一的饮用水源地，整体水质达到Ⅰ类标准。

"上游有破坏，可能影响下游荆门的水质。"荆门市生态环境局办公室主任毛凯担忧地说。

被"全垦"的区域不只有柑橘，还有不少其他树种

漳河水库属于长江流域，位于江汉平原西部，地处荆门、宜昌、襄阳三市交界处，是国家湿地公园、湖北省级风景名胜区。在这里，为何植被会遭到大面积损毁呢？

"湖心岛隶属于当阳市淯溪镇廖家垭村，整座湖心岛大约 300 亩，承包人全垦了 50 亩。全面开垦，就是把地刨开，就像耕田一样。"宜昌当阳市森林公安局局长陈宇擎向记者介绍了该地块被承包、转包的历史。

他说，土地为廖家垭村集体所有。1976 年，廖家垭村村委会将岛屿东侧约 50 亩山林承包给原淯溪镇卫生院陈院门诊部作为药材基地，种植药材。后来，陈院门诊部将这块土地又转包给淯溪镇春新村一村民经营，并在协议里规定承包期内只能种植柑橘。中间经过几次续包、转包，最近一次是 2011 年续签，签了 30 年，一直到 2041 年。

"近些年，因为疏于管理，柑橘树老化，成片死亡，园内杂灌丛生，承包人决定进行全垦，全面换种。"陈宇擎说，承包人大概用了 5 天时间，将岛屿东侧扒空，全垦了以后，重新种上柑橘。

"林地的性质是经济林，不是公益林，也不是天然林。从我们森林公安的职责看，这种行为不违法。"陈宇擎说。

当阳市淯溪镇自然资源和规划所所长蒋彪认为"没有砍伐"。"这是换种，不是采伐。承包人在自己承包的经济林里打药、施肥、开垦，从事正常生产经营活动，我们无权干涉。"

可是，记者找到"全垦"之前的照片仔细比对，发现被"全垦"的区域不只有柑橘，还有不少其他树种，有的树木还明显高于岛上未砍伐的树木。对此，蒋彪说，好像插过杨树，具体不清楚。

相关部门认识到监管有疏漏

荆门市生态环境局向记者提供的一份《关于漳河水库当阳市淯溪镇廖家垭村杨坪湾岛生态破坏的情况报告》显示：2019 年 8 月，承包人为改良柑橘品种，将杨坪湾岛 50 亩地上以前栽活的柑橘、杨树及自然生长成林的灌木丛砍伐，导致生态遭到破坏。

"砍伐以后确实担心对水质有影响。我们在漳河水库下游建了水质监控站，也专门查阅了数据，应该说砍伐以来对环境或多或少是有影响的，但水质没有恶化。"宜昌市生态环境局当阳市分局总工程师孙勇说。

"这样开垦，会造成一定程度的水土流失。"蒋彪坦言在监管上有疏漏，有义务有责任引导承包人采取更加环保的方式进行种植。

淯溪镇镇长童梦说："我们还是宣传引导不到位，应该引导承包人以更加环保的方式从事生产经营活动。"

陈宇擎介绍，考虑到对生态环境的长期保护，廖家垭村和承包人解除了合同，村集体收回了该湖心岛的承包经营权。同时，国土部门和镇政府出资 11 万元购买了 6000 棵栾树苗和草籽，对湖心岛进行了复绿。

"整个漳河水库都是生态保护红线。"荆门市生态环境局漳河水库环境监察支队副支队长陈攀说，生态红线内禁止开发活动，"砍树应该至少要报告"。

（二）寓理于事，要写出思想深度

工作就是解决矛盾、解决问题。工作通讯则是通过报道事实去揭示分析工作中的主要问题及其解决过程、解决方法，这是与工作总结的不同之处，即事实是第一性的。工作通讯的写作必须采集大量具体且富有表现力的典型事实（新闻信息）；必须善于运用典型事实说明问题、说明观点。每一篇工作通讯都应该通过具体的典型事实的分析研究，得出某种具有普遍指导意义的结论。

工作通讯所涉及的常常是一个单位、一个部门的具体业务，写的时候不能罗列现象，必须从全局出发，对全部的材料进行科学综合、分析、提炼、加工，挖掘出其蕴含的思想意义，因为工作通讯报道事实是为了说明一定事理，透出思想的光芒。党的十八大以来，党中央高度重视生态文明建设，"绿水青山就是金山银山"，工作通讯《湖心岛咋就被"全垦"成这样？》《水清了 鱼来了——来自东辽河上游的治理报告》深刻地表达了这个理念。

第五节　风貌通讯

一、什么是风貌通讯

风貌通讯又被称为"概貌通讯"或"旅行通讯",是报道社会风貌、各地风光的通讯。它既可以展示社会环境中某地区、某部门或某行业发展变化的新局面、新状况、新风尚,又可展示风土人情,帮助读者开阔视野、增长知识、陶冶情操。

风貌通讯可写人记事,也可写景状物,天文地理、风土人情、历史典故、名胜古迹均可涉笔。其表现形式多种多样,如见闻、纪行、纪实、巡礼、散记、侧记等;其表达手法不拘一格,叙述、描写、抒情、议论等可灵活运用。无论是国内还是国际性题材的风貌通讯,均为了展示时代的风采,展示人民群众的精神风貌。如《10 年徒步巡线 6 万里 守护雪域高原幸福路》(《拉萨晚报》,2016 年 7 月 4 日)、《海南长臂猿保护工作成效初显,种群数量增长至 5 群 33 只——猿家喜添丁》(《海南日报》,2020 年 9 月 2 日)、《2020 藏羚羊大迁徙现场报道》(《青海日报》,2020 年 5 月 19 日)。

二、风貌通讯的写作

风貌通讯的写作一般不叙述事件的全过程,而是通过事物的片段描写反映全貌。在写作中要注意以下三点。

(一)抓住特征,着力写"变"

风貌通讯既然是要展示事物发展过程中的新变化、新面貌,那么记者就要善于写动中之变,从选材到谋篇布局紧紧围绕一个"变"字来写。着力写"变",写风貌的新变化,写人们思想感情的新变化,写人们生产、生活状况的新变化。从某种意义上说,风貌通讯的价值就在一个"变"字上。"变"是否突出,往往决定其主题的深度。写"变"不是要面面俱到,而是要记者善于用眼睛观察,用脑思考,找出富有代表性、特征性的变化,截取精彩的一段,把点与面、局部与整体有机结合起来。记者只有抓住特征,才能将风貌通讯写活;只有点面结合,才能使报道对象立体化,才能给受众留下深刻印象。如《麻山"大迁徙"——望谟麻山万人易地扶贫整乡搬迁纪事》(《贵州日报》,2019 年 8 月 29 日)描述了一段动人心魄的减贫奇迹,记述了把挣扎在极贫线上的近万百姓整乡搬迁,变身为城镇新市民,易地勇闯小康之路的事迹。

风貌通讯中要体现"变",就要善于作纵向横向的比较。比较的重点放在"新"和"今"上,有了比较才能看出变化,而变化反映时代气息。

(二)寓意于文,寓意于"画"

风貌通讯要想真正地、深深地打动人和感染人,就要求记者应饱含热情地进入角色,寓真挚情感于事物的描述之中，寓意于文。如《两份账单记录的坚守与感动》（《咸阳日报》，2016 年 12 月 28 日）就是极具感染力的一篇佳作。

（三）旁征博引，增加深度

我们正处在日新月异的社会变革时代，人们的求知欲比以往任何时代都要强烈。因此，记者在反映社会发展的新风貌、介绍风土人情时，更要注意介绍有关的背景材料。如《哈雷彗星正在飞来》（《新观察》，1986 年第 5 期）这篇风貌通讯，在开头和结尾部分报道了最新的动态，像磁石般吸引着观众——哈雷彗星七十六年才出现一次，多么宝贵！机会多么难得！一个人一生可能只见到一次。通讯虽然涉及的是高深的天文知识，但记者深入浅出、通俗地介绍了有关彗星的信息，文章生动，可读性强，有力地增加了通讯内容的广度和深度；同时，大大拓宽了受众的视野。风貌通讯要写到这种境界，记者本身要有良好的文化素养，拥有多方面的知识。

每隔七十六年飞越太阳一次的哈雷彗星，目前正以每秒十一公里的速度向太阳和地球之间飞来。人类正面对着可能一生只有一次观测哈雷彗星的宝贵机会。这次观测的最好时机是在 3 月份的头两个星期的清晨，肉眼就可以看到长长尾巴的哈雷彗星高悬在空中。

彗星是太阳系中的一颗行星。它以所含的物质、形状、轨迹的不同而区别于其他行星。彗星的头部又称彗核，据科学家分析，彗核是以水冰、氨冰、甲烷冰、二氧化碳及尘埃等物质组成。美国天文学家惠普尔在 1950 年称彗星为"脏雪球模型"。

哈雷彗星是比较明亮而年轻的一颗彗星，它的轨道精确，周期较长，空间考察很理想。哈雷彗星的运行轨迹呈长椭圆形，最远点在太阳系八大行星中最远的天王星外围，离太阳五十三亿公里，最近点在飞过太阳时只有八千八百七十公里。在这条长长的轨迹上飞行一周要七十六年。

……

欧洲航天局去年 7 月发射的"乔托"探测器将于 3 月 13 日与距其一千到三百公里处的哈雷彗星相遇，人们期望其定能拍摄回更加清晰的照片。加上美国的一颗"国际太阳——地球探险者三号"探测器，到 3 月份，天空中将有六颗探测器和哈雷彗星相遇而出现"七星聚会"的历史性奇观。

第六节　新闻特写

一、什么是新闻特写

新闻特写短而精，是新闻中深受大众喜爱的、富有表现力且具有发展优势的重要体裁。我国著名新闻记者穆青在《新闻工作散论》中说："我们的时代应是新闻速写、特写比较发达的时代。"①

　　特写为什么受欢迎？因为它兼有通讯和消息的共同点，也有自身的特点。它以选材截取横断面和生动的立体感区别于消息和专访；也以强烈的现场感、新闻性、时效性区别于通讯和报告文学。

　　那么，到底什么是新闻特写？新闻特写是对新闻人物和新闻事件中富有特征的片段，绘声绘色地进行描写的一种新闻体裁。它借鉴电影特写镜头的表现手法来反映新闻人物或事件，采取"聚焦"的方法，把最富有意义、情趣、特色、影响的一瞬间展现在受众面前，构成一个特定的画面，使受众获得清晰的、强烈的视觉印象。它要求敏锐地迅速地反映生活中迫切需要解决的重要问题，准确而真实地再现新人新事，强烈地表现时代精神。

二、新闻特写的写作

（一）选材集中，精心构思，精选横断面

　　特写不要求写来龙去脉，前因后果，而要求集中，篇幅应短小精悍，一般在五百字到千字之间。这就要求记者精心构思、巧取角度，对准有特色的近景进行描写。

　　新闻特写写作不求大，不求全，无论是写人还是写事都要求集中。集中就是突出重点，突出最精彩和最有特征的"片段"、场面、典型的瞬间，决不要从头写到尾。它是对新闻近距离的报道，通过描和画，再现一景一物于受众面前。

　　新闻特写要有重点，没有重点，也就无所谓特写。特写总是写重点的、突出的、主要的内容，如事件发展的关键、情节展开的高潮，就是重点，这就要求记者写细写透。

（二）展现精彩的场景

　　新闻特写展现的往往是稍纵即逝的有特色和特殊意义的精彩"镜头"，要想捕捉这样的"镜头"，要求记者必须进入现场采访，获取第一手材料。只有这样，才能把特写写精写活。可以说，没有现场的所见所闻，就没有特写。

　　对于特写，高尔基曾说："说到特写这种文学形式时，我们就应该追溯一下'画'和'描'这两个动词。只要你考虑一下这个简短定义的实质，在你面前就会展现出特写有别于其他文艺体裁的突出特点。""画"和"描"是特写的手法，是指用细腻的笔触写透一个事物、一个场面，或用朴实的文字几笔勾勒，用形象说话。新闻特写中的"画"和"描"与文学中的"画"和"描"有本质不同：文学上的"画"和"描"具有随意性，允许虚构和夸张；而新闻特写的"画"与"描"要求具有新闻性、真实性，要求用真实的细描或白描的手法使内容产生立体感，以此来打动受众。因此，采写时要求记者一定要亲临现场，仔细观察现场的人物、事物等形象，把一幅幅活动的"画面"展现在受众面前，引起受众

---

① 　穆青.新闻工作散论 [M].北京：新华出版社，1983：364.

情感上的共鸣。如《哀乐低回送巨星》(《中国青年报》, 1996 年 3 月 30 日) 这篇特写描述了陈景润遗体告别仪式的现场,以悼念者为切入点,再现了这一新闻事件的特定情景,揭示了"陈景润精神"及其现实意义。

该特写开头的两副挽联迅速把受众带入肃穆沉痛的悼念氛围中,接着该特写描写了"戴白花"和"扶花圈"两个细节。

门口正中放着一只小木箱,里面盛满了小白花。人们把手伸进去,拿出一朵,一朵,然后端正地别在胸前。小小的纸花拿在手中却很重。箱子一会儿就空了,一位没有拿到花的老太太含泪诉说:"连花都不戴,太对不起他了。"

一只花圈被风吹倒了。四五个人几乎同时从静静的队伍里冲出,又几乎同时用双手稳稳地将花圈扶起。

这一急一缓,含阄多少无声的话语?

"戴白花"和"扶花圈"是悼念活动中极寻常的事,然而放在特定的环境中,就显示出它极不寻常的意义了——小木箱中一朵朵小白花一会儿就空了,未拿到花的老太太含泪诉说愧疚之情;花圈被风吹倒,几个人从队伍中"冲出"扶起。这两组镜头,不仅使受众深切地体会到参加悼念活动的人们对陈景润的崇敬之情,而且如临现场般地感受到了悼念者们所表露的相同和不同的哀思情态,该特写以细微之笔向受众展现了悼念者的内心世界——挽留一种精神。在当今的大千世界,面对经济大潮的冲击,人们的世界观、人生观、价值观也发生了巨大变化。现实生活中的诱惑众多,像陈景润那样一天工作 12 个小时以上,始终如一地用生命搞科研的人,究竟还有多少?科学兴国需要大批的人做出如斯的献身!如何挽留这种精神?如何能让陈景润精神代代相传?"戴白花"和"扶花圈"这两个细节,包含着人们多少无声的语言!"豪华落尽是真淳",这些用白描写出的细节,以一驭万,引发受众丰富的联想,充分地揭示了题旨。接着,文中生动再现了陈景润的同事、校友、家人等的言谈举止,使受众如临其境,受众与现场的人们一样要"挽留一种精神"。

特写在描写现场情景时,要注意适当的背景与知识性材料的穿插与交代,这样可使文章更丰满、使新闻人物和事件被描述得更清楚明白和有深度、力度。如《哀乐低回送巨星》中简洁的背景材料的插入方式有两种。一是通过叙述者之口插入:"我初识陈景润,他还是'白专'典型,思想压力很大。他说他有个东西,想让世人知道,可很害怕。我说你怕什么,是真东西就不怕。""他真的蹲在厕所里工作。"二是通过讣告插入:"陈景润对数学的迷恋和热爱达到了如痴如醉的程度。他并不是天才,却有着超人的勤奋和顽强的毅力,每天工作 12 个小时以上。他的成就是用生命换来的。"这些背景材料大大增加了现场信息,使陈景润伟大丰满的形象跃然纸上。

三、新闻特写的种类

常见的新闻特写有三种:人物特写、事件特写、风貌特写。

（一）人物特写

人物特写是绘声绘色地再现人物在一瞬间的有意义的某种言行或特征等，反映其思想风貌的一种新闻特写种类。它不要求写人物的来龙去脉，不要求写人物成长的全过程，不要求写人物思想发展的轨迹，而要求选材集中、典型、精彩、形象。人物特写通常只写记者在现场耳闻目睹的内容，只写人物在现场有意义的言行。这是与人物通讯写作的不同之处。

《基辛格：三面人》（合众国际社，1975 年 10 月 22 日）就是一篇典型的人物特写。

今天，在参观首都自然博物馆的时候，亨利·基辛格把他的三副面孔表演得淋漓尽致，这使周围的人大为开心。

北京文物局王延洲指着一件古物，说那是一个龙头时，前哈佛大学教授基辛格立即摇头："不对，那是猫头鹰！"

"是的，是猫头鹰！"王延洲说。

当王介绍一具古动物的角是犀牛的角时，基辛格又摇头了。

"不对！"他说。

"对！是犀牛角！"王延洲说。

"不对！"基辛格说，"我从来没有见过长一对角的犀牛！"

这时，一位中国专家挤到前面对王延洲说那是一副古代牛角。

外交家基辛格立即满面春风地对左右的人说，他先后八次访问中国，每次都是王延洲充当他的向导，王延洲既忠于职守，又有学问。

外交家基辛格旋即口若悬河地讲了起来，感恩节福特总统访问中国，务请王先生到场。

作为丈夫的基辛格转向妻子南希，请她同他一道，在两个武士陶俑前合影——这两个武士陶俑同真人一样大小，它们是去年从秦朝皇帝陵墓中出土的。

他的妻子咧嘴乐了，说："啊，亨利！你太像皇帝了，我哪里配同你照相。"

基辛格说："这我可当不了，不过，你也够瞧的！"

基辛格夫妇仔细观赏从古墓中出土的文物，王延洲说："墓中的骨头表明，墓主人有不止一个妻子。"

基辛格点头同意。王延洲还说，在中国古代，有的妇女可以有一个以上的丈夫。

"一个妻子有几个丈夫吗？"基辛格瞧着妻子说，"我们可不喜欢那个时候。"基辛格夫人大笑起来。

……

一个摄影记者请他在一匹同真马一样大小的陶马前摆好姿势照相，基辛格说："是不是要我骑上它跑到大门外？"在场的中国人无不捧腹大笑。

这篇人物特写抓住基辛格在参观首都自然博物馆时的几个细节、几个镜头，淋漓尽致地刻画了他作为学者、外交家、丈夫在三种角色中表现出的三重性格——作为学者在学术问题上坚持自己的观点；一旦自己的观点占了上风，旋即表现出"宽宏大量"的外交家风度，满面春风地夸奖王先生"既忠于职守，又有学问"，且热情邀请王先生在感恩节福特总统访华时到场；作为丈夫的基辛格处处流露出对夫人的亲切感情，同时也不失外交家的身份。

（二）事件特写

事件特写是"再现"新闻事件中有特色的场面或镜头。它不必像事件通讯那样，写事件发展变化的过程，而只需要重点写事件中有意义的片段，写稍纵即逝的典型事实，对于人物也无须着力刻画（因为人物是为事件服务的），但可对事件的有关背景作些说明。

如特写《矿工组长的551条短信》（《山西日报》，2018年3月1日），安全生产是煤炭行业永恒的主题，记者来到阳煤集团一矿采写，深感矿工工作的艰辛苦重。这篇特写从细微处入手写安全，用情意绵长的日常短信反映家庭的温情，折射出一线职工及其家人对安全的敬畏和期盼，语言直白朴实，细节生动感人。该特写被刊发后，新华网、新浪网、网易、中国青年网、搜狐网等多家媒体对其进行了转载，《山西日报》微信客户端也进行了重点推送，社会反响热烈。该篇特写获第二十九届中国新闻奖二等奖。

2月28日上午10时50分，阳煤集团一矿更衣室，刚刚散了班前会的综掘三队职工鱼贯而入。队里检修班电工组长梁林勇来到自己的衣柜前，脱下上衣，身旁的工友打趣着梁林勇："过年吃得不错呀，又贴了新膘。"

大伙七手八脚地换起了衣服，脱下平日穿的衣裳，梁林勇用力紧了紧贴身的护腰："井下风大，落下这么个毛病。"

内衫、马甲已黑得看不出原先的纹理图案。棉裤塞满胶鞋鞋筒才能不进砂石，厚重的棉裤有些潮湿僵硬，梁林勇用跪着的姿势，使尽全力把胶鞋拽到裤筒上。

梁林勇趁着下井前的一小段时间，赶紧给妻子发了条短信，因为从入井到升井差不多要14个小时，再发信息就要到明天了。系统显示这是他从去年1月以来，发给妻子的第550条短信。翻看内容，大致相同。

"我马上下井了，你早点睡别等我。""刚上井，洗了澡就回去。"

"干活小心点，早回家。""路上慢走，锅里留了饭。"

"下井，早睡。"

"上井平安。"

……

信息虽短，情意绵长。

开水房里，大伙排队灌满随身的保温壶。记者掏出相机按下快门，面前的师傅被闪光灯一惊，开水马上溢出水壶，师傅将手在身上蹭了蹭，笑着朝井口走去。

地下300米深处的工作面上，机械的轰鸣声填满了身边的每一处空间，降尘喷雾把机头罩在一片朦胧中。

一双双明亮的眼睛在防尘面罩和安全帽间眨动着，记者无法辨认他们谁是谁，只知道远处那顶红色的安全帽是属于梁林勇的，那是党员先锋的象征，那里的活儿一定是最脏最重的。

每项操作前大伙儿都仔细确认着设备和身边的状况，显得有些呆笨、有些迟缓，但大伙知道，安全面前，再多的工作都不嫌多；安全面前，再烦琐的流程也得认真做。

晚上8点半，班中餐被送到工作面上。大米过油肉，大伙吃得特别香。难得的休息时间，大伙嘴里说的、聊的，依然没有离开安全。此时的安全，不只是挂在墙上的制度，更是家人的惦念。

凌晨1点半，梁林勇坐倒在衣柜前，第一件事情就是掏出手机，输入熟悉的字眼——上井平安。

按下发送键，梁林勇给妻子发送了第551条短信。

（三）风貌特写

风貌特写要求以形象化手法再现有特色、有意义的景物，但它不是为写景而写景，一般与政治、经济、文化等因素紧密相关。

例如，《寒夜风云》（《四川日报》，1991年1月14日）这篇特写集中写隆冬的峨眉山金顶气象站，用白描的手法作了细腻描写，这是具有特别意义的一景。在全国人民生活日新月异的今天，峨眉山金顶气象站的工作者们仍在艰苦的工作环境下，几十年如一日地奉献着。该篇特写主题深刻，体现了工作者艰苦奋斗的时代精神。

风貌特写的选材也要集中、典型，要多写发展变化中的有意义的景物，少写"静态"景物，如《寒夜风云》中的"设在金顶的海拔3040米的峨眉山气象站的木板房埋没在雪堆里，室外风向、风速仪被冰凌冻结而停止转动""狂风翻扯记录本，差点儿刮跑""一阵狂风袭来，险些把他抬走"等描写，都是富有特色的景物动态描写，其展现了峨眉山金顶气象站恶劣的环境，有力地凸显了全体工作人员的无私奉献精神。

第七节 新闻专访

一、什么是新闻专访

专访是颇受新闻界重视的一种独立的新闻品种，很多报纸、电视台、电台开辟了《本报专访》《本台专访》《周末专访》等栏目，得到了新闻工作者和受众的喜爱。

专访是在通讯的基础上衍变发展起来的一种独立的新闻体裁，是记者对事先选定的新闻人物或新闻事件进行专题性现场访问的新闻报道，它是融新闻性、思想性、探讨性、知识性、趣味性于一体的一种可读性强的新闻体裁，多用第一人称或对话的形式，记叙记者访问时的所见所闻，报道具有典型意义的人物和事件。

专访这一形式之所以受到新闻界的重视，是因为它独具特色。专访的特色包含以下几点。

（1）访问对象要有一定的代表性和权威性。

（2）内容既有对人物、事件的客观描绘，又有作者自身情感的抒发。

（3）主题针对性非常强，往往回答社会上人们所关注的问题。

（4）重"言"而不重"行"，用"言"来影响舆论。

（5）形式生动活泼，结构上时空跳跃性较大。

（6）与消息相比，更生动、形象、丰富、深刻、现场感强；与通讯相比，更集中、灵活、快捷、自如，且更富吸引力；与特写相比，专题性更强且不局限于写"片段"。

二、新闻专访的写作

（一）专访贵在"专"字

新闻专访要求精心选准专题、对象、时机、场所，这些对专访采写的成败有着决定性意义。

专访记者根据广大群众的迫切需要或关心的问题，事先带着特定目的，就特定问题在特定场合访问特定对象，且所写新闻常常是供特定的新闻传媒使用。

专访第一步是选准专题，这也是专访独特的要求。专访是有的放矢，现实针对性、目的性很强，这就要求专访的主题鲜明、深刻，针对现实提出问题、研究问题、探讨问题。

专题选定后，第二步是精心挑选专访对象。并非任何新闻人物和事件都可以作为专访的对象，它的标准是人民群众关注的、有权威的、有代表性的人物、事件或问题。

第三步是注意选择恰当的时机。专访像其他新闻体裁那样具备迅速及时的特性，同时专访记者还要注意选择恰当时机，注意抓吸引人的"新闻由头"。何谓恰当时机？如重大新闻事件发生之时、重要历史事件纪念日前夕、新闻人物参加重要活动之时、广大受众对某一问题关注之时、重大科研成果发明创造或获奖之时等。在这些时机，发表专访新闻价值大、社会效果亦佳。

专访的第四步是选好专访的场所，即选择一个最佳的观察位置，以便记者耳闻目睹并产生深切感受。能在专访中把受众"带进"访问现场，这也是观察的第一个目的。观察的第二个目的则是从眼前的事物中寻找双方感兴趣的话题。

观察的对象有两个，一个是专访对象，一个是周围环境，前者是观察的重点。

如果是追访，可以把专访对象约到特定现场，使其触景生情，因境忆事。

（二）新闻专访的要素——人物、记者和现场

专访的内容是记者与专访对象就某一专题的访谈实录。在专访中，主要有人物、记者和现场三要素。

1. 对人物的描写

对专访对象的外貌、言行、气质等的描写，要抓住人物特点，粗笔勾勒，描写要符合人物的身份，要扣紧专访的主题，为表现主题服务。最好是从人物的言行开始深入思想深

处，以"形"传"神"。

专访中人物的出场也有讲究，通常有下面几种形式。

（1）按时间先后请出人物，进行谈话。

（2）以背景穿插，使特定人物在特定的环境中出场。

（3）用场景、场面的描写烘托人物。

如《四川时报》1985 年 11 月 9 日发表的《一刻也不停笔——访著名作家巴金》一文中，人物是这样出场的。

上海，深秋。雨绵绵。按照预约，笔者冒雨来到武康路，访问饮誉中外的著名作家巴金。

当笔者按动门铃后，巴老的弟弟李济生同志启开寓所大门，高兴地说："请进！请进！巴老想念家乡人，正等着你们哩。"

穿过幽雅的小庭院，踏上阶沿，只见满头银丝的巴老拄着拐杖，从客厅步到门边。他热情地同笔者握手，喜悦地说："家乡来了人，摆摆龙门阵。坐，快坐呀。"

2.展示记者的形象和风格

专访中要有记者的形象，"访"的过程中，记者尤其是广播电视记者要出镜，这要求记者表现得亲切、自然、大方。可以说，专访是记者展示个性风格的好机会（但绝不是记者喧宾夺主地自我表现，而是指作品的风格，或幽默风趣，或热情洋溢，或重理性思辨等，不一而足）。专访能够沟通记者、专访对象、受众三者之间的思想感情。

3.对现场的描写

专访中的现场不是新闻价值形成的决定性因素，只是起点染、铺垫作用。因此，在专访中尽量用最少的文字展现现场情景、气氛，以增强报道的感染力。如上例《一刻也不停笔——访著名作家巴金》，主要写巴老热情地接待家乡客人的言行举止，对于场景只是寥寥两笔：上海，深秋，雨绵绵，穿过幽雅的小庭院。

（三）注重谈话纪实

专访的内容是记者与现场人物的谈话、记者对现场的观察等内容，包括人物的音容笑貌、思想性格，以及对周围环境的印象和认识，而以专访人物的原始谈话记录为主。专访的中心是"访"，记者主要写访问的情况、谈话的过程、现场的活动，重点写人物有个性有特色的谈话内容，专访对象论及某个问题时的富有针对性和深刻性的见解。

专访谈话有两种形式：问答式和叙述式。问答式指记者与专访对象直接对话，如《培育拔尖创新领军型人才，高校要敢作善为》（《光明日报》，2024 年 01 月 16 日）、《权威访谈丨张扬对话王亚平：因热爱而执着，因梦想而坚持》（新华社，2021 年 10 月 14 日）就使用了这种形式；叙述式则是指用记者的语言叙述其与专访对象的谈话内容，如《中国科学院院士、海南医学院院长陈国强——"以责任敬奉医学，以理想砥砺学术"》（《人民日报》，2023 年 11 月 23 日），文中专访没有用问答形式，采用记者的语言叙述，谈了三大内容，即"在更难、更基础的科研道路上披荆斩棘，更能体现拓荒的本领""培养名医，靠多中心临床研究，拿出一批引领性诊疗标准""选择了医学，就是选择了奉献和责任"。

多数专访是两种形式并用，但不管是单用或两种形式并用，都要尊重事实，不能曲解专访对象的意思，歪曲谈话内容，记者不仅要如实地记录专访对象的讲话，还要尽可能地展现谈话的原汁原味。

（四）写好背景材料

不是篇篇专访都要有背景材料，但有两种情况是需要背景材料的：一种是特定的背景材料。若不写这些背景，写专访的意义就体现不出来，这时必需写背景材料；二是对专访对象的情况受众有不明白不了解的地方，为了专访的新闻价值，为了受众进一步理解，记者就应写好背景材料。

例如《培育拔尖创新领军型人才，高校要敢作善为》一文，记者为什么要专访中国工程院院士、北京理工大学党委书记张军？就是因为特定的背景材料促使记者去采写。这一特定背景材料专访的开头就介绍了，即北京理工大学在第十四届 Honda 中国节能竞技大赛上，开发设计的一辆蓝白相间的流线型赛车 Ty23-H 获得冠军，是高校近年来拔尖创新一流领军人才培养成果的一个缩影。记者采访张军就是因为这一背景材料，想了解高校是怎样培养拔尖创新型人才的。该专访帮受众解答了这个疑问，北京理工大学从 1993 年起，学校五任校长聚焦拔尖创新人才培养，超前谋划，锐意改革，坚持"一张蓝图绘到底"，从率先在机械、信息等方向开展"实验班改革"，到本硕博贯通培养、实施"明精计划"、设立"徐特立英才班"，再到推进大类招生培养、书院制培养、成立未来精工技术学院，在顶层设计上形成了接续合力。为促进学科、科教、产教深度融合，学校探索打造集校地、校企、校校于一体的创新联合体……培养什么人，怎样培养人，张军回答了这一时代之问。

再如《权威访谈｜张扬对话王亚平：因热爱而执着，因梦想而坚持》，新华社记者张扬专访为国争光、屡创辉煌的英雄女航天员王亚平，专访内容非常丰富，从空间站到家庭到个人都有涉及，如王亚平对空间站有何畅想，给女儿许下什么承诺，再上太空有怎样的目标和期待，等等，这些也都是受众关心的问题，在王亚平的梦想与热爱的奋斗故事中，记者特别介绍了王亚平的梦想，以及她怎样在奋斗中实现这个梦想的历程，这是专访中重要的背景材料，也是受众极为关心的内容。记者是这样介绍的。

2003 年，神舟五号飞船发射时，当时还是飞行员的我和战友在电视机前共同见证了这一激动人心的时刻。我看着火箭灿烂的尾焰，内心突然萌生了当航天员的想法：中国有自己的男飞行员、女飞行员，现在我们有了自己的男航天员，那什么时候会有女航天员呢？——就在那个时刻，我的心里悄悄种下了一颗"航天的种子"。

2009 年，我当时在飞行部队，有一天接到第二批航天员选拔的通知，我马上就报名了。最开始的时候，家人觉得航天员太危险，是不同意的。记得我父亲开玩笑说："你在地球上飞一飞就行了，跑到地球外面多危险？"但后来，家人看我很坚定，也就无条件地支持了我的决定。

2003 年植根在心中的航天梦，在十年之后实现了——2013 年，我作为神舟十号载人飞船的乘组成员飞上了太空。

（五）不拘一格

专访这种体裁给记者提供了展示个性风格的空间。如柏生写的一篇专访《写在绢帕上的诗》[①]，报道了当代著名新闻工作者邓拓献身于党的新闻事业的赤胆忠心，以及他与夫人丁一岚的高尚爱情。专访开头的两段描写，就以富有文采的语言、感人的气氛、扣人心弦的采访环境，深深地吸引了受众。

深秋的一天，我踏着街头萧萧黄叶，来到了丁一岚大姐家里。

在她家客厅的东墙上，挂着邓拓同志的遗像，旁边是一副隶书对联："又闻子规啼夜月，独骑聪马入深山。"一岚大姐对我说，这副对联恰好描绘了战争年代的生活情景。那时，《晋察冀日报》的驻地大多在偏僻的山村，邓拓和编辑部、印刷厂的同志们总是工作到深夜，幽静的夜空中时常传来杜鹃婉转的啼声。老邓赶写或审查完稿件，往往到了凌晨，又一个人骑着青花色的战马，走上崎岖的山路，赶到党委办的干部学校去讲课。因此，她十分喜爱这副对联。

接着，专访通过纪实手法，用大量材料介绍了邓拓与丁一岚相识、相恋、定情的经过，描述了他们同甘苦、共患难的战斗生活。这里既运用了新闻笔法客观地报道了专访对象的音容笑貌、举止言行，又运用散文笔法描述了革命年代的艰苦工作和生活，抒发并描写了革命者的豪情壮志以及他们忠贞不渝的爱情。

全文运用第一人称娓娓道来，细腻传神，感人肺腑。文章没有矫揉造作，也没有华丽的辞藻，文风朴实，如同柏生本人在专访中的形象：亲切自然、感情真挚。

三、专访的种类

专访一般分为三类：人物专访、事件专访、问题专访。

（一）人物专访

这类是对新闻人物进行专题访问后写出的纪实性报道，侧重报道人物自身的事迹，介绍人物的经历、贡献、爱好、感受、见解等；着重描述人物的言谈，以展示专访对象的精神风貌。如《永久的珍藏》（《人民日报》，1995 年 12 月 3 日）这篇人物专访，报道的是俄中友协名誉会长阿尔希波夫 20 世纪 50 年代在我国连续工作 8 年的事迹，表现了他伟大的国际主义精神。

人物专访中的提问，一般有三种方式：一是漫谈式，二是直指式，三是商量式。三种方式以直指式用得最多。直指式提问具体，目标明确，易于突破。《永久的珍藏》就是采用这三种方式提问的一篇典型人物专访。记者进入阿尔希波夫的客厅，落座后就开

---

① 柏生. 笔墨春秋三十年 [M]. 北京：人民日报出版社，1983:9–14.

门见山地提问，请他谈谈在中国工作期间的感受，"老人欣然应允，侃侃地谈起来"。当记者想看周恩来给阿尔希波夫发的证书时，记者以商量的口气问道："如果您还保存着，可否让我看看？""当然！""阿尔希波夫自豪而爽快地从书橱里取出一个装潢精美的红纸筒，从中抽出一张光亮的长方形铜版纸。展开一看，顿觉生辉：上面赫然印着一面鲜艳的五星红旗和数行端正秀丽的毛笔行书汉字……"整篇专访问题提得好，提得到位，写得也情深意长。正如日本记者牧内节男在《新闻入门》中说的，专访报道是否有趣，最终取决于记者的访问能力。访问是通过提问得到对方的回答，高质量的提问，会得到高质量的回答。

一件实物往往可引发一段故事，专访写作时要注意这种引导。专访对象往往见物忆事，触景生情，实物会引出一个个生动故事，记者要让这种实物展现在受众面前，让实物"说话"。这种形象的实物既可以给受众留下难忘的印象，又能突出地表达主题。《永久的珍藏》通过阿尔希波夫保存的上百张照片，引出周恩来总理与苏联专家一串串的生动故事；引出阿尔希波夫对中国人民热切的爱，从而有力地表现了主题。人物专访在写作上要紧紧围绕"专"与"访"做文章。

我们再看 1980 年 8 月 21 日，被誉为"世界第一女记者"的意大利记者奥莉娅娜·法拉奇在人民大会堂 118 厅采访邓小平，再现了她尖锐、辛辣、锋芒毕露的采访风格。邓小平坦诚面对，睿智隽永，双方的"过招"充满了思想观点交锋的率真和畅快。法拉奇对邓小平的采访是一场具有里程碑意义的访谈，它向世人展示了中国第二代领导人的风采，让世界更全面地认识了中国！

（二）事件专访

这类专访着重介绍广大受众关注的具有特殊意义的某一新闻事件或历史事件，即通过专门访问新闻事件的参与者或知情人，来介绍该事件的原因和意义。事件专访中的人物是为事件而出现的，是为表现事件和专访的主题服务的。它与人物专访的不同之处在于，人物专访中出现的事件是为表现人物和专访的主题服务的，如获第三十一届中国新闻奖二等奖的《本报独家专访——抗疫期间，中科院武汉病毒研究所做了什么》（《科技日报》，2020 年 5 月 11 日）。

（三）问题专访

这类专访以广大受众关心的某一问题为主，即通过访问与某个问题有关的专家、学者、领导人、知情人、权威人士，让他们发表意见和看法，来启迪受众，引起思考。问题专访的重点不是写人，不是写事，而主要是提出问题，研究问题。人和事是为提出问题、研究问题服务的，是为问题专访的主题服务的。如《多吃主食死得早？多吃肥肉活得长？某些自媒体别再一本正经地胡说了！》（《扬子晚报》，2017 年 9 月 7 日），又如《草莓农残超标致癌，是真的吗？》（《农民日报》，2015 年 5 月 1 日）等，下面重点介绍。

有媒体报道，8 份在北京市场购买的草莓样品均被检出致癌物乙草胺超标，该报道经新媒体传播发酵后迅速引起消费者极大恐慌，如不及时澄清将给草莓产业带来毁灭性灾难——全国种植草莓200多万亩，涉及200多万农户，产值400多亿元。因此，《农民日报》记者立即采访北京草莓种植基地、新发地市场、中国草莓协会、北京市农业局负责人，以及农药植保专家、科研院所研究人员等20多人。专访次日，北京市权威部门抽检175个样品得出结果"均未检出乙草胺"后，《农民日报》作为中央级主流媒体第一个对此事件作出报道。该专访用事实和数据说话，从科普入手，让各方面专家发声，回应了各方的关切，为公众解疑释惑，澄清了此前报道中有关乙草胺使用、检测等方面的谬误。《人民日报》《经济日报》《科技日报》以及新华社等相继跟进报道，全国120多家网站转载该文，相关搜索页面过万，凸显了舆论引导力。

"随机购买8份草莓，均检出致癌农药残留。"这两天，某电视台一档生活类节目报道的草莓中除草剂乙草胺超标的消息备受关注。"乙草胺到底是什么？""什么是b2类致癌物？""草莓可以放心吃吗？"从最初消费者的担心到越来越多的莓农和专家对检测结果产生怀疑，"草莓致癌"事件持续发酵。

4月28日—30日，记者深入北京市草莓主产区进行调查，并采访了多位农药、植保、质检方面的专家，探寻事件真相。

【疑问】草莓普遍存在除草剂乙草胺超标？

【回应】草莓是多年生草本植物，生产者在草莓上使用乙草胺的可能性非常小。

北京市房山区长阳思沅采摘园的李云霞种草莓已经8个年头了，面对突如其来的报道，她打电话给"12316"农业服务热线专家齐长红："种草莓这么多年，乙草胺这种除草剂听都没听说过。28号早晨，定期来我家收草莓的客户说，他所在的菜市场这两天都不让草莓进场。草莓是鲜食产品，一天都耽误不得，这样的损失，谁来替我们承担呢？"

齐长红同时还是昌平区农产品监测检测中心主任，在他看来，在草莓样品中检测出"乙草胺"成分几乎是不可能的。

"草莓是多年生草本植物，用了乙草胺，草莓苗也会被除掉。苗长不好，怎么结果？"齐长红带记者就近走进一栋草莓大棚，蹲下身揭开垄上的地膜说："全国乃至全世界的草莓种植，不论在设施内还是露天，几乎都采用了覆膜技术，你看，地膜下能长草吗？"

不能用除草剂，也不需用除草剂，是天润园草莓专业合作社理事长郑学军的观点："一来草莓苗打了除草剂长不好，搞不好苗要枯死；二来草莓一般在立秋后定植，10月份覆膜过冬，杂草几乎没有生长空间；三来作为昌平的支柱产业，草莓种植过程可使用的农药有严格规定，在购买名录范围内买农药可享受50%补贴，莓农没必要购买和使用违禁农药。"

此次草莓事件，让消费者认识了"乙草胺"这个生僻的化学名词。为何国家没有登记乙草胺在草莓上的残留标准？

中国农业科学院蔬菜花卉研究所研究员刘肃告诉记者："乙草胺是一种除草剂，主要用于大田作物，在玉米、大豆、棉花等作物上有严格的残留标准；草莓种植过程不需要用包括乙草胺在内的除草剂，可能用到一些杀菌剂，相关残留标准也都有严格登记。"

【疑问】8份样品中均检出"乙草胺"超标，检测结果"靠谱"吗？

【回应】出具农残检验检测报告必须是经过严格认证的实验室，发现农残超标，要及时进行比对实验，排除系统性和操作性失误。

坐在中国农业大学农药残留与环境毒理实验室的办公室里，中国农业大学农药学科学术带头人周志强教授强调："我国在农药的使用量、使用对象和使用间隔期上有严格规定。在草莓上使用乙草胺是违法的，这一点可以确定。"

针对这次媒体报道的草莓检测发现乙草胺残留问题，周志强审慎地说："一般来说，那些经过严格认证程序的、具有认证资质的实验室，才能出具关于农产品质量安全的检测报告。在检测过程中一旦发现有农残超标的'阳性'反应，要及时保存样品进行比对实验，防止出现系统性和操作性失误。"

食品安全国家标准审评委员会委员刘潇威告诉记者，农药残留的检验检测是一个非常复杂的过程，可能由于各种主客观原因导致偏差，这也就是为什么农产品质量安全法规定，农产品质量安全检测机构应当依法经计量认证合格。

据了解，本次事件的检测方，北京农学院首都农产品安全产业技术研究院实验室并未取得技术监督部门的计量认证证书和农业行政主管部门农产品质量安全机构考核证书，其检测数据不应当作为农产品质量是否安全的依据对外公布。

周志强面前摆放着一份农药管理条例，上面清楚地注明了乙草胺的用途、最大残留量等数据，"我国目前使用的化学农药，都是经过国内外长期毒理学实验的，有着严格的每日允许摄入量（ADI）和最大容许残留量(MRL)限定。以乙草胺为例，按照我国标准，每日允许摄入量为 0.02 毫克/千克，这意味着，以此次媒体报道中检出值最高的残留量 0.367 毫克/千克的草莓为例，一个体重 60 千克的成人要每天吃掉 3.27 千克这样的草莓，并且要长期吃，才可能有安全风险。"

资料显示，报道中提到乙草胺属 b2 类致癌物，所谓 b2 类致癌物是指"对人致癌性证据有限，对动物致癌性证据也不充分的化学物"，电磁波、汽油引擎废气等都属于这个类别。

【疑问】草莓可以放心吃吗？

【回应】北京第一时间在全市抽检 175 个样品，乙草胺全部"未检出"。

"草莓农残超标致癌"的新闻事件发生后，北京市食品药品安全委员会办公室迅速组织市农业局、市食品药品监管局对全市草莓主要产区、批发零售市场、超市开展了抽检工作，在农业企业、合作社、生产基地、种植户抽检样本 42 个，在批发市场、集贸市场、超市、流动摊点等抽取样本 133 个，样本覆盖山东、河北、辽宁、浙江等草莓外埠主要产地。结果显示，175 个抽取的样本均未被检出乙草胺。

承担了此次检测任务的农业环境质量监督检验测试中心（北京）主任欧阳喜辉指出，出具具有法律依据或证明性的农产品质量安全数据，研究操作人员必须具备上岗证书，设备仪器应当经过计量检定，检测方法应当采用国标或行标，检测过程应进行质量控制，"实验的每一个环节都要有详细的记录，出具的每一项数据都能够全程可追溯"。

刘潇威在分析报道中所引用的"欧盟标准"时提到，暂且不管乙草胺并不适用于草莓生产这一前提，"欧盟标准"本身就不是一个单纯的食品安全标准，更多时候是一种贸易壁垒，用以压制国外优势农产品的进口量。"我国关于农药残留的各项标准,是在参照国际标准的前提下,结合我国居民生活习惯、摄入量等具体国情制定的,对居民的身体健康是负责任的。"

"化学农药的使用在目前的国家粮食安全中具有不可替代的作用,正确使用农药,可以在很大限度上降低病虫草害引起的农业损失。我们要做的,是正确规范地使用农药,将其可能产生的危害降至最低。"周志强说。

阅读·思考·实训题

1. 鉴赏近五年的普利策特稿奖作品,选一篇分析其写作艺术。

2. 重点鉴赏《特稿:习近平带领百年大党奋进新征程》(新华社,2021年11月6日)、《钱学森一世情缘》(《人民日报》(海外版),1995年2月17日)、《人民呼唤焦裕禄》(新华社,1990年7月8日)。

3. 阅读并分析《亘古的北极星》(节选)(《文汇报》,2007年5月23日)是怎样刻画袁隆平的性格的,以下是节选的新闻内容。

诚然,我无法像谢长江那样一路追随亦师亦友的袁隆平;我儿时记忆里的模糊的榜样,只因"中央新闻单位袁隆平事迹采访团"赴湖南省杂交水稻研究中心采访的契机,一夜之间变成了近在咫尺、谈笑风生如邻家爷爷的爽朗老人。老人的嗓子不太好,正含着润喉糖,却烟不离手,还调皮地吐出一个烟圈。经常在这个时候,他那两个还不到上幼儿园年纪的孙女,会争着抢着爬到爷爷身上,把肉滚滚的手指往烟圈里套。

短短数天的采访,人来熟的他,让我们见识了他的率性和洒脱:想问题时抓耳挠腮,说到兴奋处时手舞足蹈,还噼里啪啦地拍打坐拥左右的学生的大腿;总认为自己的字写得不好,但对求字者有求必应,这天就为一家农技公司题了"立足科技,盛世兴农"8个字,"盛"字写得不够满意,再写一张,自我欣赏一通,然后才交出去;当被问及抽烟是否上瘾,烟龄已有50多年的他自认为还算节制,"Sometimes(间或),一天也就一包吧"。能娴熟驾驭英语的他,只要不是和农民交谈,总喜欢说几句英汉"夹花"的语言。为了让我们尝一尝超级稻的品质,他做东留大伙吃饭,清香的米饭令人食欲大开,他得意了:"我没说错吧,好吃着呢。泰国香米香吧,可咱这叫'超泰米'。"每天下午5时半,他雷打不动地前去"老年排球"球场打球,他对自己的球技非常自信,真扣起来却频频失手,他所在的男队最终以悬殊比分败给他夫人邓哲所在的女队,球场喝起倒彩。这几天,他把"好"衣服穿出来了,摩挲着自己那件灰黑竖条的T恤,"58元,顶我平时穿的三件。怎么样,不错吧?衣服穿在我身上就涨价"。

……

4. 分析《丢失纪念章31小时后,老人获赠新奖章》和《大山深处走出最美"古丽"》是怎样写事件中的人物和人物中的事件的?

5. 如何理解新闻特写中的"特"?请分析《目击杨利伟飞天归来》(《解放军报》,2003年10月17日)中的"特",以下为正文。

2003年10月16日清晨6时23分,中国首飞航天员杨利伟乘坐神舟五号载人飞船从太空归来，平稳着陆于内蒙古中部草原。

此刻，五星红旗正从北京天安门广场徐徐升起。身着乳白色航天服的杨利伟向在场的人们挥动手臂，轻快地跨出外表被大气层摩擦烧灼成古铜色的返回舱。

记者喊道："杨利伟，我们接你来啦，对全国人民说几句话吧！"

杨利伟笑了，笑容在朝阳映照下无比灿烂。他说："飞船运行正常，我自我感觉良好，我为祖国感到骄傲。"

42年前，苏联航天员加加林乘坐"东方号"飞船升空，人类第一次亲眼看到地球表面的形态——淡蓝色的晕圈环抱着地球，与黑色的天空交融在一起。今天，第一个中国航天员乘坐我国自行研制的神舟五号载人飞船，目睹了地球在星空中的奇观。中国由此成为世界第三个能够独立开展载人航天事业的国家。

着陆场系统总指挥夏长法是奔向返回舱的第一人。工作人员刚一打开横卧在地的返回舱舱门，他就急切地问："杨利伟，你怎么样？"

仰坐在座椅上的杨利伟转过头来，平静地回答："我很好。"

真是天公作美，昨天这里还刮着大风，而今夜却是明月星空，几乎感觉不到风吹，一望无垠的大草原敞开胸怀，与我们一起静静等待着从太空归来的中国首位航天员。

6时左右，有人喊起来："看，天上有颗星在飞！"

搜救人员纷纷下车，在-4℃的旷野上抬头仰望。只见一颗明亮的"流星"正从月亮边划过。一位技术人员告诉记者："这是与返回舱分离后的轨道舱在运行，减速制动后的返回舱马上就要进大气层了！"

6时07分，一团火球在西南方的天空向我们飞近，那是进入稠密大气层的返回舱，正在与大气摩擦燃烧中飞来。

6时12分，空中传来"嘭"的一声震响，表明面积达1200平方米的主降落伞已打开。人们更加急切地向空中眺望。

"来了，来了！在那儿！"6时17分，一个黑点在已泛出曙光的东方天空出现，并且越来越大。

"杨利伟回来啦！"大家旋即跳上车，向返回舱飘落的方向追去。

降落伞悬挂着返回舱，在我们的车头前缓缓飘落。记者抬腕看表，正是6时23分。

我们脚下的这片土地，当地牧民称之为"阿木古朗"草原，在汉语中是"平安"的意思。这真是个好地名！

8时15分，杨利伟乘坐的直升机从沸腾的内蒙古大草原起飞，向附近的机场飞去。他将在那里换乘专机飞回北京。

内蒙古草原，这片在历史上曾孕育了一代天骄成吉思汗的神奇土地，今天又因天之骄子杨利伟的完美着陆而续写出中华民族新的传奇。

6. 工作通讯的写作对记者有什么特殊的要求？

7. 就学校运动会、文艺汇演或演讲比赛写一篇新闻特写。

8. 以身边人、身边事为题材，尝试写一篇人物专访。

第六章　新时代报刊新闻评论的创新

新闻评论是媒体阐述立场、观点，影响、引导舆论的"旗舰"，进入信息化时代后，其地位和作用更加突出。现代国际新闻的话语权，乃至某些发达国家的话语权，在新闻评论中表现得最直接、最有力。新时代的新闻评论对社会舆论和人的行为方式的影响，比过去任何时候都重要。面对越来越复杂的外部世界，公众需要信息，更需要传媒提供分析、判断，信息越丰富，信息消费就越费力。如何更有效地引领人民群众在纷繁复杂的世界中进行正确的价值判断和价值选择，如何在渗透力上下功夫，最大限度地增进干部群众的共识，最大限度地统一人们的思想和行动，成为当今新闻评论写作的重要课题。

互联网崛起，新闻评论市场兴旺发达，报纸已不满足于制作言论专栏，因而出现了言论专版，形式也更为多样，新闻评论已成为各媒体的重要需要，看重新闻评论是时代的要求，是世界的潮流，新闻评论也形成了自己的时代特征和发展趋势。

第一节　"新闻化"特色

新闻性是所有新闻体裁的共同特点，这是由新闻媒体的性质决定的。新闻评论作为新闻体裁，进入 21 世纪，由于新闻观念的发展变化，以及通信技术的迅猛发展、信息传播速度的飞速增长，它的新闻性特征得到了更加突出的强调，并进一步发展为"新闻化"特征。评论新闻化，使新闻与评论互相延伸，互相深化，加重了报道的分量，大大增强了新闻传播效果。

一、更强烈的时效性

新闻性要求新闻评论与新闻报道一样，讲究时效。评论的时效性就是评论的质量，新闻评论本身所具有的影响人们思想、行为的潜在作用，与时间是成反比的。时效性对于引导舆论至关重要，追求时效已成为新闻媒体竞争的永恒主题。

此外，随着网络媒体的迅猛发展，世界变成了"地球村"，时空的距离被打破，新闻信息的传播变得更加容易，因此，报刊在 21 世纪更为重视新闻评论的时效性。为了加强时效性，报刊开辟了《今日社评》《新闻时评》《时评》《新论》《人民时评》《人民观点》《评论员观察》《暖闻热评》等评论专栏或专版。社论和本报评论员文章也注重新闻的时效性，它们是对刚刚发生或正在发生的新闻事件、现象、问题进行评论，言论与新闻常常是同步见报。例如，《人民日报》评论文章《抢抓机遇促东北振兴》（《人民日报》，2005 年 4 月 11 日），就是配合当天头版发表的通讯《科学发展看东北》而发的评论；又如，社论《加快建设节约型社会》（《人民日报》，2005 年 7 月 6 日），就是配合当天头版刊登的国务院《关于做好建设节约型社会近期重点工作的通知》而发表的。这些新闻评论都是对当天新闻信息的深入解读，有助于提高新闻报道的影响力，也能更好地吸引公众的眼球。

获第十二届中国新闻奖一等奖的《中国主权不容侵犯》（《解放军报》，2001 年 4 月 6 日），是《解放军报》面对突发事件快速推出的一篇评论文章。美军侦察机撞毁我军用飞机事件发生后，我国各大媒体快速、集中地进行了报道，且发表评论，但其中没有中国军方的声音，此时世界都想听中国军方"怎么说"，中国军方的声音历来是世界舆论普遍关注的焦点，其政治性、政策性、导向性很强。该文从构思到成稿，前后仅用了两个半小时，之后在《解放军报》头版推出，传达了中国人民解放军捍卫国家主权的坚定声音，有力地配合了我国政府的外交斗争，及时帮助国内外人民认清美国霸权主义的本质。评论文章发表后，中央人民广播电台当天的新闻节目进行了摘播，多家网站和海外媒体转载，部队官兵和地方干部群众都给予了高度评价，传播效果强烈。

还有一种评论是系列评论，随着新闻事件的继续，媒体刊发系列评论，这些系列评论同样也很重视时效性。如 2000 年 3 月，江西萍乡爆竹厂发生爆炸事故，又过了 3 个月，广东江门市外海镇烟花厂发生特大爆炸事故，严重威胁了广大职工的生命健康和安全。以维护职工合法权益为己任的《工人日报》，认真贯彻中央精神，面对上述流血事件，仅隔两天便撰写了一组评论，评论于 2000 年 7 月 3 日至 7 日连续在头版显著位置刊出，在全国广大职工中反响极大。

二、更强烈的现实针对性

除了强调时效性，新闻评论的新闻化还表现在其具有更强烈的现实针对性，进入 21 世纪后，"时评"大量涌现，触及现实，它们是新闻评论的生命力，它的存在价值和社会作用取决于它与现实社会生活联系的紧密程度。

我国近代报业史上的第一次"时评热"是由 1896 年上海创刊的《时务报》掀起的；第二次"时评热"是 20 世纪 40 年代，以《大公报》"星期论文"为代表掀起的；第三次"时评热"是从 1998 年开始的。新闻时评为什么会中兴？笔者认为有以下几方面原因。

一是随着媒体之间新闻同源化的增多，新闻竞争已由独家新闻之争转变为独家观点或独家视角之争，言论已经成为提升媒体品位、打造传媒竞争力的着力点之一，一些市场化报纸如《南方都市报》《新京报》等能在短期内取得成功，时评功不可没。二是党和国家顺应时代潮流，积极稳妥地推进政治民主化进程，为新闻时评的中兴创造了条件。三是随着社会、政治、经济生活领域发生巨大变化，社会现象的复杂性和价值观念的多元化，人们迫切需要了解新闻背后的缘由和体制因素；迫切需要传媒去伪存真，帮助梳理与解析；迫切希望媒体提供一个公众和专家参与并发言的阵地，人们渴望拥有话语的平等权，渴望在大众传媒上表达自己的观点和看法。

时评的"时"是时事的"时"，更是"时代"的"时"。有的新闻时评虽然没有明确的时间要求，但是新闻评论所强调和关心的是"直接的当前现实"。时评就是"因时而评""合时而著"，是时事短评。如医药行业既关系到人民群众的身体健康，服务于健康中国建设，又是国民经济的重要组成部分。针对医药健康安全，《人民日报》（评论版）2023年3月20日发表孔繁圃的《保障群众用药安全有效可及》，又于2023年9月19日发表杨彦帆的《完善过期药品回收机制》。针对2023年大学生就业难的问题，《人民日报》（评论版）于2023年7月10日发表王继威的《树立正确的就业观》。针对网络诈骗犯罪呈现产业化、集团化和国际化，以及电信网络诈骗越来越猖狂的现象，《人民日报》（评论版）于2023年9月13日发表张天培的《多措并举治理跨境电信网络诈骗》。这些时评直面现实、关注民生，新闻性与针对性强，有力地体现了评论的"新闻化"。

第二节　"多元化"特色

新闻评论的多元化特色具体表现在以下几个方面。

一、新闻评论丰富多彩，打破了多年由上而下的单一声音

现在国内新闻评论不仅涉及经济建设方面的内容，还涉及民生、政治、文化、军事、体育、法律、医疗、保健、娱乐等方面的内容，尤其是贴近民众日常生活的评论专栏，如《时代热评》《人民论坛》《冰点时评》《巴蜀小议》《街谈巷议》《都市早茶》《今日谈》《虚实谈》《杨柳青》等层出不穷，它们多采用"群言型"的开放形式，评论队伍中除有专业人员和学者外，还有群众，各媒体把为民众鼓与呼作为自己的神圣职责；对国际话题的评论也较以往丰富得多，如美国"9·11"事件、俄罗斯莫斯科剧院人质事件、美国哥伦比亚号航天飞机爆炸事件、伊拉克战争、反法西斯战争胜利60周年等，不一而足，新闻评论中涌现了许多不同意见、不同看法。

二、新闻评论指向的内容不同、对象不同、角度不同

现实生活千奇百怪，众多社会热点、焦点、疑点、难点常常包含于各类新闻事件、现象、问题中，而这些正是备受公众关注的，这也是新闻评论员关注的重点，新闻评论指向的多元化由此得到体现。例如，2020 年，世界粮食市场出现波动，多国甚至开始囤粮，这引起了国内人民的担心：多国囤粮，中国人的饭碗安全吗？《农民日报》2020 年 4 月 3 日及时发表了本报评论员江娜的评论《多国囤粮：一堂活生生的粮食安全"警示课"》。评论文章《"自愿"不能成为职场伤害的"美丽借口"》（《工人日报》，2020 年 11 月 10 日）从一家游戏公司"员工自愿降薪 10%"的新闻切入，抽丝剥茧，员工"自愿"表象之下"被自愿"的弱势地位，批判职场精神控制套路，呼吁尊重劳动者、保障员工权益。学术方面，社会上权学交易几成热潮，对这一现象人人忧之，因而 2003 年中国工程院院士增选第一轮评审工作引起了社会各界的广泛关注，《由高官落选院士想到的》（《科技日报》，2003 年 8 月 29 日）一文抓住"高官落选院士"这一新闻点，从维护社会公平的角度进行评论，引起了社会强烈反响。《金杯银杯，不如百姓口碑》（《吉林日报》，2002 年 12 月 31 日）以年末评比各种奖杯的新闻事实入题，旨在呼吁转变领导机关作风，密切党同人民群众的血肉联系，发扬艰苦奋斗的作风。新闻评论多元化还表现在对同一事件、同一现象、同一问题的不同评论上，如《放歌，在 400 公里高处的浩瀚太空》（《人民日报》，2022 年 11 月 30 日）与《神十五航天员乘组"平均年龄最大"的启示》（《北京青年报》，2022 年 12 月 2 日）两篇评论，从不同角度评论了中国的航天事业。

综上所述，各种各样的评论敢于面对大众关注的多姿多彩的话题，激浊扬清，释疑解惑，积极引导——既有赞美歌颂的，又有批评谴责的；既有阐释说明的，又有建议、探讨和商榷研究的。这些评论聚焦民生、民意、民情，反映群众呼声，注重问题解决，彰显了媒体的责任担当。

第三节　"平民化"特色

毛泽东在《对晋绥日报编辑人员的谈话》中说，"同志们是办报的。你们的工作，就是教育群众，让群众知道自己的利益，自己的任务和党的方针政策"，并强调新闻宣传要"三贴近"。江泽民 2001 年 1 月在全国宣传部长会议上发表重要讲话，他指出："新闻媒体是党和人民的喉舌，应准确、鲜明、生动地宣传中央的精神，应及时、如实、充分地反映人民群众的意愿。"习近平强调："做好党的新闻舆论工作，事关旗帜和道路，事关贯彻落实党的理论和路线方针政策，事关顺利推进党和国家各项事业，事关全党全国各族人民凝聚力和向心力，事关党和国家前途命运。"新闻工作者要坚持党的领导，坚持正确政治方向，坚持以人民为中心的工作导向，尊重新闻传播规律，创新方法手段，切实提高党的新闻舆论传播力、引导力、影响力、公信力。群众满意不满意、赞成不赞

成、答应不答应、高兴不高兴是衡量一切政策的出发点和落脚点，新闻评论要将弘扬主旋律的出发点和归宿定位在"实际、生活、群众"上，以实现宣传的平民化、大众化、多样化。

一、用老百姓的话，说老百姓的事

新闻评论的最大魅力就是平民化，用老百姓的话，说老百姓的事，不分老幼尊卑，大家可以平等地交流思想和看法。以《有感于"市委书记公开手机号"》（《人民日报》，2005 年 3 月 29 日）、《服务用心 养老安心》［《人民日报》（评论版），2023 年 9 月 8 日］、《三观岂能跟着五官走》（《光明日报》，2021 年 8 月 6 日）、《复兴之路中国粮》（《农民日报》，2021 年 11 月 10 日）、《发现不了问题就是最大问题》（《山西日报》，2020 年 10 月 12 日）、《莫以纪律红线为怠政懒政找借口》（《宝鸡日报》，2020 年 12 月 18 日）等评论为例，这些评论的话题和素材来自丰富多彩的社会生活，选题宽，或赞叹、或感慨、或愤怒、或不满，针对性极强，往往从某一现象、某一"个例"，某一事由入题，对其进行由此及彼、由表及里、由浅及深的解析，揭示出某种事物的普遍价值和意义，揭示出某类现象所反映的本质问题，站在平民的立场"代民者言"，或鼓励民者参与评说。例如黑龙江省五常市委书记肖健春将手机号告知群众，对每一个电话，他都仔细听、认真答，随时处理，使天天有群众上访的市政府面貌一新，告状上访电话从日接 300 多个，减少到 20 多个。评论《有感于"市委书记公开手机号"》高度赞扬了肖健春"群众利益无小事"的公仆精神，评论旨在说明一个简单而重要的道理："关键是要让民情民声能够有'给个说法'的地方，反映的问题能够得到及时公正的答复。"真是一言中的，发人深省！这样的分析情理相融，理在事中，其逻辑力量和震撼力、说服力都很强。又如获第三十一届中国新闻奖一等奖的针砭时弊的评论《警惕"精致的形式主义"》（《新华日报》，2020 年 10 月 12 日），视角独特，议论深刻，立意高远。评论称"精致的形式主义"披着精美的外衣骗人，是中看不中用的"绣花枕头"，本质依然是只重形式不重内容、只重过程不重结果、只看表面热闹不看实际效果，需要人们认真防范，该评论现实针对性很强。该评论在《新华日报》刊发的同时，还在交汇点新闻客户端思想频道、微信公众号"江东观潮"同步刊发，人民网、"学习强国"江苏学习平台、腾讯新闻、网易新闻、新浪新闻、中国江苏网、陕西党建网等多家网站转载，各平台阅读量超过 10 万人次。再如获第三十一届中国新闻奖二等奖的评论《张桂梅为什么感动中国》（《中国妇女报》，2020 年 7 月 27 日）和《合力"炒香"预制菜》（《人民日报》，2023 年 3 月 17 日）。以上诸篇就事论理，言简意丰，文浅意深，评论的都是百姓关心的问题，都是为百姓利益说话，体现了一股生气、正气、锐气，涌动了一种社会舆论的正面力量。

面向世界百年未有之大变局，面向中华民族伟大复兴的关键时刻，面向全媒体时代，媒体要做好党和人民的喉舌，更好地担当起引导舆论的重任，必须对"三贴近"有新的认识和突破。现在的贴近与过去相比，难度更大，要求更高，媒体面对的是越来越成熟的公众，面对的是越来越多样、越来越咄咄逼人的媒体群，稍一懈怠，就会面临失去市场，失去地位和失去声音的危险，新闻媒体必须关注新情况，研究新问题，开拓新思路，办好新闻评论。评论的话题不仅要有指导性，注重导向价值，还要注重服务价值，从评论思想观念、方针政策、科学知识、生活消费等方面体现其服务性，让群众满意、受惠，得到启发。这有着深远的政治意义。

二、亲和力，融情入理，融情于辩

感情是连接受众与作者的桥梁，因而评论在具体表述意见时，要融情说理，要含情说理，把作者鲜明强烈的情感融进义正词严的论辩中，或通过对典型事件、典型现象的叙述和剖析，鲜明地表达作者的爱憎好恶和立场观点，引起受众的共鸣。如《中国主权不容侵犯》这篇政治评论，在揭露"台独"分裂祖国的野心，阐述我军方态度时，融入了中国人民解放军为维护国家主权和领土完整不畏牺牲的精神与革命英雄主义高尚情怀，通篇激情澎湃，感人至深。

可是有的评论作者、编者，由于缺乏感情，影响了新闻评论的有效传播，《信用是本道德为先》（中央人民广播电台，2001年6月18日）即如此，该篇文章很好，现实针对性强，但作者缺乏激情，说教味重，行文干巴，使读者提不起兴趣，如果作者能融情入理，融情于辩，则可以大大提高评论的亲和力和传播效果。如获第九届中国新闻奖评论一等奖的《迎着老百姓的方向走》（《河北日报》，1998年11月1日）一文，就是这样的佳作、力作。《迎着老百姓的方向走》的作者郝斌生长期在基层生活，这使他与劳动人民建立了深厚的感情，这份感情促使他把关注、研究和解决农村农民问题，哪怕是替老百姓奔走几程、呼号一声都当成自己义不容辞的责任。在《我的百姓情结》（《新闻战线》，1999年第12期）中，郝斌生说："当我看到一个白发苍苍的老妪在寒冷的冬天蜷缩在政府门前瑟瑟发抖怆然泪下而没人搭理时，我常常揪心地自问，他们如果没有怨，何必要这样执着地告状呢？我们的干部为什么不能和老百姓面对面交谈呢？我们没有任何理由怕群众。我在评论中阐述了这样一个道理，党的宗旨、传统、政策，以及诸多一言难尽的情结都浓缩在'迎着老百姓的方向走'这一句话里，哪里有老百姓，我们就要到哪里去，哪里老百姓问题多、意见大，我们就尤其要注意到哪里去。"正是"穷年忧黎元，叹息肠内热"的精神，使郝斌生创作出了《迎着老百姓的方向走》这篇精品。

新闻评论是主理的文体，在新闻评论中主理与主情之间常会出现矛盾，若情感化太强会影响理性的光芒，若理性太强则会缺乏感情的冲击力，高明的作者会以理性增强新闻评论的穿透力，又以情感增强新闻评论的感染力。"任仲平"写作组、胡占凡、郝斌生、刘格文等正是如此写作的。

第四节　"解读"特色

中央电视台新闻频道的开播，标志着新闻信息由"传播"时代进入"解读"时代。解读，就是媒体分析、说明、解释新闻的意义，即对刚刚发生或正在发生的重要新闻事件，或社会现象、问题、政策法规等进行针对性的解读——在评论中安排一节或几节精彩的、切中时弊的、鞭辟入里的分析，并提出独到的见解。深层解读与提供观点相结合，是 21 世纪新闻评论突出的特点。观点深刻、公正与否，解读深入、准确与否，决定着评论的成败优劣。

一、解读决定评论的成败优劣

全球信息化、经济一体化……由于社会的复杂多变，今天的人们难以单凭个人的知识和经验对发生的万事万物做出解释和判断；另外，随着社会主义市场经济的深入，政府官员、企业家、家庭成员、个人的决策能力需要提升，他们要求媒体分析信息对社会、个人的影响，明确信息的意义，帮助群众发现信息之间的联系，透过现象揭示本质。媒体对新闻信息的深入解读，能够给受众提供一个多角度、多层面的观照与参考，使人们对其复杂内涵能有更深的理解，对其内在意义和价值能有更准确的判断，趋利避害，做出理性的选择。

《"免费西湖"的启示》（《人民日报》，2005 年 4 月 4 日）报道了一些文化遗产景点门票涨价后，不少景区景点争相效仿，在门票价格"涨"声一片里，杭州却推出"免费西湖"，二十四小时免费对游客开放，此举使杭州市旅游收入大幅增长。该文解析道："景区景点是一些地方的'金饭碗'，但怎么用好这个'金饭碗'，眼界不同，思路不同，结果也大不相同。一些地方提高景区景点门票价格，也能增加收入。但一味提高门票价格，往往会适得其反，不仅增加游客经济负担，还未必能发挥'金饭碗'的作用。风物长宜放眼量，思路一变天地宽。杭州人正是用一种全面的、发展的、长远的眼光看待西湖这只'金饭碗'，看到了'免费西湖'聚'人气'所产生的作用和影响力，靠精明的经营，带动整个杭州的经济和社会发展。""在这里，我们也不是倡导旅游景点都'免费'，而是说，杭州的'旅游经济学'至少给我们提供了一个实现景区景点综合效益最大化的有益思路，值得借鉴。"

二、评论的力量是一种理性的力量

评论的力量是一种理性的力量，理性的力量最终要靠深刻独到的观点取胜。理性倡导的是尊重客观事物的规律，它是认识事物分析事物的科学精神，理性批判精神和独立精神的复苏与高扬是 21 世纪新闻评论的可喜变化。所谓"批判"就是发现、分析、鉴别时代发展中的问题。面对层出不穷的新事物、新问题、新情况，新闻评论要不盲从，不跟风，不炒作，不虚浮，坚持思想的独立，人格和精神的独立，凭借评论的自身魅力体现高度，体现深度，体现生命力，竞争社会影响力——这应是媒体言论发展的一个方向。如《从马德卖官说"机制"建设》（《人民日报》，2005 年 3 月 29 日）一文，见解十分深刻、独到。该文从引人注目的马德卖官案入题，为什么马德一方面非常"重视"干部制度建设，另一方面又大肆卖官？为什么有关制度在"一把手"面前频频失灵，甚至起到了使卖官"合法化"的反作用？该文对这一触目惊心、令人深思的问题进行了独立思考，深层解读，并进一步探讨行之有效的"选人用人及监督的机制"。

《人民日报》评论员往往是"站在中南海"看问题、看社会、看世界的，是中央机关报的"喉舌"。《人民日报》评论写作难度甚大，评论员写作功夫不仅仅表现在文本功夫上，可谓"尺幅千里"，别有洞天——社论难写，难就难在写社论并非一个写作问题。从某种意义上说，它是评论员思考能力和思考水平的反映。对中央精神的准确阐述，来自评论员对党的方针政策的长期研究；对论述问题的准确把握，来自评论员对现实生活的深入思考。扎实的理论功底、敏锐的政治嗅觉、丰富的实践经验和娴熟的驾驭文字能力，这些素质同时具备，评论员才能胸中有全局，笔下有准头，行文有章法。[①]

信息时代的媒体竞争，不仅是新闻题材的竞争，还是在对新闻事件、新闻题材总体把握上的新闻解读之争，进入 21 世纪的新闻评论更是追求对新近发生的一些重大的、全局性的、前沿性的新闻事件作深度解读，为公众提供"独家"观点、"独家"角度、"独家"方法。

第五节 "意见性信息"与"新闻性信息"相结合的特色

在新闻传播中，新闻评论和新闻报道是两种基本的传播手段，在引导舆论与反映舆论等方面二者各有特色，不可替代。随着新闻观念的发展变化，新闻评论和新闻报道正由各自独立转向相互结合，你中有我，我中有你，把传播"意见性信息"与"新闻性信息"有机结合。

一、配合

配合就是指评论与新闻同时见报的形式。传统的新闻观点认为评论只是就新闻发议论，最重要的是表达观点，传达意见性信息。评论与新闻同步见报，说明评论已突破旧新闻观，重视新闻性信息对评论的作用与影响，重视意见性信息与新闻性信息的结合。新闻评论以新闻为前提，有了新闻才有评论，一实一虚如鸟之双翼，不可或缺。评论依托新闻报道而发表，如评论员文章、短评、按语等，发掘新闻背后的深层意义，从而强化新闻宣传的导向作用，提高新闻传播的有效性。

---

① 米博华. 社论难写——报刊评论笔谈（二）[J]. 新闻战线，2007（2）：25.

刊发在 2005 年 1 月 24 日《人民日报》第一版的评论文章《在改革中做大做强文化产业》，就是专门为同日发表的通讯《歌舞旅游结合　盘活存量资源　开拓演出市场让"北歌"插上腾飞翅膀》配发的评论。北京歌舞剧院（简称"北歌"）由差额拨款的事业单位，成功改制为多种经济成分的股份制企业。"北歌"在国内外文化市场竞争日益激烈的情况下，探索出一条发展文化产业的新路子，"北歌"改制是文化体制改革的亮点之一，《人民日报》抓住这个关键时机发言，旨在推动文化体制改革，把文化产业做大做强，提高我国文化产业的整体实力和国际竞争力。又如，2005 年 4 月 5 日《人民日报》上的短评《沉甸甸的分量》就是配合当天的通讯《一位基层共产党员的答卷》发表的，该评论不仅为新闻报道"点睛"提神，还增强了评论本身的新闻性和可信度，强化了引导效应，延伸了报道思想。

二、融合

融合最常见的有两种形式。第一种形式是在新闻评论中直接输入作者所见所闻的新闻性信息，以此作为立论的由头和依据，引发议论。例如，2005 年 1 月 20 日《团结报》"今日杂谈"专栏陈鲁民的《金庸辞职与高校"追星"》文章，文中刊载了武侠小说名家金庸辞去浙江大学人文学院院长职务的新闻，盛赞金庸急流勇退，有自知之明，《今日杂谈》以此为由头，对国内高校热衷于"追星"、攀名人，而明星又喜欢当教授的媚俗之风进行了有力针砭。又如 2005 年 6 月 30 日《光明日报》晏扬的《从不拘一格"奖"人才说起》，文中刊载了北京市颁布首届"首都杰出人才奖"和"首都杰出人才提名奖"的新闻，《今日杂谈》以此为由头，盛赞政府不拘一格"奖"人才，盛赞政府人才观念的理性回归，并以张怡宁、冯小刚、陈孟祥的获奖为切入点进行深入解读，由事入理，由具体到抽象，由感性到理性，新闻与政论融合为一体，渗透力强，有效地提高了人们的认知水平。

第二种形式是事理交融，夹叙夹议，即在叙事的基础上生发议论，又在议论中穿插叙事，使具体的事实与抽象的议论有机结合，体现感性认识和理性认识的统一和升华过程。如 2005 年 6 月 30 日《光明日报》发表的《大科学时代呼唤大科学家》一文是一篇体现时代特色的佳作、力作。新形势下，科研工作注重强调团队化和组织化，因此有人断言，在大科学时代，科学家个人的作用已经不甚重要了，该文有力地论述了大科学时代不仅未削弱科学家的个人作用，还使个人作用变得更为重要和突出。该文从"大科学时代"的高度，提出"大科学时代呼唤大科学家"的深刻观点，并列举了"人类基因组测序计划"等几个典型事例，运用夹叙夹议、边述边评的手法，在点与面的结合上开掘深度，在理论与实际的结合上充分揭示和论证中心论点，深化报道思想。以下是《大科学时代呼唤大科学家》中的内容。

我们必须看到，任何一项纷繁复杂、参与人数众多的科研项目，虽然每个人都担负着自己的一份工作，但真正起关键作用的仍然只是少数人。最典型的例子要算人类基因组测序计划了。十多年来，参与这一计划的有六个国家的二十个测序中心，工作人员成千上万，可谓一个跨国的大科学计划了。但在整个工作过程中，最关键的科技工作有两项，一是测序的基本原理，二是测序的仪器设备。这两项工作恰恰是由两名科学家独立完成的，前者是英国剑桥分子生物学实验室的两次诺贝尔奖获得者弗雷德·桑格尔，他在20世纪70年代发明了基因测序的基本原理；后者是美国加州技术研究所的勒罗伊·胡德，他在20世纪80年代首次引入了自动化测序仪。试想，如果没有这两项成果的支撑，再多的科研人员恐怕也无法完成测序工作。

在诺贝尔奖的评选中有一条规则：一个项目的获得者最多不能超过三人。一百多年来，这条规则至今未变。该规则说明，在科研工作中付出劳动者可能很多，但其中必有少数起关键作用的、付出了创造性劳动的人。诺贝尔奖正是要将荣誉献给那些作出了创造性贡献的人，而不是付出了大量劳动的"劳动模范"。

中国有句古话，叫作"千军易得，一将难求"。此话虽然是对军队和战争而言的，其道理却对科研团队同样适用。我国著名科学家、两院院士师昌绪不久前在谈到科研团队的工作时，就发出了"有能力的学术带头人难寻"的感慨。相信有这种感慨的不只是师老一人。这说明，在大科学时代，科学家个人的作用十分重要，培养有能力的学术带头人更是科技创新的重大和首要的任务。

大科学时代呼唤大科学家，这就是我们的结论。

第六节　"小型化""专版化"特色

传统的新闻评论，动辄几千字。20世纪80年代后，新闻评论开始呈现小型化的发展态势，突出表现在专栏小言论兴起。进入21世纪，新闻评论小型化、专版化趋势更强，主要表现在以下几个方面。

一、社论、评论员文章的小型化、专版化

社论和评论员文章作为代表报社、刊物或通讯社编辑部，就当前国内外重大事件、事变或问题表明立场观点的指导性言论，写作时自然需要一定的篇幅。传统的社论和评论员文章短则两三千字，长则五六千言，如今，报纸对社论进行革新，降低"门槛"，引导社论从节庆日或重要事件的"专贡品"回归到新闻评论的初始功能上，改变报刊评论唱"独角戏"、垄断话语权、"大而长"、"论而不争"的状况，打破"栏"的界限，让评论专版化、小型化，尤其是市场化报纸。以广东为例，《南方日报》增设了《观点》版，《羊城晚报》增设了《时评》版，《南方都市报》评论占了两个版，由《社评》和《来论》组成，《南方周末》开设了《众议》和《视点》专版。就全国而言，《中国青年报》的《青年话题》，《北京青年报》有《每周评论》，《北京晚报》有《新闻快说》，《工人日报》有《新闻评论》，《检察日报》下有《法治评论周刊》，《新京报》有《社论·来信》和

《评论》，《21 世纪经济报道》还辟有两版评论专版，等等。各媒体主动吸纳不同观点、不同意见，使评论版或评论栏目成为意见多元、观点丰富、思想活跃的开放论坛，评论文章以中小型为主，并积极向"短而精"的方向发展。

二、小言论受重视

小言论又被称为袖珍评论、微型评论，其篇幅短小，取材广泛，有的放矢，事理融合，以小见大，受到前所未有的重视，备受读者的青睐。1980 年 1 月 2 日，《人民日报》开办《今日谈》小言论专栏后，全国各地新闻媒体纷纷效仿，出现了名目繁多的小言论专栏，长的五六百字，短的两三百字，具有"四两拨千斤"的神奇魔力。除新闻性小言论外，思想性或经济类的小言论也日渐兴旺，如点评、随感、漫笔、琐谈、杂谈等小言论走俏各报报端，使受众赏心悦目。

新闻评论向小型化、专版化发展，究其原因，在于随着社会的发展，人们生活节奏加快，时间变得越来越重要，人们更欢迎短小精悍的评论；而小型化、专版化的评论也适应了当代社会新闻媒体自身激烈竞争的需要。如今新闻已很难"独家"获得，而"观点"可以"独家"产生，这样一来，报纸、广播、电视、网络等媒体都要在评论上大显身手、张扬个性，时代呼唤更多短小精悍的评论产生。如《从"蜗牛"获"奖"到"码"上"服务"》（宜春市广播电视台，2021 年 12 月 26 日）、《不要过度解读甚至误读储存一定生活必需品》（《经济日报》，2021 年 11 月 2 日）、《少些"数"缚》（《辽宁日报》，2021 年 5 月 13 日）。又如，《时政现场评丨跟随总书记的脚步 到塞罕坝看树看人看精神》（中央广播电视总台，2021 年 8 月 25 日），该片用生动的现场、丰富的资料画面、多样的拍摄制作手段，阐释、解读习近平考察河北省塞罕坝机械林场的重要讲话，《胡湘平：攻坚克难的中国决心》（湖南广播电视台，2020 年 5 月 22 日）仅两分钟多的时长，逻辑严密，言简意赅，字字千钧，全网点击量超过 600 万次。

各种新闻评论文体小型化趋势会越来越强，这是发展的必然，不过写好小言论亦非易事，易犯言之无物、缺乏深度的毛病，作者须善于概括、精心提炼、舍得删改。

毛泽东 26 岁时发表的《女子革命军》正是一篇脍炙人口的评论。

或问女子的头和男子的头，实在是一样；女子的腰和男子的腰，实在是一样。为什么女子的头上偏要高竖那招摇畏风的髻，女子的腰间偏要紧缚那拖泥带水的裙？

我道：女子本来是罪人。高髻长裙，是男子加于他们的刑具；手上的饰物，就是桎梏；穿耳、包脚为肉刑，学校、家庭为牢狱，痛之不敢声，闷之不敢出。

或问如何脱离这罪？

我道：惟有参加女子革命军。

这篇评论只有 150 个字，从小处落笔，从高处立意，谈的是女子参加革命军的政治问题，如此重大的题材，写得却如此简短，分析深入浅出，通俗易懂，道理讲得透。

获第三十二届中国新闻奖一等奖的《决不允许"鸡脚杆子上刮油"》（《湖北日报》，

2021年2月2日），该评论仅500多字，言辞犀利，对群众身边腐败作风问题大加挞伐，彰显了"坚持以人民为中心是全面从严治党的动力源泉"这一重大主题。

获第三十届中国新闻奖一等奖的小言论《向群众汇报》（《天津日报》，2019年10月21日），立意深刻、主题鲜明，该评论抓住"汇报"关键词，深入阐释了以"向群众汇报"的态度为民服务，这是党员干部的必答题和必修课。节选如下。

"向群众汇报"，关键要抓住"汇报"二字，这不是"通知"，更不是上级对下级的"通报"。做到做好"汇报"，意味着党员干部要牢牢抓住"为民"这一出发点，不能有私心私欲，不能高高在上当"官老爷"，不能生怕群众给自己找麻烦。党员干部必须时刻牢记，手中的权力是人民赋予的，无论职务多高、功劳多大，都并非什么特殊人物，在面对人民群众时要始终秉持恭敬之心。

人民群众是我们党的力量之源，我们所做的一切工作都是为了群众。"向群众汇报"，就是把群众满意作为最高标准，一方面要问需于民，时时与百姓需求对标，让工作顺应群众的需要，将服务做到群众心坎上；另一方面要问计于民，接受人民群众监督评判，自觉向群众请教，从人民群众中汲取智慧和力量。言之倾心、行之尽心，才能和群众心连心。"向群众汇报"，就是要走出机关、"走出"文件和书本，在与群众的互动交流中受触动、受教育、受启发，接上地气、摸透情况，从而有针对性地创新工作方式方法，拿出破解难题的实招硬招，真正让群众见到行动、感觉到变化。

我们强调新闻评论的小型化，并非唯"小"就好，不可因短害义。一篇评论，从选题到写作，都应有自己的特点，有了特点，才有优势。

第七节　"形象化"特色

人们都爱看电视、电影，因为电视、电影是以视觉形象为主的艺术，用画面展示内容，具体可见。中央电视台的《焦点访谈》能够成为当代中国新闻界的一个金牌栏目，一方面是靠央视的公信度，另一方面就是靠其画面的吸引力、冲击力，常常一两个画面胜过千言万语，能把难以言说的事实展现得清楚明白。为了实现有效传播，我们要把形象化引入新闻评论写作。著名的马克思主义政论家胡乔木在《要加强地方报纸的评论工作》中说："形象的思维是回忆、想象，逻辑的思维是判断、推理。艺术家靠形象的思维，科学家靠逻辑的思维。我们报纸工作人员不是艺术家，也不是科学家，不是写小说，也不是写科学论文，而是面对着广大的群众说话，写的是有关当前问题的评论，所以就要两样都有点——既要有形象的思维，又要有逻辑的思维；既要有抽象的说理，又要有具体的形象。"[1] 如果作者能在言论中寥寥几笔就勾勒出一两个形象，或者在篇中加"故事"，寓理于事，顺事成理，就可使评论满篇生辉，增千钧力，使受众在阅读过程中获得道理、知识、情趣等方面

---

[1]　胡乔木．胡乔木文集：第3卷[M]．北京：人民出版社，1994：19．

的多种启迪。以下为 2021 年 2 月 2 日《湖北日报》发布的《决不允许"鸡脚杆子上刮油"》中的文字。

当前，群众身边的腐败问题和不正之风还层出不穷，涉及村（社区）的案件举报仍有增无减。有的群腐群"蛀"，有的"官"小"胃口"大，甚至对扶贫资金、拆迁补偿款、老龄津贴等下黑手。一些人"鸡脚杆子上刮油""鹭鸶腿上劈精肉"，贪婪至极，可恶至极，影响很坏。

我们纵深推进全面从严治党，既要"打虎"，也要"拍蝇"，决不允许"鸡脚杆子上刮油"，啃食基层群众特别是困难群体的获得感。

党风廉政建设和反腐败斗争事关国家政治安全、事关人心向背、事关兴衰成败，是一场输不起也决不能输的重大政治斗争。民心是最大的政治。如果任由一些"苍蝇"乱飞，群众就会对全面从严治党的效果产生怀疑，长此以往就会动摇党的执政根基。防止"堤溃蚁穴，气泄针芒"，必须坚决整治群众身边的腐败和不正之风问题。

形象思维通俗地说，就是把看不见摸不着的东西，生动活泼地描摹出来，使之具有可感性。《决不允许"鸡脚杆子上刮油"》把该文基层"微腐败"喻为"鸡脚杆子上刮油""鹭鸶腿上劈精肉"，多么形象、生动、深刻！该文痛斥基层群腐群蛀，官小胃口大，为防止"堤溃蚁穴，气泄针芒"，既要"打虎"，也要"拍蝇"，斩断各种黑手。

《中国主权不容侵犯》中的最后一段，为了说明中国人民的感情不可辱，中国的主权不容侵犯，针对美方的霸道行径，连用三个比喻说理："中国领土绝不是哪家军队随便溜达的'后花园'，中国领海绝不是哪家舰船随便游弋的'游泳池'，中国领空绝不是哪家军用飞机随便进出的'空中走廊'。"《中国主权不容侵犯》运用比喻说理，将严肃的论题写得生动形象，其感染力胜过有逻辑的说服力。

笔者曾在专著《艺术与创新》中说："文字新闻中的视觉形象，是当前与电视、广播新闻竞争的强有力的'武器'。"报刊新闻评论面对广播评论、电视评论、网络评论的严峻挑战，单靠逻辑思维的说理论述难以满足新形势的需要，难以满足群众化的需求。新闻评论重视形象思维，把逻辑思维与形象思维结合起来，在渗透力上下功夫，可大大提高传播效果。

阅读·思考·实训题

1. 鉴赏近五年获中国新闻奖的文字评论与深度报道。

2. 重点阅读任仲平（《人民日报》重要评论的谐音缩写）《百年辉煌，砥砺初心向复兴——写在中国共产党成立 100 周年之际》（《人民日报》，2021 年 6 月 28 日）。该文聚焦"初心""奋斗""复兴"三个关键词，全面总结百年历程中，党团结带领人民开辟的伟大道路、建立的伟大功业、铸就的伟大精神、积累的宝贵经验。把百年奋斗放在民族复兴战略全局中考量，把百年辉煌放在世界百年未有之大变局中审视，揭示百年大党风华正茂的活力基因，展现百年大党的清醒和坚定。该文说理充分，分析深入，素材鲜活，细节丰富，为党立言，为民发声。

3. 重点阅读《初心铸就千秋伟业——为庆祝新中国成立 70 周年而作》（《人民日报》，2019 年 9 月 30 日）。 中华人民共和国成立 70 周年之际，《人民日报》推出两篇任仲平文章——《奋斗创造人间奇迹》《初心铸就千秋伟业》。上篇总结 70 年辉煌成就的奋斗密码，下篇阐述继续走向未来的路径方法，展现了中国共产党的大历史观、大世界观。该文既是献给中华人民共和国 70 华诞的礼物，更是一面建设新时代、共同创未来的精神旗帜。

4. 阅读短评《预约制挂号不能"一刀切"》（《农民日报》，2020 年 6 月 12 日），并分析其写作特点。

今年初以来，受新冠疫情影响，全国各地许多医院陆续实行预约挂号制度。患者可进行一周内的号源预约，但现场不挂号、不加号。

推广预约制不仅能节约患者在窗口排队的时间，还能让医院更加有效地统筹和调配医疗资源。然而，有些农民背着沉重的行李风尘仆仆赶到医院后，却因为没有预约无法看病。还有些老人因为不会使用智能手机，在医院里四处询问如何预约。

高度信息化给我们的生活带来了极大的便利，但对于弱势群体而言，预约挂号机制反而给他们带来了不便。因此，在推行预约制的同时，医院应根据不同的社会需求灵活配置资源，推出更加细致贴心的管理措施，比如给有特殊需要的人群开设"绿色通道"，在公共设施入口提供更加人性化的指导，兼顾各方，从而真正实现高效就医，让预约制变得更有温度。

5. 用"理性的头脑"观察世界，用"滚烫的心肠"观照时代。鉴赏《张桂梅为什么感动中国》（《中国妇女报》，2020 年 7 月 27 日），写一篇千字内的读后感，分析评论的特点和吸引你的地方。

有些人的光芒，是燃烧自己照亮别人。

在茫茫滇西深度贫困山区，半生坎坷半生奉献的张桂梅，用瘦弱的身体扛起 1800 名大山女娃的人生希望。"只要还有一口气，就要站在讲台上"，在 63 岁的年纪，张桂梅那些足以"感动中国"的诺言和行动，仍在继续。

能够抗衡时间、改写命运的，唯有执着信念。大山之中，扭转女孩因受教育程度低而形成的自身成长和代际恶性循环，并非易事：这不仅是对教育资源的考验，更是一场对陈旧观念的"宣战"。并且，突破习惯禁锢，光靠激情和热情显然还远远不够。

11 万公里家访路，走进 1300 多名学生家，把累计超百万元的全部奖金和大部分工资捐出……与张桂梅有关的每一个数字，都在诉说着"膝下无儿女，桃李遍天下"的奉献精神，印刻下"教育改变女孩命运"的执着信念。

平等地接受教育、平等地参与竞争、从容地圆梦人生，一份锲而不舍、坚定不移、无私奉献的执着信念，就这样润物无声地滋养着大山女娃，让"女孩子读书，可以改变三代人"的信仰翻越重重大山，照进现实。

深深打动和激励人心的，还有"在苦难中开花"的巾帼力量。在痛失亲人、身患重疾的绝望和打击之中，在引起非议、受到质疑中，张桂梅"雨水冲不垮，大风刮不倒"，展现出新时代女性的自尊、自信、自立、自强。

　　而更为恒久的意义是，张桂梅用自己的经历告诉女孩们"女性自强才能自立"，也以这样的精神传递着"每一位妇女都有人生出彩和梦想成真的机会"的价值理念，并塑造了更多在自立自强中树立自尊自信的"她们"。

　　命运打不倒心中有光的人。张桂梅近日获授全国三八红旗手标兵称号后，一波"致敬体"在网络上"刷屏"，流着泪看完张桂梅事迹的网友们，读懂了大爱无声和百折不挠。

　　大山里的"教育奇迹"，是一种坚持到底的奇迹，更是一种百折不挠的奇迹。面对种种辛酸、考验，甚至难以逾越的难关，如果没有冲破乌云和阻碍的坚定不移，又怎能让阳光照亮女孩们的心房？如何让她们在美好的人生之路上行稳致远？

　　读懂一份直抵人心的感动，心中就会播撒向上向善的种子。那束来自云南大山深处的希望之光，那颗来自"教师妈妈"的教育初心，那些来自大山女娃的蝶变人生，都会将生生不息的奋进力量传递下去。

　　6. 写一篇以父亲或母亲为题的短评。

　　7. 写一篇以教师与学生为题的短评。

　　8. 请为下面一段直播报道作点评。

　　中午，我们到达这个地点之后，专家带我们在附近转了转，居然也发现了两只鹤，就是画面上这两只鹤。专家告诉我们，这两只鹤是两三岁的成年鹤，而且还是小两口，夫妻俩。一般来说，从繁殖地先迁走的鹤都是一家三口，带着幼鹤的这样的一家三口的家庭鹤。因为这个小鹤它的飞行能力不太强，飞飞停停的，所以鹤爸鹤妈会带着小鹤先走。而像我们今天捕捉到的这两只鹤，这小两口没有小鹤，没有什么拖累，所以它们溜溜达达地会晚一点儿走，想什么时候走就什么时候走。

Part 3
第三篇　广播电视新闻写作

第七章 广播新闻写作

广播是一种通过无线电波或导线传递声音的媒体,它经过了九十多年的发展与变革,在社会、经济、政治及文化生活中具有权威的信息发布功能和强大的舆论引导力量。在数字化时代,比较其他媒介形态,广播具有以下突出的三大优势。

(1)即时性。广播与报纸、电视比较,在传播成本和速度上都具有优势,电视进行现场直播时,必须配备各种录像、录音设备,还需考虑灯光、音响等条件。广播的直播设备较为简单,在突发事件时,广播能够迅速及时地传播信息。

(2)非视觉化。广播的"非视觉化"特征不能被简单地认为是广播的弱点,它具有其他媒介不可替代的优势——它是唯一能"解放"人眼球的伴随性媒体,是一种通达性最高的媒体,它在新闻传播中的地位与作用不可替代。

(3)弹性传播。数字化时代的广播可以附着在数字电视、手机,以及其他任意数字接收终端上,实现最大限度上的传播到位。广播无时空限制,能把信息传到四面八方,不论是城市还是乡村,不论是在地面还是在空中,都可以收听。

媒体只是一种载体,每一种载体都有它自身的优劣。广播的劣势也很明显,主要表现在以下几方面。

1. 保存性较差

广播是靠电波传送的,一瞬即至是其优点;一瞬即逝、过耳不留、信息储存性差、难以查寻和记录是广播的弱点。

2. 收听的被动性

广播传播的内容丰富,功能多样,涉及现实生活中的方方面面。然而广播是线性传播,在同一时间内,听众受节目顺序限制,只能被动接收,自主选择性差。

3. 收听的随意性

广播传播对声音、语言的要求较高,听众稍有不慎或注意力分散,就可能难以听清或产生误解。正如鲁迅所言:"诉于耳的方法和诉于目的时候是全然两样的。所谓听众者,凡事都没有读者似的留心。简洁的文字,有着穿透读者内心的力量,然而在听众的头脑里,却毫不相干地过去了。听众者，是以赘辩之中，拾取兴趣和理解的。"①

4. 收听中的语言障碍

听广播必须听懂语言。我国是一个多民族的国家，大多数民族都有自己的语言，很多地区也有自己的方言。就拿汉族来讲，汉族有统一的文字，以普通话为主，但方言种类繁多，如广东，就有广州话、潮州话、湛江话、客家话、雷州话等；如浙江，有宁波话、温州话、杭州话等。当地群众大多听不懂普通话，这样就直接影响了广播的传播效果。

第一节　广播传播的特点

广播传播中用以携带信息，表达思想、情感的载体是声音。声音是广播传播信息时所能运用的唯一符号，它包括语言、音响和音乐三要素。声音作用于人的听觉，可表情达意，引发听众联想。声音三要素的不同组合具有极其丰富的表现力，是广播的灵魂。下面从语言、音响、音乐三方面对广播传播的特点进行介绍。

一、广播语言

在广播经由电波传递的声音符号中，语言是最重要最复杂的一种符号。如何发挥声音的潜力？如何用声音传播信息，即让听众能听懂、觉得好听并有兴趣听？广播语言的特点是由什么决定的？制约它的根本因素是什么？以下从三个方面进行分析。

（一）口语化、通俗化

广播稿不是供人眼看目赏，而是播给听众听的。这就要求广播语言必须上口适听。电视也要求语言适听上口，但听众可借助画面，较少产生误听，因而广播对语言的适听要求更高、更严格。口语化是广播对语言最基本的要求。

广播的语言不仅要口语化，还要通俗化。口语化是指广播用人民群众的习惯语言口述宣讲，要富有日常谈话的风格。通俗化要求广播根据人民群众实际的接受能力来口述播讲。不口语化，就不会通俗化，而除了要求通俗，还要求思想内容深入浅出。声音转瞬即逝，不允许听众反复琢磨、仔细品味，有的听众不像口头交谈那样专注，因而很容易误听。在广播节目中，广播员要尽可能地随时与听众打招呼，"让听众在广播这个不断发生又不断消失的声音的流里，在每一个瞬间都处于明白着往下听的状态，引导听众的思路正确地伸展"②。因此，广播语言比日常口语更要适合听，要通俗易懂，必须一听即明。正如苏联著名宣传家加里宁在《论广播》的文章里写的："写广播新闻就像口述故事一样，要一听

---

①　鲁迅 . 鲁迅译文集：第 3 卷 [M]. 北京：人民文学出版社，1958：426.

②　董启焕 . 广播探新 [M]. 兰州：甘肃人民出版社，1988：45.

就懂，越听越有兴趣，越吸引人。"

怎样才能使广播语言适听呢？具体做法包含以下三点。

（1）多用口语，少用书面语。广播语言是给不同文化水平的人听的，因而更要善于"采取有生命的词汇""使文字分外'精神'"。而书面语言是给一定文化水平的人看的。它们服务的对象不同，接收的器官亦不同，故而要求也不尽相同。广播语言要大量地运用口语句式，巧妙地选用生活化的俗语、俚语、歇后语等；多用简单句，少用复合句；多用短句——短是广播语言的特色和生命力，少用长句；尽量少用或不用欧化句式、书面语句式（如仿词、双关、谐音、反语等修辞手法，含蓄、曲笔、婉约、讽刺等语言艺术）、文言句式、倒装句式。

但广播语言也不是绝对地排斥书面语言。如广播语言的口语化，并不是指将语言转换成人民群众的自然形态的口语，更不是土语化、庸俗化，而是转换成准确、简洁、严密、优美、上口顺耳、明晰动听的口语。书面语言中的一些词语、成语、文言、简略语、句式，若大众化了，通俗化了，广播语言都可以使用，如："知无不言，言无不尽""三人行，必有我师"等。因而，广播语言能否采用书面语言的关键是看书面语言能不能为大多数听众所理解，所接受。

（2）在语音上，书面语中经常使用单音词，如"可""能""否"等，而广播稿中就经常使用双音词，或添加某些助词，选用平仄相间的句子。这是因为单音节词声音短促，有时不易听清听准，双音节词音节舒缓，播音员易朗朗上口。

（3）广播面对的是各行各业的听众，各行各业都有自己的行话、专业术语，不是同行业的人，通常听不懂。因此广播要使用各行业都能听得懂的大众话，生词、专业术语要尽量减少。

（二）立体化

广播不仅要让人一听即明，还要给人留下鲜明的印象，这就要求广播语言不仅要口语化、通俗化，还要立体化。前面讲过广播语言讲究口语化，形象生动。形象生动主要靠语言的立体化，靠人们的"通感"体现出来的。所谓"通感"，就是感觉器官（眼、耳、鼻、舌、身）相互沟通。

听觉、视觉、嗅觉、味觉、触觉是可以打通的，人综合适用眼、耳、鼻、舌、身各个器官来把握世界。心理学把这种"通感"叫作"联觉"，"联觉"即一种感觉引起另一种感觉，联合成为比较完整的知觉。"联觉"还有一个增加敏感度的作用。广播就是发挥"联觉"的作用，凸显语言的形象化、立体化，使广播中的一切情节、情感、场景、事实都借助声音来实现传播的目的。也就是说，广播不仅要让听众听出声音的内容，还要让他们听出味道、听出感触、听出形状、听出颜色、听出气味、听出速度等。

《隆福大厦火灾目击记》（北京电台，1993 年 8 月 13 日）是一篇针对突发性事件的报道。从广播里，听众听到了记者气喘吁吁的说话声、咳嗽声，听到了砸碎玻璃的声音、喷水的声音等。这些声音把听众引入火灾现场，使听众由声音产生丰富的想象，听众如同看到救火现场的李市长焦急的样子，消防队员救火的英勇行为；仿佛嗅到了呛人的股股浓烟，触到了灼热的大火。《隆福大厦火灾目击记》获 1993 年中国广播奖新闻一等奖。

（三）先声夺人，以声取胜

广播为什么要先声夺人呢？听众在收听广播时，往往在做其他事情，感受力容易受到影响。而电视则不同，观众不仅听，还要看，观众的注意力会相对集中。因此，广播必须"先声夺人"，抓住听众的注意力。

声音可以表达人们的喜、怒、哀、乐、惊恐、无畏、忧郁、诚恳等感情。古语曰："无翼而飞者，声也。无根而固者，情也。"现代化的广播把"以声传情"的奇妙作用发挥到了极致。现代广播的一个重要特点，就是因声音和音响优势而拥有稳定的听众。

广播以声音塑造形象，描写环境，并作用于听众的耳朵，故而好的声音有时要比文字和图像更能吸引人。一个好的播音员，一个优美动人的声音，很容易给人以亲切感，使人产生认同感。我国著名播音员齐越、夏青、林田、葛兰、林如、铁成、方明等，他们的声音已成为广播节目中的一个重要组成部分，成为一种标志，他们的声音极富艺术魅力，吸引了无数的听众。如齐越播的通讯《县委书记的榜样——焦裕禄》，播到焦裕禄逝世的时候，他声泪俱下，感情非常深沉，使无数听众为之动容！又如方明播《钱塘大潮》时，白浪滔天、汹涌澎湃的钱塘大潮仿佛正向听众涌来。他们用声音给这些描绘的对象赋予强烈的感情，不断地感染着听众。

电视虽有画面，也有不宜表现或表现不好的生活形象。广播有声音而无图像，优势在于声音，声音可以代替画面，且可以超过画面的表现力，电视画面难以表达的生活形象，广播用声音就能圆满地表现出来。例如，安徒生的童话故事《皇帝的新衣》，用电视去表现费力又不讨好，可是改编的同名广播剧充分发挥了声音的优势，给听众提供了比电视画面更广阔的遐想空间。又如一些用真人表现的神话题材的电视剧，虽然可用电子特技手段进行展现，但效果也不尽如人意，而广播可用声音充分调动听众的想象力，达到以声取胜的效果。究其原因，正如贝拉·巴拉兹在《电影美学》中说的："我们的耳朵并非不如眼睛灵敏，只是缺乏训练而已。科学证明，我们的耳朵在辨别微差方面要比眼睛更高明些。人的耳朵所能辨别的声音和噪声何止千种？它远远超过我们的眼睛所能辨别的色调和光度的总和。"广播要从自身特点入手，以语言、声音塑造形象。

广播语言的形象化就是将广播新闻中看不到、摸不透的景象或事件，运用生动的比喻、具体、鲜明的语言传递到听众的耳中，抓住听众的耳朵。如广播评论《好戏就要真唱》（1985年全国广播好新闻特等奖）、《"痕迹主义"可以休矣》[河南信息广播《事事关心》（早间版），2019 年 12 月 19 日 7 时 03 分]、《警惕"指尖上"的形式主义》（湖北之声《焦点时刻》，2019 年 12 月 26 日）等，都是用言简意赅、生动形象的几个字，来表达通常要用几十个字才能表达清楚的道理、论点，及看不到、摸不透的事件或景象。

二、广播音响

在广播新闻中，音响是体现新闻真实性的重要元素。注意和体悟音响在客观世界和艺术世界中富有独特意义的存在形式，将给人以特殊的真实感和美感享受。

音响，从广义讲即声音，包括世间万物发出的一切声音。如自然界发出的各种声音（风声、雨声）、人的声音、各种动物的声音（鸡鸣声、犬吠声）等。

广播的音响效果，可从不同角度分类。英国著名的广播剧作家兰斯·汤维金从对听众心理产生的影响这一角度，把音响效果分为五类：①写实的，唤起情景想象的效果；②象征性的，唤起情绪的效果；③习惯性效果；④印象性效果；⑤音乐性效果。

从音响的来源看，音响效果又可分为真实的音响和模拟的音响。广播或广播新闻中的音响，可分为两大类：一类为主体音响，另一类为客体音响。主体音响指播音员播送新闻稿件的声音（口播声），有时也可指记者的报道声。客体音响可以是记者经过采访获取到的音响，也可以是记者在现场讲述时的背景声（环境声响），还可以是主持人、编辑在节目中安排使用的音响，如插入的音乐等。音响报道中所指的音响多为客体音响，但主体音响与客体音响不是绝对的，有时会发生转化。

广播新闻节目中运用的音响，要求完全真实，实地采录，要实有其声，绝不许虚构、挪用、模仿。而文艺性广播节目中运用的音响，可以虚构、模拟、制作，只要符合生活的真实即可。

在广播新闻中，音响用来表现新闻事实，增强新闻的现场感，渲染、烘托环境气氛，表现时空，交代背景，刻画人物，表达情感，凸显主题。

音响是广播传播中的基本符号之一，是广播与其他媒体传播风格相区别的重要标志，是体现广播优势的主要手段，音响要少而精，不能滥用。播音记者报道时，不是什么声音都能使用，而是要精心挑选那些最有特点、最富表现力、最能揭示报道主题的清晰健康的音响，要精心挑选典型的音响。典型音响是指新闻事物特有的一些音响，是指发生在特殊的环境和时间内的特定音响。音响已成为当今广播界提高节目质量、创作广播精品、增强广播节目感染力的强有力武器。1983年，广播电影电视部原部长吴冷西明确提出，广播要"扬独家之优势，汇天下之精华"。广播发扬独家优势的一个重要方面，就是要重视音响的作用，因此，音响是本部分介绍的重点。

音响报道可出现在广播的各类节目中，如新闻节目，人物访问，录音座谈，专题性、对象性节目甚至文艺性节目。广播可以用客观世界自身丰富多彩的音响直接表现任何内容。例如，现场音响、人物活动、谈话的音响、悦耳的音乐和歌曲等，它们能刺激人们的听觉器官，使人的大脑兴奋，引发听众的注意力。

要想先声夺人，广播就要多运用音响，充分发挥音响的作用。音响报道传真性极高，大大地缩短了广播与听众心理上的距离，给人以亲切和谐之感。逼真的音响，鲜活的人物语言，都能引发听众的想象，使他们在脑海中产生新形象，再现新的现场环境，因此，广播应更好地发挥音响的传播优势。尤其是随着科技的发展，声音的保真度越来越高，可利用声音传真这一特点，多采制音响报道，使报道声声入耳，"声"入人心。

广播消息《香港高等法院裁定取消四名立法会议员资格》（中国广播网，2017年7月14日首播），报道的是香港特别行政区立法会个别候任议员拒绝及忽略做出立法会誓词，即不按照法律规定的誓词进行宣誓，因而香港高等法院裁定取消四名立法会议员资格的事件。这篇消息短小但内容丰富，运用多元音响，引导有力。

香港特别行政区政府政务司原司长张建宗：

【音响】：法庭的判决事实上是确认了立法会议员宣誓的法律规定，这点是重要的。

香港特区立法会主席梁君彦：

【音响】：在这个阶段，我们议会会发信给他们，给他们两个星期的时间去收拾物品。

全国人大代表、香港民建联副主席陈勇：

【音响】：这个判决是大快人心的，维护了香港的法治，也使香港立法会民主的发展逐渐地重回正轨。

消息播放了香港特别行政区政府官员、香港特别行政区立法会主席、香港特别行政区全国人大代表三方的发言，态度鲜明，权威性高，有力地表现了主题。

三、广播音乐

音乐是一种特殊的声音系统，是广播电视传播的基本媒介之一。它是由有组织的乐音所形成的艺术形象来表达思想感情，反映社会现实生活的一种有效传播手段。音乐经电声技术处理后，被列入广播节目序列，就是人们常说的音乐节目。音乐既可作节目的开始曲、结束曲、专栏节目的题头音乐的乐曲，又可组成广播文艺节目；既可作为节目内容的过渡或间隔，又可为节目渲染气氛，还可作节目的补充。

音乐是一种情感艺术，具有陶冶性情的教化功能，舒心悦耳的娱乐功能，以及培养高尚情操、提高审美的审美功能。它在表达人们的思想感情和反映社会现实生活方面，有着强大的感染力和广泛的社会性，是吸引和维持广播听众的最大"公分母"。广播，特别是文艺广播，和其他媒体相比，它给人的想象空间更大。广播是带声音的语言，声音是带感情的。同样一首诗，读报纸和听配乐朗诵的感受是截然不同的。因此，广播必须充分利用这一传统武器，使人想听爱听，从而提高整个电台节目的收听率，进而与报纸、电视，以及当今各种传播媒体竞争。音乐是听的艺术，广播是听的媒体。音乐本身的特色和巨大魅力，是音乐传播的第一大优势，其第二大优势即广播音乐比电视音乐、剧场音乐、音像制品具有更广泛的听众，适应性更强，覆盖面更广，内容更丰富。

第十六届中国新闻奖广播消息二等奖作品《中国第二次载人航天飞行获得圆满成功》（中国国际广播电台，2005年10月17日），就是将广播声音三要素进行完美融合的典范之作。

经过5天的飞行，中国自主研制、载有两名航天员的"神舟"六号飞船，于北京时间17日凌晨，在预定区域顺利着陆，两位航天员身体状况良好。中国载人航天工程总指挥随即宣布，中国进行的第二次载人航天飞行获得圆满成功。

这段导语"长话短说"，简洁明快，平实自然，上口顺耳，深入浅出。

消息精选了现场的典型音响和特色音响，如两位记者在现场的大众化的报道声，飞船胜利返回时现场的欢呼声、掌声，全国人大常委会委员长在飞控中心代表中共中央、国务院、中央军委宣读贺电的声音，国歌声，年轻男女骄傲地赞美祖国的话语声等，这些声音充分调动了听众的听觉，让听众闻其人听其声，仿佛身临其境。消息重点报道了两个现场，一个是北京航天飞行控制中心的现场，另一个是北京天安门广场的现场。

【音响 1　北京航天飞行控制中心大厅内欢呼声　记者口播】

听众朋友，我是记者耿庆庆。我现在是在北京航天飞行控制中心为您做报道。今天凌晨 4 时 33 分，我在控制中心大厅的大屏幕上看到"神舟" 六号载人飞船在位于中国北部内蒙古自治区的主着陆场顺利着陆了，航天员费俊龙和聂海胜走出舱门。现在，我所在的控制中心大厅已经是一片沸腾，人们热烈鼓掌，庆贺中国进行的第二次载人航天飞行获得圆满成功。

时任全国人大常委会委员长的吴邦国在北京航天飞行控制中心观看了飞船着陆全过程。在飞船安全着陆之后，他代表中共中央、国务院、中央军委宣读了贺电。

【音响 2　吴讲话】

"神舟" 六号载人航天飞行的成功，标志着我国在发展载人航天技术、进行有人参与的空间实验活动方面取得了又一个具有里程碑意义的重大胜利。

中国国际广播电台记者蔡靖骉一大早就守候在北京天安门广场。以下是他发回的报道。

【音响 3　蔡报道】

听众朋友，现在是北京时间 5 点 47 分。我现在的位置是北京天安门广场。天安门广场是世界上最大的城市广场，位于北京的中心位置。每天早上太阳升起的时候，这里都要举行升国旗、奏国歌的仪式，来自中国各地的许多老百姓都会自发地前来观看。我们注意到，虽然距升旗还有将近一个小时的时间，但广场上已经聚集了数也数不清的人。

来自山东省的男青年及光晖说：

【音响 4　收音机广播声 及讲话声】

"神六"的成功和咱们国家能看到的进步，让我充满希望和信心。希望国家能变得越来越好，国家的经济、科技实力越来越强，在国际上声音越来越响。

来自河北省的女青年袁海娜对记者说：

【音响 5　国歌声及袁讲话声】

国旗是国家的象征，国歌响起的那一瞬间，心里的感觉无法用语言来形容，特别自豪。作为中国人，我感到非常骄傲。

这篇消息无论是在广播语言上还是音响、音乐的处理上，都恰到好处，是上乘之作。

音响是增强现场感的重要元素，使用音响的目的是表现作品的主题，这篇消息中的丰富音响集中有力地表现了主题：中国第二次载人航天飞行的成功是最令国人引以为傲的事件之一，是具有里程碑意义的重大胜利。

第二节　广播新闻写作

广播新闻独有的传播特性是运用声音来传播信息，广播新闻写作既需要新闻思维，又需要声音思维。广播新闻是广播中各类新闻体裁、各种新闻性节目的总称。广义的广播新闻涵盖了广播电台常用的各种新闻体裁和节目类型，狭义的广播新闻则专指广播消息。按内容分，广播新闻可分为时政新闻、经济新闻、法治新闻、社会新闻、科教新闻、体育新闻等；按表现形式分，广播新闻可分为广播消息、广播通讯、广播特写、广播对话、广播深度报道（含广播评论）等；按播出方式分，广播新闻可分为新闻录播和新闻直播；按声音的传播途径分，广播新闻可分为口头播报、配音配乐报道、音响报道。其中，音响报道又可分为录音报道和直播报道（如图 7-1 所示）。

适用于广播电台特性的有短评快新闻和现场直播，现场报道充分显示了广播电台的优势，真正实现了"零时差"，若再配上各种音响，就能让听众有与现场零距离的感受。

通过广播传达给听众的信息通常转瞬即逝，不可反复，因此，广播新闻写作要以线性结构为主，力求线索单一，脉络清晰，层次明了，重点突出。

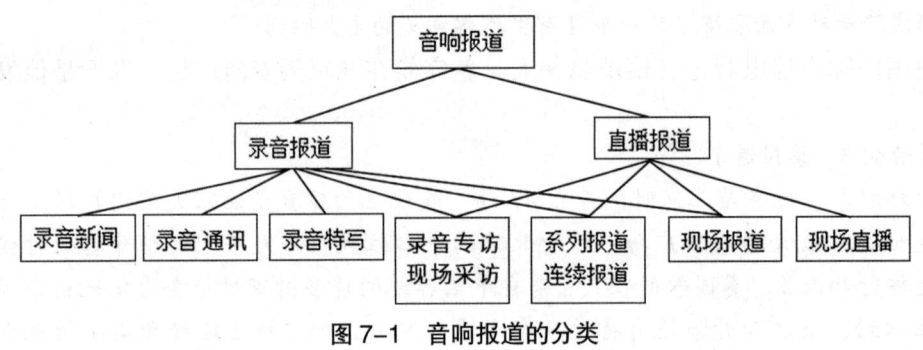

图 7-1　音响报道的分类

下面主要介绍录音报道。

录音报道是最能发挥广播传播优势的报道形式，因为它音响最丰富，现场感最强，所以真实可信，备受听众喜爱。录音报道对增强广播的竞争力、提高广播节目的文化品位、创作广播精品，以及促进广播媒体发展都是非常有意义的。作为广播记者，要熟练地掌握录音报道的采访制作方法。录音报道的采访制作是广播记者的看家本领，是基本功。录音报道是广播新闻的主要报道形式之一，是最具广播个性特点的报道形式。

录音报道是广播记者运用现场事件或新闻人物的声音进行报道的一种新闻样式。一般由实况音响与辅助串联语言共同构成。录音报道是所有采用录音方式进行报道的广播新闻体裁的总称。

录音报道一般由三个要素构成：新闻事件的现场实况音响、人物的谈话录音、记者语言，前两者是关键的两个要素。

录音报道不同于其他带音响的广播，如实况广播、配音广播、配乐广播。

　　实况广播最鲜明的特点是与新闻事件本身同步广播，没有时间差，不剪裁现场音响。而录音报道是对新闻事件采访后的报道，对现场音响要挑选、要剪裁。

　　配音或配乐广播是文字报道词配上音响或音乐的广播形式。音响和音乐是"配"上去的，不是新闻现场实录的，因此，音响和音乐与文字报道词的结合不紧密，文字报道词可独立成篇。而录音报道中的现场实况音响（包括人物谈话）是从现场录下来的，因此，这些现场音响是报道不可或缺的，与文字报道词有机结合，融为一体。

一、录音新闻

　　录音新闻是运用文字和现场典型音响来报道正在发生和新近发生的新闻事实的一种广播形式。其篇幅最短、时效性最强，具有报纸新闻的一切特征，即也包括导语、主体、结尾几个部分，但一般不对事件的背景、性质作更多的介绍或解释，对现场的情景也不必过多地描述，只要用适当的典型音响和简练的语言来报道新闻即可。

　　录音新闻由于吸收了现场音响、人物讲话等新闻素材，因而更真实、亲切、具体、生动、活泼，现场感强烈。因此，它在事件性、动态性的广播新闻中被大量运用。录音新闻最能体现广播新闻快、短、新、活的特点，长消息最多 4 分钟，短消息在 1 分半钟以内。

　　在写作上，录音新闻要严格遵循新闻事件的时间顺序和新闻材料的逻辑关系，使之有一条明晰的主线，利于听众收听。这是录音新闻与报纸新闻写作上的不同之处。

　　录音新闻多用来报道重要会议、重大活动，而 1995 年 7 月 31 日广州电台播放的《大胆讲，讲来一个奖》报道的是时任广州市市长黎子流带头讲普通话的一件普通事。该新闻以小见大，把市长学讲普通话与如何促进广州地区普通话的推广，进而树立广州国际化大都市形象联系起来，深化了主题。

　　这篇录音新闻仅用了 1 分 20 秒，却有五处人物讲话，是一篇用音响说话的佳作，它真实可信又生动活泼地向听众反馈了黎市长带头讲普通话在广州地区产生的积极影响。

　　音响是录音新闻中最重要的成分，在整个报道中起着关键性作用，《大胆讲，讲来一个奖》精心选择了黎子流的四次讲话录音和一位女市民的讲话录音，这些录音中的人物讲话自然、不做作、不拘束，富有感情。尤其是新闻中讲到了黎市长学讲普通话闹出的一个笑话：他把"'自觉'接受人大的监督"说成了"'拒绝'接受人大的监督"，这段录音把黎市长的可爱形象活脱脱地推到听众面前。黎子流的四次讲话和市民的讲话是直接表现主题的主体音响，说明虽然广州人学讲普通话很难，但有决心和信心。现实与历史的音响大大地增强了报道的可信度与主题的厚度。

二、录音通讯

　　录音通讯是运用音响进行报道的广播通讯。录音通讯和报纸通讯的基本要求是相同的，如记者要用自己的语言描绘细节、场景等，本书已对通讯作了专门论述，这里不再赘述。

不过，录音通讯中还要有典型的音响素材（现场实况音响、人物谈话、资料音响、细节音响）来反映主题思想。

录音通讯就是带音响的通讯，它是运用真实典型的音响，采用叙述、描写、抒情、议论等多种手段，深度报道和形象报道新闻事件与人物的一种广播文体。

录音通讯与录音新闻相比，无论是写人、叙事还是状物都更详细生动、容量大，且要求较丰富的音响素材，故而反映的新闻事件比录音新闻要深刻、形象得多。

录音通讯有录音人物通讯、录音工作通讯、录音事件通讯、录音风貌通讯等，基本写作技法相同。但报道对象不同，因此内容的侧重点有所不同。

三、录音特写

录音特写与报纸新闻特写的选材和表现手法是相同的，不同之处是录音特写讲究采录典型音响，把精细的语言描述与精选的典型音响有机结合，使听众闻其声如见其人、如临其境。

录音特写往往立足于一个"特"字：内容"特"——选取独特的视角；细节"特"——像电影中的特写镜头；形式"特"——运用尽可能细腻、丰富和独特的表现形式；音响"特"——尽可能选取与众不同的音响，采取独特的构思和连接组合方式。录音特写《生死抉择》（中央广播电视总台《新闻纵横》栏目，2017 年 8 月 18 日）就是这样的佳作，以下是该录音特写内容。

【广播员口播】

男：日前，海军舰载航空兵部队遭遇歼 15 战机被飞鸟撞击的重大险情，但在这样的危急时刻，飞行员依然创造了战机单发满油挂弹，带火着陆的奇迹。

女：发动机空中停车起火，飞机满油迫降超重，飞行员为何没有选择弃机跳伞？迫降航路上，下方是村庄，前方又是城市，如何保证群众安全？战机熊熊燃烧，随时可能爆炸，是退回来还是冲上去？

男：央广记者独家拿到了事发全程的塔台通话录音，专访了飞行员、指挥员和扑火官兵这个英雄的群体。危急时刻，他们想的是什么？决定了些什么？又经历了什么？请听录音特写：《生死抉择》

【密集警报】

飞机警报：嘀……

人声报警：左发超温！

飞机警报：嘀……

人声报警：左发失火！

飞行员袁伟：撞鸟了！我撞鸟了！拐幺六撞鸟了！

塔台指挥员卢朝辉：看到了！保持好状态！

人声报警：减小左发转速！减小左发转速！

塔台指挥员卢朝辉：改平坡度！

飞机警报：嘀……

人声报警：第一液压油面低！

人声报警：移动液压故障！检查液压！

……压混

陈欣：我是记者陈欣。才听了这一小段录音，我的额头上就冒出了汗珠。飞行员袁伟此时就在我的身边。事发时，他的飞机撞上了鸽群，就像被炮弹击中。

袁伟：密密麻麻的，感觉像一堵墙似的，咚咚咚咚咚！明显感觉到飞机的震动！

那一刻，袁伟的战机刚刚离开地面。紧随其后起飞的另一架歼－15上，飞行员艾群看到了袁伟飞机尾喷口的异状。

艾群：发动机瞬间直接就撞失火了，很大一个火球。我心里咯噔一下子，真的很可怕。

在起飞阶段遭受重创，距离地面不到百米，几十吨的战机可能瞬间坠毁。

出于飞行员的职业反应，袁伟做好了相应的准备：当时撞鸟的一瞬间，我想坏了，一会儿可能要跳伞！

飞行团副团长卢朝辉，是当时的塔台指挥：其实我的跳伞口令已经含在嘴边了！就看他状态能不能保持。

着火的左发已经停车。

卢朝辉：能够改平坡度吗？可以改平吗？拐幺六？

人声报警：液压故障，转手动。

袁伟：可以改平。

人声报警：极限仰角、极限过载……

卢朝辉：上升高度。

袁伟：现在速度上不去，速度上不去。

人声报警：极限速度！极限速度！

"怎么还不跳？"这句我心中不断呼喊的问题，没有向袁伟问出来。因为，我的录音机里，还保留着一年前到这支部队采访报道张超烈士时，录下的袁伟的声音。

袁伟：飞行员跟飞机的感情，不管出现任何问题，第一反应都是想挽救飞机。说句实话，我们跟飞机在一块儿待的时间，比跟老婆、孩子待的时间还多，对飞机的感情比较深厚。

一年后的这一次险情，袁伟同样没有轻易放弃战机，也没有唯求自保。

袁伟：我刚离陆的时候，前面就是一个村庄，那个村庄很大，我跳伞了之后，不知道飞机会往哪个方向去，也有可能落到村庄里面，还有一个右边就是机场。

飞过机场，飞过村庄……袁伟不是孤身战斗。不用任何言语，跟随起飞的艾群伴随在他的战机尾后，不断做出安全提示。

艾群：尾后左发现有尾焰。

袁伟：明白！

艾群，是张超烈士生前同宿舍的战友。面对袁伟遭遇险情，他冒着危险，全程伴飞。

艾群：当时的想法就是，第一时间一定要上去帮助他，第二是千万不要在我眼前瞬间消失。心里面念叨着，千万不要在我眼前，就瞬间这么消失了！

艾群的眼神，没有一秒离开过袁伟的战机：但不管在什么状态，我最主要还是关注战机发动机功能状态。战机速度越来越慢，越来越慢，我也是一直跟着它一起下滑，下滑，下滑。

战机迫降的航路上，两边是山，而前方又是一座人口近百万人的城市。

塔台指挥员卢朝辉说，不能给人民群众带去风险。

卢朝辉：为了尽量不要在城市上空或者村庄上空处置特情，所以好多东西我们都牺牲掉了，无形中给我们增加了好多的风险，这个风险由谁来承担？一个是飞行员，一个是指挥员，包括其他各个保障的一些单位，都在承担！

卢朝辉：你先不要右转！

袁伟：明白！

艾群：你可以先左转一点，然后再右回转。

袁伟：明白！

袁伟在大家的指挥、配合下，艰难驾驶着飞机绕开村庄，避开城市。为此，他在死神面前，多坚持了将近一倍的着陆时间。

袁伟：把城市避开以后，心情更加平复了。我不会把人民群众的生命置之不顾。就算那个时候飞机爆炸，顶多就牺牲我一个人，我一个人就是一个家庭。如果是那么多人的话，那就无法想象。

终于，袁伟驾驶重伤的歼-15返回到跑道的前方。由于飞机着火不能空中放油，战机必须在接近满油，还挂载着4枚导弹的状态下着陆，超出飞机设计极限值接近5吨。

人声通报：放起落架！放起落架！

袁伟：我起落架放不下来！

多次尝试和应急释放，起落架终于打开。

人声警告：左发失火！

卢朝辉：有烟带了！

速度降低后，被强风压住的发动机火势增大。

就是在这样极端困难和危险的条件下，袁伟驾驶战机，以完美的姿态降落在跑道上。这一次保留下来的数据，成为一笔无比宝贵的财富。

救火车警报……

当袁伟跳出机舱时，战机的发动机已经腾起了一人高的火苗。此时，地面上的官兵们赶到了。

袁伟：我们政委第一时间赶过来，强烈要求我去医院。其实我当时就想着我一定要等他们把火扑灭，心里才能踏实。他说不行，强行地把我抬到担架上。

臀部摔伤，被抬上救护车的袁伟看到了这样一幕：几十名地勤官兵紧紧围住冒火的战机，有的用水枪喷水，有的爬上驾驶舱关闭电门，有的爬上机背用灭火器灭火。而满载燃油的飞机，随时可能爆炸。

机务大队雷达电抗主任赵伟伟就是其中一员。

陈欣：雷达电抗和灭火……应该不是您的本职。那个时候不分什么岗位，不分什么职务了。

赵伟伟：不分，当时有我们副团长，有我们老机务，主任也好，干部也好，义务兵，当时大家都冲上去了，只有一个想法，就是把飞机保住。

最终，这些参与扑火的官兵保住了价值4亿元的战机，但不少人吸入了灭火干粉，入院治疗。

把危险留给了战友，这是袁伟心中花了一段时间才过去的一道"坎"，想起这一刻如果出现"万一"！

袁伟：我对战友那份内疚感。（哽咽……）

记者：觉得把危险带给他们了。

袁伟：我现在也会有。（哽咽……）其实回来以后，每看一次视频，对我都会是一个很大的刺激。

把人民、把战友、把事业高高举过头顶，这就是我们的舰载机飞行员。袁伟当天就回到部队，第5天就重新驾机升空完成重大任务。卢朝辉副团长回忆起重新见到袁伟的那一刻。

卢朝辉：来了一个拥抱，拍了拍，不错！

陈欣：话没多说？

卢朝辉：没有，没有多说，其他尽在不言中！

艾群再见袁伟，同样如此。

艾群：看到他第一件事就是一个拥抱。

陈欣：话不多。

艾群：真不需要，不需要说什么话，那种内心的力量感觉像战胜了一切，真的像打了胜仗一样回来了，很激动！

海军舰载机航空兵部队部队长戴明盟表示：这可以说是一个奇迹！从这个事情的结果来看，我们对部队官兵的教育是到位的。我们部队的训练保证了我们官兵的军事素质是过硬的，尤其是飞行员临危不惧，我们的指挥员包括战友，同样表现出这种特质！

中央广播电视总台记者对飞行员、指挥员、参加抢险的地面官兵们进行了全面、深入的采访，独家拿到全程塔台实况录音，采制了这篇录音特写，并在《新闻纵横》节目中重点推出，着力展现海军舰载机飞行员袁伟在执行重大军事任务中，遭遇一群飞鸽撞击战机，危急关头，驾驶受伤战机成功避开村庄、机场，与指挥员、空中僚机、地面官兵们共同创造化危为安的奇迹的事件。

特写选取了独特的视角、独特的细节、独特的音响：嘀嘀嘀的飞机警报声、报警声（"左发失火"）、咚咚咚咚咚的撞鸟声、指挥员的声音、烟带声、火苗声、战机声、喷水声等，这些声音把听众带到险情现场，使听众在声音中产生丰富的想象，进而产生身临其境的感觉，就如同真正看到袁伟驾驶受伤战机返回，塔台指挥员沉着冷静指挥、空中僚机全程伴飞、地面官兵们不顾生命危险奋力扑火的情景，扣人心弦。《专家听评简报》评价："该篇作品报道生动、情节紧张，冲击力、感染力极强，堪称广播精品。把一个统一发布的事件，做成一个产生强烈反响的独家报道，这是我们的记者抓住广播特点、彰显声音力量的再一次成功实践。特别值得点赞！"录音特写要挑选最能反映新闻特点的现场音响；要挑选最能反映新闻本质意义的典型音响；要挑选具有证据作用的重要音响；要挑选那些看似无用，却能反映深层次问题的音响。抓得好就能使新闻产生令人信服的力量。

四、录音专访

广播访谈是广播音响报道中常见的体裁之一，是广播记者或主持人就某一新闻事件、某一特定话题或问题对相关人物进行的访问。录音专访又被称为录音访问，是广播访谈中最早使用的一种体裁。

录音专访的内容是采访人与被采访人之间采用录音方式进行对话的内容。采访人与被采访人事前有所沟通，双方都有所准备，采访人甚至会向对方提供采访提纲，就要求采访人的案头工作须做得十分细致，包括了解对方的主要生活经历等。它与报刊上的专访有许多共同点，如形式上采用采访人提问、被访者回答的方式，现场感强烈，交谈的问题现实针对性强等，与报刊上的专访不同的是录音专访要有音响实况。

例如，《回望百年话初心——访李大钊之孙李宏塔、陈独秀孙女陈长璞》（安徽广播电视台，2021 年 7 月 23 日），广播访谈节目《生死雷场 青春英雄》（中央广播电视总台，2019 年 5 月 20 日）。这里重点介绍后者——该专访的主人公是扫雷英雄杜富国，他是 2019 年最令人感动的典型人物之一，他以普通人的平凡书写了不平凡的人生。这篇专访没有详细报道杜富国的以往事迹——在危急时刻挺身而出救战友，失去双眼和双手，而是别具一格地通过心理挖掘，坦诚交流伤后经历的心理冲击，情绪起落，自我调整，深入地刻画了杜富国从排雷英雄到生活强者的成长。

作品精心设计了访谈结构：当记者知道杜富国有个心愿，想成为一名电台节目主持人后，就邀请杜富国一起"主持"，在众多对英雄的报道中，这一设计精妙、独特。专访中音响丰富，而且是实况音响，整个访谈由记者与杜富国共同主持，二人亲切交谈。访谈内容共分三部分——杜富国讲述自己的康复情况；回答网友的提问，讲述他和战友扫雷的故事；与记者坦诚交流。话题深刻，感人肺腑。

康复情况——访谈的第一部分

记者：各位听众各位网友，我是郭静，欢迎您收听这次特别节目，富国和全国的听众网友自我介绍一下吧。

杜富国（以下简称"杜"）：听众朋友们大家好，我是杜富国，是陆军扫雷大队一名普通的战士。

记者：富国，很多人对你特别牵挂，大家很想知道你这段时间还好吗？

杜：我现在身体正在恢复中，挺好的。

记者：现在大概已经能够做到哪些事情？

杜：现在每天可以坚持自己洗脸，自己穿上外套，戴上辅助工具可以自己就餐，现在智能设备到了，我正在加紧练习，等完全运用自如，对以后的生活自理能力提升会有很大帮助。

【和面对采访时的拘谨不同，康复训练时的杜富国有一股孩子气的顽皮，他爱开玩笑，还有些淘气，单调吃力的康复训练因为他甚至显得似乎很轻松。】

记者：一般现在每天做得比较多的事情，或者你比较乐于做的事情是什么？

杜：现在除了康复，乐于做的事情有很多，出去散散步，有时候在球场跑跑步，听广播，学唱歌，还有就是听听《开讲了》这个栏目。

记者：《开讲了》是央视的一个栏目，对吧？

杜：对，央视的栏目。

记者：就是很多励志的那种演讲？

杜：对。

记者：比如说，你印象比较深的有哪些人在上面讲的哪些内容？

杜：比如说李中华，他是一名试飞员，研发出来的战斗机他会去试飞，有一次他们飞机发动机停止转动，上面还有一个学员，飞机就垂直下降，学员就说飞机不行了，李中华就说让我来。

记者：他只听过一遍，却记住了故事里所有关键的细节，"让我来"这三个字他也曾说过。

【2018年10月11日，那天大雾，面对复杂雷场中的不明爆炸物，杜富国对战友喊出"你退后，让我来"，独自上前查明情况，不料突遇爆炸，他倒向战友一侧，遮挡住爆炸的冲击波和弹片，战友得救，他却永远地失去了双眼和双手。】

记者：你特别喜欢听这些英雄的故事？

杜：对。

记者：你就是听这些故事自己其实有很大的认同感对吗？他们讲的很多东西，他们的经历也好，他们的人生体验也好，你都很认同？

杜：对。

回答网友的提问，富国讲述和战友扫雷的故事——访谈的第二部分

记者：你知道吗？就是你和战友的故事大家知道以后，网上有很多的讨论，网友在感佩你们的同时也产生了一些疑问，我记得你曾经表达过一个心愿，说如果可能想做播音员，把你和战友扫雷的故事讲给更多的人听，所以我想邀请你和我一起来主持今天这个特别节目，用你的专业知识，用你和战友的亲身经历来回答网友的一些提问。

杜：好的。

记者：好，那我们接下来就开始来回答网友提问，有一位叫"此处无名"的网友说偶然看到一篇关于边境地区排雷的报道，特别感动，向那些冒着生命危险排雷的战士致敬，但是我有一个疑问，排雷一定要人来做吗？为什么不用机器人来扫雷？

杜：因为中越边境的雷场植被特别茂密，机器人无法进入，而且山高坡陡，达到六七十度的坡度，机器人根本没法作业，还有一点就是中越边境的雷场特别复杂，复杂到人都难以评估，它有的雷埋得很深，而且年限很长，植被都已经长到地雷里面去了，一层一层的很密集，就算扫了两遍的，底下深层的还有，所以说靠机器人根本无法完成这么复杂高危的动作。

记者：所以每天你们其实面临的都是不同的问题？

杜：可以这么说，每次进入雷场扫雷的时候都有着充分的思想准备。

记者：有一位叫"立国"的网友问，能不能直接用爆破法扫雷？也就是说扫到地雷以后能不能直接远程引爆它？

杜：如果采取爆破的方法，爆破后产生的大量弹片飞散在雷场上，更加重了我们使用探雷器的探排难度，因为我们探雷器只要发现金属它就会报警，就有信号，所以说如果我们要是采取用爆破摧毁，它所产生的弹片漫山遍野都是，这样会增加我们的作业难度，还有一点就是诱爆一次会花费 20 分钟左右，如果我们都要采取爆破销毁，如果我们每天爆破 20 次至 30 次，人特别容易疲惫，跑上去又下来，特别缓慢，而且加大了作业风险，这样爆破下来起码要 10 年的时间才能爆破完中越边境地雷。

记者：就是因为它太多了，太密了。

杜：对。

记者：多到什么程度？

杜：多到很多时候采用探雷器，哪里都在响，在一小块的地方，一天有可能就作业五六十厘米，因为我们发现信号都要反复确认，里面到底是不是地雷？如果是地雷爆炸物，哪怕是一块弹片我们也要找出来，找出来之后再继续用探雷器探测，发现里面还在响，我们还会继续挖掘，直到探雷器没有发出声音警报，证明这块安全，才会继续往前推进。

记者：不能远程引爆，就意味着你们每天需要特别近距离地去处理那些地雷？

杜：人工搜排就是一个胆大心细的工作，不能戴手套，戴手套手上的感知就没有那么灵敏，增大了危险系数。

记者：你可不可以给我们这些没有感受过的人讲你们做这件事情，它到底需要心细到什么程度？手得稳到什么程度？

杜：发现了地雷，我们必须趴着排，为什么呢？因为只有趴着才能够更加稳定地去排除地雷，而且要用毛刷，像考古的那样，用毛刷一步一步地刷周围的浮土，表面的全部清理干净再检查它周围底部有没有轨迹装置？有的地雷下面还有一颗地雷，你排这个雷的时候不小心把另外一颗雷引爆了，或者是下面它有一颗手榴弹或者什么，都属于轨迹雷，都很复杂，心里都是一阵抖的，真要是踩上去，那肯定得爆。

记者：这个时候才后怕是这个意思吧？

杜：对，感到一阵后怕，这个东西在自己身边每次看到都后怕。

记者：但是做这件事情的时候顾不上怕？

杜：做这个事情的时候必须克服自己的心魔，一步一步把它排除掉，排完这一颗雷还要接着排除下一颗雷。

记者：怎么克服心魔呢？

杜：怎么克服心魔？我们学了这么久，就是为了排雷，我们已经很专业了，我们不能排还有谁来排？中途不行再休息休息，等缓过来继续作业，其实这就是克服自己心魔，调节自己的时候。

【杜富国18岁那年入伍，在家乡贵州省遵义市湄潭县红九军团司令部旧址旁，他穿上绿军装，戴上大红花，成为一个兵，作为一名职守边防哨卡的战士，如果不是边境第三次大面积扫雷行动启动，他的人生也许是另一个故事。】

记者：因为我知道您写志愿书报名到扫雷大队，其实之前是没有跟家里人商量的。

杜：2015年的时候本来我是可以退伍的，知道排雷比较危险，但我还是要坚持留下来扫完中越边境的雷，当兵嘛！就应该去做点有意义的事情，就像打仗去前线一样，我觉得扫雷在和平时期就像上战场一样，特别光荣。

记者：从一名边防战士到扫雷大队的专业扫雷战士，你经过了哪些特殊训练？

杜：我之前是一名边防战士，对工兵一无所知，一头雾水，第一次摸底考试只考了32分。

记者：满分是多少？

杜：满分是100分，因为我们扫雷没有及格分，只有0分跟满分。

记者：明白。

杜：所以我们必须达到满分。于是就只有加班加点地练，晚上战友睡觉我就在宿舍门前一个路灯下看理论，笨鸟先飞，专业技能没有其他战友掌握得快，那就中午加班练，而中午太阳也是最大的，在训练场上不穿防护服，半个小时就满头大汗，要是穿上防护服，十几、二十分钟全身都湿透了，只有自己多付出才能跟得上战友们的步伐。每天除了专业训练还要下午体能训练，刚开始去的时候体能训练也很吃力，所以每天下午都要坚持跑步，星期天还要加班练，家里面担心我还来看我，发现我在看书，当时还问我，以前读书都不这么认真，现在还看书，但是我就说以前看书是没用心，现在看书是用来保命的，因为来到扫雷这边我才知道生活在中越边境的百姓经历着怎样的磨难。有的人10年间被炸2次，3次，有一个村子87个人，被炸得只剩下78条腿，每家都经历着雷患的折磨，所以我要留下来把中越边境雷场扫除掉。

【采访杜富国时正是初春，千里之外的老山麻栗坡，村民们等不及种上的庄稼已经发芽。】

记者：我同事现在正在麻栗坡，就在你们排雷的那个地方，现在庄稼已经长出芽来了。

杜：他们播的种吗？

记者：对，你听听看。

外采记者：这个苗子不错，这个是什么时候种的？

村民：两个礼拜了。

外采记者：就是可能十几天就长这么大了？有豆苗是吧？这个是豆苗，这是南瓜苗。

杜：这是在老山旁边那块吗？

记者：对。

杜：它这块雷场的坡度可能六七十度，在那边的坡度更陡，那就是七八十度。

【这是杜富国冒着生命危险进出一千多次的雷场，也是他和战友一寸一寸用双手翻，排除过两千多枚爆炸物的地方，它是埋着一百多万枚地雷和爆炸物的生命禁区，也是属于英雄的战场。】

记者：第一次执行任务穿上防护服，踏上真实的雷场是什么感觉？

杜：第一次穿上防护服踏入雷场，其实我们是踩着班长、分队长的脚印进入雷场的，确实很怕，但是我就看着脚印，跟着前面班长、分队长的脚印走，他们踩过的地方绝对安全，学了这么久，分队长、班长都能排，我们也能排，所以我们也要去尝试着克服自己，战胜自己。害怕我觉得其实也比较好，因为越怕越有心执行，怕的是你不怕它，忽略了它的危险程度，这样才更危险，越怕所以才会越小心地去排除，越小心排除我就会动作很慢很轻，小心一点，轻一点拂土，扩大雷坑，一步一步操作按照作业规程。

记者：你们通常情况下就是靠那个探雷器对吗？我听到一句话，说那个探雷器学会只要5分钟，学精要5年。

杜：因为我们刚开始训练探雷器是在训练场，都比较熟练的，而到了真正的雷场，我们才发现不是那么容易，因为雷场的信号远远超出我们训练场的难度，最开始我们觉得用不上，根本无法探测，放到哪哪都会报警，哪都在响，这个时候就要去听它的声音来辨别。像一颗炮弹，我抬到五六十厘米它可能都还感应得到，下面肯定是个炮弹或者手榴弹；但如果是个地雷，有可能贴到地面它才会有一小点儿声音，就要去辨别，所以到了真正的雷场，又相当于重新开始使用探雷器，之前训练的那只是一个基础，虽然你感觉特别熟练了，而且你会了，但是到了雷场之后，我们真正用到探雷器，又要重新播种，重新去总结经验。

记者：人毕竟是血肉之躯，你们会面临哪些不可控的因素呢？

杜：比如说我们在山上作业，坡度很陡，一不注意就会摔入深坑，或者是滚入雷场，还有就是排雷期间由于坡度特别大，山上会随时有滚石落下，一不注意就会砸到人，所以说在作业时都要派出观察员，顶上通过爆破之后有些时候已经是松动的，不注意它就会慢慢往下掉，在上面越滚越快，滚的速度快了，滚下来力量就很大了。

记者：有人问，说我们的排雷部队防护装备是最先进的吗？

杜：我们的防护装具是国内最先进的，防护现在很好，只是穿上不到10分钟就汗流浃背，因为中越边境属于亚热带，特别炎热，穿上厚重的防护服基本上不到半个小时身上就湿透了，我们每次都必须穿戴防护服，拿着探雷器进入雷场，防护服很重，二十多公斤，基本上一双鞋子都是七八斤。

记者：那每天就得汗湿一身又一身。

杜：对，如果要是遇到下雨的话，衣服湿透了，但是过一会太阳又出现了，中越边境天气变化也特别快。

记者：对。

杜：看着是大太阳，一会又下起雨了，没过一会儿太阳又出来了。

记者：那很容易生病啊。

杜：所以我们回来都要洗个热水澡，每天睡个安稳觉，我们最开始是没有热水器的，后面领导给我们安装了热水器，而且天气特别热，晚上难以入睡，在白天就是四十多摄氏度，然后晚上根本就睡不着，也导致第二天可能会疲惫，所以说领导又给我们安装了空调，在队里面安装空调都是我去装的，用了两天时间才把它装完。

记者：每天任务结束之后用什么样的方式来调节自己呢？

杜：每天结束之后也是回到队里面，那个时候才是放松的时候，队里面配发了乒乓球桌，可以自己娱乐，放松，晚上那边有电视，可以看电影，甚至可以看球赛，看《新闻联播》，有些战友还读书，看报，写日记。

记者：会跟家里人讲危险吗？

杜：一般都不会。

与记者坦诚交流——访谈的第三部分

【杜富国负伤后，妻子王静和母亲一直陪伴在他身边，病房窗外的黄桷树，每天都看得见失去双眼和双手的小伙子有多顽强，很多事情他都坚持自己做，不让母亲帮忙，他怕母亲受累，更不想母亲担心他的未来。】

记者：你怎么面对妈妈呢？

杜：我妈妈在不在？

记者：妈妈很担心你，她很想帮你。

杜：我妈妈出去了吗？

记者：出去了。

杜：我妈妈刚才可能还生气，其实我为什么刚才没说。我不知道怎么去面对她。确实很多事情我都拒绝了，我觉得要靠我自己，而不是靠他们的呵护，本来父母年纪就这么大了，还体弱多病，我不知道怎么面对他们。我不想让他们一直在我身边陪着我，呵护着我，我想自立起来，所以很多事情我都拒绝了。

记者：我特别想知道，就是这段时间你自己一个人的时候，你想得最多的事情是什么？

杜：一个人坐在那儿的时候也有过彷徨，将来面对生活是否能支撑得下去？怎样去面对今后的生活？怎样不被生活打败？可能需要更多的学习来充实自己，过好每一天。

记者：我看你在康复训练的时候表现出很强的毅力，其实也会有沮丧的时候，怎么克服这些情绪的呢？

杜：我一般情况下不会表现在脸上，更多的是心里自己去调节，尽量自己去调节，如果自己都不能调节那就自己先静下心来，哪怕一句话都不说，该做什么做什么，心里难受一个小时过去了，后面就好起来了。

记者：你通过想什么就能够让它过去呢？

杜：比如说我的战友陈俊辉，他是在扫雷中牺牲的，当时他的父母很难过很悲伤，我想想他们，再想想自己，我还在，国家、军队给了我很大的鼓励，给了我很多的褒奖，其实我觉得也是对我们这一批扫雷兵的褒奖，家人不离不弃地陪伴，我也不能倒下，一定要站起来。

【这是杜富国最喜欢的一首歌，歌名叫《那些再没有回来的兄弟》，生长在遵义这片红色热土，成长在部队这个火热的熔炉，英雄主义早已嵌入杜富国的热血青春。】

记者：你对"英雄"这两个字现在怎么理解？

杜：其实英雄我觉得就是一种精神在支持着他，很普通，很平凡，只要对国家对人民作出贡献的都是英雄。

记者：富国，特别感谢你和我一起主持了今天的节目，我也真心地希望以后我们还有这样的机会。

杜：好的，谢谢。

记者：富国，我们就走了，就在你的跑步里面，我们就道别了，不要停下来好吗？加油。

杜：好的。

记者：好，再见。

最后用杜富国奔跑的场景收尾，意味深长——是对英雄的祝福，对英雄未来的人生充满希望！

阅读·思考·实训题

1. 鉴赏近五年中国新闻奖获奖的广播消息、广播专题、广播新闻访谈节目。

2. 坚持收听中央广播电视总台的《新闻和报纸摘要》节目，以及当地的广播新闻节目。

3. 广播媒体的独家优势是什么？为什么要发扬独家优势？举例说明。

4. 弄清录音新闻、录音通讯、录音特写、录音专访的制作特点。

5. 为校园广播站撰写一篇广播消息。

6. 根据《人民日报》2022 年 6 月 5 日刊发的《神舟十四号航天员，前来报到！》，尝试把它转换成一篇录音新闻或录音专访。

6 月 4 日，神舟十四号航天员乘组在酒泉卫星发射中心问天阁亮相。他们是二度飞天的指令长陈冬、再叩苍穹的刘洋、首次出征的蔡旭哲。根据计划，他们将于 6 月 5 日 10 时 44 分搭乘神舟飞船开启飞向太空的旅程。

这是中国人的第九次太空之旅，也是首次全部由我国第二批航天员组成的飞天英雄集体远征。

陈冬——

在飞天路上顽强拼搏

6 年后，他迎来第二次飞向太空的时刻。作为神舟十四号飞行乘组指令长，陈冬在实现"尽快返回太空，为祖国飞出新高度"愿望的同时，也要迎接全新的挑战和考验。

陈冬在 2010 年 5 月正式成为我国第二批航天员。2016 年 10 月 17 日，陈冬终于实现飞天梦想。太空的神奇和壮美让陈冬渴望重返太空，为祖国飞出新高度。

执行完神舟十一号任务返回后，还没来得及缓口气，陈冬紧接着就投入到空间站任务的训练中去。空间站时代，对航天员的身心素质、知识储备和应急处置能力都提出了更高的要求。

相比神舟十一号任务，神舟十四号任务的工作量、复杂性和难度呈指数级增长。

作为指令长，陈冬对自己提出了更高的要求。比如，水槽失重训练是模拟失重环境，训练太空出舱的能力。陈冬把训练中遇到的每个障碍都当成难得的训练机会。一次，在更换新型水下训练服后，配套的鞋子和脚限位器第一次进行匹配，陈冬试了几次怎么都卡不进去，最后依靠潜水员的协助穿上，才把整个训练流程做完。

陈冬觉得："在太空中也会有各种风险，要是在太空遇到这种情况怎么办？"结束五六个小时的水下训练后，尽管体力消耗殆尽，但他顾不得疲惫，继续在水下练习使用脚限位器，直到自己穿上为止。

陈冬为人低调随和，但在训练时特别爱"较真"。用他的话说，"较真是较确保安全的'真'"。空间站关键技术验证阶段的4次出舱活动，他都认真观摩，并针对神舟十四号任务中出舱活动的相关设计，给科研人员提出了几条改进意见，都被采纳。

建造中国空间站，是几代中国航天人的梦，也是千千万万中国人的梦。"在载人航天事业30周年之际，我们将亲身经历中国太空家园的竣工，我们是多么的幸运，更是多么的幸福。我们乘组一定坚决完成任务，用精细保证精准，用精心换来精彩。"陈冬充满信心，充满期待。

刘洋——

随时准备挑战新高度

2012年6月28日，神舟九号飞船即将与天宫一号目标飞行器分离并返回地球，在回到飞船前，刘洋转身对着天宫一号郑重敬礼，心里默默地告诉自己："在不久的将来，我一定会再回来！"

刘洋是中国首位飞天的女航天员。10年后，作为神舟十四号航天员再次飞天。

备战空间站任务，遇到的困难和挑战远超想象。在太空驻留时间更长，出舱活动成为常态……这些都对航天员的知识、技能、体力、心理等方面提出了更高的要求。刘洋需要熟悉舱内设备、管路连接、出舱活动、机械臂、科学研究等极为复杂的内容。刘洋认为，没有捷径，只有加强针对性和适应性训练。

出舱活动训练是强度最大、训练时长最长的训练。其中，水下训练又是重中之重。第一次参加舱外服水下试验，刘洋在120多公斤的服装中才工作三四个小时，手就已经抖得拿不住笔，握不住拳。而将来真正的出舱活动训练，一次就要连续工作七八个小时。出舱活动对上肢力量的要求很高，刘洋认为与任务需要相比，自己的力量还有一定的差距，就暗暗给自己加码。体训时，她来得早，训得长，走得晚。回宿舍还要"加餐"，举杠铃、练握力器。

新一代飞天舱外服进行水下验证试验，刘洋主动报名。当她穿着厚重的水下服被吊车放入10米深的水槽时，水波纹产生的晃动经过凸面的头盔面窗后，在视觉上产生放大效应，使得她产生巨大的眩晕感。工作间隙，她"挂"在舱壁上一动不动。医生和试验指挥人员都建议她上岸休息，她回绝了。每套水下服的寿命有限，下一次水就减少一次寿命，她不能因为个人原因而终止整场试验，于是咬牙坚持挺过整场水下试验。

刘洋珍惜每次训练的机会，认真体验，形成肌肉记忆。训练之余，她还根据自己的飞行经验，参与各类太空产品的设计改造工作，大到太空舱、环控生保系统，小到太空垃圾收集装置、太空食品、舱门手柄，她都提出了自己的想法，很多合理化建议被采纳。

蔡旭哲——

为这一天准备了 12 年

为了这一天，蔡旭哲准备了 12 年。航天员的飞天之路，都是由繁重的学习、艰苦的训练堆砌而成的。

转椅训练曾是蔡旭哲的弱项。第一次坐转椅练习时，他非常痛苦，脸色苍白，腹内翻江倒海，久久不能恢复。考核结果是二级，虽然及格了，但蔡旭哲坚持要做到优秀。

水槽失重训练，一练就是大半天。穿着坚硬的水下训练服，像是在身上套了一艘"人"形飞船。饿了只能喝水，痒了也不能挠，有时身上被服装关节的硬结构硌破了皮也只能咬牙坚持；72 小时狭小环境心理适应性训练，要求与外界彻底隔绝，在狭小密闭环境中，3 天 3 夜不能睡觉，其间还要忍着疲劳完成大量的工作……上百门科目，每个科目挑战的几乎都是生理和心理的极限，蔡旭哲就是这样沿着这些台阶一步步攀登而上。

所有航天员都通过了考核，全部具备了执行任务的能力。但由于飞行任务次数限制，蔡旭哲一直没有机会飞向太空。他知道，中国载人航天跨越式发展，空间站时代的任务越来越多，航天员飞向太空的机会也会增多，只有更加努力训练，才能更好地迎接机会的到来。

整整经过 12 年的奋斗，蔡旭哲终于入选飞行乘组，履行自己的责任和使命，为祖国出征太空，他深感骄傲和自豪，同时也有无形的压力。蔡旭哲深知每一个操作、每一个细节都关系任务成败，地面训练更要分秒不差、毫厘不失。每次大型试验、大项操作，他都精益求精、追求极致，对任务流程、操作手册都反复背记、烂熟于心，一遍遍推演，一遍遍练习。针对空间交会对接任务，为了实现完美对接，他常常一个人在航天员公寓里对着桌面模拟器训练到半夜。

第八章　电视新闻写作

电视是继绘画、雕塑、建筑、音乐、诗歌、舞蹈、戏剧、电影之后新兴的"第九艺术"，传播技术的发展使电视迅速成长为 20 世纪第一大媒体。进入 21 世纪，尽管移动互联网深刻地改变着媒体生态，电视机面临着移动终端的挑战，但视频新闻仍然是互联网新闻传播的主力军。

根据我国新闻传播的现状，电视新闻大致可分为消息类新闻和深度报道两大类。消息类新闻主要有口播新闻、图像新闻、字幕新闻等，消息类新闻是速报型新闻，追求迅速、简要地报道最新事态，如央视《新闻联播》《新闻 30 分》《共同关注》等代表性栏目。深度报道主要有连续报道、系列报道、专题报道、新闻评论等，如央视《新闻调查》《焦点访谈》等代表性栏目。

第一节　电视传播的特点

人们认识客观事物主要靠两个器官和两个通道，即眼睛和耳朵、视觉和听觉。报纸以视觉作为它的传播通道，广播以听觉作为它的传播通道，而电视则以视觉、听觉作为它的传播通道。一则电视新闻，由图像、字幕等视觉元素和同期声、画外音、音响等听觉元素组成，综合调动多元素传播信息。

视觉元素主要指画面语言和图像语言，包括记者拍摄的现场画面、资料短片，以及后期制作的动画图表、图示等。现场画面指记者针对新闻事实，在采访现场拍摄的有关环境状况、事件状态及人物表情动作等的真实画面，现场画面凭借现场感强、可信度高和表现力强的优势，成为电视节目中最重要、最基本的画面。视觉元素能够真实再现新闻事件的现场、人物的活动，观众容易产生身临其境、耳闻目睹的现场感、亲切感与参与感。

画面符号的表意空白必须由听觉元素来补充。电视听觉元素就是有声语言，包括：记者采制的同期声——同期声是与电视画面同步的声响，是指记者在拍摄现场录下的人物讲话声以及环境声响，同期声能够展现采访对象的观点、意见、想法；现场音响——能增加画面的现场感；后期的解说——解说除表达和再现难以直接感知的信息外，还能起到叙事线索和框架的作用，使电视新闻成为一个整体。现场画面中解说和同期声相互配合，使画面更具纪实性、真实性和完整性，让观众身临其境，从而引发观众共鸣。

电视新闻的视觉元素和听觉元素相辅相成，形成了声画合一、声画对位等组合关系。声画合一，也叫声画同步，指画面与声音传播的内容完全一致，声画合一是声画组合的基本模式，包括画内与画外的声画合一。电视新闻中的现场采访报道、记者现场播报都是典型的声画合一的模式，能够真实再现新闻现场。声画对位，即声画不同步，围绕一个主题独立表达，但两者又因同一主题有机融合，这种形式能产生单纯声音和单纯画面所产生不了的新寓意。观众可在各种声画对位中时而先看后听，时而先听后看，对新闻产生耳目一新的感觉。声画对位的特点是利用声音、画面不同步产生的信息差，充分调动观众视听通道的"注意力"，声画信息叠加，能够增加观众感知深度，产生"1+1（声音＋画面）＞2（声画）"的立体传播效果。

要实现"声画对位"需从三方面下功夫。一是从画面入手，抓与内容相关的画面要点，即抓细节画面、典型画面。优秀的电视新闻要求事件真实与画面精确，这需要记者深入研究采访对象，扣紧报道思想，确立新闻主题，拍摄时要摒弃"摆、导、补"等违反新闻真实性原则的方法，发扬"挑、等、抢"的采访作风，在新闻现场挑选那些最能反映事物本质、最能阐明事理又适合拍摄的素材，不失时机地抢拍事物发展过程中最富有表现力的场面和细节；二是从声音内容入手，抓新闻要点；三是从声画反差入手，就是画面上表现的内容与声音内容完全相反，即正话反说或反话正说——这是记者按特定的意图设计的，这种形式可产生多种意味，比记者直接表达的效果要好得多，可以让观众自己去品味寓意。

为了更好地全方位展示新闻事件，画面、镜头、语言的运用常常考验电视记者的基本功，电视新闻节目质量优劣与电视镜头拍摄质量的高低、拍摄技巧的运用紧密相关。

第二节　电视新闻文字稿的写作

电视新闻是以现代电子技术为传播手段，以多元素的图像、声音、文字为传播符号，对新近或正在发生、发现的，具有新闻价值的事实所做的报道。

文字稿的播音声在广义上属于音响中的一个类别，但和音响不同的是，文字稿具有独立性——以解说词、同期声等形式向电视观众传递完整新闻信息的声音语言形态，用来反映社会生活，传递信息，刻画形象，表达情感、思想、理念，阐明记者的立场和观点，在声画关系中占据重要地位。

一、电视新闻文字稿的写作特点

（一）必须真实、准确、客观、公正

电视文字稿写作要遵循新闻写作的基本原则：真实、准确、客观、公正，确保新闻的"5W""1H"各要素准确。

（二）避免看图说话，避免声画"两张皮"，保证声画"和而不同"

文字稿不能简单重复画面已经呈现的信息，避免"看图说话"；所谓声画"两张皮"是指声画完全"脱节"，声音与画面不搭界，破坏视声效果；文字解说要与画面形成互补，通过声画对位起到信息增值的作用，保证"和而不同"。这就要求记者一定要深入现场采访，收集、掌握大量的画面素材后，再进行文字稿的写作。电视新闻文字稿是编辑、记者的思维成果转化为声音和画面的桥梁，不仅要求编辑、记者对新闻内容表达准确，还要求表达的内容与画面形象吻合。

（三）短而精，语态上要口语化，形式上要简明化

电视新闻通过画面表达思想，具有"一次过"的特点。因为文字稿要受到画面时长、字数的制约，又要求与音乐、音响等协调配合，所以，文字稿就要写得短小精悍，言简意赅，口语化。一切视觉语言如形象、表情、色彩、构图、字幕以及现场音响、气氛等可以看到、听到、感觉得到的内容，都无须在文字稿上重复。

文字稿写作要求短而精，为的是增加新闻节目的信息容量和节省观众的时间。消息类电视新闻一般不会超过 4 分钟，长消息一般为 2—4 分钟，短消息一般在 1 分 30 秒之内。消息类电视新闻的主要特点是，在极短的时间内清楚地阐述一个事件，尤其在突发事件的报道中，新闻工作者要以快制胜，在第一时间发布与事件相关的信息和最新的动态。如美国有线电视新闻网（Cable News Network，简称 CNN），开创了 24 小时全球直播报道，快速和高质量的新闻采制水平为其赢得了国际美誉。新闻编辑、记者必须牢牢记住，电视新闻的长度是以秒来计算的，要用寥寥数语说清事件的核心，不需要华丽的辞藻，唯朴实的语言才有助于精练。

（四）表现形式丰富多彩

文字稿根据主题需要，可使用记叙文体、说明文体、散文体、论说文体，也可几种文体综合使用。正如田本相、夏骏在《电视片艺术论》中说的："解说词是一门艺术，它不是散文，比散文还散。它不是诗，但又的确属于诗，它不是说明文，也不像叙述文，又不像议论文，但是，它需要说明，需要叙述，需要议论。它是一种特殊的文体。"[1]

总之，文字稿的优劣不在于它单独存在时的欣赏价值，而在于它是否巧妙地与画面配

---

[1] 田本相，夏骏 . 电视片艺术论 [M]. 北京：工人出版社，1987：34.

合，充分地表达了画面所未能表达也无法表达且确实需要表达的意思，使节目内容准确、鲜明、生动、深刻。

二、电视新闻文字稿的写作

不同于平面媒体新闻稿主要为眼睛而写，不同于广播新闻文字稿主要为耳朵而写，电视新闻文字稿的写作需调动观众多种感官。

（一）为看而写

电视新闻文字稿是为看而写，在电视新闻传播中，叙事主体符号是图像，电视新闻的文字稿要注重服务于图像的叙事和表情达意，突出可视化，善于讲故事，追求感性生动，发挥电视新闻的可看性，让观众愿意看、喜欢看、看得懂。

如获得第二十三届中国新闻奖一等奖的专题《老兵，回家》（广东电视台，2012年5月31日），报道了一位95岁的远征军老兵邱联远的落叶归根之路，热情地歌颂了为保卫祖国，浴血奋战在抗日第一线的士兵们。这篇专题一开始用特写镜头，客观地展现了远征军邱联远艰难的现实生活。

【字幕】2012年5月24日　云南盈江县昔马镇黄伞坡村

【解说词】

这里是云南盈江县昔马镇黄伞坡村，距中缅边境只有10多千米，95岁的邱联远老人在这个村庄已经生活了30多年。大部分时间，老人就这样独自坐着。一间四处透风的竹屋、一个简陋的灶台、一张桌子、一把椅子、一个橱柜和几只鸡蛋，是老人现在全部的家当。

这一特写镜头通过展现一间四处透风的竹屋里的全部家当，将观众吸引住，观众强烈地想了解邱联远是何许人？中华人民共和国成立后，人们都过上了安居乐业的生活，邱联远为什么会孤苦伶仃地生活在如此困苦的环境里？接着专题对新闻事实的来龙去脉、过程情节进行了深入报道。

邱联远原本是广东顺德人，72年前，年仅23岁的邱联远外出买米，路遇抗日招兵，便从家乡去往云南腾冲滇缅战场，一待就是70多年……

【同期声】

远征军老兵邱联远：我离开家，我去当兵，我的家人、我的叔叔、我的父亲都不知道，我的哥哥都不知道。

【解说词】

1942年，抗日战争进入最艰难阶段，邱联远加入了中国远征军，为保卫中国西南大后方和抗战"输血线"而出征滇缅、抗击日本，他从昆明巫家坝乘飞机飞越驼峰航线前往印度兰姆咖集训。

到达印度后，他被编入新一军38师112团3营7连，训练后与战友一起从印度打回缅甸，几次与死神擦肩而过。

为了保住抗日最后的战场，中缅印大战历时3年零3个月，中国投入兵力总计40万人，伤亡接近20万人。远征军这一特殊的群体是民族的英雄。

【字幕】2012年5月25日15：00 云南腾冲县国殇墓园

【解说词】

2012年5月25日，在飞赴家乡前一天的下午，邱联远和云南腾冲县的三位远征军老兵一起来到国殇墓园，拜祭牺牲的远征军亡灵，这些为了祖国牺牲的热血儿女，墓碑上或只一个名字，或只一个军衔，他们的故事似乎已经慢慢湮灭，只剩这些当年共经生死的战友在墓前默默相望。

【同期声】

远征军老兵邱联远：很多人都不在了，我们团就我独一个了。

【同期声】

腾冲县黄埔军校同学会会长卢彩文：我们的老同学们，现在还健在的，只有15个人了，今天能够参加的人只有3个。

专题在画面编辑的各个环节，如开头、过渡、结尾、转场、硬切、特写、中景、近景等，用同期声、解说、字幕等淋漓尽致地展现了邱老以及远征军老兵这一群体的真实现状和内心世界，发人深省，催人泪下，激发社会对他们强烈的关注和关爱。

1. 为画面而写

电视新闻是通过视听双通道传播，文字稿是电视视听传播的有机组成部分，只有画面、同期声、解说词等多种传播符号有机结合，电视新闻才能获得最佳传播效果。文字稿的作用是补充、扩大、解释画面内容，必须同画面对位，若有矛盾，就要主动给画面让位，改写文字。除了口播新闻，其他报道形式的文字稿一般都是不完整的，时断时续的，因为文字稿要为画面镜头留白，要为同期声留白，要为观众思索留白。而文字稿与画面一经结合，即达到和谐完美。如电视新闻《美国挑战号爆炸》，导语是一句话，言简意赅；然后是航天飞机升空，爆炸镜头，爆炸碎片散落在大西洋，镜头足有1分钟，没有任何解说，完全是现场效果的同期声；接着是一系列镜头展现在现场观看的家属惊呆的表情、学生的惶恐神情……这条新闻尽管解说词单独看是不完整的，是跳跃式的，但因其与画面结合得恰到好处，不仅使整条电视新闻更完整并具有和谐美，而且在没有解说的情况下，让受众在惊恐之余感受到了这场悲剧的全过程，达到了"此时无声胜有声"的艺术效果（如图8-1所示）。

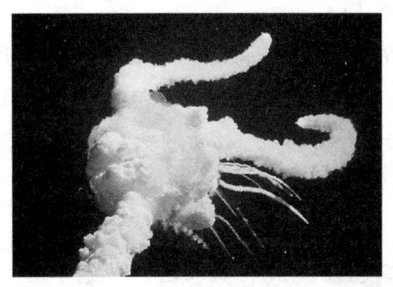

图8-1 1986年，美国挑战者号航天飞机升空73秒后发生爆炸

　　文字稿与画面是双主体、相辅相成、相依为命的辩证关系，是"画龙点睛"的关系——画面是"龙"，文字稿是"睛"。新闻的实质性内容，尤其是它的意义和背景，主要靠文字稿阐明。一条电视新闻的质量、深度，在很大限度上取决于文字稿的写作水平。文字稿与具体的电视画面相配合，应从具体的事物逐步写到抽象的概念，从看得见的事实逐步写到看不见的道理、思想和观念——文字稿是电视新闻的灵魂。

　　眼见为实，空口无凭，画面有补充、证实文字的作用，而文字稿具有说理优势，可以弥补画面的不足，使报道完善。我们可以强化画面的秩序，使表意明确，可以拓展画面的内涵，使主题深化。

　　文字稿又必须与画面语言有机结合、相互生发、相互弥补、相互完善。文字稿从构思、段落的划分到写作方式都要依画面而定，为看而写。文字稿负责解说画面，它不但解释、说明、补充画面，而且开掘了画面表现内容的深度和广度，丰富、完善了电视新闻报道。

2. 弥补画面的信息不足

　　电视新闻文字稿能弥补画面信息的不足，提供采摄中未能获得，或者无法获得的现场画面，以及画面上看不到的情景、抽象的信息等，如补充新闻背景，更好地凸显事件的新闻价值，明确阐释画面信息。电视画面有一个弱点，即它无法表现过去，很难描绘人复杂的内心情感，采用一定的声音（解说词、同期声或音响）手段可以弥补这一不足。如远征军老兵邱联远离开家乡 70 多年，想回家看看孙子孙女，想吃点儿家乡菜，甚至想到儿时爬的大榕树还在不在，牵挂着家乡的亲人还认不认得他……这些用画面很难表现，而恰到好处的字幕与解说词把老兵想回家的复杂内心活动揭示得淋漓尽致！

　　再看获得第二十二届中国新闻奖电视消息一等奖的《刁娜：舍己一条腿救人一条命》（山东广播电视台烟台电视台，2011 年 11 月 10 日）。

　　刁娜为救车祸中的受伤者，不幸被撞断腿的事发生之后，记者凭借高度的新闻敏感，采制了这篇电视消息，尽最大努力寻找音像素材，认真捕捉、筛选富于特点与表现力的画面和同期声及采访对象的个性化语言，通过各方当事人回忆的方式还原现场，在保证真实性的前提下，消息选择了倒叙的方式讲故事，以刁娜的伤痕作为切入口，按照"刁娜发现伤者—给予求助—自己撞伤—送医院—他人称赞"的框架来展开。为了充分表现主题，报道强调了重要的场景和细节。

　　发现伤者时的细节和场景——

　　【画面：街道夜景，车流】

　　2011 年 10 月 23 日下午 6 点左右，龙口市民刁娜和丈夫开车经过通海路时，突然发现路中央有一团黑乎乎的物体。当时天下着小雨，视线很差。小心绕过时，刁娜才看清那是一名躺在血泊中的女子。

　　救助的细节和场景——

　　【画面：车流】

　　【解说】此时，刁娜的车已经驶出十多米远，她毫不迟疑地让丈夫停车营救。

【同期】刁娜：她当时头部严重受伤，满地是鲜血，然后我就下车帮忙，帮她指挥过来的车辆往旁边绕行，我怕她被第二次碾压。

刁娜的丈夫隋美正：我说太危险了，她说你去把车上的三角指示牌拿下来。

被撞的细节和场景——

【画面：车流，动画演示】

【解说】几分钟时间里，许多车辆在刁娜的指挥下绕行。然而，当刁娜的丈夫回车上去拿警示牌时，危险发生了，一辆汽车因超车躲闪不及，重重地撞上了刁娜。

【同期】刁娜的丈夫隋美正：我回头刚走了三四步，就听见砰的一声，回头看见她一下就飞出去了。

施救者与救助者相见的场景——

【画面：刁娜下床，坐手推车】

【解说】虽然刁娜和王园园同在一所医院治疗，却无法见面，王园园的伤情一直让刁娜牵挂。经过半个月的治疗后，今天刁娜终于能下床了，她要求去看看同在一个医院治疗的王园园。这是十多天来的第二次相见。

【同期】王园园：我真的，我特别的幸运，遇见了你。我希望所有的好人一生平安。

王园园丈夫戴勇业：一定会的，一定会的。

这些细节和场景具有极高的新闻报道价值，以解说词加同期声的方式被着重描写。在关键时刻，通过声画合一，声画对位，新闻展现了主人公不顾自己安危，奋勇救人的崇高品德。

（二）为听而写

电视新闻文字稿是为了观众听到，要为听而写，这就要求文字稿语言口语化，通俗易懂，明白晓畅，让观众听得清、听得懂。

电视与广播都是线性传播，稍纵即逝，不同于报纸可边读边思考、可自由支配阅读顺序。播音员播讲和观众的看和听是同步的，语言表达程度和信息量要跟观众的言语感知能力与接受程度相适应，收视收听过程和听懂的过程应同时完成。因此，电视新闻的文字稿务必通俗易懂，务必口语化。美国明尼苏达大学新闻和大众传播学教授范博士说过："不论是撰稿人也好，记者也好，播报人也好，都应当把观众当作一个人，而不是看不清面孔的大众。对于一个电视记者来说，其采制的节目观众可能是一个家庭主妇，她在收听新闻的同时，可能正在烧菜，可能正在熨衣服，也可能正在哄她哭闹的孩子。也许节目的观众是这位家庭主妇的丈夫，他上完八小时的班回到家后，疲倦而急躁……观众在这种注意力不能集中、精神疲惫的情形下，所能接受的，是简单易懂的口语化语句。"口语化不是随口而出不加选择的，口语化也要讲究语言艺术和技巧，要有广播语言的突出特点。

阅读·思考·实训题

1. 鉴赏近五年中国新闻奖获奖的电视消息、电视专题、电视新闻访谈节目，学习电视文字稿如何为看而写，为听而写。

2. 坚持收看中央电视台的《新闻联播》栏目，学习声画合一、声画对位的组合关系。

3. 电视新闻报道稿与纸媒的文字报道有什么不同？

4. 新闻画面的作用是什么？假设一个采访场景，你会如何结构新闻画面。

5. 如果制作电视新闻简讯"冬天来了"，你会把拍摄重点放在哪里？如果拍摄"春汛"视频，你会在展现花草山水之外，选择哪些人来表达春意？

第九章　广播电视新闻深度报道写作

第一节　广播电视新闻深度报道写作的特点

"速度与深度并重"是世界各国新闻传媒报道的共同追求。新闻报道深度化就是通过强化报道的思想深刻性、思辨性和贴近性来提升新闻报道的传播价值。

深度报道是一种题材重大，全方位报道新闻事件，且多层面剖析其来龙去脉、因果关系，极富理性思辨的报道形式。深度报道的"深"，在于说理之深，在于观察之深，在于思考之深，在于表现手段和表现方法的集中和概括。深度报道是把新闻六要素拓展到更广阔的领域，不仅报道发生了什么事，更重要的是针对事件的发生进行解释、分析和预测，对新闻六要素作主体的、全方位的反映。深度报道对新闻事实进行跨时空报道的综合表现：在"时间"上，不仅要采访现在，还要采访过去，预测未来；在"地点"上，不仅采访"现场"，还要采访"现场"波及的地方；在"人物"上，不仅要采访当事人，还要采访其他有关人员；在"新闻事实"上，不仅采访新闻事实本身，对相关的事实、细节还要详尽采访；在"原因和经过"上，不仅说清新闻事件的来龙去脉，阐明本质意义，还要揭示前因后果，分析其意义和发展趋势。

深度报道是新闻机构宣传中的"龙头"，是现代新闻媒体不可缺少的重型武器之一。有无深度报道宣传效果是大不一样的。苏联肖·阿·纳奇拉什维里在《宣传心理学》中称："正如许多实验研究的结果，任何信息的报道，某些事实的描述，如果不加专门的解释和评论，对人们的思维定式是几乎不能产生影响的。"要想宣传有效地影响人们的意志和行为，报道必须深入，报道深入就一定要有评论，评论直接影响深度的形成。广播电视深度报道中的评论，毕竟不能像报纸那样长篇大论，其更需要画龙点睛的评论，使深度报道成为广播电视重要宣传手段之一。

广播电视的深度报道与报纸的深度报道没有本质区别，深度报道的深，深在事实，深在"主题"，深在理性思辨。报纸的深度报道主要靠语言文字揭示主题深度；电视新闻的深度报道还要充分运用文字符号、画面、现场效果、音响等元素来深化主题；而广播的深度报道除记者的解说，还要充分发挥广播语言，特别是音响的作用来深化主题。如广播系列报道《多地清洁取暖被指"一刀切"：禁柴封灶致部分群众挨冻》（中央广播电视总台，2021年12月20日—24日），记者在调查河北、内蒙古、山西等地推行清洁取暖情况过程中，发现一些地方漠视群众冷暖，简单一刀切，采取禁止烧柴、封堵炉灶等极端手段，导致部分老人、孩子和困难群众遭受挨冷受冻之苦，该报道有力地推动了职能部门解决群众急难愁盼的问题。又如广播专题《杨利伟：21小时的太空之旅》（中央人民广播电台，2003年11月7日）就是深度报道的典型佳作。

听众朋友，我是记者谭淑惠，2003年10月15日，"航天英雄"杨利伟承载着中华民族的千年飞天梦想，乘坐着我国自行设计制造的载人飞船成功遨游太空。作为中华飞天第一人，杨利伟在21个多小时的太空之旅中，有哪些特殊的经历？战胜了怎样的挑战？在太空飞行时的心情如何？这些都是人们关注的焦点。10月底，经过系统医学检查的杨利伟第一次面对媒体接受采访，我有幸第一个近距离地采访了他。在这次节目中，就请听飞天英雄杨利伟讲述他鲜为人知的太空之旅。

（飞船发射前，10、9、8倒数秒音响，压混）

数秒时，我的心情保持得很平静。对我来说，没有压力是不可能的，我们这些航天员奋斗了5年多，就是为了这件事情，不管谁去执行这个任务，大家的愿望就是这个愿望，对于我个人来说，去实现这个梦想，也是很光荣的。这份光荣就代表着大家的努力。那么从10、9、8、7数秒的时候，我很自然地给大家敬礼，这完全都是程序以外的东西，当时我听到大厅里传来的掌声，非常受鼓舞，当时也很振奋，感谢这么多年专家教练和全国人民的培养，去执行这个任务，去给大家敬礼，也对大家有个表示，让大家放心，我去完成这个任务，很自信地给大家敬礼。

（火箭升空的音响，压混）

火箭升空中，有很大的负荷，好多感觉是地面训练无法模拟的。忽然间失重，当时飘起来以后，看好多束缚带都立起来了，舱里的小东西、灰尘飘起来，景象很壮观，一看就真正失重了。但是当时在我身体上也出现错觉，我感觉身体向下了，倒过来了，这是一个很难受的事情，因为真正在失重情况下，是没有上下之分的，人飘起来后无所谓了，你睡觉也是一样，随便怎么躺都是一样的。只要你固定自己别到处飘到处碰，你不管是横着躺竖着躺都没有问题，像这种错觉更多地需要你的意志力来对抗它，就是强迫自己不让自己倒着。很短的时间内把这种错觉对抗掉了。这个我感觉是非常耗精力的一件事情，做起来很困难。那么恢复正常后，在上面做了很多工作。

（入轨、测控音响，压混）

大家看到我每一次过站的时候，很老实地看着程序，在那儿报告。因为你做之前需要确认，做之后还要确认，防止误操作。因为这种误操作会引起麻烦。要求你在几分几秒发，你必须在这个时候发，早了不行，晚了也不行。整个有200多项操作，例行的都做了，回来跟训练部门报，跟主管部门报，没有一次误操作。所在的操作都在时间节点上，没有误差时间。

（在太空中"向世界问好"音响，压混）

刚入轨的时候，我写下一段话，为了世界的和平和进步，中国人来到太空了，当时写这段话的时候，我摘下手套，拿笔去写的时候，确实有这种民族的骄傲，当时作为中国人，中华民族能够在世界民族之林，充分体会中国的智慧和勇气，当时是抒发一种感情，感觉确实为了祖国而骄傲。

（天地对话音响，压混）

在空中怕地面看不到我，每次进站之前就把自己在座椅上束缚好，然后跟地面进行这种交流，去报告自己的身体和工作情况，那么真正在上面的大部分时间，都是不束缚的，我在里面飘着，非常有意思。自己尽可能多地去体验空中这种经历，包括我上面的日常管理，包括自己测一些血压，都是自己测的，自己做的，体验一下失重是怎么回事，也得折腾折腾自己。

（在太空和妻儿的对话，压混）

因为事先不知道，以这种方式能够跟我爱人和孩子通话，这是很不容易的一件事，也很有意义，当时很受感动，同时也感到首长的关心，作为我自己，也是听到家里人的声音，感到特别亲切。

（和地面联系音响，压混）

虽然在整个飞行过程中，大家从屏幕上看到我的时候，是在束缚状态下，实际上离开测控区之后，我基本上都是在舱里飘浮着，因为很多操作也需要在飘浮中去做，那么整个的飘浮就是很有趣的事情。你比如说，你稍稍给身体一点力，你会马上飘起来，在就餐的时候，在饮水的时候，当时带着的航天食品，小月饼，失重的情况下就在眼前飘浮，你稍给它一点力，就到你的嘴边来，甚至你吸口气都能把它吸到嘴里，感觉非常有趣的。饮水带稍稍在那一挂，稍受点力，它就在那儿飘着，不会飘走。比如说把笔放开以后，它就在你眼前这么晃着，你不用管它，它不会走掉，再用时，一伸手随时就可以拿到了，非常方便。类似这些，在工作之余，或者说是你在执行任务的时候发生，也很好玩，也给当时的工作增加了很多乐趣。

（返回调姿音响，压混）

返回呢，比上升更让人难受，因为它进稠密大气层的时候，进黑障的时候，从窗外看通红一片，很壮观，同时也很紧张。有好多压迫空气的呼啸声，有好多的过载冲击，无论从身体上、心理上、意志力上更考验人。飞船着陆的冲击力也非常大，比较庆幸的是落点很精确，搜救人员到得非常快。我返回舱返回之后，头是倒位的，头朝下，当时解开束缚带后，调整自己的体位，返回时非常清醒，做的第一项工作是打开平衡阀，按照程序做完后，就看见外面有手电光过来了，不知道是什么光，反正我知道当时非常放心，人已经来了。（笑声）

（在西郊机场的汇报词，压混）

我感觉整个庆祝的不是一个人在上面待了14圈或者是21个小时多一点，而是成千上万人的几十年的努力，不是自己有什么成功，高兴的是梦想的实现，从我自身来说，我确实非常高兴，确实为了祖国而自豪。无论谁去执行这个任务，都会做得很好。执行任务时很多航天员都在做技术支持，大家都没有说话，但是21个小时大家都在那儿陪伴着我。有人问我，在上面孤独吗，我确实没有感觉到孤独，一个是在上面工作很充实，更多的是下面很多战友在做技术支持，包括我现在想起来也很受感动，很多人为了这件事情，耗了一辈子的精力，几十年都在为之奋斗，无论是老专家还是现在工作的，有时候说起来，当时我很平静，说起来的时候平静不下来，有想流泪的感觉。

（杨利伟唱航天员之歌，压混）

作为我个人来说，现在已经参加训练，通过这次这么圆满的成功，我对今后的载人航天，应该说非常有信心和乐观，我想个人会调整自己的身体和心理，参加训练，以比较好的身体储备，更快地投入训练，为下一步的神六和以后的出舱和对接做准备工作，随着这次的成功，后续工作会越来越多，而且我想会做得一次比一次好。

杨利伟既是中国第一位登上太空的"航天英雄"，又是中共中央、国务院、中央军委联合授予称号的重大典型，作为中国飞天第一人，"航天英雄"杨利伟承载着中华民族的千年飞天梦，他乘坐我国自行设计制造的载人飞船成功遨游太空，是成千上万人的几十年努力奋斗的结果，该报道题材重大，新闻事实深刻，为了世界的和平和进步，中国人来到太空了，中华民族能够屹立在世界民族之林，充分展现了中国的智慧和勇气。这篇专题独树一帜，别出心裁，即记者避开人们熟知的材料和规定的典型报道思路，直接深入飞天英雄的内心世界。

该专题充分发挥广播特点及节目可听性，以10处典型音响作段落间的起承转合，如：飞船发射前，10、9、8倒数秒音响——火箭升空的音响——入轨、测控音响——在太空中"向世界问好"音响——天地对话音响——在太空和妻儿的对话——和地面联系音响——返回调姿音响——在西郊机场的汇报——杨利伟唱航天员之歌，淋漓尽致地展现了21个多小时飞天旅程中鲜为人知的细节和杨利伟的内心世界，形式新颖，制作精良，亲切朴实，展现了记者的独具匠心。

第二节　电视新闻深度报道写作

一、连续报道、系列报道、调查性报道、解释性报道

（一）连续报道

连续报道是指在一个阶段内，对同一新闻人物或新闻事件或问题等有关情况的发生、发展、高潮、结果的分段式追踪报道。连续报道的特点体现在以下三个方面：其一，连续报道是随采随报，前因后果，层层深入，易形成悬念，对观众有强烈的吸引力；其二，透

明度高，信息量大，声势浩大，舆论力量强，震撼力大；其三，从纵深上蕴含着事与理的深度思辨。

如《牢记嘱托 脱贫攻坚》（中央广播电视总台，2020年8月10日—26日，共11集），该片聚焦习近平总书记走过的11个贫困村，用纪录片的拍摄方式，真实记录群众和干部齐心协力脱贫攻坚的故事，将视角放在困难群众、扶贫干部等普通人身上，将波澜壮阔的脱贫攻坚战以小切口、大出口的表现手法进行深刻且细致入微的展现。

又如《大法官开庭——湘西扫黑风云》（中央广播电视总台，2020年12月4日—6日，共3集），本片以大法官开庭审理为主线，独家深度报道了一起由中央督导、全国关注的扫黑典型大案，深度剖析了黑恶势力盘踞湘西20年的成因与危害，展示了党中央扫黑除恶的坚定信念和决心。

（二）系列报道

系列报道是指围绕同一新闻主题，从不同角度、不同侧面进行的多次性报道。

优秀的系列报道，不仅要从多侧面、多角度报道具有新闻价值的重大事件，而且主题开掘要深、视野要宽、分析要透，即透过现象反映事件的本质，提出观点，启迪观众。

系列报道的突出特点，一是群集，既有规模效应又有排山倒海的气势，容量大；二是多角度、多侧面、多层次地报道新闻人物或新闻事件，全面深刻地揭示同一主题，给人以整体感。

如《杂交水稻之父——袁隆平》（湖南广播电视台，2021年5月26日—29日，共4集），立意高远、史料翔实、感情真挚、制作精良，深情讲述了袁隆平以国家和人民需要为己任、躬耕田野、造福世界的毕生追求。作品立体呈现了袁隆平不懈追梦、造福人类的壮阔一生和朴实无华、风趣可爱的多彩形象。

（三）调查性报道

调查性报道是一种以系统、深入地揭露问题为主旨的报道形式。[①]它的突出特点是，直接展现调查的进程，揭露新闻事实真相，展现当事人、有关人士提供的事实和看法。调查性报道强调揭露内幕，强调媒体记者的主动干预，强调调查、核实、分析、解释。如获得第二十三届中国新闻奖一等奖的《胶囊里的秘密》（中央电视台《每周质量报告》栏目，2012年4月15日）就是调查性报道的佳作。记者在有"中国胶囊之乡"之称的浙江新昌县儒岙镇发现劣质胶囊后，展开调查，追查其原料来源，确认胶囊的毒害性后，又追查毒胶囊流向哪些药厂。记者重点挖掘不法厂商之间的利益关系，并挖掘出分散在浙江、河北、青海、吉林等地的毒胶囊生产商、原料提供商、下游药厂之间的地下产业链。

---

① 甘惜分.新闻学大辞典[M].郑州：河南人民出版社，1993：153.

（四）解释性报道

解释性报道被喻为 20 世纪新闻界的最大创新。解释性报道是指记者在深入调查采访的基础上，着重通过新闻背景对新闻事件进行分析解读的一种新闻报道形式。报道的重点是"为什么"（Why）和"如何"（How），以此深挖新闻背后的新闻，以今日态度联系昨日背景，从而预测明日，坚持用事实说话，用事实解释事实，而不是用观点来解释事实。

解释性报道与调查性报道、新闻评论、新闻专题同属深度报道范畴，不同的是，解释性报道与调查性报道关注的都是重大的、事关公共利益的事件。调查性报道侧重回答"是什么"，解释性报道侧重回答"为什么"。

解释性报道与评论的区别在于，解释性报道中记者的态度往往隐藏在素材的选择取舍之中，而评论记者的态度旗帜鲜明。

解释性报道与新闻专题的区别在于，新闻专题是为观众提供更全面的信息，解释性报道则是对新闻事件进行有针对性的分析。

二、电视新闻专题报道

（一）什么是电视新闻专题

专题类电视新闻节目是电视台新闻生产的拳头产品，是电视台形成品牌形象和核心竞争力的重要手段。电视新闻专题是综合运用各种电视表现手段与播出方式，通过对重大新闻题材或围绕重大主题的详尽、深入或独特视角的报道，为观众提供深度信息的新闻报道形式。①

题材重大是电视新闻专题的主要特质。电视新闻专题的选题一般着重于社会问题中有影响力的重点、焦点、难点、疑点、热点，即"五点"，并对此进行深入详尽的分析与报道。

在制作过程中，电视新闻专题要本着形式为内容服务的宗旨，协调和处理好画面、同期声、字幕、解说词等之间的关系，使电视专题片诸要素及构成诸要素的子要素之间优势互补，形成合力，共同为突出主题服务。

专题内涵宽，比较复杂，有的侧重报道，有的侧重评述，有的报道、评述兼备，更强调新闻事实的典型意义、指导意义。如新闻专题《非凡的领航》（中央广播电视总台，2021 年 1 月 1 日），在泰山压顶的危难时刻，2020 年以习近平同志为核心的党中央，高瞻远瞩、审时度势，带领全党全军全国各族人民，迎难而上、攻坚克难，创造了极不寻常的辉煌。专题片以两集的篇幅，通过重大事件回顾、专家访谈等形式，用 44 种语言融媒体编译推发，引发国际主流媒体的高度关注，美国、俄罗斯、英国、德国、意大利等 60 多个国家和地区的 1000 多家媒体进行了转播和报道，在全网置顶推荐，触达受众超过 1 亿人次，是面向世界讲好中国故事、传播好中国声音的代表性作品。

① 王振业.广播新闻与电视新闻 [M].武汉：武汉大学出版社，2001：264.

又如获得第三十一届中国新闻奖三等奖的系列报道《柳州螺蛳粉为什么这样红》（广西广播电视台，2020 年 12 月 24 日），袋装柳州螺蛳粉经过短短 6 年时间，迅速成为一个百亿产业，行销世界、蜚声海外，报道全面、客观地分析总结了柳州螺蛳粉爆红现象，以小见大地展现了中国经济呈现的强大韧性和蓬勃生命力。

在表现形式上，电视新闻专题灵活多样，可以是一个单篇，也可以是连续报道或系列报道。

（二）新闻专题写作

根据专题报道所表现的具体内容，新闻专题写作可分为以下四类。

1. 人物专题片

人物专题片是以表现社会生活中各种典型人物的个性为主的专题片。人物专题片在表现人物时，首先要展示人物的具体事迹。中央电视台摄制的《胡富国——山西省委书记》（以下简称《胡富国》），通过讲述主人公胡富国的五件先进事迹，深情地歌颂了党的高级干部胡富国勤政清廉、为民造福的高尚品格。

其一，胡富国主编《廉政建设大辞典》，他认为编书不仅是教育他人，更重要的是一个教育自己的过程。

其二，一方面，胡富国很易动情，不止一次当众流泪；另一方面，他对腐败现象毫不手软，不仅罢了专员的官，还罢了三个公安局局长的官。

其三，主持制定了发展山西经济的八字方针，还带头捐款修筑、调整公路。

其四，胡富国是党的高级干部，但其父母、岳父岳母、六个姑姑及妻子都是农民，而且妻子在他任煤炭部副部长时，烧了十年的锅炉。

事因人生、人因事显，正是这些生动事迹，多角度、多侧面地展示了胡富国勤政爱民的形象。

人物专题片在表现人物时，还要通过人物的言行，展示他"怎么做""怎么想"，揭示人物丰富的内心。以下为胡富国面对摄像机镜头时说的两段话。[1]

我是个共产党员，也是个农民的孩子，应该严格要求自己。长城非常重要，闹不好就把这个长城给攻破了……攻破，个人坏了是小事，像我们这么大的干部，要出了问题啊，给党带来麻烦……我经常讲，像我这样的干部犯了错误，他就不是骂父母亲没有生下个好孩子，他就说总书记、党中央没有选了个好省委书记，所以说这个东西太重要了。

不要以为自己做了官，老婆也应该是抬高身价，因为我老婆就是个家庭妇女，烧个锅炉就挺好。

这些言行，从深层次开掘了党的高级领导干部的崇高思想境界，胡富国把廉洁自律比喻为精神长城，廉洁自律是他生命中最闪光之处。从该主题片中我们看到了真正的共产党

---

① 中国广播电视学会 . 中国电视奖获奖新闻作品选评（1995 年度）[M]. 北京：中国广播电视出版社，1996：168-172.

员的光辉人格、人性。这是一篇质量上乘的电视专题片。

正如别林斯基在《别林斯基论文学》中说的："如果艺术作品只是为了描写生活而描写生活，没有任何发自时代的主导思想的强有力的主观冲动，如果它不是苦难的哀歌或热情的赞美……这样的艺术作品就是僵死的东西。"《胡富国》一片仅有短短的八分钟，却利用朴实的镜头语言，精心设计的提问，充分展现了一位勤政爱民、廉洁奉公、个性鲜明的人民公仆的心灵美。

又如获得第三十二届中国新闻奖一等奖的《吾家吾国｜科学精神就是老老实实地干活 独家专访百岁院士陆元九》（中央广播电视总台，2021年10月1日），该片用真实影像传播了101岁的"两弹一星"功勋人物、"七一勋章"获得者陆元九的家国情怀。年轻时陆老就抱着学好科学救中国的信念走出国门，学成之后不计个人得失，返回祖国，报效祖国，家国情怀感人肺腑，启迪后人！节目播出后，多家中央级媒体对节目点赞，在新媒体端，该作品同时在看人数超过1000万，阅读量均破亿。

再如获得第三十届中国新闻奖一等奖的电视新闻专题《【"时代楷模"黄文秀】风雨兼程新长征 初心无悔永芳华》（广西广播电视台，2019年7月2日）。

2019年6月16日晚至17日凌晨，百色市凌云县山洪暴发冲毁公路，多人伤亡失联，广西优秀选调生、乐业县新化镇百坭村第一书记黄文秀在事故中遇难。广西广播电视台立即派出三组记者赶赴现场报道灾情。

该专题集纳了记者半个多月高强度深入采访的内容，真实生动地报道了将青春乃至生命献给脱贫攻坚事业的基层优秀青年共产党员黄文秀的形象。难能可贵的是，在习近平总书记作出重要指示和追授黄文秀为"时代楷模"的第二天，长达24分12秒的专题片随即在广西广播电视台新闻频道《新闻在线》栏目推出，时效性非凡。作品从"时代楷模"授予现场切入，之后开始人物追忆，从黄文秀不幸殉职、人们追思，到她驻村工作点滴，再到她的成长背景一一被展示出来，主题鲜明、立意高远、叙事流畅、结构完整，真实全面地展现了一个热爱家乡、热爱人民、懂得感恩、无私奉献的青年"第一书记"的形象。

【画外音】

虽然碰了很多钉子，但黄文秀没有被困难打倒。驻村之后，她在百坭村村委一栋两层办公楼里安顿下来，白天在这工作，晚上在这休息。她的办公桌上，电脑屏幕是一张洪水淹没玉米地的照片；她的走访本里，详细记录着每一位贫困户的信息和帮扶建议；她简易寝室的床下，摆放着几双运动鞋，方便她走遍村里的各个角落；她的驻村日记中，详细记录了扶贫路上的见闻、收获和感触……在驻村第67天，她在日记中写道：我还不够勇敢。

【字幕】

（2018年5月30日）我还是不够勇敢。从3月26日到现在，一共67天，我还是没有想到我成了一个深度贫困村的第一书记。

（2018年6月9日）今天虽然周六，一共入户了8户贫困户，是道路尚未硬化的几个屯之一，他们生活确实比较困难。

（2018年7月26日）我们村的产业园的牌子一直在努力中，5个致富带头人也在培养中，每天都很辛苦，但心里很快乐。

（2018年8月15日）我发现我的方言进步了，可以和贫困户用桂柳话完整地交流了。

（2018年8月16日）我以为自己无法坚持，但真的走到了今天。

（2018年9月11日）今天一起到长沙屯走访了贫困户，重点查看了住房和饮用水问题，都达标了，心里十分开心。

【画外音】

日记里，黄文秀还做了这样的手绘地图，上面有村里每一户人家的名字。正是凭着这股迎难而上、踏实肯干的劲头，这个曾被拒之门外的研究生女书记，很快就成了村民竞相邀请的自家人，成了大伙口中亲切的文秀书记、文秀姑娘。

【人物采访画面】

百色市乐业县新化镇党委书记黄保锦：（她）一户户地走访，一户户地座谈，经过一段时间以后，就变成亲人、家人、熟人了。

【画外音】

在驻村一年多时间里，黄文秀为村里新建4个蓄水池，使2条村道实现硬化通行，还申请到通屯路灯项目；她挨家挨户走访全村195户建档立卡贫困户，她帮助百坭村发展电商，将砂糖橘等土特产销往全国各地。2018年，百坭村通过电商销售砂糖橘4万多斤，销售额超过16万元，为30多个贫困户增加收入约5000元，全村贫困发生率降至2.7%，村集体经济收入达6.4万元，百坭村被评为2018年度"乡风文明红旗村"。

黄文秀其实成长在一个贫困家庭，老家在田阳县巴别乡德爱村多柳屯，父母常年多病，哥哥在外打工，姐姐嫁到外地。2004年，在田阳高中就读的她通过学校筛选，获得社会爱心人士资助。几百元的资助金虽然不多，但在文秀心里却埋下了感恩的种子。

百色是全国脱贫攻坚主战场之一，是革命老区、少数民族地区、边境地区、大石山区、贫困地区，也是水库移民区。乐业县百坭村是自治区级深度贫困村，全村共有460户2068人，2017年底贫困发生率达22.88%。黄文秀研究生毕业后，本可以选择到条件很好的国家电网有限公司工作，但她作出了令人意外的决定——回到百色支援家乡建设。

专题展示了现场鲜活动人的细节：文秀床底沾着泥土的运动鞋，文秀母亲抚摸女儿送的手镯等细节，以及大量文秀生前的照片和视频。该专题谱写了一曲青春之歌，为"不忘初心、牢记使命"的主题教育树立了光辉的榜样，为决胜全面建成小康社会、决战脱贫攻坚提供了强大的精神动力。

2. 事件专题片

事件专题是对重大的、大众普遍关心的典型事件作全景式的呈现和再现的专题片。

如获第六届中国新闻奖一等奖的电视专题片《板车精神文明花》（许昌有限电视台，1995年12月）报道的是鄢陵县豫剧团数十年如一日，艰苦奋斗、送戏下乡，传播社会主义精神文明的先进事迹。

又如《7棵柳树缘何牵动杭州一座城市的民意对话》（杭州网，2022年5月13日），杭州西湖断桥旁的 7 棵柳树由于长期得不到充足的阳光，出现老化、空洞、"驼背"和严重倾斜等情况，5 月 11 日下午 3 点，西湖风景名胜区管委会改种了色彩多样、花期时间长的月季，这一举动立即引发了广大市民的热议和质疑，事件迅速登上全国热搜，成为全国网民关注的热点——当时杭州的新闻热点并不少，但似乎没有任何一种场景、一件事情、一个话题，像西湖边的 7 棵柳树那样牵动整个杭州城！作为杭州主流媒体的杭州网勇于发声，聚焦西湖"7 棵柳"事件，主动引导：西湖是杭州的金名片，也是杭州人的精神家园。促使杭州西湖风景名胜区管委会深刻反思。3 小时后，杭州西湖风景名胜区管委会决定将对 7 棵柳树进行补植，5 月 13 日，从零点到 5 点连夜补植新的柳树，并在上午 10 点公开向市民发表歉意。从事件发酵，回应补种，到表达歉意，仅仅用了 48 小时。

该专题片主题鲜明、选材典型，阐述了"换柳"到"还柳"的过程和意义。杭州网通过线下采访＋线上大数据分析民意，又从多个视角解读柳树在市民心中独特的历史价值、文化价值、景观价值，深刻地反映了杭州人对西湖的深厚感情和保护意识。可见，"换柳""还柳"是"问需于民、问计于民"，更是杭州善治之举的城市效率，深刻地反映了杭州政府对"问计于民"的尊重和实事求是、知错即改的勇气。该专题片获第三十三届中国新闻奖二等奖，浙江新闻奖一等奖、杭州新闻奖一等奖，总点击量突破 200 万。

3. 问题专题片

问题专题片是专门表现重大社会问题，或人民群众关注的社会"热点""难点"问题的专题片。如《百亿大和解》（山东广播电视台，2020 年 12 月 29 日），这个专题报道了位列中国 500 强企业的民营企业巨头，总资产高达 500 亿元的现代化大企业西王集团，突然深陷危机，如何走出危机的全过程。西王债权和解案是 2020 年国内涉及资产规模最大的和解案，也是国内依托司法和解的方式，大规模、集中化解决美元债券的首个案例。

这是一个既有思想深度又充分发挥电视语言优势的成功的问题专题片，抓住了广大群众所关心的劳动就业问题，报道具有重大的现实意义和指导意义。

4. 电视访问

电视访问是专题报道中以人物谈话为主要表现形式的报道方式。电视访问是电视记者就人们关心的问题或某一新闻事件，对有关人士或新闻人物进行的访问。这类新闻，一般是新闻人物唱主角，回答记者的问题。电视访问类似报纸的"专访"，它的特点是谈话内容要"专"，也就是说，记者是带着专门的主题和采访对象交谈的。

根据访问对象和内容，电视访问又可分为人物访问和专题访问。其形式是在屏幕上，记者或主持人与采访对象进行讨论式交谈。访问的地点可以是电视台的演播室，也可以是采访对象的工作现场。人物访问要注意采访对象的新闻性，是对新闻人物所做的专访；专题访问则是对新闻事件或现实生活中的热点问题进行的专门访问，它的对象要有权威性和代表性。谈话主题应有特定的新闻背景，有强烈的现实针对性、时代感。如电视新闻访谈节目《面对面》——"任正非：时下的华为"（中央广播电视总台，2019 年 1 月 20 日）。任正非是华为创始人兼 CEO（首席执行官），华为是走在世界前列的科技公司，十多年来，华为遭遇美国等国的围追堵截……在中美贸易战愈演愈烈的重要时刻，任正非的女儿孟晚舟在加拿大被非法拘留，这是旨在打压中国高技术企业的政治迫害事件，是美国发动的对"中国经济"战争的一部分。该节目就这些热点问题进行了访谈，具有强烈的现实针对性，接受访谈的人物任正非具有权威性和代表性。

阅读·思考·实训题

1. 鉴赏近五年获中国新闻奖的视听新闻（广播、电视、网络）的新闻专题，重点鉴赏《非凡的领航》（中央广播电视总台，2021 年 1 月 1 日）。

2. 什么是深度报道？深度报道有哪些类型？

3. 电视新闻专题写作有什么要求？

4. 鉴赏电视新闻访谈节目《面对面》——"任正非：时下的华为"是如何表现访谈主题的？

5. 每组尝试策划制作一期 15 分钟的广播、电视新闻深度报道，然后进行小组互评和教师点评。

第十章　广播电视新闻评论写作

新闻评论属于深度报道中的一种，新闻评论是广播电视媒体的旗帜，其在舆论引导、舆论监督和建构公平的社会话语平台方面，有着极其重要的作用。本章特进行单独介绍。

第一节　广播电视新闻评论写作的特点

新闻评论是广播电视新闻的重要组成部分，新闻性、政论性、社会性、指导性是新闻评论的四个基本要求。其中，政论性是以说理为主，着重从思想政治和伦理的角度阐述对于新闻事件和现实问题的见解、建议，引导社会舆论，指导社会实践。鲜明的政论性既是各种媒介新闻评论的共性，又是区别于消息、专题的特殊属性。

广播电视新闻评论写作要彰显视听媒介的魅力和优势。广播中的新闻评论有多种，有的带音响，有的不带音响。不带音响的评论一般有本台短评、本台评论员文章、编后话，本书仅介绍带音响的评论。广播评论中的音响是经过精心挑选的，只有与评论的论点、论据、论证三要素紧密结合，才能充分发挥作用。

电视新闻评论有本台评论、评论员评论、短评、编前编后语、电视谈话、电视讨论、新闻述评等。电视新闻评论可以由评论员、记者、主持人直接出面评论，也可以由特约评论员、节目参与者、观众进行评论。

互联网传播的"碎片化"属性，使新闻评论的表达形式发生了变式，打破了篇幅较长、制作周期也长的评论样式，实现了一种新的创新表达——越来越多的短评类型视听节目开始出现，其中最具代表性的就是《新闻联播》的衍生栏目《主播说联播》。该栏目是2019年7月29日正式推出的短视频栏目，立足《新闻联播》的重点报道，密切关注最新热点，每天以66秒竖屏短视频的形式，采用原班主持人传递主流声音和宣传主流价值，但它的风格与传统时政新闻类节目截然不同，即时政"软"做，其通过多个层面的创新——形式新、时间短、传播快、接地气等，用年轻人喜爱的网络化语言解读新闻、品评时事，传递主流声音，深受人民群众的喜欢，实现了《新闻联播》内容的碎片化、分众化、年轻化传播，完善了新闻联播整体品牌布局。

一、选题要紧扣时代，面向人民

选题，就是选择新闻评论所要评论的问题、评论的事物，也就是通常所说的就事说理的"事"，选题规定了一篇评论的论述对象和范围。选题是评论写作的关键，选题是节目制作流程中的第一步，也是至关重要的一步。选题的好坏直接关系舆论的导向和话语权。好的选题意味着节目成功了一半。

广播电视新闻评论在选题上要有宏观意识，要精心策划和选择具有时代特征的选题，把握时代主流，贴近现实，注重选择党和政府重视的问题，注重抓社会生活中的焦点问题，注重抓群众关注的热点问题。广播新闻评论可以配合党和政府的工作中心、重大部署，开展正面引导；可以围绕热门话题，组织有深度、有说服力的文章，释疑解惑，坚持导向；可以针对敌对势力的造谣、歪曲和攻击，开展有针对性的舆论斗争，澄清是非，掌握主动；可以在各种重大突发事件发生后，尽快披露事实真相，以正视听，把谣言传播的空间压缩到最小。此外，广播电视新闻评论还可以把舆情跟踪、引导和有害信息的处理紧密结合起来。例如，《焦点访谈》栏目负责人在总结经验时指出，他们始终把选题当成一件重要的事来做，《焦点访谈》栏目组在选题上具有两个鲜明的特点：第一，准确把握时代精神、时代脉搏、科学选题的根本方向；第二，精心追求切入选题的独特视角，以独特的视角去观察、认识新闻事物，解析新闻事实，以独特的角度介入新闻事件并报道新闻事件。

近几年的广播电视新闻评论，如《守住农业"芯片"，端牢中国饭碗》（黑龙江广播电视台，2020年12月31日）、《警惕"指尖上"的形式主义》（湖北广播电视台，2019年12月26日）、《智能时代，如何让老年人跨越"数字鸿沟"？》（无锡市广播电视台，2020年10月18日）、《"贸易恐怖主义"救不了美国》（中央广播电视总台，2018年6月20日）、《雇人住院为哪般》（中央广播电视总台，2018年11月14日）、《求才莫让才求人》（山东广播电视台，2020年12月23日）、《航天接力跑，天宫启新程》（中央广播电视总台，2023年6月1日）。这些广播电视新闻评论选题关注的粮食种业、社会民生、科技强国、生态环境、国际反恐等，都是国家和社会中的重大热点问题。

二、说理要缘事而发，就实论虚

新闻评论是新闻性和政论性的融合物，属于论说文中的政论文，它的政论性特征要求它必须明确阐述对于评论对象的看法：以说理为主要手段，着重从思想、政治或伦理的角度分析论述有关问题。新闻评论是新闻媒体的旗帜和灵魂，它必须善于从政治上辨别事物，在论述中体现出一定的政治倾向性。在我国的新闻实践中，新闻评论必须坚持党性原则、直接反映党和政府的宣传意图，正确阐明观点和主张。党报的新闻评论具有强烈的政治性、权威性、指导性、思想性，很多时候代党立言，代政府说话，就大政方针表态。

新闻评论就是要说理，广播评论也不例外，在说理的同时，还要注意广播传播的特点是"听"，因此说理时，不能搞烦琐的推理，而要就实论虚，缘事而发。"实"，是指事实、材料、实践、业务；"虚"，是指思想、观点、理论、政策。就实论虚就是要针对事实讲道理，举出事例发议论，用事实论证观点、支撑观点，由表及里，逻辑清晰，将事、理、情巧妙结合，深入浅出，实话实说。当然，事实必须是典型的、鲜活的，具有丰厚的内涵，是能说明问题本质的事实，要防止评论以偏概全，感情用事。

广播新闻评论要充分发挥音响的实证作用，电视新闻评论则要充分发挥声画结合的优势，深入发掘画面和同期声的实证作用。

第二节　广播新闻评论写作

广播新闻评论与其他媒体的新闻评论最大的不同在于：广播新闻评论必须严格按照声音传播的规律进行写作或制作，广播评论写作要充分发挥音响评论的优势。

音响评论是记者利用音响对新闻事件进行分析、阐述观点、表明态度的一种论述性文体。

音响评论一般有录音评论、录音述评、录音综述，这三种文体没有本质的不同，在实际运用中你中有我，我中有你，互相渗透。

广播评论可以从正面提出一个观点或摆出一种现象，然后通过摆事实、讲道理，证明这个观点为什么正确或证明这个观点为什么错误，前者为"正论"式评论，后者为"驳论"式评论。正论式评论，采用的音响是作者要肯定或要从正面直接进行论证的一种观点或现象。驳论，就是用音响作为反面证据，这是驳论中常用到的一种方法。

如2020年12月31日黑龙江广播电视台广播的《守住农业"芯片"，端牢中国饭碗》，就是正论式评论的佳作，2019年12月26日湖北广播电视台广播评论的《警惕"指尖上"的形式主义》则是驳论的佳作。

《守住农业"芯片"，端牢中国饭碗》开篇提出论点，即种子是农业发展的"芯片"，如何守住？种业翻身仗该怎么打？

【导语】近期举行的中央经济工作会议特别提出8项重点任务，"解决好种子和耕地问题"引人注目。就在前两天，中央农村工作会议再次强调，强化农业科技和装备支撑，提高农业良种化水平。种子是农业发展的"芯片"，如果过度依赖进口，一旦发生"断种"，中国人的饭碗就无法牢牢端在自己手里。农业"芯片"如何守住，种源"卡脖子"技术攻关怎样开展，种业翻身仗该怎么打？请听新闻述评《守住农业"芯片"，端牢中国饭碗》。

粮食是社稷之本，种业是粮食之基，粮食种子关乎中国人的饭碗安全。尽管我国种业有了很大的进步，但与国际先进水平相比，差距还很大，育种技术整体落后于发达国家，当前跨国种业已进入"生物技术＋信息化"的育种4.0时代，而我国仍处在以杂交选育为主的 2.0 时代，玉米、大豆等作物不得不依赖进口。近年来，70 多家国际种业巨头大规模进入中国市场，一大批洋种子渗透到中国的田间地头。

述评用音响和夹叙夹议的方法进行论证，选用了很多特色人物和代表性机构的声音，如黑龙江农民、权威专家袁隆平团队、东北农业大学农学院、种业企业黑龙江省龙科种业集团有限公司、中国人民大学农业与农村发展学院、中国农业大学农民问题研究所、农业农村部、黑龙江省农科院、黑龙江省农业投资集团有限公司等的声音，此外还有农技人员的声音。专家科技人员立足国家安全战略高度，利用前瞻性思维与敏锐的分析力，围绕民族种业的"危"与"机"，深入探讨了确保重要农产品种源自主可控的具体路径，对种业危机危在何处、种业变局路在何方等焦点问题进行了深入剖析。

请鉴赏《守住农业"芯片"，端牢中国饭碗》。

这几天，在北大荒垦丰种业七星农场种子处理中心，技术人员刘雨鑫正在对新筛选出的三江 6 号种子进行加工仓培育，积极为明年农业生产做准备。

【刘雨鑫：经过农业农村部和品质检测中心的分析结果得出，三江 6 号水稻种子的出糙率在 81.3%—81.6%，整体精米率在 64.8%—71.6%，并且经过尝试后发现米饭清香，适口性好，食味值在 78—80 分。这也填补了多年来三江地区自主研发自主培育的空白。】

从三江平原到潇湘大地，今年我国水稻育种研发捷报频传。上个月，位于湖南省衡南县的第三代杂交水稻新组合试验示范基地迎来晚稻测产，测得晚稻平均亩产为 911.7 公斤。这是袁隆平团队在屡破超级稻单产世界纪录后，再次刷新纪录。

【袁隆平：达到 880 公斤我就很满意了，现在是超过了 900 公斤，我就非常满意了。我们现在进一步把品种经验向全省全国推广开来，为国家的粮食生产做出新的贡献。】

一个个高产数据的背后，让人们看到近些年我国在水稻、小麦等育种研发上取得的骄人成绩。尽管我国种业有了很大的进步，但与国际先进水平相比，还有很大差距。由于粮食育种技术整体落后于发达国家，玉米、大豆等作物不得不依赖进口。近年来，包括行业前 10 强在内的 70 多家国际种业巨头已大规模进入中国市场，一大批洋种子渗透到国内田间地头，包括黑龙江等粮食主产区。

【黑龙江农民：这些年我家玉米地里一直种的都是合资的玉米，这几年收成都挺好。听说有个进口的种子收成更高，明年想看看有没有更好的进口品种。】

根据中国种子贸易协会的报告，2018 年我国农作物种子进口量为 7.27 万吨，进口额达 32 亿元人民币。"洋种子"不仅在我国市场占据了较高的份额，价格也远高于国内种子，一些蔬菜品种的"洋种子"价格甚至高出国产种子几十倍。东北农业大学农学院院长陈庆山表示，种子大量依赖国外，直接影响到中国在国际种子市场的主动权与话语权。

【陈庆山：我们从国外直接引进的技术和品种种子，你像玉米生产主推的德美亚系列，它的父母本都是德国提供的。还有我们的蔬菜 80%—90% 都是国外提供的。】

有专家指出，当前跨国种业已进入"生物技术＋信息化"的育种 4.0 时代，而我国仍处在以杂交选育为主的 2.0 时代。而在可以自主创新的领域里，我们又有一部分种源要从国外引进。一旦没有了种源，自主创新就要"卡脖子"，无法继续推进。对此，常年从事种子生产的黑龙江省龙科种业集团有限公司董事长李铭丰呼吁，这些差距背后所隐藏的危机，尤其要引起重视。

【李铭丰：我们的种子资源还比较匮乏，对种子资源的知识产权保护重视程度还不够。我们的研发队伍还有待于加强。国内目前的育种主要还依靠科研院所和大专院校，种子企业在研发阶段的投入和国外的大型种子企业相比，还有很大差距。自主研发是一个企业生存的关键，也是我们国际竞争力的体现。如果种子企业不重视种子研发，很快就会在国际市场竞争中淘汰掉。】

农业农村部数据显示，目前，我国农作物良种覆盖率在96%以上。专家认为，接下来打好种业翻身仗，一是要建设好种子库，为粮食安全储备好种质资源；二是要加大自主知识产权种子的比例，关系到国计民生的重要种子要牢牢地掌握在中国人手中。东北农业大学农学院院长陈庆山建议：

【陈庆山：在"卡脖子"技术方面，目前来说问题比较大的就是玉米和大豆。黑龙江省玉米、大豆和水稻都是全国面积第一，这方面都要加强研究。种质资源的创新，在黑龙江省应该同时考虑在高校要建一套生物育种平台，在种业公司建一套应用的育种平台，把国家的生物育种战略落到实处。】

值得注意的是，我国虽然本土种质资源丰富，但创新利用效率并不高；科研育种人员有很多，但产出转化效率也不高。科研育种和产业发展还存在"两张皮"现象。中国人民大学农业与农村发展学院副院长郑风田认为，下一步要着力实现产学研用一体化，促进科技人才向企业流动，研发更多向商业化育种方向倾斜。

【郑风田：我们国家大量的育种都是在这些大学。教授们一般育到种子之后，考核标准可能只是一个专利，对是不是在一线推广方面有很大的问题。希望能组建一些中国的种子航母，建立产学研一体。国家出重金扶持一批、做大做强一批种子公司，然后搞出一些原创性的技术。】

黑龙江省龙科种业集团有限公司董事长李铭丰抱有同样观点。在他看来，打好种业翻身仗，关键在于发挥企业的创新主体作用。目前国内种业企业研发主要集中在低水平层面，缺乏突破性成果。一方面是突破性的技术攻关往往需要投入高额时间与资金成本；另一方面，即便加大投入，产出也仍然存在可能白忙一场的不确定性。当务之急是建立有效衔接科研单位与种子企业成果转化的通道。

【李铭丰：我们也在探索如何和育种单位进行合作式的育种模式。科研单位的品种能够在实验阶段就能和企业进行有效衔接，就能够被企业所了解，（做）前期的一些布点式的推广。审定之后就有可能大面积推广，那么这个品种的价值也能真正地体现出来，科研人员能得到价值的回报，企业也能找到一个适合于市场的好品种。】

中国农业大学农民问题研究所所长朱启臻表示，在加强育种成果应用推广的同时，也要解决好农业生产主体问题。必须通过职业教育培养大批高素质农民队伍，同时人才政策向农学类专业倾斜，为现代农业提供人才保障。

【朱启臻：一个是科研的投入，一个是推广的机制，要更偏向于市场化。这两个方面，我们都有改进的空间。（还有）一个是人才，对一个国家的种业发展非常重要。】

种业自主创新的核心问题是如何掌控种源，培育优良品种。这既需要加强顶层设计，也需要完善制度，从政策与资金上加以长期扶持。全国种业创新工作推进会不久前召开，提出"十四五"期间要加快构建中国特色现代种业体系，不断提高农业良种化水平。农业农村部副部长张桃林强调：

【张桃林：加快少数依赖性的品种选育和国产化的替代，力争到2025年以企业为主体、基础工业研究为支撑，产学研用融合的国家种业创新体系基本建立。】

发展自主种业，守住农业"芯片"，是确保国家粮食安全的源头，也是农业现代化的必由之路。作为维护国家粮食安全的"压舱石"，黑龙江落实"藏粮于技"战略，积极开展种子自主创新。昨天刚刚结束的黑龙江省委经济工作会议提出，深入实施现代种业提升工程，加强种质资源保护和利用，不断提高种子品质与自给率。最新统计数据显示，黑龙江省农科院育成的农作物新品种在全省覆盖面积稳定在每年1亿亩左右，占全省播种面积50%以上。就在前几天，从黑龙江省农作物品种审定委员会又传来消息，四个优良大豆新品种通过审定，并填补了我国高油酸大豆品种空白。业内人士纷纷表示，将研究出更多优质品种，让中国人的饭碗里装上更多中国粮。

黑龙江省农科院副院长来永才强调：

【来永才：加速攻关，及早拿出适合生产的种子，来满足农业生产对种子的需求。作为农科人，有信心把中国的种子打造成世界一流！】

黑龙江省农业投资集团有限公司总会计师魏成林称：

【魏成林：以大豆种子为主营项目，同时扩大水稻、玉米种子市场份额，着力提高主营收入和盈利能力，提高龙江种子的市场话语权。构建种子产业合作平台，抱团出海，让龙江种业走出龙江，登上国际舞台！】

获第三十届中国新闻奖一等奖的广播评论《警惕"指尖上"的形式主义》是驳论的佳作。评论一开头就摆出一种现象，即记者在下基层采访中"偶然"发现社区工作人员深陷"众多烦恼中，如重复地填表造册、重复设置各类工作群、"痕迹管理"不堪承受等。为了完成任务，不少人不得已学会了"编故事"，甚至出现了"遛手机"的怪现象——2019年是基层减负年，中央和省有关部门都发文明确要求解决形式主义突出问题，为基层减负。中央精神为何没有落实？"指尖上"的形式主义背后折射出什么问题？如何解决？

历时半月，记者多方走访民众和专家，从"痕迹管理"这一独特视角，用生动丰富的现场声，用实际案例穿插剖析和解读，深刻地论证了这一新变种的形式主义带来的种种危害及其背后的思想根源，有理有据、观点鲜明、就实论虚，深入浅出，令人信服。该评论播出后社会反响强烈，监督性和建设性强，对武汉落实中央精神、减轻基层负担产生了立竿见影的效果。

第三节　电视新闻评论写作

与报纸评论、广播评论一样，电视新闻评论也有"论点""论据"和"论证"，也有具体的新闻评论由头，以事实为基础，要在评论中表明自己的观点。电视新闻评论是综合运用画面、字幕、实况音响和论述语言的新闻评论，同时诉诸观众的视觉和听觉，因此，电视新闻评论常被称为"形象化政论"，这种"形象化政论"有利于观众接受和理解新闻评论的内容。这里主要介绍电视新闻评论的三种模式，即电视述评、电视谈话、电视讨论（见表 10–1）。

表 10–1　电视新闻评论三种模式

模式	评论者	传播符号	述评关系	代表栏目
电视述评	主持人	画面为主，言语为辅	述多于评	《焦点访谈》
电视谈话	评论员	画面与言语相当	评多于述	《新闻 1+1》《时事开讲》
电视讨论	嘉宾	言语为主，画面为辅	以评为主	《一虎一席谈》

一、电视述评

电视述评是以图像的形象叙述，结合解说词、同期声等手法，进行夹叙夹议的综合性评论的电视评论形式，是反映和分析国内外重大事件与问题的"形象化的政论"。它通常由记者、主持人主持串联，记者、主持人可在新闻发生现场进行采访，即兴评论，或者在演播室录像评论。对新闻事件的评论以记者、主持人评论为主，也可以请各界人士、现场目击者、新闻当事人谈看法。

在诸多的电视评论形式中，最能体现电视特色、最具生命力的应是电视述评。中国广播电视学会前副会长吴少琦在论及"第三代电视评论模式"时说："它以电视述评为主要形式，在遵循新闻评论共性原则的基础上，用有声的画面语言来论证，论据是形象化的，论证是由记者、主持人和各界人士共同完成的。"电视的优势即视听兼备、生动直观，以形象思维见长；而评论则讲究抽象思维，离不开概念、判断推理。然而，传播规律表明，绝对抽象化、概念化的内容在观众中易产生"盲区"，电视述评则是把叙述和评论有机结合，在夹叙夹议、边述边评中实现说明抽象的道理或原则，消除传播中的"盲区"，为电视述评开辟一条道路。这是电视述评的第一个特点。

电视述评综合运用画面、图像、资料、字幕、解说、同期声等语言符号与非语言符号，用电视语言立体化表达，直观地透视和剖析问题，直观地展示论证过程——以镜头语言做证。这是电视述评的第二个特点。

电视述评是评论，是述与评的结合，述，用事实说话，评，以说理为主。它的画面、字幕、音响等多姿多彩的表现手段及形象化的论据都是为说理服务——支持和强化说理的论据，都要按说理的需要剪裁和组接画面、音响等，展现的每个画面都提供了一定信息，而说理也要与画面等元素密切配合。

电视述评不仅要强调"形象化的政论"，还要杜绝画面与解说"两张皮"的现象，提高电视评论的质量。要做到这一点，就要求记者、编辑有较高的马列主义理论修养，要有娴熟的业务能力和驾驭文字的功力等。在操作时，如遇到抽象的信息，尽量找到恰当的比喻和象征性形象，在概括时尽量与形象的表现相吻合。若抽象概括时确实找不到合适的形象，就不要生硬地贴画面，可以由主持人在演播室评论，也可以让观众或权威人士议论、评说。

全国各地电视台的电视述评性栏目创办了不少，如中央电视台的《观察与思考》，其创办于1980年7月，1988年进行了改版，栏目组成立专门的评论组，集中精兵强将，使该栏目提高到了一个新水平。20世纪90年代中期，中央电视台又推出《焦点访谈》《新闻调查》，随后评论类电视新闻栏目迅速发展，进入繁荣时期，如中央电视台的《新闻1+1》《今日观察》《新闻会客厅》《面对面》，凤凰卫视的《时事开讲》《时事辩论会》《锵锵三人行》《有报天天读》《一虎一席谈》，北京电视台的《今日话题》，河北电视台的《社会纵横》，四川电视台的《今晚10分》，广东电视台的《新闻广角》，上海卫视的《新闻透视》等，它们以鲜明的观点、独有的视听语言赢得观众认可，深受广大观众的喜爱。《焦点访谈》《新闻1+1》等栏目是目前国内电视评论中的王牌栏目。《焦点访谈》常见的栏目结构：演播室主持人评论+新闻事实陈述与分析+演播室主持人评论，新闻事实的陈述与分析多于主持人的评论，这样通过现场图像的客观呈现和记者的调查过程观众可自行做出判断，如获第二十九届中国新闻奖电视评论二等奖的《雇人住院为哪般》（中央电视台《焦点访谈》，2018年11月14日）。

论点是新闻评论的核心，论点能不能抓住观众，是否吸引观众是关键。电视述评节目《雇人住院为哪般》的标题言简意赅、生动形象，几个字就表达了要用几十个字才能表达清楚的论点，一下子抓住了观众的眼球，该节目揭示了雇人看病套取国家医保资金的丑恶现象。记者历时半年之久暗访，对沈阳多家医院长期跟踪拍摄，拍摄过程惊心动魄、一波三折，终于揭开触目惊心的骗保黑幕，事实准确、分析客观，是新时代建设性舆论监督报道的扛鼎之作。

先看主持人的评说：

加入城乡医保的居民都知道，现在看病住院，个人只需要承担自费的部分，剩下的大头儿，按不同比例由医保报销，而且是由医院和医保机构结算，个人不用管。这种社会医疗保险是我国的一项重要的民生工程，国家每年都对其投入大量的财政资金，仅2017年全国财政医疗卫生支出预算就超过1.4万亿元。这么大的投入，为的就是让老百姓看得起病、住得起院。但有的地方的个别医保定点医院，却打起了套取医保资金的歪主意。

雇人看病的选题尖锐独特，片中用画面、图像、资料、字幕、解说、同期声等语言符号与非语言符号，直观地展示沈阳个别民营医院雇人看病、虚开医疗费用骗保的全过程，直击时弊。实录调查过程，让过程说话，是发挥电视传媒优势的重要手段，能引起观众的共鸣。

该片开头，主持人阐述本期节目观点，即论点，雇人看病，套取医保资金。节目利用画面、屏幕文字和有声语言的论据，采取夹叙夹议、述评结合的方式论证观点，充分发挥了声画结合的优势，达到了说理的目的，即"形象化政论"。片尾又是主持人评说：

……管好医保资金，用好医保资金，关系国计民生，关系我们每一个人。从记者的调查看，一些地方在医保资金的管理利用上还有不小的病灶。如何治好骗保的病，急需监管部门和医疗机构查找病根，对症下药。

节目播出后，社会反响强烈，微博话题累计阅读量最终突破2亿，讨论突破4万，主流媒体"刷屏式"转载。专案组已依法传唤相关人员242名，经审查后依法刑事拘留37名，移交市纪委监委2名。沈阳市委市政府对此诈骗案件进行了通报，国家医疗保障局也在节目播出后发布《欺诈骗取医疗保障基金行为举报奖励暂行办法》，并开通了举报通道。

二、电视谈话

电话谈话是指主持人与嘉宾在演播室或特定的场所中，以"谈"为主要手段，针对重大的新闻事件、社会热点问题表达自己的意见、观点和见解，满足受众对信息的知悉权。例如，中央电视台的《新闻1+1》有一期的题目是《华为的"困"境，任正非如何"解"？》（中央广播电视总台，2019年1月18日）。

评论聚焦"华为的'困'境，任正非如何'解'？"这一公共之问，话题设置由小到大，层层递进：女儿—家庭—华为—基础教育与研究—人才培养（如图10-1、图10-2所示）。

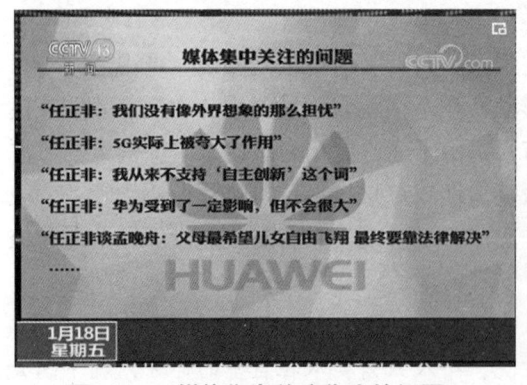
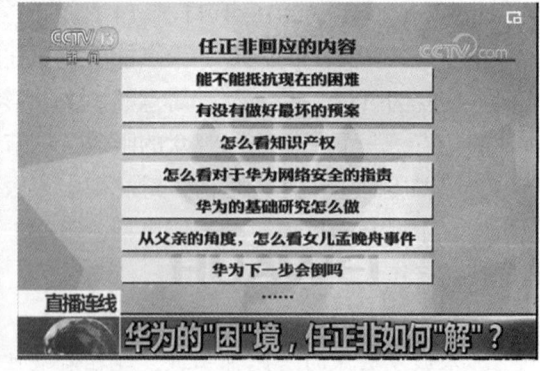

图 10-1　媒体集中关注华为的问题　　　　图 10-2　华为任正非回应媒体的内容

记者与任正非的精彩问答引人入胜。例如，主持人问任正非过去鲜少在媒体报道中露面，女儿孟晚舟在加拿大遭非法拘留之后，为何一反常态，高调接受媒体采访？任正非解释说："见媒体是公司公关部门逼的——我们要给18万员工和广大客户传递信心，让他们多了解华为，多信任华为。"任正非以父亲的角色回应了女儿孟晚舟被扣留事件，以掌门人的切身感受分析了华为遭遇的困境，以企业家的全球视野呼吁国家应重视基础教育和基础研究。该节目从个人到世界视角的论题设置恰当，充分展示了任正非高屋建瓴、洒脱非凡的形象。

在人人都替华为担心的危急关头，任正非牵挂的却是基础教育和基础研究。华为之"困"如何解？靠人才，人才培养靠教育，尤其是基础教育。该节目把问题的"解"落在教育和人才上。为什么？请看下面论证。

华为作为走在世界前列的科技公司，深深体会到核心技术的艰、深、险，痛感人才的极端重要性。10多年来，尽管华为遭遇美国等国家的围追堵截，但始终咬紧关键技术不放松，在研发上经费高达年产值的 15%，不惜血本，聚集了全球最优秀的技术人才，打造核心竞争力，全世界 5G（第五代移动通信技术）、微波做得最好的就是华为。关于知识产权问题，任正非回应："知识产权是有利于西方国家长远发展的，但不能成为卡我们的借口。"华为 87,805 项专利中，有 11,150 项是在美国授权的。华为的信息专利对美国是有价值的，其已经与许多西方公司达成专利交叉许可。华为为 170 多个国家提供产品，有良好的安全记录。

在围绕华为持续发酵的新闻舆论场中，该节目发挥了积极的舆论导向作用，在中美贸易战愈演愈烈的重要时刻，向全世界传递出华为的形象，传递出中国企业家最为理性的声音与形象。

三、电视讨论

电视讨论是一种多人讨论式的评论，是由主持人主持，围绕一个新闻事件、社会问题或一种社会思潮，持不同观点的谈话人在演播现场各抒己见、平等交流的节目形式。

电视讨论的题材十分广泛，包括国内外政治经济形势问题、方针政策问题、社会现象或与群众生活息息相关的问题。电视讨论重要的不是使讨论者的意见取得一致，而是使观众从讨论中得到启示。中央电视台的《电视论坛》、凤凰卫视的《一虎一席谈》都属此类节目。电视讨论节目需要主持人对现场具有掌控能力，具有亲和力，具有强大的语言组织能力，使嘉宾和观众在轻松的环境中畅所欲言。例如，《一虎一席谈》的现场主持人胡一虎，善于组织与"造势"，节目开始时，他亮出本期话题，让嘉宾各抒己见，接着把持现场气氛，将上一位嘉宾的观点抛向下一位嘉宾并让其直接点评、发表看法。如此循环，整个节目形成了一场针锋相对的论战，现场火药味儿十足。在场的嘉宾言论"语不惊人死不休"，让电视机前和现场的观众都有酣畅淋漓之感。讨论型电视新闻评论节目的目的不在于针对某一具有争议性的话题得出结论，而在于能让全民参与其中，充分发表自己的观点，让观众自悟。

电视讨论是一种传、受双方完全平等的谈话体评论。它的优势在于运用画面形象说理，不必经过文字或口头转述，让谈话者直接面对观众，其形、声、情、态等淋漓尽致地呈现在观众面前。电视讨论的现场感、真实感、实证感、可信度以及感染力和说服力是其他媒体难以企及的。因此，电视讨论在形式上要善于充分发挥电视化手段，利用一切可以利用的中介，创造某种双向传播的条件，唤起观众的共鸣，从而引导观众主动联想和思考；在内容上要抓住广大群众关心的焦点，形成有效的"类"交流。

阅读·思考·实训题

1. 鉴赏近五年中国新闻奖获奖的广播电视新闻评论。

2. 坚持收看中央电视台的《焦点访谈》《新闻1+1》《主播说联播》，学习电视新闻评论如何选题立论。

3. 重点鉴赏中央电视台政论片《大国崛起》（中央电视台，2006年11月13日）、《复兴之路》（中央电视台，2007年10月5日）。

《大国崛起》以全球9个国家为对象，即葡萄牙、西班牙、荷兰、英国、法国、德国、日本、俄罗斯、美国，从经济、文化、历史等分析其兴盛背后的原因，试图以历史的眼光和全球的视野为中国的现代化发展寻找镜鉴——将500年来世界大国的历史立体地、直观地呈现给观众，展示了9国以不同方式在不同时期内完成的强国历程，引导人们关注历史带给现实的重大思考，探寻强国的根本力量。该片每集50分钟，该片对心灵的震撼远大于视觉冲击力，产生这种震撼缘于思想内容的深刻。

《复兴之路》是《大国崛起》的姐妹篇，每集透过3个视角去丈量中华民族167年的历史，中国如何在国家危亡之际开始民族觉醒？如何在民族救亡的探索中选择前进道路？如何在国家建设中实现改革开放的历史性突破？如何建立市场经济？又如何在新的历史时期提出科学发展、和谐社会理念？该片以全球视角、整体视角、现代视角，面对世界强国的崛起，紧扣"复兴"之路，有力地阐释了只有选择马克思主义、中国共产党、社会主义道路才能实现中华民族的伟大复兴。

4. 以《焦点访谈》报道的《航天接力跑，天宫启新程》（中央广播电视总台，2023年6月1日）为例，分析说明电视新闻评论为何被称为"形象化政论"。

央视网消息（焦点访谈）：此时此刻，在我们头顶大约400公里外的太空中，中国空间站，神舟十五号乘组和神舟十六号乘组6名航天员正在一起工作和生活。其中，神舟十六号乘组景海鹏、朱杨柱和桂海潮是昨天（5月30日）从发射塔架搭乘神舟十六号飞船，在长二F遥十六运载火箭的托举之下前往中国空间站的。在中国空间站进入应用与发展阶段以来，我们似乎已经习惯了每过半年左右就有航天员出发，去往中国的太空之家，正是在一棒棒交接中，我们不断拓展中国探索宇宙的能力和信心。

5月30日上午，在一棒又一棒测控通信"正常"的呼号声中，神舟十六号飞船搭乘长二F遥十六运载火箭一飞冲天，神十六乘组3名航天员尽情享受这趟脱离地球引力的旅程。10分钟后，飞船与火箭顺利分离，成功进入预定轨道。此时，距离地面36,000公里的天链中继卫星也开始了对神舟十六号飞船的测控接力。

一棒棒测控接力就像一根不会断的线，牢牢牵住空间站和神舟飞船，让地面实时了解航天员和航天器的情况。在与空间站对接之前，神十六乘组绕地球飞行6个多小时，3名航天员中，只有指令长景海鹏经历过这样的航天飞行。从2008年随神舟七号第一次出征太空，到2012年神舟九号任务，再到2016年神舟十一号任务，景海鹏亲历了中国载人航天第一次出舱、第一次手动交会对接和第一次实现中期在轨驻留。这一次，他又刷新了中国航天员飞天次数新的纪录。

神舟十六号任务接过的是空间站进入应用与发展阶段后的第一棒，与以往不同，这一次3名航天员的职责进行了明确分工。指令长景海鹏是乘组的驾驶员，首次飞天的朱杨柱和桂海潮分别是航天飞行工程师和载荷专家。当第三批航天员与老大哥一同接过任务的接力棒，中国空间站的发展也进入了新的阶段。

航天员朱杨柱："我作为航天飞行工程师，主要对空间站整个飞行器平台系统进行日常维护、保养，同时也要照顾好很多试验、实验和一些舱内外的载荷、科学机柜。"

航天员桂海潮："载荷专家这个角色主要负责空间站有效载荷的操作、管理、维修、维护，各项科学实验、试验的开展，之后是实验数据、实验结果的收集、整理、分析。"

中国载人航天工程总设计师周建平："两名新航天员的背景和过去第一批、第二批航天员不一样，他们是工程师和科学家背景。因为我们需要航天员更多参与空间站的管理，更多参与科学的实验。所以这也是我们进入应用与发展阶段的一个很重要的标志，就是我们的航天员也出现了多种类别。"

神十五与神十六的顺利交接，还有重要的一关要过——交会对接。空间站建设阶段以来，我国航天器虽然已经顺利完成了10多次交会对接任务，但每一次新的任务，都是一次充满风险的太空"万里穿针"。

完成6次变轨，神舟十六号与空间站已进入同一轨道飞行。航天器飞到祖国上空，自西往东，从喀什测控站开始，地面测控再次接力与航天器握手。在进行交会对接这样的重要动作时，畅通的天地联络对任务的成败起到至关重要的作用。

西安卫星测控中心高级工程师肖勇："它们交会的时候，这两个航天器之间的距离要随时保持高度监视状态，类似接力棒一样，我们会根据轨道飞行的可见关系，排布出来设备接力跟踪保障任务模式。"

神十六任务是空间站完成"T"字构型后，8吨重的神舟飞船第一次从下方不断向上靠拢，与近百吨的空间站组合体进行径向交会对接。

航天科技集团五院神舟飞船总体副主任设计师杨海峰："飞船逐步逼近空间站组合体的时候，发动机会喷出一些羽流，喷出发动机的燃烧物。比如打在帆板上，我们也做了一些设置，包括帆板的一些状态设置，保证它受到羽流力的影响最小。"

作为中国最早设计的载人航天器，神舟飞船已经成为中国航天员往返太空最可靠的交通工具。尽管主要技术状态和指标早已定型，当新一次飞行任务的接力棒交到神十六飞船时，航天工程师依然在保证安全的前提下做了不少改进。

杨海峰："经过神十二、神十三、神十四、神十五，一棒一棒接力过来，神十六开始是空间站应用与发展阶段的新批次飞船，神十六飞船又是新批次里边的首发船，相对神十五做了一些升级，大概是115项。比如说，增加了北斗兼容性，进一步提升交会对接技术对北斗的兼容。"

进入空间站应用与发展阶段后，神舟飞船不仅要安全地把航天员送到位，带货功能也越来越重要。

杨海峰："我们这次取消了食品加热装置，因为以前是两天导引，航天员需要加热什么的，但是现在已经变快速交会对接了，用得比较少，简化出来空间可以装别的东西。上行一般按照 300 公斤，下行按照 50 公斤能力来设计，在这基础上可以提高 10% 以上满足空间站运营的需求。"

从地面启程不到 9 个小时，神十六乘组就抵达了中国的太空之家。新航天员第一次进入核心舱，值班半年的老队员细心地带着他们慢慢活动，适应太空环境。在精心布置的空间站核心舱，6 名航天员激动地分享着见面的喜悦。

5 天时间里，神十六航天员在一圈圈绕地飞行中逐渐熟悉了中国空间站的运行，与神十五航天员在轨交接空间站的物资储备、各项工作。这宝贵的当面交流，将为接下来 5 个月里神十六乘组出舱活动、空间科学实验试验以及舱内外设备安装、调试、维护、维修等各项任务提供不少帮助。

从去年 11 月 30 日进入空间站，神舟十五号乘组已经在轨驻留 6 个月，成功完成 4 次出舱活动，在轨开展了 70 多项实验、试验，为中国空间站应用与发展阶段空间科学研究打下了良好开端。在此次神舟十六号飞船里，就装载了 5 个生命科学实验的 6 个载荷货包，其中一些载荷上天后接棒之前已经开始的实验，继续进行更加深入的探索。

中国科学院空间应用工程与技术中心研究员、空间科学实验顾问仓怀兴："其中有一个实验样品，听名字来说以前也做过，比方说拟南芥的实验，但是拟南芥苗、种子用的样品跟以前的有所不同，实际上这也是我们科学研究不断深入的过程。拟南芥跟通常接触的油菜、油料作物有些相似性，所以研究拟南芥不只有基础的科学研究意义，对于农业也有非常重要的指导意义。"

随着空间站科学研究的不断深入，科学实验操作的复杂度也在不断提高，精准操作、实时观察实验样品情况，需要航天员投入更多的时间和精力。这次刚刚进入空间站的线虫暴露实验就需要及时观察生物暴露在宇宙环境中可能受到的影响。

大连海事大学副教授、空间辐射暴露引起线虫发育过程研究项目负责人王巍："我们想让线虫个体在轨发育，生长的过程中我们才能够探测到它身体对辐射环境的变化，而不是说样品上去，返回地面以后再观测，这样可能在轨效应就没有了。"

仓怀兴："有了科学实验专门的载荷专家，航天员就可以从这个里面解放出来，载荷专家在这个地方进行科学实验操作的话，也可以更专业，做更复杂的操作。"

新的乘组，新的开始，刚刚接过棒的神十六乘组对接下来的太空生活充满期待。

在中国空间站里，神舟十五号乘组在和神舟十六号乘组完成工作的交接班之后，即将返回地面，在测发指挥控制楼里也正在进行工作的交接班，马上这里就要从发射模式切换成应急救援模式。在它后面的垂直总装测试厂房里，随着长二 F 遥十六运载火箭的发射，长二 F 遥十七运载火箭也已经接棒，进行应急值班，后续它将会平移到旁边正对塔架的测试大厅里，随时待命出发。正是因为各个系统通力合作、有条不紊地棒棒交接，我们的中国空间站才有了最可靠的长期运行的保障。

5. 鉴赏《中国"奋斗者"号载人潜水器万米级海试》，尝试写一篇 800—1000 字的电视或广播评论，进行小组评议和教师点评。

6. 试把《人民日报》2022 年 6 月 5 日发表的《心怀山海　眼有星辰——对话神舟十四号航天员》制作成电视谈话。

6月4日11时，执行神舟十四号载人飞行任务的3名航天员陈冬、刘洋、蔡旭哲，在酒泉卫星发射中心问天阁集体亮相并回答了记者提问。该乘组是空间站任务以来平均年龄最小的一个乘组。

问：担任本次执行飞天任务的指令长，有什么感受？

陈冬：能够再次执行飞天任务，并担任指令长，是组织对我的信任，更是对我的考验。从年龄看，虽然我们乘组3人都相对年轻，但我们有充分的准备、火热的激情、十足的信心。12年的朝夕相处、两年半的任务训练，彼此越来越熟悉、配合越来越默契。我身上虽然有压力，但更多的是完成任务的信心决心。

问：再次代表中国女性进入太空，这10年你有什么变化？

刘洋：2012年6月，我代表中国女性进入太空，无比幸福、激动。经过10年的历练，更多了几分自信和从容。这10年，我读书深造，不断提升能力素质；我一如既往静心学习训练，为任务做最充分的准备；我成为母亲，有了一双可爱的儿女。我会一直心怀山海，眼有星辰，永葆初心，一次次把祖国的荣耀写满太空。

问：作为"太空新人"，如何和战友准备此次飞行任务？

蔡旭哲：这次和两位战友一起执行神舟十四号载人飞行任务，我非常高兴。作为同批加入航天员队伍的战友，我们朝夕相处、并肩战斗，特别是入选乘组后，我们相互信任、相互支持、相互配合。如今，不管是技术、心理还是身体，我们都做好了充足的准备。我们有信心、有决心，坚决完成任务。

问：和以往相比，神舟十四号任务有哪些特点？

陈冬：和神舟十二号、神舟十三号相比，神舟十四号有传承有发展。我们先要进驻核心舱，继续开展相关实验工作，这是传承。然后就是准备迎接新的小伙伴，问天舱和梦天舱的加入让核心舱不再寂寞，三舱联手打造系统更稳定、功能更强大、设备更齐全的中国空间站。核心舱将迎来它的小伙伴，我们也将在任务末期迎来我们的战友——神舟十五号乘组入驻空间站，到时候中国将有6名航天员同时在轨工作生活。

问："太空出差"半年，有什么期待？

刘洋：6个月的时间还是非常繁忙的，我们要完成多项任务。同时，还要完成3个实验舱大量的科学实验，开展科普和公益活动等。我很期待和神舟十五号3位战友在太空胜利会师。

蔡旭哲："太空出差"半年，我最期待问天舱、梦天舱和天和核心舱对接后太空家园建成的那一刻。

7. 为《生死雷场　青春英雄》写一篇广播新闻、广播评论。

8. 学习《主播说联播》，尝试制作一期短评类型视听节目。

9. 分析中央广播电视总台《焦点访谈》的栏目特色，摘选其中一期节目，从内容、角度、表现手法及论证手段等多角度进行分析。

第十一章 广播电视新闻直播制作

广播电视现场直播是在演播室和新闻现场直接播送反映新闻事件的图像和声音，从而使新闻事件的发生、发展及变化，与播出、与受众的收看同步进行的一种报道方式。时间的同一性、记录的同步性、传播的同时性构成了广播电视现场直播的特有属性。现场直播、现场报道是视听新闻大量应用的方法，是最能体现和发挥广播电视新闻魅力和优势的传播方式。

介绍广播电视现场直播不能不介绍视听记者和主持人，视听记者和主持人是视听现场报道中的灵魂人物，在重大新闻事件中，是否有记者和主持人在现场是衡量一个媒体实力和权威性的重要标志之一。视听记者和主持人最重要的使命就是把新闻现场如实地带到受众面前，最重要的任务是现场报道、镜头前的访问、镜头前的述评，即传达信息，进行采访和评说。从新闻业务的角度看，采写编评都是视听记者和主持人需要具备的硬功夫。

新闻现场具有非凡的魅力，现场是新闻发生的地方，是视听记者必去的场所，是电视新闻直播画面中最先被关注的位置，因此，视听记者是电视新闻报道现场的亲历者、见证者。现场不但提供场所，更要提供采访的机会和大量新鲜的新闻信息，它是出镜报道的"宝藏"。受众将视听记者作为自己在现场的"眼睛"，期待他们能在现场呈现那些有特殊意义的细节，让受众能够真实详细地了解整个新闻事件的发展过程。因此，视听记者必须具备观察能力、采访能力、应变能力、口语表达能力。

按照视听记者做现场报道、传达信息时的运动状态划分，广播电视新闻直播可分为静态报道和动态报道。静态报道是指视听记者报道时，以静态身姿出现在视频画面中，以固定姿态面对摄影机镜头，通常模式是视听记者说明在何时何地发生了何事，然后播放记者采集的视听新闻资料，最后记者对新闻事件进行评说和总结。动态报道是指视听记者带领受众以"运动"的镜头、丰富的肢体语言、多样的"动态身姿"出镜报道。动态报道中的视听记者如同"导游"，带着观众深入新闻现场，边走边解说，设计一个接一个的"包袱"，对新闻现场进行多层次、多角度、多空间的展示，引导受众、激发受众、打动受众，视听记者真实自然的情感流露会使现场直播赢得良好的传播效果。

视听记者和主持人的语言主要为报道语言、评论语言、肢体语言，报道语言主要包括复述新闻事实、描述现场环境和现场人物采访。视听记者进行事件评论时要以事实为依据，客观公正地发表观点，提出看法，使用语言要口语化、简短干净，报道内容要重点突出。

　　下面看看获第三十一届中国新闻奖二等奖的《中国之声嫦娥五号探测任务特别直播〈嫦娥再探月〉》（中央广播电视总台，2020 年 11 月 24 日）和《中国"奋斗者"号载人潜水器万米级海试》（中央广播电视总台，2020 年 11 月 13 日）广播电视新闻现场直播中的主持人是怎样把受众带入报道现场的。

中国之声嫦娥五号探测任务特别直播《嫦娥再探月》

　　鹤佳：各位听众，大家好！我是《中国之声》主持人鹤佳。

　　颖婧：大家好！我是《中国之声》主持人颖婧，欢迎收听中国之声嫦娥五号探测任务特别直播《嫦娥再探月》。现在，我们是在文昌航天发射场为您现场直播。

　　鹤佳：今天，被称为"胖五"的长征五号遥五运载火箭，将搭载着嫦娥五号探测器从中国文昌航天发射场出发奔赴月球。作为我国探月工程重大科技专项"绕、落、回"三步走发展战略的收官之战，嫦娥五号任务计划首次实现月球无人采样，并把月壤或月岩等宝贵样品带回地球，以备之后开展科学研究。

　　颖婧：是的，不过从地球上起飞到着陆月球再到取回月壤返回地球，这个过程将会持续 20 多天的时间。今天的火箭发射是第一步，也是最为关键的一步，稍后，我们就将会一同来见证这个精彩的时刻。

　　颖婧：今天，来到我们直播席的还有两位嘉宾，一位是航天科技集团一院长征五号副总设计师朱曦全，欢迎朱总。

　　朱曦全：主持人好，听众朋友大家好！

　　颖婧：一位是来自中国航天科技集团五院总体部副主任设计师张旭辉，欢迎张主任。

　　张旭辉：主持人好，听众朋友大家好！

　　颖婧：再次欢迎二位！长征五号是我国首型 5 米芯级直径的新一代大推力运载火箭，它可以将大约 25 吨的有效载荷送入近地轨道，或者说将 14 吨的有效载荷送入地球同步轨道，它的运载能力，还有运载效率等这些重要性能指标均居世界先进水平。同时因为体形大、力气大，所以，长五也被大家亲切地称为"胖五"。

　　鹤佳：是的，那现在，长五正在发射场做最后的准备。LED 显示屏当中，在发射场，通体白色的火箭顶端是深蓝色的"月"字探月工程标识，火箭中部四个大字"中国航天"在灯光的映衬下格外醒目。

　　颖婧：各位听众，现在是北京时间凌晨的 4:28，距离长征五号发射不到 5 分钟的时间了，现在我们都和收音机前的您一样，既紧张又期待。接下来这段时间，是火箭发射前最关键的几分钟。

　　鹤佳：是，那火箭即将升空了，那最后的时间，对火箭来说，是静静地等待，还是有哪些工作要做？我们请朱总来回答一下这个问题。

　　朱曦全：现在已经进入负两分钟了，现在正在做摆杆摆开的这个动作。

　　颖婧：是的，现在我们在面前的大屏幕上可以看到摆杆正在逐渐地摆开。

朱曦全：对，然后还有就是说火箭要变成自己供电，就是叫控制转变，然后计算机要开始运算，这是负两分钟。

颖婧：这个时间段，可以说长征五号上所有的约束和牵绊，都已经结束了，都没有了。

朱曦全：对，都已经做好了。

鹤佳：做好了准备了。

朱曦全：对，是。

颖婧：做好准备，一飞冲天了。

朱曦全：对对。

颖婧：一分钟准备了，我们听到一分钟准备的口令声，那这个也意味着刚才发射塔架和火箭之间的摆杆已经全部都打开了。现在我们看到在大屏幕上，全长近57米，起飞重量约870吨，起飞推力超过1000吨的长征五号运载火箭已经全部地展现在了大家的面前，马上就要发射升空了。

鹤佳：是，那让我们一起静静地等待动1号指挥员最后的读秒，一起等待长五火箭搭载嫦娥五号探测器一飞冲天。现在全场也都是非常安静，都在静静等待这个时刻，这是一个既紧张又让人兴奋和激动的时刻。

颖婧：是。

鹤佳：现在口令也是非常密集，马上就要发射了，我们来等待最后的读秒。

朱曦全：星际发动机点火了，助推发动机点火了。

颖婧：现在我能够看到，长征五号已经腾空而起了，底下都是浓浓的火焰，现在长征五号正呼啸着奔向苍穹，有很大的响动，有很大的声音。

鹤佳：我们在这里能够感觉到。

颖婧：是的，我们现在所在的位置是在指控大厅，能够感受到明显的震动。

朱曦全：对，而且还有一些声音，噪声非常大。

鹤佳：对。

颖婧：我们的指控大厅是距离发射塔架大概3公里的测控大楼的10层。这个震动也是相当明显的。

鹤佳：现场指令声里边各种正常的声音传来，应该是一个很好的开头。

……

中国"奋斗者"号载人潜水器万米级海试

00：00：10

主持人：好，接下来我们继续来关注大国重器中国"奋斗者"号载人潜水器万米级海试的最新消息。

在11月10日，中国首艘万米级载人潜水器"奋斗者"号突破了万米，并且抵达洋底深度是10,909米。在今天"奋斗者"号将再次刷新中国载人深潜的纪录，早上的8点04分就再次突破了万米，目前仍在近底航行当中。

我们再跟大家介绍一下，今天的海试任务是双船双潜，双船指的是为"奋斗者"号保驾护航的双母船，也就是"探索一号"支持船和"探索二号"保障船。而双潜指的就是双潜水器，也就是万米载人潜水器"奋斗者"号，另外一个就是专门给"奋斗者"号在万米洋底打光拍照的御用摄影师"沧海"号和"凌云"号。今天一早"沧海"号顺利地从"探索二号"船上布放了，随后"沧海"号向万米洋底的目标海域下潜，等待着"奋斗者"号进入"沧海"号的视线。

00：01：16

"沧海"号是一台深海着陆器，可以进行全海深 4K 超高清视频拍摄采集、传输处理，能够记录深海中潜水器的一举一动。此外，"沧海"号还有一个小助理，叫"凌云"号，它是可以在海底自由活动的，可提供更多的角度来照明。这也为"奋斗者"号的洋底作业提供了独家的第二机位。目前"奋斗者"号和"沧海"号即将联合作业，我们也是随时保持关注。

今天，"沧海"号是跟着"奋斗者"号一起下潜万米的，但是和"奋斗者"不同的是，"沧海"号是从"探索二号"保障船上布放的。有关"沧海"号的最新消息，我们马上来连线正在"探索二号"保障船上的总台记者杨理天。

理天你好，离上一时段连线已经过去 1 个多小时了，有哪些最新的动态带给我们？

00：02：12

记者：好的，主持人。这 1 个多小时简直是令人非常非常激动、紧张，又非常非常珍贵。我们现在是在"探索二号"的"沧海"号着陆器的控制室。大家可以看到，现在控制室里面灯光已经全部调暗了，而且我们船上几乎所有的科学家、工程师都聚到这里，齐聚一堂，我们现在要见证一个历史性的时刻。也就是说我们的"沧海"号着陆器在 9 点 02 分的时候坐底深度超过了 1 万米。此后"奋斗者"号载人潜水器用 1 个小时 20 分钟的时间在慢慢地寻找它。并且我们的"沧海"号着陆器把所有的灯光打开，为了能够让"奋斗者"号潜水器循着它的灯光，在万米的海底找到它。那么现在找到了没有呢？我们马上来看大屏幕。

…………

第一节　广播新闻现场直播制作

广播新闻现场直播是对正在发生的重大新闻事件，进行同步报道的大型广播新闻形式。它以新闻现场的实况为主要声音信号源，以新闻现场发生的事件为主要报道内容，在与新闻事件同步的情况下，主持人或记者按照新闻事件的发生、发展过程，边报道新闻现场的所见所闻，边对新闻事件进行必要的介绍与评述。

下面介绍常态下的现场直播和突发事件的现场直播。

一、常态下的现场直播

常态下的现场直播是指按照事前计划或者正常节目安排和制作要求，不需要额外投入人力和设备，就能够完成的现场直播。

《中国之声嫦娥五号探测任务特别直播〈嫦娥再探月〉》（中央广播电视总台，2020年11月24日）是常态下的现场直播，是在海南文昌航天发射场现场完成的，通过记者连线、现场解说、录音报道等多种方式，该现场直播完整地记录了长征五号遥五运载火箭搭载嫦娥五号成功发射升空，且将其送入预定轨道的全过程，重点呈现"长五"发射升空、器箭分离、轨道器帆板展开等关键环节。请鉴赏长五拔地而起、壮丽飞天的情景。

张棉棉：好的，好，我现在是距离发射塔架3公里左右，就是普通人能够观看发射最近的一个地点，那么就在刚才随着动1指挥员胡旭东倒计时口令声的响起，我真是看到了长征五号火箭是拔地而起，瞬间撕裂了本来被乌云遮住的天空，那海天之间是瞬间仿佛升起了一个全新的太阳，就在那一刻我脚下的地板乃至整个大楼都在震颤，现场的记者们是不约而同地一起鼓掌欢呼，一起倒计时，自豪、喜悦之情溢于言表，这是我们的火箭，搭载的是我们的卫星，长征五号、嫦娥五号，"长五"火箭起飞后，带着长长的橘色尾焰，一头连接着众人期待的目光，一头连接着我们中华民族千年奔月的梦想，现在它正在向东南方向飞去，越飞越远，正在逐渐离开我们的视线。我们也祝福它和嫦娥五号在接下来的旅程中能够一切顺利，颖婧。

该直播中有深入浅出、全面生动的现场解说，还有穿插其中、生动有趣的录音报道。尤其是主持人和嘉宾第一时间的现场解说生动有趣，完全打破了声音传播没有画面的劣势，让听众宛如置身现场。

整场直播结构紧凑、现场感强、画面感强，听众在紧张的期待和最后成功的兴奋中充分感受到了我国航天事业的辉煌成就和强大的科技实力。

这是一篇不可多得的广播现场直播优秀作品，夺得了第三十一届中国新闻奖二等奖。节目播出的同时，音频同步在央广网、云听等新媒体平台呈现，获得了很高点击率。

二、突发事件的现场直播

便捷的广播新闻直播在突发事件传递信息方面往往能发挥非凡的作用，如获第三十二届中国新闻奖二等奖的《记者接力记录：暴雨中遇险的K599次列车99小时曲折旅程》（中央广播电视总台，2021年7月24日）。K599次列车从包头始发近99个小时后，终于到达终点广州站——按照常规，从包头到广州只需42小时的行程，这次行程却用了近99个小时，为什么？！该报道运用倒叙的结构，展现了K599次列车在河南暴雨灾难中遇险的曲折经历：7月20日下午3点多，从包头开往广州的K599次列车，运行到京广线郑州市南阳寨到海棠寺区间，遇到罕见的暴雨，水漫钢轨，铁道外侧的防护墙在雨中倒塌，路基下沉，悬空的铁轨下，全是流得特别急的水。司机发现险情紧急减速停车，乘务人员立即疏散部分乘客，两节车厢随后倾斜。列车后半部在折返后，在新乡北站停靠的20多个小时里，K599乘务组又不断协调解决乘客饥饿问题……这99个小时中出现的突发事件，扣人心弦，充满悬念，这得力于三路记者（郑州记者、湖南记者、广东记者）的扎实采访。该报道记录了在这场惊心动魄的旅程中，人们从措手不及到互相理解，进而合力共渡难关的经历，生动地诠释了灾难面前人们的坚韧和大爱——列车乘务人员的勇于担当、市民的爱心救助、乘客们的理解和支持。

再如《重庆山火突发，他们逆行而上——人民的英雄，英雄的人民！》（重庆华龙网，2022年8月26日，获第三十三届中国新闻奖一等奖）。该报道聚焦重大突发事件——重庆山火，从"人民的英雄、英雄的人民"切入，通过视频、文字、语音、全景照片等，运用新媒体动态交互视觉设计，与沉浸式的叙事表达，既传达了政府科学组织、主动应对的信息，又展现了现场烈焰中逆行的消防救援人员、不舍昼夜输送物资的摩托车队、令人震撼的"人"形防火长城等。在灾难面前众志成城、守望相助的伟大民族精神被表现得淋漓尽致，动人心魄。该专题社会反响强烈，融合表达入脑入心，感动了全国人民，也震惊了世界，线上浏览量超2000万次。

第二节　电视新闻现场直播制作

电视新闻直播就是指在新闻演播室和新闻事件的现场，把新闻事实的图像、声音以及记者和主持人对事件的报道等信息同步传递给观众的一种传播方式。

一、电视新闻现场直播的魅力

电视新闻现场直播是电视节目的一种特殊形态，其利用电视技术手段同步记录，同时播放特定的事物，声画并茂地对新闻事件进行同步报道。也就是说，新闻事件的报道、摄录、播出等不同环节全部在同一时间、同一现场进行，现场直播实现的是新闻发生和新闻播出的零时差、零距离，零时差和零距离是信息传播的最佳状态。可见，电视新闻现场直播真正由电视台创造并体现了电视报道的"独家之优势"。

这种无与伦比的"真实感"主要来自两方面：一是"同步"的真实性，二是"直观"的眼见为实。现场直播具有"就在此时此地正在发生着的"现实感，其颠覆了传统的传播形式，将电视传播的优势发挥到了极致。电视新闻现场直播跨越了时空的限制，使报道的透明度最彻底、保真度最高。因此，时间的同一性、记录的同步性和传播的同时性构成了电视新闻现场直播的特有属性，新闻现场直播最全面、最集中、最直接地体现了新闻特征，它也是最能体现及发挥电视传播特点和魅力的新闻报道形式。

二、电视新闻现场直播的选题与制作

现场直播往往用来报道特别重大的活动和广大群众非常关心的具有悬念性的新闻事件、突发事件，这类大型直播、突发性直播对电视新闻机构的反应能力提出了极大挑战。在接到新闻线索之后，电视台的决策层需要立即决定是否进行直播。一旦确定直播，编辑部要最快制订新的编播计划，包括直播的时间、内容，确定报道人员和演播室的主持人，最快请到相关领域的官员、专家，最快调出相关的数据、背景资料。采、编、播人员要具备快速应对各种情况的能力，如最快拿出报道方案和后续计划，采播设备要跟上，要加快建立由一定数量的卫星直播车和采发一体的摄像机、交通工具与操作简便的多媒体电视制作设备、动态美工特技创作设备组成的采、播合一的技术系统。

《第二十四届北京冬季奥林匹克运动会开幕式》（中央广播电视总台，2022 年 2 月 4日）、《庆祝中华人民共和国成立 70 周年大会、阅兵式、群众游行特别报道》（中央广播电视总台，2019 年 10 月 1 日）、《冲刺 1500 公斤——袁隆平团队第三代杂交稻测产》（湖南广播电视台卫视频道，2020 年 11 月 2 日）、《保护卧佛》（重庆广播电视集团，2019 年 6 月 29 日）、《中国"奋斗者"号载人潜水器万米级海试》（中央广播电视总台，2020 年 11 月 13 日）、《众志成城 防汛救灾——直击新安江水库泄洪首次 9 孔全开》（杭州市广播电视台杭州电视台综合频道，2020 年 7 月 8 日）、《庆祝改革开放 40 周年直播》（中央电视台，2018 年 12 月 18 日）、《守卫蓝天 我是行动者——2019·共筑美丽家园》（江苏省广播电视总台，2019 年 6 月 5 日）等，这些电视新闻直播关注的都是重大活动和新闻事件——北京冬奥会、70 周年大会庆典、种业、文物保护、中国"奋斗者"号载人潜水器万米深潜的壮举、防汛救灾、改革开放、时政活动、环境保护等，也有的报道人民群众的"小"事，《突发！两岁女孩碎玻璃入眼 交警媒体紧急护送》（江西广播电视台都市频道，2021 年 10 月 28 日，获第三十二届中国新闻奖一等奖）。

《突发！两岁女孩碎玻璃入眼 交警媒体紧急护送》讲述的是江西省吉安市两岁女孩何诗雨，因摔跤碎玻璃扎进眼球，十分危急，为了不失明，当地医生建议尽快转到南昌大学第一附属医院紧急手术，由于预计到达时间将是南昌的晚高峰，家属担心路上堵车、入院手续烦琐，导致眼球不保。何诗雨爷爷求救江西广播电视台都市频道，都市 2 直播接电话后立即派出直播团队，立即联系高速交警、南昌县交警和南昌大学第一附属医院，为小女孩的手术争取到了极其宝贵的时间，最终保住了孩子的眼球。都市 2 直播全程直播了这一与时间赛跑的救助过程。两岁女孩碎玻璃入眼事件看哭无数网友，牵动千万人心，而这场直播是一场与时间赛跑的紧张、揪心、感人的现场直播。江西广播电视台都市现场抖音号、快手号、微博、微信视频号等国内知名平台都进行了同步直播，全网共有四千多万网友观看这一直播，该直播生动有力地展现了交警、记者、医护人员在人民群众危急之时的担当与责任（如图 11-1、图 11-2 所示）。

图 11-1　交警用摩托车开道

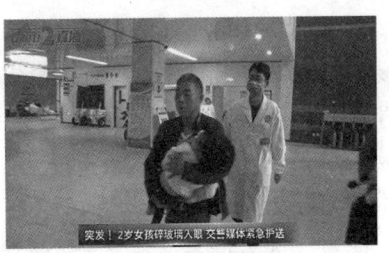

图 11-2　两岁女孩紧急住院治疗

下面介绍获第三十一届中国新闻奖一等奖的《中国"奋斗者"号载人潜水器万米级海试》，该现场直播新闻立足于海面以及万米洋底架设的 10 个机位，向观众全方位展示了"奋斗者"号载人潜水器万米级海试的全过程。历时 20 天，团队成员出海近两个月，在极度有限的空间内，在独家万米深海 4K 高清视频直播系统的支持下，中央广播电视总台实现了 31 个小时的现场直播。

2020 年 11 月，中国"奋斗者"号载人潜水器在全球海洋最深处"马里亚纳海沟"成功创造 10,909 米下潜新纪录。中央广播电视总台全球独家直播了这一壮举，幕后支撑是总台深度参与国家"十三五"规划深海专项，并牵头深海专项的"全海深视频采集传输处理技术研发"项目，历时 5 年成功研制万米深海 4K 高清视频直播系统。11 月 13 日，总台深海视频着陆器"沧海"号首次与"奋斗者"号联合作业，"沧海"号首次通过电视直播镜头报道"奋斗者"号探底万米洋底的历史性时刻，并实现总台北京演播室主持人与洋底潜航员视频直播连线——这是人类首次实现万米深海视频直播。美国有线电视新闻网（CNN）、美国全国广播公司(NBC)、美国广播公司（ABC）、推特（Twitter）、脸谱（Facebook）等媒体和平台多次转载总台报道。美国广播公司报道称："中国播出了降落到马沟底部新型潜水器的视频，这是对地球最深海底山谷的历史性科学考察任务的一部分。"美国生物学家彼得·沃特（Peter Ward）评价："在崛起成为科学超级大国的过程中，这一使命和用于实现目标的技术标志着中国的又一项壮举。"

请欣赏直播过程中震撼亿万观众的中国潜水器探底马沟的瞬间、潜航员探出观察窗口的面部特写、潜航员第一次成功与北京演播室实现视频对话连线等经典画面的文字描述内容。

00：03：40

……

记者杨理天：其实现在这个画面非常非常珍贵。再次提醒您，此时此刻我们是在马里亚纳海沟。"沧海"号着陆器是在 1 万米的海底捕捉到了"奋斗者"号载人潜水器的，它头上的光斑，也就是它亮着的这些灯。我们现在已经拍到了，而且我们时路老师把镜头拉近之后，几乎已经可以看清"奋斗者"号载人潜水器的轮廓了。我甚至能够看到它两个机械手以及它面前的采样篮。也就是说，其实"奋斗者"号载人潜水器在保持安全距离的情况下，正在一步一步地靠近我们的"沧海"号着陆器。

……

00：05：20

我们给它一点时间。所有的科学家和工程师现在都在闭气凝神等待这一时刻。我们"沧海"号着陆器能够下潜到1万米的海底非常不容易。今天它是在北京时间的凌晨4点12分被放入水，4点14分正式开始下潜。用了5个小时的时间坐底，坐底超过1万米。之后用了1个小时20分钟，那么现在是25分钟，正在和我们"奋斗者"号载人潜水器打配合。我们"沧海"号着陆器其实是一个全能的央视"摄像师"，它不仅有4K高清的摄像机，还有16盏不同型号的灯光。我们知道在万米的深海压强巨大，而且一片漆黑，如何能够在这样恶劣的环境下拍到一艘载人的潜水器。大家要注意，这艘潜水器里面现在有3名我们的潜航员和科学家，我们的载人潜水器现在正在慢慢靠近我们的"沧海"号着陆器。可以看到这个光斑越来越大了，时路老师的手也在紧张地操作着。在这样恶劣的条件下，我们"沧海"号着陆器其实是克服了万米的压强以及一片黑暗的恶劣环境。

……

00：09：25

……

记者杨理天：大家可以看到现在潜水器的整个轮廓已经全部出来了。它的大头是我们载人潜水器非常显著的一个特点，它的浮力块是在它的头部，所以它的头显得比较大。好，现在又开了一盏灯。这是？哇，太漂亮了，太漂亮了。再次提醒您，这是此时此刻在万米马里亚纳海沟进行的直播，我们现在所看到的画面是"沧海"号着陆器拍摄到的马里亚纳海沟"奋斗者"号载人潜水器的画面，这个画面太漂亮了，这是历史性的一刻。

……

00：10：18

记者杨理天：……我们看到，推上去推上去，我们现在看到的是"奋斗者"号载人潜水器的主驾。

导播时路：好，别着急。

记者杨理天：好，我们慢慢来，主驾正在用……

记者杨理天：这个画面太清晰了，他正在用纸巾擦拭自己的舷窗，正在擦拭，这是一团纸巾，我们的主驾正在，正在……

工作人员：让他露个脸。

记者杨理天：露个脸，让他露个脸。好，现在其实"探索二号"母船上是有一个和……我们的主驾已经露脸了。

00：11：34

叶延英，叶延英。

现在镜头给一下，我们等这一时刻真的是非常非常久了。其实"沧海"号着陆器立项两年，"奋斗者"号载人潜水器是2016年立项，就是为了这一时刻，我们一直在期盼，现在主驾正在用他……

工作人员：手机。

记者杨理天：正在用他自己的手机为我们拍照，这是多近的一个距离，还在看我们，我也看到你们了。

工作人员：笑一个。

记者杨理天：其实大家不知道，1个小时之前这个房间的氛围有多么紧张和凝重，大家都不知道会不会有这样的画面呈现。

工作人员：拉开了，导播。

记者杨理天：现在成功了，我们可以说此次联合作业成功了。现在这个画面一定要给到大家，真的太漂亮了。此时此刻是在万米马里亚纳海沟拍摄，"沧海"号着陆器拍摄"奋斗者"号载人潜水器。大家可以看到，"奋斗者"号载人潜水器的灯光，现在有一个巧妙的布局，让它呈现了一种空灵静谧的感觉。可以看到其实"奋斗者"号载人潜水器是有自己的云台的。它的云台刚才我看到也稍微动了一下，它又给我们拍了一张照。好的，我们现在一直在实现两个人的互拍，看来他们的心情都非常好，我们的"沧海"号和"奋斗者"号心情都非常好。

00：13：15

不仅是我们的全能"摄像师"在拍我们的"奋斗者"号，"奋斗者"号也在拍它的"摄像师"。

刚才有个话题没说完，就是我们在比较浅的这个海域进行实验的时候，当时"沧海"号的镜头面对的是反方向，也就是潜水器落到了"沧海"号的后面，那怎么办呢？当时大家都觉得是不是这次实验会有一些情况，但是最后还是成功了。

……

00：30：19

因为之前李工也给我们介绍了，海底传输信号非常困难。那接下来我们首先来尝试一下，能不能和我们的，在"奋斗者"号里面的3名潜航员进行一个通话。现在，我们从实时画面当中已经能够看到3名潜航员了，我们不知道他们能不能听到我们的通话。看到这么历史性的画面非常激动，我们马上来跟他们提一些问题，想问的问题有很多。潜航员你们好，你们的身体状态怎么样？尤其是能不能给我们介绍一下你在海底看到的画面怎么样？有没有美人鱼？有没有我们中国神话里面的海底龙宫、虾兵蟹将，此时此刻你们最想跟我们分享的有哪些感受？完毕。

00：31：15

潜航员叶延英：主持人，能听见我们说话吗？

主持人：能听见，非常清晰。

李艳青：对，非常清晰。

00：31：45

潜航员叶延英：主持人上午好，能听见我们说话吗？完毕。

00：32：17

主持人：好的，可能信号有些延迟，我们再把我们刚刚的提问向3位潜航员讲一下。

3 位潜航员你们好，我们能够非常清晰地看到你们的画面、听到你们的声音，我们想知道你们在海底看到的海洋世界是什么样的？有没有我们童话里面提到的美人鱼、龙宫、虾兵蟹将等，你们此时此刻最深切的感受是什么？完毕。

00：32：50

潜航员叶延英：主持人上午好，我们今天上午下潜之后，我们 3 个人现在在舱内，身体状况都非常好。然后现在我们观察到海底的地形是比较平坦的，我们等会儿会按照我们下潜的工作计划来进行科考，完毕。

这场直播成为全网关注的焦点，《新闻频道》《央视新闻客户端》《中国之声》《环球资讯》以及中国国际电视台（CGTN）等各频道及平台结合前方直播内容，根据自身媒体特性制作成不同直播内容进行呈现，《人民日报》、新华社、凤凰网、抖音等媒体和平台对总台的报道进行全网置顶或推送。央视新闻"海底 1 万米""央视记者对话万米海底的潜航员"等相关微博、抖音话题阅读量达 16 亿，报道 6 次登上全网热搜。中国载人潜水器"奋斗者"号万米海试过程中，中国国际电视台全程直播并同声传译。

电视新闻现场直播《守卫蓝天 我是行动者——2019·共筑美丽家园》，以寻找一只有着特殊经历的白鹤"419"为线索，分为鸟、人、家园 3 个篇章，将人文生态、科普知识和观赏美感融为一体，生动展现了鄱阳湖"人鸟共家园"的自然和谐美景（如图 11-3 所示）。

图 11-3　《守卫蓝天 我是行动者——2019·共筑美丽家园》

2019 年 6 月 5 日是第 48 个世界环境日，我国是此次世界环境日的主办国，江苏在推动生态环境高质量发展方面走在了全国的前列，颇具现实指导意义。江苏广电总台融媒体新闻中心联合省生态环境厅、多地市县台，推出全媒体大型电视现场直播，时长两个半小时。直播主题鲜明——围绕打赢蓝天、碧水、净土三大保卫战，视觉多元——生物多样性、垃圾分类、无废城市等，现场感强，形式新颖，画面精美。该节目受到社会各界广泛关注，获得了联合国环境规划署和中华人民共和国生态环境部的充分肯定，并获第三十届中国新闻奖二等奖。

阅读·思考·实训题

1. 鉴赏近5年获中国新闻奖的广播电视现场直播节目。

2. 重点鉴赏《庆祝中国共产党成立100周年大会特别报道》（中央广播电视总台，2021年7月1日）。

3.《中国"奋斗者"号载人潜水器万米级海试》如何体现了我国强大的科技实力？

4. 现场报道迅速发展的内因和外因是什么？为什么现场报道最能发挥电视的传播优势？举例说明。

5. 常态下的广播电视现场直播与突发事件中的广播电视现场直播有何不同？

6. 现场直播主要培养或锻炼哪方面的技能？

7.《嫦娥再探月》中的现场解说对现场直播有什么意义？

8. 以校运动会、校文艺演出、校报告会等活动，策划一个广播、电视的现场直播。

9. 以任意一种出镜报道形式完成一次自己出镜的新闻报道。

10. 设定3个彼此相距不远的直播点，点击手机录像按钮，模拟不间断直播方式，完成对3个地方的情况介绍，但请注意，要把关注点和视频重点放在由一地转移至另一地的过程以及自己的表现上。

11. 以"某地的早晨"为题，制作一个直播新闻包，时长不超过3分钟。

12. 如果你是载人飞船发射直播的出镜记者，你会如何设定开篇报道？

第十二章 电视新闻节目主持人台本写作

第一节 设置电视新闻节目主持人的意义

从"播新闻"到"主持新闻"，主持人的出现是大众传播领域的一次深刻改革，具有重要的现实意义和深远的历史意义。

电视新闻节目主持人是在固定新闻栏目中，代表电视媒体的传播立场，能够参与新闻采制、播出与内容点评的整体环节，通过语言交谈驾驭节目进程的人。电视新闻节目主持人包括新闻直播节目、新闻评论节目、新闻访谈、新闻专题、新闻杂志等节目的主持人。真正由电视台创造并体现电视台优势的报道体裁就是主持人节目和现场直播。

广播以声传情，声情并茂，电视形神兼备，声画和谐。尽管广播也是一个有着广泛大众基础的媒体，但与电视相比，它的影响力较小。如今，网络媒体、手机媒体、数字电视、移动电视等新媒体不断涌现，这些新媒体实质上是电视新闻传播平台的扩展与延伸，新媒体只是利用一种新的传播介质，以图像和声音为基本样式特征，在构成样式、传播模式等方面有一些新的发展与变革，形成了新的特点。当今不同类型媒体的竞争日趋激烈，但电视仍然是人们接触的最主要媒体之一，仍然是影响当代人类社会的、权威性的公众媒体。

美国新闻传播学者仙托·艾英戈和唐纳德·R.金德1987年就主持完成了一项在传播学领域具有世界性和历史性学术影响的试验《至关重要的新闻：电视与美国民意》，其研究结果指出："'媒体政治'已经无处不在，不仅存在于美国，在其他国家也一样……可以毫不夸张地说，使用——甚至操纵——大众传媒以促进政治目标的实现，不仅是标准的操作方式，而且已经成为一种生存的需要。"[①]

"随着电视成为美国人生活的核心，电视新闻成为美国人获取政治新闻独一无二的、

---

① 艾英戈，金德.至关重要的新闻：电视与美国民意 [M].刘海龙，译.北京：新华出版社，2004：1-2.

最重要的信息来源……无论是与非，电视新闻已然成为美国政治活动中一个定期的参与者……每天晚间电视新闻里的报道，强有力地影响着美国人对社会和国家的看法。"①

"电视新闻是能够决定在大众脑海中闪现什么的最重要的力量。通过事先强调国家生活中的某些方面而忽略另外一些方面，电视新闻把人们的政治判断和政治选择限定在一定范围之内。"②

"媒介在政治这一主要新闻报道领域中占据了优势（压倒其他信息来源）。"③ "从民主政治的角度来看，现代社会中，大众传媒中的新闻至关重要，已经成为多元政治能否顺利实现的一个关键因素。"④

在我国，党的新闻工作是治国理政、定国安邦的大事，广播电视是教育鼓舞全党、全军和全国各族人民建设社会主义物质文明和精神文明的最强大的现代化工具。⑤ 党的十八大以来，党中央高度关注新闻舆论工作，习近平总书记明确指出党的新闻舆论工作的职责和使命：高举旗帜、引领导向，围绕中心、服务大局，团结人民、鼓舞士气，成风化人、凝心聚力，澄清谬误、明辨是非，连接中外、沟通世界。习近平总书记主持新闻舆论工作座谈会的讲话，是对马克思主义新闻观的新贡献，是广大新闻舆论工作者的行动指南和基本遵循。

新闻传播是上层建筑的一个重要组成部分，纵观世界电视事业发展史与现实，无论是哪个国家，哪个主流广播电视台，无不把广播电视新闻部门看作最核心的部门，把广播电视新闻视为电台、电视台的旗帜。因此，世界各国的传媒、各广播电视机构，都花大力气抓新闻传播。新闻节目是广播电视的龙头、主体、骨干。电视新闻节目主持人对提升电视台和栏目知名度、塑造和深化电视新闻节目、有效传播新闻具有重要作用。

第二节　电视新闻节目主持人的素质

美国是众多著名电视节目主持人的诞生地。哥伦比亚广播公司（CBS）新闻部经理威廉·伦纳德在 20 世纪 80 年代初挑选克朗凯特的接班人时，提出了四条基本要求："第一，主持人必须具备在电视上传播消息的能力，必须有能力写作、播报并且让观众看起来顺眼。第二，在屏幕之后，应有作为记者的才干。比如，新闻价值判断力如何？记者业务水平如何？如果让你领导一个编辑部，你怎样去领导？你能察觉到一条消息吗？你能辨别出一些将会成为新闻的东西吗？第三，在危急关头，在不利的情况下，有能力对总统选举、议会

① 艾英戈，金德. 至关重要的新闻：电视与美国民意 [M]. 刘海龙，译. 北京：新华出版社，2004：165.
② 艾英戈，金德. 至关重要的新闻：电视与美国民意 [M]. 刘海龙，译. 北京：新华出版社，2004：8.
③ 张国良. 20 世纪传播学经典文本 [M]. 上海：复旦大学出版社，2003：420.
④ 达尔. 民主理论的前言 [M]. 顾昕，朱丹，译. 北京：生活.读书.新知三联书店，1999.
⑤ DVBCN 数字电视中文网. 辉煌 60 年：1981 年中国广播电视发展大事记 [EB/OL]. （2009-09-15）[2023-08-10]. https://www.asiaott.net/h/38393.

会议、航天飞机发射等事件做现场报道。比如，在你毫无准备的情况下，突然遇到总统遇刺，在这种特别时刻你能沉着冷静地报道新闻吗？第四，主持人的个人品德作风如何，因为主持人毕竟是代表哥伦比亚广播公司新闻部和哥伦比亚广播公司本身的最明显的象征。"[①]

这四条基本要求很值得我国电视新闻节目主持人借鉴。在节目主持人的发展历程中，虽然电视新闻节目主持人的出现比综艺类、服务类节目主持人要晚，但新闻节目主持人是所有节目主持人中要求最高的一种，其所需素质主要有以下几个。

一、思想素质：要有牢固的喉舌意识和导向意识

电视新闻节目主持人作为新闻工作者，承担着宣传马列主义、毛泽东思想、邓小平理论、"三个代表"重要思想、科学发展观以及习近平新时代中国特色社会主义思想的重要使命。新闻节目主持人必须认真学习上述理论，切实提高理论水平和政策水平，必须时刻注意节目的选题、内容、思想是否符合党的方针政策，绝不允许以个人的好恶、感情、看法作为反映和取舍的标准，严防"偏导"和"误导"。

电视新闻节目主持人要具有高度的社会责任感和时代使命感，心系观众，处处关心他们的命运疾苦，做好党的宣传员、人民的知心朋友。

二、新闻素质：要有灵敏的新闻嗅觉，要讲究宣传引导艺术

新闻素质是电视新闻节目主持人必备的素质之一，主要表现为新闻敏感。所谓新闻敏感是指新闻工作者及时识别事物所含新闻价值的能力，也就是新闻工作者的感官对新闻人物、新闻事件、新闻事实所蕴含的新闻价值的敏锐感知能力。[②]

新闻敏感反映在选题上，首先，电视新闻节目主持人要从全党全国的大局出发考虑选题；其次，要发现尚处于萌芽状态且具有生命力的新事物或是抓住刚冒出的值得注意的带有倾向性的问题及时抨击。电视新闻节目主持人要讲究宣传引导艺术，贵在注重说理技巧，做到寓理于事，事理结合，循循善诱，以理服人，以情感人。

孙玉胜作为央视《东方时空》《焦点访谈》《实话实说》《新闻调查》等著名栏目的领军人物，在中国电视新闻节目主持人的发展中起着重要的引领作用。其专著《十年——从改变电视的语态开始》深刻地阐述了他对电视新闻节目主持人的新闻素质的独到见解。

一个优秀的节目主持人的外在标准应该是具有个性、魅力和激情。而内在的标准是主持人要具有良好的职业敏感，也就是发现能力，还要具备出色的写作能力和表达能力。

优秀的电视新闻节目主持人应该是集合魅力、表达能力和发现能力于一体的。如果把三位一体的主持人的"魅力"放在三角形的顶角，那么"发现能力"和"表达能力"就是这个三角形的两个底角。如果把主持人的"魅力"看作一辆飞驰的汽车的前轮，"发现能

---

① 杜兰．关于电视新闻节目主持人研究的再思考 [J]．新闻知识，2000（9）：41-42.

② 刘海贵．新闻采访教程 [M]．上海：复旦大学出版社，2002：69-70.

力"和"表达能力"就是给予它动力支持的两个后轮。

孙玉胜所强调的发现能力就是极其宝贵的新闻敏感——这是新闻素质的首要特点。

发现能力的高低是主持人产生分化的一个分水岭。有的主持人即使拥有绝对空间,但由于缺少发现的能力,他也只能平铺直叙,甚至只能依赖编辑。其实发现的能力就是职业敏感,就是要发现新的新闻事实、新的角度、新的新闻背景,发现新闻中值得追踪的一切蛛丝马迹。

电视新闻节目主持人最好有丰富的新闻工作经验,最好是从资深记者或名记者中培养、发展、选拔。因为他们拥有良好的素质和科班出身的主持人难以拥有的优势,如拥有敏锐的新闻眼光,能随时识别新闻、捕捉新闻、判断新闻的价值,善于捕捉独家新闻;拥有快速、准确、简洁、清楚地写作的能力;拥有献身于新闻事业的顽强采访作风、顽强拼搏精神等。

在美国,最受欢迎的电视新闻节目主持人几乎都是能够深入新闻事件现场采访的记者。他们直接深入社会的方方面面,直接感受社会、体验生活,进行大量的采访、即席谈话,这些使他们练就了随机应变、急中生智、应对自如的本领;使他们练就了快速、准确地分析、判断与评论的能力;使他们在快速组织语言及快速进行即兴报道、即兴评论过程中具备了新闻主持人的直播素质。

作为美国三大电视网的《晚间新闻》的六位超级明星主持人,他们在做主持人之前都有过长期从事新闻工作的经历:哥伦比亚广播公司的克朗凯特被誉为西方节目主持人的"鼻祖",从事新闻工作的时间长达29年,曾在总统选举、越南战争等数十次新闻专题节目中,发表具有独到见解的精彩评论。著名主持人丹·拉瑟从事新闻工作长达20年,他以敏锐的新闻眼光和顽强的采访作风,荣获"美国头号新闻主持人"的美称,而且他和克朗凯特都做过驻外记者,都在报纸、通讯社、广播、电视等媒体工作过。拉瑟立下一条规定:只要是重要新闻出现,随时都可以打电话到他家中唤他。他认为,环境越是危险,新闻就越好,他总是自愿承担危险的报道任务,如他以特有的新闻敏感,抢先报道了肯尼迪总统遇刺身亡的消息,且在四天四夜中连续写了一系列跟踪报道,他也因此而晋升为驻白宫记者。另四位:美国全国广播公司的亨特利在任主持人之前从事新闻工作23年,布罗考从事新闻工作22年,布林克利从事新闻工作16年,且在四种媒体工作过,美国广播公司的詹宁斯在做主持人之前也做过20年之久的新闻工作。

美国广播公司《晚间新闻》节目主持人、"智慧战胜美女模特"的全美著名女主持人芭芭拉·沃特丝,原来只是一名普通记者,台里的重要采访都不安排她。她为了改变这种现状,经常独自寻找采访机会,为了采访到在基辛格看来"你永远也别想采访到他"的霍尔德曼,她用心给霍尔德曼写了一封长信,霍尔德曼被这封信深深地打动了并接受了她的采访。

"从名记者中培养名主持人"的思路,在我国《东方时空》节目的实践中被证实是科学有效的,其培养了一批具有全国影响力的电视新闻节目主持人,如敬一丹、白岩松、水均益、方宏进等。这种思路也被广泛地应用于《焦点访谈》《新闻调查》等其他电视新闻栏目,涌现出一批优秀的记者型主持人,如章伟秋、柏杨、翟树杰、王利芬、长江、侯丰、王志、董倩、杨春、孙宝印、李小萌、张泉灵、张羽、徐滔等。

第三节　电视新闻节目主持人台本的写作

电视新闻节目主持人的台本是节目的蓝本，这种台本的写作有特定的要求和技巧。主持人、嘉宾、观众是节目的三大要素。主持人是节目的主体和核心，负责采访报道、组织讨论、串联节目、陈述事件、制造气氛等。主持人可以是单一型主持人，也可以是集策划、导演、主持于一身，甚至能掌握节目的人、财、物的支配权的全能型主持人。

主持人与播音员的本质区别在于，主持人的交流方式是人际传播，人际传播如同生活中人与人之间的谈话交流，而播音员是单向传播。

主持人、嘉宾、观众之间的交流主要运用的是谈话体，是以谈话的形式进行的，共同构建谈话的氛围场。主持人在节目中说话要受到节目的制约，要符合社会主流价值观，不能随便讲话：其一，谈话体要求口语化，要上口好听，多用短句，少用长句，多用口语，少用艰涩的书面语言，灵活多变地运用语言技巧，这样，谈话就平实自然，雅俗到位，简繁得当，生动灵活；其二，谈话体的台本写作要求心中要有观众，就好像在与观众倾心交谈，写作时要注意台本中要体现主持人和观众之间的双向交流感，要让每一位观众感觉到主持人是对着观众自己说的；其三，台本写作要充分考虑主持人的个性，突出其风格，打造品牌——主持人风格指的是主持人在主持节目过程中，表现出来的具有个性化的主持特征，可从声调、语言、相貌、服饰、风度、气质等方面体现。

主持人节目是围绕一定的话题展开的，节目台本的写作必须讲究话题的设计，即怎样开头、怎样展开、怎样衔接、怎样结束。节目台本应根据不同的素材和栏目要求，考虑不同观众的心理和主持人的个性形象，设计不同的开头、话题的衔接方式、话题的结束方式，实现节目优化传播。

一、开头方式

古希腊哲学家柏拉图说得好："开头，是一篇文章最神圣的部分"[1]。万事开头难，优秀的节目主持人常常为了一个精彩的开头绞尽脑汁，他们把话题的进入方式视为自己独特个性的标志，足见其重要性，需要下硬功夫。

常见的开头有以下几种。

（1）举例式——用大众普遍关心、熟悉的事例开头。

（2）推荐式——开头推荐观众感兴趣的、最需要的内容。

（3）摘要式——把话题的主要内容提炼出来作为开场白。

---

[1] 门彻.新闻报道与写作[M].展江，译.北京：华夏出版社，2003:128.

（4）回顾式——开头回顾观众比较熟悉和感到亲切的人与事。

（5）过渡式——开头利用过渡式词语自然转入下一个话题。

（6）交谈式——如果两位主持人共同主持节目，即用谈话的方式进入。

（7）接力式——如果两位主持人共同主持节目，由前一主持人说出话题的结尾后，后一主持人接过话题，顺势展开新话题。

（8）承上启下式——两个话题之间可用承上启下的话题进入。

（9）开门见山式——适合简单的话题，开门见山，直奔主题。

（10）渐进式——对于较长、较复杂的话题内容，宜用具有铺垫作用的渐进式方式开始话题。

如中央广播电视总台《面对面》的记者董倩访问华为总裁任正非是这样开始的。

董倩：非常感谢您把这个机会给了我们，但是我仍然非常好奇，您以前为什么不在电视上露面？

任正非：我没有想明白为啥不露面，不上也没有问题。我觉得文字穿透力更强一些，我自己写文件。

董倩：为什么这段时间您会这么频繁地接受中外媒体的采访？

任正非：我是被公共关系部门逼的，因为他们说现在处在一个危机转换阶段，我一定要让客户理解我们，让18万员工理解我们，大家要团结起来奋斗，度过这个困难的时间。他们说还是你讲话有权威，那我就讲话了。

这个开头运用了举例式、推荐式的方式。

再如《雇人住院为哪般》的开头。

加入城乡医保的居民都知道，现在看病住院，个人只需要承担自费的部分，剩下的大头儿，按不同比例由医保报销，而且是由医院和医保机构结算，个人不用管。这种社会医疗保险是我国的一项重要的民生工程，国家每年都对其投入大量的财政资金，仅2017年全国财政医疗卫生支出预算就超1.4万亿元。花这么大的投入，为的就是让老百姓看得起病、住得起院。但有的地方的个别医保定点医院，却打起了套取医保资金的歪主意。

这个开头运用了开门见山式、举例式、摘要式的方式。

《【"时代楷模"黄文秀】风雨兼程新长征 初心无悔永芳华》的开头。

在大山里，靠读书改变命运的姑娘，被邻里乡亲艳羡地称为"飞出去的金凤凰"。在广西百色革命老区，有这么一个姑娘，她曾经飞得很高很远，但在繁华都市和贫瘠乡村之间，她毅然选择反哺故土，扎根泥泞，将汗水、心血、青春直至生命献给了这片热土。她就是2016届广西定向选调生、百色市委宣传部理论科副科长、派驻乐业县新化镇百坭村党组织第一书记——黄文秀。

这个开头运用了开门见山式、举例式、推荐式、回顾式、摘要式的方式。

《中国之声嫦娥五号探测任务特别直播〈嫦娥再探月〉》两位主持人的开头。

长征五号遥五运载火箭搭载嫦娥五号探测器，今天奔向月球，准备实现月球自动采样返回。中国探月工程三步走即将收官，中国之声现场直播嫦娥再探月。

鹤佳：各位听众，大家好！我是《中国之声》主持人鹤佳。

颖婧：大家好！我是《中国之声》主持人颖婧，欢迎收听中国之声嫦娥五号探测任务特别直播《嫦娥再探月》。现在，我们是在文昌航天发射场为您现场直播。

这个开头运用了交互式、过渡式、接力式的方式。

可见，开头经常是几种话题进入方式一起用，当然，也可以只用一种话题进入方式。

二、话题的衔接方式——串联词

串联词是主持人组织串联各节目的话语，使各节目各新闻组合为一个有机的整体。串联词要求准确、简洁、不喧宾夺主，而且要有情感，感染受众，要灵活多变，不可千篇一律。

（一）串联词的作用

（1）衔接，即承接上一个节目，开启下一个节目。衔接是主持人穿梭于节目内容和受众之间的手段和途径，目的是使各节目、各新闻组合为一个有机的整体。

（2）点评，即主持人可以简洁地对主持内容进行评述总结，表达自己的观点。

（3）发挥主持人作用。串联词是主持人自我展示的载体，可以充分展现主持人的风格、特色。

（二）串联词的写作

写好串联词要注意以下几点。

（1）引出话题，突出主题。

（2）从材料中提炼一些关键词，把节目串起来，起承转合，过渡自然。

（3）运用观众喜闻乐见的语言，简洁生动、引人入胜，雅俗共赏，灵活多变，别出心裁。

请鉴赏电视新闻访谈节目《面对面》报道的《任正非：时下的华为》这期，该节目话题设计亲和、从容，话题的衔接由小到大，从谈见媒体开始，谈到女儿、家庭，再谈到华为的困境，最后谈到基础教育与研究，层层递进，引人入胜，十分精彩。

董倩：任总，特别感谢您。

任正非：我也感谢你们。

……

董倩：我们这两天在华为园区，有媒体的 VIP 证，有媒体的同行，就是您的同事跟我们说，以前是没有过的，以前很少有媒体能够走进华为的园区。

任正非：我们欢迎媒体参观我们的园区，但是并没有说，我们要夸大，希望更多的媒体来。媒体来我们有接待，只是我们的接待方式可能没有那么隆重。

孟晚舟事件：还是要靠法律的力量

董倩：因为涉及孟晚舟事件，大家都很关注，但是我想大家关注的点和您作为一个父亲的关注点应该是不一样的。您作为父亲，想为自己的女儿做些什么？又能为她做些什么？

任正非：我们首先感谢党和国家对一个公民权利的保护，但我们能做的还是要靠法律的力量。

董倩：您现在能和女儿联系吗？用什么方式联系？

任正非：打电话，说说笑话。

董倩：您现在担心她吗？

任正非：我觉得不应该有多大的担心，她需要很长的时间解决这个问题。

董倩：您多久没有见到她了？

任正非：不知道，应该是（时间）很长了，很长吧。

董倩：因为工作的关系，很长时间见不着，这是一个正常状态？

任正非：不是，每个人都有一个小家庭，每个人都以小家庭为中心，忙碌完了以后，各回各的家庭。所以我们不像（以前在）农村，大家聚在一个大锅里面吃饭。

董倩：因为工作的原因，大家有小家庭的原因，长期见不到面这是正常的。但是因为这种情况这种意外，您会不会因为这种意外而特别惦记她，想念她？

任正非：她总比我的小女儿还好一点。我的小女儿放学回国，到我们家住一个晚上，第二天就飞走了，大女儿还好一点，还能看一看我。

董倩：您不会因为这件事特别地想念她吗？

任正非：不会。因为我觉得儿女最重要的是他们翅膀要硬，他们要自由去飞翔，这是父母的期望。父母并不期望儿女来照顾父母，这个不是我们的期望，所以他们飞得越高，他们跟我们的差距就越大，代沟就越多。他们愿意跟我们沟通就沟通，不愿意沟通我们就不沟通。

董倩：但是她毕竟遇到这么一件事。

任正非：这件事，我们还是要通过法律解决，我们是有信心能解决的。

关于"壁垒"：技术竞争是和平竞争

董倩：在遭遇了一系列的壁垒之后，外界舆论分析说现在恐怕是华为最危险的时候，作为公司 CEO 和公司创始人的任正非，他又是怎么分析当下和以后呢？

董倩：就在前段时间，我看您接受采访的时候曾经讲过这么一段话：华为发展到今天，不会以任何人为敌，也不会把谁看成自己的竞争对手，但是现在有的人把华为当成对手，那您怎么去面对这种状况？

任正非：这是比赛你做得好不好，你做得好了以后，不会没人买的，你不要担忧，我从来没有担忧过这个事情。我举个例子给你听：前两天我对西方记者专门讲的，全世界把 5G 做得最好的是华为，全世界把微波做得最好的是华为，全世界做 5G 只有几家公司，全世界做微波只有几家公司，只有一家公司，把微波和 5G 做得非常好。当把 5G 和微波做在一起的时候，我们不需要光纤就可以回传，现在我们用 4G 这个方法很成功，普遍为穷困国家，比如非洲穷困国家提供了服务，但是 5G 和微波结合在一起的时候，提供的是超宽带。西方实际上就是一个高档的大农村，因为是大规模的别墅群，他们每家每户铺光纤进去成本很高，这个时候他想看 8k 的电视，他拿什么看？我们小基站一装，方圆这一片就看了，这个全世界只有华为能做到。

董倩：但是假如有一些国家就用国家禁令的方式不让你们参与？

任正非：不买是他们傻，不买他们就亏了！这是比赛，是和平的竞争，技术竞争是和平竞争，他们除了买还有什么办法？

董倩：您怎么看这个问题，比如说华为在成长的过程当中，年轻的时候、小的时候没有核心科技，加入不了人家的竞争。现在有了核心科技，有了领先的技术，但是有的国家不让你参与竞争，这是每一个公司都必经的一个过程吗？

任正非：这只是有的国家。这些国家很少，没有这么大的影响。

董倩：但是就像您所讲的，欧美国家在电信领域的投资占到 60%，如果重要的欧美国家不让您进，有什么办法？

任正非：不会。我们有很多东西欧美国家最终非买不可，我们一定会卖给他们的。我们不会计较他们曾经拒绝过我们，我们是市场经济，是以客户为中心，当他们要买的时候，我还是会卖给他们的。但是我重点把想买我东西的国家做好。

关注基础教育：教育是最廉价的国防

任正非：我觉得未来二三十年，人类社会要发生天翻地覆的变化，至少是生产方式会发生天翻地覆的变化，特别是工业、农业，会发生非常大的变化。工业巨大的进步来源于教育和科技的进步，所以我们认为一个国家，首先要重视基础教育，特别是农村的基础教育。有一个外国人说过：一个国家的强盛，是在小学教室的讲台上完成的，同时讲到教育是最廉价的国防，国防并不一定武器是最厉害的。我们国家经济上发展速度过快，有很多泡沫机会，大家都忙着在泡沫里面多赚点钱，可能在做学问的问题上，就有点惰怠了，有点儿跟不上时代。

董倩：作为一名企业的负责人，（您）非常重视基础研究和基础学科，但是您知道，现在的现实是有一些高校，尤其是在专业设置上，对于基础科学（不够重视）。比如说前段时间，您到中科大的时候跟校长说：统计学非常重要，哪一门（技术）都用得到，但问题是，现在有多少年轻人愿意学这个？

任正非：你讲到命脉了。习主席专门讲过人工智能。人工智能是什么？计算机与统计学就是人工智能。我们老说人工智能，中国没有人工智能这门课，计算机与统计学，审计学与统计学。你说我们要进入大数据时代，大数据时代干啥？（就是）统计。说明我们国家第一个在数学上面重视不够。第二个在数学中的统计学上，重视不够。大家过去看，多年来好多诺贝尔经济学奖获得者，大多使用的是统计学，所以中科大包校长跟我介绍专业的时候，我每个专业后面讲，这个专业后面加一个统计学……才能带来新时代的突破。

有一些科学家跟我讲：他说未来要不了 10 年（时间长短不好说），只要移动愿意多给我们一倍的钱，我们可以把带宽增宽 100 倍。比如说我们和苹果手机差距是什么？苹果在寒冷地带就照不了相，我们在寒冷地带能照相。（董倩：这与数学有什么关系？）这是胶水，这是我们科学家发明的一种胶水，这个胶水在低温下不凝固，所以在低温下就可以照相，因为镜头是用胶水粘起来的，其实这就是基础科学带来的。基础科学的突破，需要非常长的时间积累。

基础研究：我希望（投入）更激励人一点

董倩：为什么一家民营公司，在研究产品的同时，还要下这么大的力气去加大基础研究？

任正非：正常传统的做法中，基础的研究更多是对人类未来的探索，应该由大学、科学家们探索完成了以后告诉我们，我们再进行工业实验。通过工业实验，我们把它们做成一个技术诀窍，根据这个技术诀窍，我们再去生产产品，这是一个漫长的过程。

这个时代发展太快了，过去这种产、学、研分工模式不适应现代社会，我们不可能等到科学家们按照这个程序做完。所以我们自己培养了大量的科学家。我们公司至少有700多个数学家，800多个物理学家，120多个化学家，还有6000多位专门做基础研究的专家，还有60,000多工程师，构建成这么一个研发系统，使我们快速赶上人类时代的进步，抢占更重要的制高点。

董倩：但是我问您一个很功利的问题。众所周知，基础研究意味着它的时间段、时间周期一定是长的，假如投了这么多基础研究的钱在上面，见不到成果怎么办？

任正非：（周期）一定是（长）的。我们有一个研发主管徐直军，每次我都批判他，我说你看你这个人，是我浪费了1000个亿培养起来的。他说：您以前说我是您浪费了1000个亿（培养的），您今年再批判我，我应该是浪费了2000个亿了。

董倩：您认为是浪费吗？

任正非：这是一个诙谐的说法。因为科研上的不成功，也培养了人才。我们一个小伙子，到瑞典两年，领导一批科学家在半导体上突破，这是人类社会的重大突破。这个突破，当时我提议给他涨七级工资，最后涨的是五级，破格涨了五级。

董倩：为什么没听您的？

任正非：我有时候说话也不算数，因为我有时候说话比较夸大一点，我希望（投入）更激励人一点，但是他们更考虑平衡一点。

人才：让科学家到中国来"生蛋"

董倩：像华为这样的公司，对这个问题看得这么清楚，你们在招人才的时候，像统计、数学这样的人才好不好招？

任正非：好招。

董倩：为什么你们好招？

任正非：因为全世界的博士很多，我们国家这些年也进步了，特别是现在有大量的人才，从国外、海外回归，这对我们国家是一次机会，因为这个世界，有两次人才大转移高峰，第一次是世界大战结束以后，300万犹太人从苏联转移到以色列，崛起了一个高点。现在美国正在排外，它的科研就受限了。另外，我们有大量的留学生，在国外不能公平就业的话，他可能要回国，这个时候我们国家要敞开怀抱拥抱这些人，让他们到中国来多挣钱，让他们来为国家多发光。

其实我们有时候，我们跟外国人说，你把这个高科技卖给我们吧，你把这个东西卖给我们吧。当把这个东西买回来，我们把这个蛋一打开，发现这个蛋是中国蛋，是我们中国鸡跑到美国生了一个蛋，然后卖给我们中国蛋，我们还交了关税，还要高价买回来，为什么自己的鸡不能在自己国家的土地上生（蛋）？另外，为什么不能让外国的科学家到中国来生蛋。大家都知道，美国有非常多的伟大的领袖、政治家、哲学家、科学家，大部分出自穷困的东欧，我们为啥不能再把东欧的优秀人才引进到中国来生蛋？让他们有幸福的生活，让他们也感觉到环境好，这样中国像美国一样能把大量世界人才，吸纳到中国来，这个国家怎么不能"井喷"呢？

华为未来：我想集中精力做华为

董倩：在您心目中，华为发展到今天是不是一个理想的状态？

任正非：华为现在出问题的，就是机构臃肿，人浮于事。整个管理层级太多，我们正在改革，我们在5年左右，如果组织改革上能获得成功的话，我们可能是有战斗力的。

董倩：未来的华为公司，应当是什么样的？

任正非：应该是作战比较精干的，应该不像现在这么臃肿，这么多管理层次，这么复杂，这么多PPT，这么多会议，这么多无效的劳动。

董倩：因为在改革开放40年的纪念大会上，有100名改革开放的先锋，中央在表彰，说没有您的原因，是因为您主动申请深圳市委市政府别加上您，这是真的假的？

任正非：这是真的。因为我是这样想的，我想集中精力做华为。华为已经够复杂了，因为你们没有机会到我们海外研究中心看一下。这些科学家在这么细的地方，还有数千项专利在研究这些细节。所以是有很多细节才能组成这个宏观的。这些东西都是要有规划的，我觉得我的精力要放到内部的这个方面上。如果参加社会活动，就要消耗精力。另外你叫我开会，坐在板凳上两个小时，我坐不住，就会溜号，不光彩。

三、话题的结束方式

常用的话题结束的方式主要有以下几个。

（1）呼应式——结尾时用简洁明了的语言与开头进行呼应。

（2）重复式——结尾时重复话题中的重点内容，深化话题的意义，使观众加深理解，加深印象。

（3）强调式——结尾时可强调能够加深观众印象的内容。

（4）归纳式——结尾时帮助观众归纳和总结话题，以利于观众理解话题的内涵。

（5）点评式——以议论、点评的方式结束话题，以小见大、以点带面，深化话题的意义。这种方式需要下功夫思考，下功夫准备，不能空发议论。

（6）联想式——有些话题的结尾可做举一反三式的联想和引申，把话题的意义引向深处，给人以启示。

（7）抒情式——结尾时主持人适时抓住传受双方的感情，缘情而发，或感慨，或赞叹，或抒情，用真实的情感打动观众，激励观众，引导观众，这是主持人赢得观众认可的一个重要方式。

（8）综合式——结尾时综合运用几种方式结束话题，便于表达具多层含义的内容，形式生动活泼，宣传感染力强。

如《雇人住院为哪般》的结尾。

病人是演的、诊断是假的、病房是空的……看似荒诞可笑的闹剧背后，却是国家医保资金大量流失的严肃现实。从节目中我们可以看到，这些骗保的行为可以说已经是公开的秘密。那么，这些医院为什么敢于这样明目张胆地违法违规？国家对于医保资金有着严格的监管制度，这些手法并不高明的大范围骗保，当地监管部门是否尽到了责任？大笔的医保资金被骗取，这又是怎么通过当地医保管理部门审核的？管好医保资金，用好医保资金，关系国计民生，关系我们每一个人。从记者的调查看，一些地方在医保资金的管理利用上还有不小的病灶。如何治好骗保的病，急需监管部门和医疗机构查找病根，对症下药。

这个结尾运用了呼应式、重复式、强调式、点评式、感叹式的结束方式。

再如《【"时代楷模"黄文秀】风雨兼程新长征 初心无悔永芳华》的结尾，不仅运用了主持人对黄方秀无私奉献的赞颂之词，还运用了黄文秀生前影像资料与字幕。

最美芳华，见证初心。如今，黄文秀长眠在这片她为之深情奋斗的红土地上，她对家乡脱贫攻坚的信念、决心和忠诚担当、无私奉献的精神，在更多的人身上接力传承，她真挚的、火热的初心，将永远和我们在一起。

……

【百色市乐业县新化镇百坭村第一书记 黄文秀：百色作为脱贫攻坚的主战场，如何将百色革命先烈们奋勇前进，不断拼搏的精神传承下去，作为青年一代的我们责无旁贷，同时作为驻村第一书记，我有信心在党中央的正确领导之下不获全胜，决不收兵。】

【生前影像资料＋歌曲旋律《最温暖的坚定》】

出字幕：

你有远行的翅膀

但你的梦想 却是回到家乡

暴风骤雨夜

你是天边最亮的那束光

照亮了前行路

也照亮了我们心中的方向

你在泥泞中风雨兼程

留下砥砺前行的足印

你的滚烫初心浇灌的芳华

绽放在扶贫新长征路上

这个结尾运用了重复式、强调式、归纳式、点评式、感叹式、综合式的结束方式，深情地讴歌了黄文秀在脱贫攻坚的战场上的拼搏与奉献精神。

有道是"编筐编篓，全在收口"，话题的结束方式作用重大。话题结束时，可以用强调、感叹、重复的方式，也可以几种方式一起用。这样既能使观众从不同的话题结束方式中受到感染和激励，得到教育和启迪，又能够深化话题的思想，达到优化传播的目的。

第四节　新时代呼唤学者型主持人

我国电视节目主持人已有 30 多年的历史，其发展之势迅猛，各种类型的主持人纷纷亮相于节目中，无论是主持人队伍建设还是理论研究都取得了喜人的成果。当然，还有不少主持人在政策理论水平、思想修养、文化根底、知识积累、写作能力等方面存在着不同程度的欠缺，未能满足广大观众对高品位节目的需求。

可喜的是，以中央电视台《焦点访谈》栏目主持人为代表的群体主持人赢得了广大观众的钟爱和青睐，其主要原因可从以下几个方面来分析。

一、强烈的忧患意识

主持人的忧患意识主要表现在爱国心、民族情上，表现在对国计民生的深切关注，对广大百姓的尊敬、理解、支持和鼓励上。《焦点访谈》群体主持人都有一颗赤子心，都有强烈的社会责任感和民族使命感，他们在党和政府的支持下，不怕困难甚至冒着危险直面人生，揭露社会弊端。正如主持人关海鹰所说："《焦点访谈》的同仁们劳神费心，吃苦流汗，甚至有时在冒着危险做问题报道，绝非要与谁过不去，也不只是要所谓的轰动效应，其中还蕴含着人间正义、记者良心、新闻道德、社会责任。"

选题是制作电视新闻的第一步，也是电视新闻制作过程中最基本、最重要的一环，我们不妨从《焦点访谈》的选题来看群体主持人的忧患意识。

《焦点访谈》从 1994 年 4 月 1 日开播至今已 30 年了，主持人们始终关注现实生活，关注人民群众关心的问题，如物价问题、打假问题、反腐倡廉问题、国企改革问题、农民问题、高教问题、环境污染问题、住房问题、医疗问题、交通问题等，视野广阔，思维活跃，充分显示了群体主持人饱含着对祖国、对人民深挚的热爱与关怀，以及他们先天下之忧而忧的精神。

这里，笔者仅以方宏进主持的《希望的基石》为例。该节目是要唤起人们对希望工程新的关注，鼓励人们为贫困地区失学的儿童募捐。有一次，恰逢一批贫困地区的优秀教师来北京，主持人独具匠心地运用了特殊的采访方式，把繁华的京城、高级的物质享受与贫困地区的教育、生活进行对照，给人以强烈的心灵震撼，由此使人们反思：大家在享受舒适生活的同时，能否为教育做出一点贡献？

《焦点访谈》的主持人们铁肩担道义，说出了全国人民的心里话，被百姓们誉为"焦青天"，他们深刻且犀利的评述影响着社会的思维方式、价值观念、道德行为，这些主持人也成为"舆论领袖"。

二、精益求精的精品意识

曾任中央电视台新闻评论部主任的孙玉胜曾指出：前卫意识至关重要。主持人水均益将这句话翻译为：要做出国内第一、国内唯一，别人没有又学不了的精品。虽然孙玉胜的话是针对国际题材而言，但这句话也代表了《焦点访谈》群体主持人的共同追求——精品意识。

《焦点访谈》的主持人们往往为了一个开头，或一句提问，或一段点评，或一个片名而"苦其心志、劳其筋骨、饿其体肤"，他们经常思考着如何把节目做得有深度、有品位。主持人盖晨光和水均益曾为一条不足200字的串词反复推敲了五六个小时，他们在设计《和平使沙漠变绿洲》这个节目时，半夜打电话请教专家；主持人敬一丹给自己规定采访时不许问"请问您有什么感想"；何昊为了搞清楚"让教师种烤烟"的问题，跑到"2000年鬼都不去的地方"采访……

精品意识是一种精神追求，是一种对超越的努力和对创新的追求。《焦点访谈》拥有一批高素质、高品格的学者型主持人：他们都有着丰富的新闻工作实践经验。如敬一丹是北京广播学院硕士研究生，1985年进入中央电视台工作，1993年担任《一丹话题》的主持人，1995年任《焦点访谈》和《东方时空》的记者和主持人至退休；水均益毕业于兰州大学，做过10年新华社记者和编辑，1993年加盟《东方时空》，在《东方时空》《焦点访谈》任记者、主持人多年；方宏进毕业于南开大学，曾在北京电视台成功地客串《经济社会18分》节目主持人，1994年在《东方时空》《焦点时刻》和《焦点访谈》任记者和主持人多年。同时，他们又善于学习，勤于钻研，广泛涉猎政治、文化、科技、自然、经济、社会等各个领域的知识，有着丰富的学识和坚实的政治理论素养，可谓一专多能，故而《焦点访谈》这个栏目以独家采访的新闻以及对事件进行的深刻且精辟的分析，在全国200多个同类评论栏目中独树一帜。该栏目在1995年、1996年两度被中宣部评为名牌栏目，不少优秀节目在高层次的新闻评奖中获奖。同时，该栏目播出的许多节目在国内外引起了强烈反响，如《历史不能游戏》《触目惊心假发票》《和平使沙漠变绿洲》《难圆绿色梦》《与联合国秘书长对话》《无以复加的强盗逻辑》《虚假的美国"新闻自由"》等。《焦点访谈》群体主持人打开了电视新闻评论栏目全新局面，极大地提高了电视言论的权威性和感召力。

三、多元化的深刻思维

鲜明的个性是主持人个人魅力的基石，一些刊物在探讨主持人个性色彩时，往往从面部神态、形体动作、服饰风格等方面阐述，观众对这些是否感兴趣呢？让我们看看《焦点访谈》主持人及国外专家是怎样评说的。

水均益在回答"与采访对象和观众交流时高强的采访与主持技巧是从哪里来的"的记

者提问时说："学校里、生活工作中当然是奠定了一定的基础，包括前面谈到的阅历、知识面，但至于究竟如何运用它们到现实问题上来，靠的是悟性，是思维能力……"①

白岩松说："每一次直播、采访，我都是在掌握大量材料的基础上，经过反复斟酌，确定能充分体现主题思想的提纲，并将其融入自己的思维，这样才能在节目中、采访中镇定自若、挥洒自如，评述时振振有词。"②

敬一丹认为："实现真正的对话，需要一种资格，一种被采访对象从心里接受的资格，这种资格，来自对采访对象的了解和理解，来自记者本人的见地，来自记者着意营造的交流气氛，来自记者对采访对象的把握。"③

英国晨间节目《丰盛早餐》的制片主任查利·帕森斯分析"英国电视第一夫人"加比·罗斯琳主持《丰盛早餐》获得成功的原因："罗斯琳很善于理解，并具有幽默感。她能在极短的时段里将观众从喜剧情绪带进冷静的叙述和深刻的分析中。"

美国哥伦比亚广播公司新闻部副经理戈登·曼宁评论主持人时说："绝大多数主持人是通过展示报道技巧，而不是靠化妆来得到观众的信任的，从而树立了明星地位。"

上述看法正好道出了优秀主持人成功的真谛和广大观众的心理。观众真正看重的是主持人的思想是否深刻，因为主持人的思想是主持人知识积累、生活积累的体现，是主持人功力的综合体现，而《焦点访谈》群体主持人的鲜明个性就突出地表现在多元化的深刻思维上。

"深刻"是一种思想境界，是一种思维能力，如对报道的事实具有独到见解，能从新闻报道中开掘那些尚未开掘的思路，解决那些尚未解决的问题，道出新闻的价值、意义，揭示出客观事物的本质与其他事物的关系及事物发展的客观规律等，这些都是深刻思维的具体表现。《焦点访谈》栏目中的《时代呼唤焦裕禄》《抢救英雄儿女》《远亲不如近邻》《历史不能游戏》《希望的基石》《妻子·母亲·政治家》等，这些标题本身就含有深刻见解，无不闪耀着思想的光芒。

方宏进主持的《纽带和桥梁》，谈的是 1996 年广交会（中国进出口商品交易会）之事，敬一丹主持的《妥善安置 自愿遣返》，谈的是印支难民（着重报道了难民赵耐秀一家如何遣返回国的事），这两个访谈都跳出了就事论事的框框，以小见大、高屋建瓴，从宏观上揭示了报道的时代意义和社会意义。

《俄罗斯发生强烈地震》节目不是只简单地介绍地震情况，而是通过这一地区和日本阪神地震的联系，提出了环太平洋地震带活跃期的问题；《和平使沙漠变绿洲》这个标题就鲜明深刻地揭示了报道的主旨，约旦和以色列本是唇齿相依的邻国，几十年来却刀兵相见，《约以和约》的签署宣告了两国战争状态的结束，该片从约以两国签署和平条约为切入口，同时，主持人水均益非常敏锐地以希伯来语和阿拉伯语对"和平"一词的发音极相似为切入点，进行了精当点评："在希伯来文和阿拉伯文里边，'和平'这个词发音非常

① 赵俐.个性展现的基础：访《焦点访谈》主持人水均益所得 [J].现代传播，1995(4)：56–61.
② 邱剑星.漫谈主持人的意识 [J].视听界，2000（1）：38–39.
③ 敬一丹.实现真正的对话 [J].全国新书目，1997（8）：16.

相似，这也许可以说明犹太和阿拉伯这两个民族最终追求的目标是一个，这就是和平。因为这两个生活在沙漠里的民族都有着一个共同的预言，这个预言也是他们的祖先留给他们的预言，这就是，战争能够使绿洲变成沙漠，而和平将使沙漠变成绿洲。"一语破的，言简意赅，堪为"绝唱"！

创造力是优秀主持人必备的素质之一，[①]它常常蕴含在深刻思维之中。《焦点访谈》群体主持人独立思考、精心构思，以不落俗套的主持风格开拓新的报道领域，探索新的形式，前文提到的方宏进就是一例。本来诱导式采访在常规采访中应回避，可是在《希望的基石》这个节目中，主持人突破常规，成功运用了大量的诱导式采访，不仅显示了主持人的过人胆识，而且充分体现了他的创新思维。再看国际题材，由于国际题材离国人较远，要想引起大众的关注难度比国内题材大得多，这对做国际题材的主持人提出了更高的要求，请看水均益主持的《与联合国秘书长对话》。该节目奇特的构思极大地调动了观众的兴趣：主持人用电视的特技手法，把原本记者与联合国秘书长加利的对话，变为中国百姓与加利的对话，主持人选取百姓视角，别出心裁地把记者的采访寓于四个百姓（一位小女孩、一位老人、一位妇女、一位小男孩）的提问之中，这一变单向传播为双向沟通的巧妙设计，使节目别开生面、趣味盎然，备受专家、学者以及观众的赞赏。可见，《焦点访谈》群体主持人的光彩、魅力在于注重多元思维的深度开掘，他们不满足于对新闻事件的发现，而是透过现象和细节挖掘本质，注重对新闻事件因果关系的缜密研究，注重从新闻事件对人和社会的意义上去发掘新闻价值，然后升华为一种见解，或一种思想，或一种理论；他们也不满足于只给观众传播信息，注重通过明确的新闻背景介绍，引导观众进行理性思考，启迪大众对现实、历史、未来进行思考和探索。

中国播音学博士生导师张颂教授说："新闻性是播音主持艺术的根本属性。中国播音学必须在四大学科群的支撑下来实现成长，哲学美学是一个，新闻传播学是一个，语言学及应用语言学是一个，文学艺术是一个，这四大学科群强有力地支撑着中国播音学的发展。"张颂教授的精辟言论也适用于电视新闻节目主持人。

《焦点访谈》群体主持人的成功说明，观众需要学者型的主持人，全媒体时代也殷切地呼唤学者型主持人在全国各级广播电视台中多多涌现。

阅读·思考·实训题

1. 阅读《坚决抵制低俗之风　全面提高广播电视播音主持队伍素质》。[②]
2. 主持人与播音员、主播有什么区别与联系？
3. 电视新闻节目主持人应具有什么样的素质？
4. 开展一次有意义的校园活动，写出电视新闻节目主持人的台本，根据台本主持一次校园活动。

① 赵淑萍. 电视新闻节目主持艺术 [M]. 北京：北京广播学院出版社，1997：65.
② 胡占凡. 坚决抵制低俗之风　全面提高广播电视播音主持队伍素质 [J]. 中国广播电视学刊，2005（9）：6-8.

Part 4

第四篇 广告写作

第十三章 广告文案写作与创意

第一节 广告与广告文案概论

广告一词来源于拉丁语 advertise，意为"使人注意、知晓"，汉语中的"广告"一词主要意思就是"广而告之"。

广告是广告主为推销其商品、劳务或观念，在付费的基础上，通过传播媒体向受众进行信息传播的特殊传播活动。

广告有广义和狭义之分。广义的广告是指所有的广告活动，即为了沟通信息、促进认知的一切广告传播形式，有商业广告和非商业广告；狭义的广告指商业广告，是传统广告学的主要研究对象。

广告文案是指广告作品中用以表现广告主题和创意的语言文字，其通常由标题、正文、广告口号、附文四部分构成。

广告与广告文案是关系非常密切的两个概念，在许多情况下，广告文案见诸媒体，也就成为广告，如报刊上发布的广告。有时，广告文案又是制作广告作品的基础，如广播广告、电视广告等，即广告文案经过一定的加工，二度创作，将文字转换成有声语——加入画面或音响等而成的广告作品。广告作品的最终完成，离不开广告文案，写作广告文案是广告整体活动一个极为重要的环节，堪称广告的"点睛之笔"。

现代广告的艺术表现形式千姿百态，不过任何形式的广告都离不开语言文字这一最重要的载体，当前，报纸、广播、电视、互联网及杂志等广告媒体上，文字、图片、音频、视频是传递广告信息的重要工具，而文字的表现力、传播力有时胜过声音与图像，因为一切无法用可视形象表现的信息，都可以用文字绘声绘色地表现出来，文字是传递广告信息最主要的工具。美国广告大师奥格威强调，"广告是词语的生涯"，他在 1982 年起草的一封信中说："如果在我公司进行一次写作考试，那么最高分一定属于十四位董事。在奥美公司，通常是写作越好，提升也越快，因为写作能力强的人的思路也敏捷。思路混乱的人起草的文章、信件和发表的言论，往往缺乏逻辑条理性。优秀文章不是自然的恩赐，而是要通过努力学习获取的。"美国著名的广告学者 H. 史戴平斯也认为，"文案是广告的核心"。

在全媒体时代，广告已由单一广告经营向跨媒、跨界、跨地融合发展。2015年后，随着"网络强国""国家大数据"战略及"互联网＋"行动计划的实施，网络视频为视频广告提供了广阔的空间，有力地激发了广告市场的活力，这使网络视频积极布局移动广告、社交媒体广告、视频广告。优酷在 2015 年 4 月上线的"边看边买"就是视频广告，其为消费者带来了"边看视频，边购买视频中商品"的趣味消费体验。（如图 13-1 所示）

图 13-1　网剧《二龙湖爱情故事 2020》页面右侧设置了视频中出现的商品的链接

阿里 2016 年 1 月将 VR（虚拟现实）/AR（增强现实）列入 10 亿元资金资源支持的创业加速计划，并于同年 4 月提出 VR 购物服务"BUY+"。随着微电影的兴起，广告电影化造就微电影广告热播，微电影广告不受播出档期、次数以及刊出时间的限制，滴水投入，涌泉回报，可在网络、手机等各种新媒体上广泛持续地传播。

一、广告的特点

广告是一种特殊的信息传播活动，在信息传播过程中有如下几个特点。

（一）广告须明确广告主

任何广告都须明确广告的信息是由"谁"发出的。广告主是指广告的"刊户"，一般是企业。明确广告主的意义在于，一是能使广告主得到回报，二是能明确广告的责任，有利于企业提高竞争能力和创汇能力。

（二）广告具有明确的目的性

广告传播的内容主要是商品、劳务和观念，广告诉求必须是可以公开的，广告内容必须符合社会规范和道德规范，不违反广告相关的法律、法规和政策，接受工商行政管理部门的监督、检查和指导。不论是商业广告还是公益广告，其传播都具有明确的目的性。

（三）广告是付费传播

广告从本质上说是一种经济行为，广告活动的整个过程需要付出一定的费用。

广告费用是一种投入，广告的产出最终是为了给广告主带来比投入更大的经济回报，故它是具有投入产出特点的信息传播活动，没有广告投入，就不会有广告产出。广告信息的有偿传播与新闻信息的无偿传播是两者的本质差别。广告活动支付费用是一种长效投资，广告的效益是逐渐累积的，广告的作用凝聚在企业的整体营销活动中。

（四）广告是通过大众传播媒体传播的

广告主要通过报纸、广播、电视、互联网等大众传媒和其他广告媒体，如路牌、橱窗、交通工具、商品陈列、霓虹灯、建筑物、气球、电话、包装等向消费者提供消费信息，各广告媒体具有各自的传播优势和特点。

（五）广告是说服的艺术

广告的目的是销售并获取利润，因此，广告要在有效劝服上大做文章。说服是广告与受众特有的沟通方式，广告从定位、表现直至传达到消费者那里，都涉及说服问题。说服要有技巧、艺术性，要精心策划和科学指导，广告传播必须研究广告信息如何有效抵达目标受众并为他们所接受的问题。

二、广告的原则

广告原则是指广告活动中必须遵循和坚持的总的准则和标准。正确、合理的广告原则，对现在和未来的广告活动过程与结果常具有导向作用、称衡作用和定势作用。根据广告活动的规律、目的、特点以及实践中的经验教训，广告活动必须遵循以下原则。

（一）思想性原则

思想性原则是指广告的内容和形式要符合党的方针、路线、政策，要维护国家和受众的利益，要有利于建设社会主义物质文明和精神文明，不能为追求经济效益而忘了社会效益、社会责任。当然，广告的思想性原则不是要求广告的思想内容与思想教育一样，广告的思想性不是靠说教而是靠良好的创意表现的，即把思想性寓于广告活动中，对受众进行潜移默化的积极影响，通过各种艺术手段塑造鲜明、生动、具体的商品形象和企业形象来影响消费者的思想、感情、兴趣、行为。

（二）真实性原则

真实是广告的力量所在，是广告文案写作的生命所在。广告的真实是指信息内容的真实，即关于企业、产品或服务的信息要绝对真实，不允许弄虚作假，不能把劣质说成优质，不能把虚无说成实有。

欺骗和误导是广告不真实信息的两种典型。欺骗性广告最突出的表现是提供关于产品质量、成分、功能的虚假信息，如街头巷尾常出现的编造的"医疗广告"。误导性广告利用消费者的心理弱点，通过语言或形象的模棱两可之处，故意诱导消费者对产品或服务产生不切实际的希望或相信产品根本不存在的优势，如一些商家对产品"终身保修"的不实承诺的宣传。如果违背了真实性原则，广告也会因失真而丧失可信度，丧失可信度的广告将毫无价值。

广告大师对广告的真实性提出过许多看法，如奥格威说，"广告必须提供事实……切忌夸大和不实之词""绝对不要制作不愿意让自己的太太和儿子看的广告""诸位大概不会有欺骗自己家人的念头，当然也不能欺骗我的家人，己所不欲，勿施于人"；李奥·贝纳在退休前的告别演说中说："当你们已经不再是所谓有良知的公司时，当你们开始把你们的诚实打折扣时——而诚实才是我们这一行的生命，是一点不能妥协的——到那个时候，我会坚持从门上把我的名字拿掉。"

广告的真实性原则，不排斥艺术的表现手法，只要明确"表现商品的优点并促进销售"这一目标，广告允许运用一切可以运用的表现手法，包含虚构形式。不过，虚构的形式要具有生活真实和艺术真实，要在信息真实的基础上进行形式和内容的富有创意的宣传，只有建立在信息真实基础上的形式虚构才有价值，才能产生美的广告作品。

（三）功利性原则

广告是一种功利性、实用性很强的经济行为。任何广告都具有功利性，商业广告的直接目的就是促进商品、服务的销售，注重近期功利。而观念广告、公益广告、公共关系广告并不着眼于一时的促销效益，而是立足于长远的功利性目的，较为隐蔽，这些广告短期效果不一定明显，但具有累积特征，在无形中终究会产生塑造企业和商品美好形象的功效。

广告是一种付费的宣传，付费是一种投入，投入的目标是形成产出，而广告的产出是通过商品的销售情况表现出来的。促销既是广告的意图，又是广告的原则，以较少的投入换取较大的产出，即以较少的广告费用换取较大的经济效益和社会效益。衡量商品广告优劣的标准有很多，但十分重要的一条是，要看广告对产品销售是否产生了促进作用、产生了多大的促进作用。不能实现促销目的的功利性广告，是失败的广告，是一文不值的。

（四）艺术性原则

艺术性原则，就是在广告设计、创作、传播中追求生动形象，追求娱乐性，给受众以艺术享受和美感。广告作品的艺术性是手段，不能等同于纯艺术品的艺术性，它受广告功利目的的制约并为之服务。

艺术包括三大类：文学艺术、音乐、美术与摄影艺术，另外还有与这三类艺术相关的戏剧、电影、广播等综合艺术，广告人应全面涉猎这些艺术知识，且至少精通其中一门。

为了提高广告的传播效果，加强广告的吸引力和感染力，广告创作者和传播者在准确反映客观事实的基础上，依靠美学原理巧妙地运用比喻、拟人、夸张等修辞手法，采用美术、音乐、诗词等艺术形式，以及声、光、电、影等高科技手段来塑造企业和产品的形象，为表现广告主题、反映广告内容服务。

（五）利益承诺

广告还要遵循利益承诺的原则，对消费者作出明确的负责任的利益承诺。广告商要深刻领会英国约翰逊博士的名言："承诺，大大的承诺，是广告的灵魂。"要选择消费者最需要的、最感兴趣的承诺，以激发其消费行为。

第二节　广告文案写作与创意

广告的灵魂是创意，广告文案创意是现代广告创意的核心，它是广告设计成败优劣的标志，也是我国广告学界目前最为重要而研究又最为薄弱的环节之一。

创意在英文中叫 creative，按照中文的解释，创意就是创造新的意念、意境、意象。它有两层意思：一是具有创新的意识、思想、点子，二是指确立和表达主题的创造性的思维活动。

长期以来，广告人对创意推崇备至，认为创意像爱情一样不可分析，认为"创意不可言说"，其实他们对创意的本质并没有真正的认识，许多人在谈创意时多引用美国著名广告大师詹姆斯·韦伯·扬的一段话。

我想，创意有着某种神秘的特质，就像传奇小说一般在南海中会出现许多岛屿。古代水手们说，在航海图上表示深海黑水洋的某些点上，会在水面上突然出现可爱的环状珊瑚岛，那里充满奇幻的色彩。我想，许多创意就是如此形成的。它们的出现，就像突然飘浮在脑际表面，接着就是相同的奇幻色彩，并且是一种无法摆脱的状况。

詹姆斯·韦伯·扬在这里说的只是创意过程中的灵感闪现阶段，并非创意活动的全过程。灵感亦非不可捉摸的东西，它以艰苦思考为基础，是创作欲望、创作经验、创作技巧、思维准备和诱发情景的综合产物，它绝不会降临到一个没有创作意识和创作准备的头脑中。同样，创意也不神秘，它是广告人长期的、大量的信息积累的结果，是创意群体之间相互触发、启示，而突然在一个有创意思考的人的头脑中迸发出来的心理过程，这个过程从无到有、从朦胧到清晰、从感性到理性……詹姆斯·韦伯·扬也认为：广告创意并非一刹那的灵光乍现，而是经过了一个复杂而曲折的创作过程。创意靠广告人脑中的各种知识和阅历累积而成，是通过一连串看不见、摸不着的艰难的心智历程制造出来的。

广告创意的产生过程是构思的过程。广告创意还局限在思维层面。广告创意是通过构思，创造出新的意念和意境。创意围绕主题而深化，它是广告策划全过程中确立和表现主题的创造性思维活动。一个成功的创意，可使广告作品的内容和形式焕然一新，具有强烈的感染力和感召力，其也是连接品牌与消费者的枢纽和中介。这就要求广告创意人摆脱旧的思想束缚，通过立体化思维和系统思维，创造出新的意境来表现主题。

广告文案写作就是在创意活动的基础上，通过语言和文字来体现创意，经由文案表现创意。在表现广告创意的过程中，文案作者对创意的理解和把握及对创意的表现能力都将直接影响文案是否能到位地去表现创意及实现广告效果。这里，更需要文案作者对商品、对消费者进行深入细致的考察与研究，用自己独到的理解，进一步完善创意，深化创意。例如，奥格威当年为新型罗斯—罗伊斯轿车撰写文案时，数易其稿，仅标题就拟了 26 个，最后创作出具有独特主张与说辞的经典名作"在时速 60 英里时，新型罗斯—罗伊斯轿车的最大噪声来自车上的电子钟"。又如广告大师威廉·伯恩巴克为德国大众汽车公司撰写"柠檬"篇时，亲自到现场观察生产流程，与生产者交谈研究，终于挖掘出大众甲壳虫车的独特特征与魅力——大众汽车厂严格甚至苛刻地剔除废品，保证每个消费者买到的都是十全十美的车——"我们剔除了柠檬，而你们得到了李子"。该文案引起巨大反响，被广告专家们公认为是第二次世界大战以来的最佳作品。广告创意的目的就在于使商品能吸引消费者的注意，并使其采取购买行动。真正决定消费者购买与否的是广告创意中的内容，而不是形式。

那么，什么是广告文案写作呢？

广告文案写作，是广告作品中全部的语言文字部分的写作，即文案作者针对广告运作目的的要求，选择广告材料、安排广告结构、提炼广告作品主题，并运用精练的语言、文字去表现广告主题和创意。

广告文案对广告创意表现的过程，就是将广告创意中包含的主题因素、形象因素、创新因素进行物化的过程。创意的主题因素将转化为文案中实际的诉求点，形象因素将转化为文案的具象化表现形式，创新因素将转化成文案的审美风格。

一、广告作品的创意主题表现

广告主题是广告的中心思想，是广告的灵魂。广告主题的使命在于向消费者传达销售信息，告知产品知识和品牌特点，引起消费者的兴趣和好感，说服消费者改变和建立消费观念，激发其购买欲望，进而促使其采取购买行动。因此，广告主题"说什么"至关重要——必须以独特的诉求来传播一种明确的思想或意念。确立广告作品的主题，广告文案就有了重点，其形式的安排就有了依据。

请看《中国食品》广告。

吃是人生的第一需要——《中国食品》将陪同您同桌共餐，共享美味。

《中国食品》是我国第一本谈吃的杂志。她能使老人长寿，教女子健美，引男子强壮，促儿童聪慧。满足您的口福，丰富了您的生活。

《中国食品》——您的知己！

广告文案传递信息时切忌面面俱到，信息多势必会杂乱无章，冲淡主题。因此广告文案要抓住一个中心，有了中心就能突出重点。《中国食品》一开头就抓住了广告主旨——民以"食"为天，"吃是人生的第一需要"，"《中国食品》是我国第一本谈吃的杂志"，这则文案突出了最能打动消费者的基点，即满足人们追求营养、讲究口味等心理方面的需求，同时采用拟人修辞格和第三人称手法把广告的宗旨和内容亲切形象地传达给消费者。

再请欣赏 1926 年鲁迅为《未名丛刊》《乌合丛书》写的广告文案。

所谓《未名丛刊》者，并非无名丛书之意，乃是还未想定名目，然而这就作为名字，不再去苦想他了。

这也并非学者们精选的宝书，凡国民都非看不可。只要有稿子，有印费，便即付印，想使萧索的读者、作者、译者，大家都稍微感到一点热闹。内容自然是很庞杂的，因为希图在这庞杂中略见一致，所以又一括而为相近的形式，而名之曰《未名丛刊》。

大志向是丝毫也没有。所愿的，无非（1）在自己，是希望那印成的从速卖完，可以收回钱来再印第二种；（2）对于读者，是希望看了之后，不至于以为太受欺骗。

以上是一九二四年十二月间的话。

现在将这分为两部分：《未名丛刊》专收译本；另外又分立了一种单印不阔气作者的创作的，叫作《乌合丛书》。

该文案旨在说明写书、售书的心愿、目的，突出了广告的诉求，突出了丛书对目标受众的利益点。上述文案一如鲁迅的一贯创作文风，向人们坦诚相告真情与事实，如同朋友亲切交谈，语言简洁，看似平淡，实则意蕴丰厚，于平实之中显峥嵘，正是"大朴不雕"的经典广告作品。

广告主题像一根红线贯穿于广告之中，使广告各要素有机地组合成一则完整的广告作品。广告主题决定广告文案的创意与整体的传播效果，文案写作要围绕主题选择材料，谋篇布局，遣词造句，通过艺术手段，将广告主题淋漓尽致地表现出来。如俄罗斯《消息报》的一则广告文案，诉求是"订报费"，为了说服受众订报，文案选择了两方面的材料：一是说明订报费为什么涨价；二是列举生活中的事例，文案运用对比手法，把全年的订报费与许多受众熟悉的生活细节进行比较，形象而生动地把订报费同报纸订阅人的关系展示出来，让目标受众具体地体会和理解看得见的和看不到的利益因素，从而达到与受众心灵沟通与交融的目的。这是一篇用逆向思维创作的有理有情、匠心独运的有趣文案。

亲爱的读者：

从 9 月 1 日开始征订《消息报》。遗憾的是 1991 年的订户将不得不增加负担，全年订费为 22 卢布 56 戈比。订费是涨了。在纸张涨价、销售劳务费提高的新形势下，我们的报纸将生存下去，我们别无出路。而你们有办法。你们完全有权拒绝订阅《消息报》，将 22 卢布 56 戈比的订费用在急需的地方。《消息报》一年的订费可以用来：在莫斯科的市场上购买 924 克猪肉，或在列宁格勒购买 102 克牛肉，或在车里亚宾斯克购买一瓶好的白兰地酒……这样的"或者"还可以写上许多。但任何一种"或者"只能享用一次，而您选择《消息报》——将全年享用。

　　事情就是这样，亲爱的读者。

二、广告作品中的形象表现

　　广告文案对广告作品中形象的表现，是指广告作品中出现的人、事物与其活动。消费者主要通过广告所提供的信息、形象、风格形成对产品的印象，突出广告作品中的形象要素，是广告文案抓住消费者的关键之一。因此，广告创意要将广告主题的抽象意图构思成具体、生动的艺术形象，让消费者欣赏和接受它。

　　请看获得戛纳广告节影视金奖的麦当劳"婴儿篇"电视广告：广告开始时，电视画面是一个招人喜爱的婴儿躺在摇篮里一会儿哭、一会儿笑——当摇篮荡上去时婴儿就笑，荡下去时婴儿就哭。天真无邪的婴儿何以哭笑无常？接着画面从婴儿的视角显露出麦当劳的标志牌"M"，原来是婴儿看到麦当劳标志牌时就开心地笑，而当摇篮荡下来看不见麦当劳标志牌时就伤心地哭。答案得出后，画面定格在麦当劳金黄色的招牌上。

　　这则广告的成功直接得益于文案中的形象思维，作者为消费者塑造了一个活泼可爱的婴儿形象，这一婴儿看麦当劳标志牌产生戏剧性表情的形象充分地表达了广告主旨——"麦当劳是连吃奶的孩子也极为喜爱的品牌"。突出的形象要素，给消费者留下了丰富的联想，吊起了消费者的胃口，产生了强势的宣传效果。当代美国销售学专家韦勒有句名言："不要卖牛排，要卖烧牛排时的吱吱声。"他认为："产品广告如果仅仅是将产品简单地介绍给消费者，那是难以吸引消费者的。广告应在介绍这种产品时，赋予其一种生动、美好的印象——如果这种形象是独一无二的，那么效果更好。"麦当劳"婴儿篇"便是如此。

　　又如国外索尼耳机的一则广告，为了宣传索尼耳机的高质量，作者选取了位于美国南达科他州皮德城郊区的总统山上的四个总统人头像作为主角，给他们戴上索尼耳机后，这些原本是石雕的人头像竟然全有了生机。他们陶醉在音乐中，各自有着丰富的表情，华盛顿总统闭着眼，嘴角微微透着浅笑；杰弗逊总统望着前方，笑得合不拢嘴；林肯总统也不再双眉紧锁，跟着音乐轻轻地哼着；而罗斯福总统眼神温柔，脸上也露着微笑。这样的形象设计，生动传神地表现出"烧牛排时的吱吱声"，让受众一下子就领悟到"索尼耳机可以让你享受到高保真的音响效果"的内涵。

三、广告作品中的风格表现

　　广告作品的风格是指广告作品在内容和形式的统一中所体现出来的整体特色、风貌。风格在广告创作中具有重要地位，不同的广告创意会形成不同的风格，广告文案要表现与创意相联系的广告风格。

　　广告文案表现出的创意风格一般有以下三种类型。

（一）理性型广告文案

理性型广告文案以理性说服方式摆事实、讲道理、以理服人，为消费者提供分析判断的信息。文案可以做正面说服，传达产品、服务的优势和消费者将能得到的利益；文案也可以从负面说服，说明消费者不购买产品会受到的影响或危险，促使消费者去思考判断，从而听从劝告且采取购买行动。这类广告文案论点要鲜明、论据要确凿、论证方法要讲究。这种类型的广告文案常用于新推出的产品、竞争性产品或生产资料性产品。

请看英特尔（INTEL）奔腾处理器报纸广告文案。

得"芯"应手

一部高效率的超级个人电脑，必须具备一片高性能的快速处理器，才能得"芯"应手地将各种软件功能全面发挥出来。

INTEL 现率先为您展示这项科技成就，隆重推出跨时代的奔腾处理器。它的运算速度是旧型处理器的 8 倍，能全面缩减等候时间，大大增加您的工作效率。

除此之外，它能与市面上各种电脑软件全面兼容，从最简易的文字处理器到复杂的 CD-ROM 多媒体技术应用，它均可将这些软件的工作效率发挥得淋漓尽致，而它的售价却物超所值。

若想弹指之间完成工作，您的选择必然是奔腾处理器。

广告语：INTEL 奔腾处理器，给电脑一颗奔驰的"芯"

这是美国著名电脑芯片生产厂家英特尔公司在报纸上做的一个著名广告。文案首先提出判断，亮出观点：个人电脑需要快速的处理器，而奔腾处理器的运算速度是旧型处理器的 8 倍，如果拥有它就可在弹指间完成工作，并且可以将各种电脑软件——从最简易的文字处理器到复杂的 CD-ROM 多媒体技术应用的工作效率发挥得淋漓尽致，而售价也很合理。广告极其透彻地讲清楚了产品的独特功能和对消费者的利益承诺，让消费者无不心服口服。

（二）情感型广告文案

情感型广告文案是以感性诉求方式，即通过情绪的撩拨或情感的渲染，让消费者产生情绪反应、心灵震撼或强烈共鸣，从而激发他们产生购买欲望和行动。从情感诉求中寻求广告创意，是当今广告发展的主要趋势，如著名的奥美广告公司总结了 32 条具启示性创作理论，第 18 条就规定了"富于情感"；著名的美国百事可乐公司把"感情纽带"列入市场推销的六大要素之一；日本则更是注重"情感广告"，并讲究情感表现的巧妙含蓄。调动艺术的以情动人的创意，是增强广告说服力、增加商品销售量的一种有效方法，这类广告文案常用于推介日常生活用品。

这类广告，要善于激活受众与生理需要相联系的积极情绪，善于调动人与社会相联系的情感体验，抑制或化解消极情绪影响。在喜、怒、哀、乐等基本情感反应中，广告文案要针对具体情况进行选择。

"爱立信"曾经做过一组非常著名的品牌形象广告，引起了巨大轰动。它从最易引起消费者共鸣的亲情入手，通过"代沟篇""父子篇"向消费者传达了"沟通就是理解""沟通就是关怀"的品牌内涵。整个文案运用写实手法、生活化的人物、生活语言，用感人肺腑的细节，把如何"理解"、如何"关怀"写得情真意切。请欣赏获香港4A广告创作大奖"金帆奖"的爱立信"父子篇"广告片文案（沟通就是关怀）。

人物与情节：老年父亲与中年儿子。儿子看起来是个生意人，很有钱，为父亲买了各样电器，然后要到外面与朋友吃饭。看到儿子关门而去，父亲很失望。没想到儿子下楼后又转回来。

儿子（帮父亲整理各样电器，不在意地）：爸，给您换个大个的（指电视机），看得清楚。遥控，您坐哪都管用。妈不在了，您一个人吃饭别老凑合，给您买了个微波炉，又快又省事儿。您老腿不好，闲着没事儿就让这玩意儿给您揉揉（指按摩器），都说特舒服。爸，我得走了，有事呼我。

父亲（失望地）：又不在家吃饭了？

儿子（不在意地）：以后再说吧，哪儿吃不是吃呀，外面吃得还好呢。朋友多，天天都是饭局，您哪，就别操心了。您待着。我走了。

儿子（去而复回）：我跟他们说了，今儿哪儿也不去。爸，咱们先做饭，吃完再陪您杀两盘，好长时间没和您下棋了。

（三）情理型广告文案

理性型与情感型文案写作各有利弊，情理型的文案写作既能避开情感型（信息软弱、说服力不足）与理性型（平淡、乏味、生硬）的弱势，又能将两者优势相结合，既能采用理性诉求传达客观信息，同消费者讲道理，又能使用感性诉求在消费者情感上大做文章，从而打动消费者，影响消费者。这种文案的写作虽然难度比其他两种都要大，但能大大地增加感染力和说服力，在广告实际运作中更为常用。

例如瑞典沃尔沃（VOLVO）汽车报纸广告文案。

放心——沃尔沃汽车已到中国

满载生机勃勃的荣誉，携带近七十年的安全设计史，今天VOLVO汽车已来到中国，以其珍惜生命便是财富，热爱生活、勇于挑战的豪气，准备驶进您的生活。这是一部令您放心的车，入乡随俗，特别针对中国道路行驶需要而制造。它不仅安全可靠、性能卓越，更巧妙地将安全性能与汽车动力完美结合，助您在人生路上，安心驰骋。VOLVO汽车的外观大方，车厢内部更是宽敞典雅，令人倍感安全舒适。无论在什么场合中，它都备受瞩目。安稳轻松地为您增添风采！每一部驶入中国大地的VOLVO汽车，都将享有瑞典VOLVO汽车公司所建立的完善维修网络为您提供原厂零配件与高质量的售后服务。现在，尽可以放心了！

这则情理型文案的标题中关键词有"放心"，随后文章中介绍了该车有长期的安全设计史、针对中国道路行驶的需要制造、有完善的售后服务、将安全性能与汽车动力完美结合等事实，重点分析了沃尔沃汽车最突出的让人放心的安全性能的理性内容，又结合了感性内容，如"备受瞩目""增添风采""勇于挑战的豪气"等显示出驾驶者的自我荣耀及满足感，激发消费者的向往之情、爱慕之情。

阅读·思考·实训题

1. 鉴赏四大国际广告奖（克里奥广告奖、戛纳广告奖、伦敦国际广告奖、纽约广告奖）获奖作品的文案。

2. 什么是广告文案？你最喜欢的广告文案是哪一种？为什么喜欢？

3. 广告文案的特点是什么？

4. 如何理解广告文案的真实性与艺术性的关系？

5. 找三至五条不同风格的广告，分析它们的广告创作原则。

6. 鉴赏四大国际广告奖（克里奥广告奖、戛纳广告奖、伦敦国际广告奖、纽约广告奖）获奖作品，任选一则获奖广告分析其广告创意。

7. 阅读《如何营造广告意境》。①

8. 为什么说广告文案创意是现代广告创意的核心，是广告设计成败优劣的标志？

9. 举例说明创意的要素，举例说明广告文案如何表现创意风格。

10. 你认为近年有哪些新技术使广告创意变得更丰富？试各举一例并阐述你的观点。

11. 为某款保温杯产品创作一篇文案，要求文案中至少包含三个产品卖点。

12. 某公司全新推出一款巧克力产品，每块巧克力上都刻有心形图案，且心形图案的内层有甜味适中的软糖夹心，口感独特。据介绍，该公司推出的这款产品是公司创始人向其未婚妻表白时想出来的创意。请结合该情节为这款产品撰写一篇新媒体产品宣传文案。

13. 以防晒衣为例撰写一条短视频卖货文案。

---

① 胡惠东. 如何营造广告意境 [J]. 新闻爱好者,2004(6).

第十四章　广告写作

广告文案通常由广告标题、广告正文、广告口号、广告附文四部分组成。不同的媒体，广告文案的构成各不相同。例如，印刷品广告各构成部分较齐全；广播电视广告根据自身的特点，多以标语、口号的形式配以音响画面设计，一般无标题；霓虹灯广告、路牌广告、交通广告等须在公共场所给流动的人群以视觉刺激，广告要求以图为主，文字部分非常精练，有时标题、正文、标语合一。

广告文案标题写作与新闻标题写作形式基本相同。

标题是广告作品的题目，它标明广告的主旨，是区分不同广告内容的标志。标题的字体最大，位于广告文案的醒目位置，标题是广告成功的关键，大卫·奥格威大师指出，广告标题"是决定读者读不读正文的关键所在。读标题的人平均为读正文的人的 5 倍。换句话说，标题代表着一则广告所花费用的 80%"。

第一节　广告标题

一、广告标题的功能

（一）突出主题，承诺利益

广告标题，以高度概括的词句突出广告的中心内容，表明广告的宗旨，使人们在匆匆一览之中，见标题而知其最主要内容和最主要的利益承诺。

标题和主题关系密切，受众可以借助标题的引导，在大量的广告信息中，正确选择商品或劳务信息，因此可以说，广告标题是广告内容和广告艺术的集中体现，必须认真对待，精心创作。广告标题突出主题，就是为受众提供信息的精华。广告标题要有鲜明的信息诉求点，可选择从产品的特点或优势入手，如西门子洗衣机的广告标题"西门子洗衣机　给你想要的天气　风雨变幻总是晴空万里"。阴雨季节人们常为洗了的衣服几天不能干而发愁，西门子洗衣机能令洗完的衣服立即干爽，解除人们的这种烦恼。这个标题突出了该产品的优点，具有独特的推销魅力。

（二）引起兴趣，诱读正文

看文先看题。据心理学家研究，人们对某一对象，能维持注意状态的平均时间是 5 秒钟，而前一两秒钟是注意力最强的时候。如果是看文章，前一两秒钟便是看标题，标题如不醒目，不能引人注意，更谈不上使人维持注意和有兴趣阅读正文了。标题要达到吸引受众阅读的目的，就要有足够的吸引力，标题的吸引力蕴藏在它的创新内涵与表现之中，这种创新既包括内容的创造性，又包括形式的创造性，一个引人入胜的标题往往能使正文的阅读率成倍地提高。

例如，"让未来主人翁的屁股永远干爽"（××尿片），这则标题以其幽默性很快吸引了年轻妈妈们阅读正文，探求小宝宝屁股干爽的奥秘。"给你的简历洗澡"（报刊广告标题），标题会激发读者的好奇心——简历"怎么能洗澡"？给"简历"洗澡是怎么一回事？"暂时停止呼吸"（××氧吧）——为什么要暂时停止呼吸呢？标题吸引读者阅读正文，读者在正文中找到原因："到处是浑浊的空气、废气、臭气、怒气，逼着你……"还有美国马里兰州一女士出让丈夫的广告标题"廉价出让丈夫一名"，这个标题吸引读者一探究竟。这几个标题以反常理的方式出现，自然会引发受众的好奇心，使他们关注广告内容。

再请欣赏美国广告大师伯恩巴克为纽约奥尔巴克百货公司所写的广告文案标题。

慷慨的旧货换新 （主题）

带来你的太太

只要几块钱

……我们将给你一位新女人 （副题）

这则广告标题用幽默风趣、活泼新奇的语言，给人们制造了一个悬念。花几块钱能换一个新的女人？这对任何一个希望妻子靓丽动人的男士和爱美的女士来说，都是极富诱惑力的承诺。这则标题能激发消费者强烈的好奇心，使消费者立即产生关注正文的心理需求。

广告作品成败的关键，在于能不能引起受众的注意，而标题起着至关重要的作用。广告作品的标题词句必须短小精悍，用显眼的字体放在广告醒目的地方，让有需求的人，能从众多的广告中迅速找到他们需要的广告，也能引起无心看广告的人的普遍注意，吸引其阅读广告正文。

（三）激发消费者的购买欲望

美国著名广告文案撰写人霍普金斯在《科学的广告》一书中说：广告的唯一目的是促进销售……一个标题的目的就是引出可能喜欢的人来。他明确指出：广告标题必须能够抓住重要的目标消费者。一个好的广告标题不仅能引起人们的注意，而且能使人们产生愉快的心理感觉和强烈的购买愿望，从而促进商品销售。如以下几条标题。

你会把最后一粒面包渣也放进嘴里的。

——面包广告标题

标题形象地描绘了面包的诱人，能快速激发消费者想要品尝的心理，激发其购买欲望。

只要青春不要痘。

——台湾祛斑霜广告标题

妙龄少女谁不希望自己靓丽？可是恼人的青春痘多令人扫兴，既遮不住又躲不掉，"祛斑霜"紧紧抓住目标消费者的心理，突出说明商品特定的去痘功能。

二、广告标题的类型

广告标题按其提出诉求的方式，可分为直接标题、间接标题和复合标题三类。

（一）直接标题

直接标题是以简明的文字直截了当地告诉人们广告所要传达的中心内容，往往将商标、商品或企业名称放入标题，使人们一看标题就清楚广告内容。这类广告标题的优点是创作简单朴实，能快捷地传达信息，故深受广告人的青睐。例如，"格兰仕空调"，"排毒养颜胶囊""黑妹牙膏""××市百货公司向您提供家用电器产品"等。这类标题也有明显的不足，即文字较呆板、乏味、缺乏特色，因而写作时要注意用艺术的语言增强其感染力和说服力，赋予标题形象化和充满生活情趣的内容。例如：

投资万科就是投资中国的未来

——万科公司广告标题

（二）间接标题

间接标题是标题本身不直接介绍产品或劳务，而是运用迂回曲折、耐人寻味的语言引起受众兴趣，使受众关注和阅读广告正文。

例如：

两颗心之间的最短距离

——香水广告标题

聪明不必绝顶，慧眼长留

——聪明绝顶颐发灵广告标题

创造神气，超越平凡

——风驰广告公司标题

这类标题生动、活泼、趣味性强，能激发人们的各种联想，领会和感悟广告主旨，有时甚至使人产生一定要厘清广告内容的冲动。

　　间接标题强调艺术性，其表现手法多种多样，如比拟、影射、夸张、仿造、正话反说、一语双关、意在言外、含而不露、欲说又止等。间接标题耐读耐看、用词讲究，能令人思索，比直接标题更具哲理性和感染力。

（三）复合标题

　　复合标题有多行标题，即一则广告有两个或三个标题，这种标题适用于内容较多、较复杂的广告作品。可把直接标题与间接标题组合起来形成复合标题，这样既可使人一目了然，又能引发受众兴趣。

　　复合标题组合主要有三种方式。

　　第一种方式为引题＋主题，例如：

哇——	（引题）
他们为什么要惊叫？！	
全新 64 位数据库服务器！！	（主题）

$7 + 15 = 21$	（引题）
7 项全能＋15 年品质保证＝21 世纪的冰箱	（主题）

　　第二种方式为主题＋副题，例如：

999 感冒灵胶囊颗粒	（主题）
中西结合，全面治感，疗效不打折	（副题）

长夜如诗，衣裳如梦	（主题）
兰薇儿陪伴您，在夜的温柔里	（副题）

　　第三种方式为引题＋主题＋副题，例如：

万科城市花园告诉您——	（引题）
不要把所有的鸡蛋都放在同一个篮子里	（主题）
购买富有增值潜力的物业，您明智而深远的选择	（副题）

　　第三种是复合式标题中最完整的标题形式，引题、主题、副题相互之间形成一种背景交代、主题诉求、指向性补充的内在关系。主题向人们提供了一个耐人寻味的观念，即不要把所有的鸡蛋都放在同一个篮子里，这个观念寓深刻于浅显，引题介绍这个观念的提出者，副题则补充说明主题，告诉人们购买富有增值潜力的物业是明智的选择，而万科城市花园就具备增值的潜力。这则复合标题中，直接标题是"购买富有增值潜力的物业，您明智而深远的选择"，间接标题是"不要把所有的鸡蛋都放在同一个篮子里"。

三、广告标题的创作手法

广告标题的创作手法多种多样，千变万化，没有固定的程式。无论采取哪一种，都要明确、突出地表达广告信息内容的要点，把广告产品的特征或价值属性在第一时间传递给目标受众，吸引消费者的目光。

下面介绍几种常用的创作手法。

（一）新闻式标题

为了增加广告的新奇性和可信度，广告标题可以把广告信息以新闻的方式处理，在标题中直接提供有关商品或服务的新信息，以带有新闻意味的词句表达宣传内容。新信息包括新产品的推出、旧产品的改进或新用途信息，以及产品的各种特点和产品的销售量、市场占有率等。新闻式标题中广告信息必须具有新闻价值，创作这类标题要多作调查研究，要善于抓住产品或服务的新特点，文字须简洁、明快，讲究时效，让消费者有新感受。据奥格威说，具有新闻性的标题比没有新闻性的标题，会多出 22% 的人记住它。例如：

在世界上第一个用流水线制造拖拉机。

——福特公司广告标题

品"东方之子"，做东方巨人

——茅台集团"东方之子"酒广告标题

（二）提问式标题

提问式标题又叫作问题式标题，它利用受众的好奇心和欲知下文的心理，通过提问题的方式吸引受众的注意力，使受众产生思考，加深印象。写好提问式标题的关键在于，必须要找出广告所宣传的商品或服务中最引人注意的、受众最为关注或担忧的"特征"，从而提出问题。

广告商比较常用提问式标题，因为它能满足人们爱寻根究底的普遍心理，紧紧抓住人们的眼球从而促使人们看正文。例如：

"你想得冠军吗？"

——跑鞋广告标题

十年寒窗，你能金榜题名吗？

——营养液广告标题

鞋上有 342 个洞，为什么还能防水？

——Timberland 野外休闲鞋广告标题

创作提问式标题有三点要求：其一，标题所提出的问题必须与商品或服务有紧密联系，要全面掌握广告文案中的商品或服务的每一个特点、细节；其二，要站在消费者的角度，及时捕捉最吸引消费者的热点、焦点问题；其三，标题的语言要简洁易懂，不宜过长。广告大师霍普金斯说过："能拨动大众心弦，在消费者中获得成功的往往是那些简单易懂的广告标题。"如世界名牌豪车凯迪拉克轿车公司的著名广告文案标题"出人头地的代价"，李奥·贝纳的"月光下的收成""红色的肉"，大卫·奥格威的"穿'哈特威'衬衫的男人""'舒味思'的人来到此地"，威廉·伯恩巴克的"柠檬""我寻出了'琼'的底细"以及黑松汽水灵药篇系列广告标题"爱情灵药""生活灵药""工作灵药"等，这些令人心驰神往的标题，无不简洁易懂。

提问式标题又可细分为三种形式。

第一，标题只提出问题，答案由正文或画面提供。例如：

总督牌给了你而别的过滤嘴香烟没有能够给你的是什么？

——总督牌香烟广告标题

心中若是有结，误会如何化解？

泰立电话广告标题

第二，标题中有问有答。例如：

你的广告公司比较有名？或你的产品比较有名？ （主题）

我们的客户比我们更有名，这是达美高一直最骄傲的事。 （副题）

——香港达美高广告公司形象广告标题

股 （大标题）

三角钱能变成多少钱？

小钱变大钱，

买股读本报 （小标题）

——《中国证券报》广告标题

在时速 60 英里时，新型罗斯—罗伊斯轿车的最大噪声来自车上的电子钟。 （主题）

什么原因使得罗斯—罗伊斯成为世界上最好的轿车？ （副题）

一位知名的罗斯—罗伊斯工程师说："说穿了，根本没有什么真正的戏法——不过是耐心注意到所有细节。"

——罗斯—罗伊斯轿车广告标题

第三，标题中运用反问的形式提问，这种方式用得好，会产生强烈的效果。例如：

谁不希望用一点真诚代替千言万语？

——泰国航空公司广告标题

我知道，你知道吗？

吃得好，睡得好，排得畅——国际公认的健康标准

——美国麦迪逊大街快速闪影招贴广告标题

（三）祈求式标题

祈求式标题又被称为劝勉希望式标题，是直接做采取或不采取某种行动的诉求，可以采用建议、祈使、命令三种不同轻重程度的语气，向受众提出某种消费建议并保证承诺的可靠性，使受众了解某商品或服务的特点、功能，促使他们采取购买行动或接受服务。制

作这类标题应注意措辞的合理诱导性和自然性，需以理服人、以情动人，不要招致人们拒绝。例如：

节约将带来幸福 （建议）
——银行广告标题

你必须把吸毒成瘾的人吓得死去活来，即使他就坐在你隔壁的办公室里。 （命令）
——美国国家禁毒协会广告标题

合力培育下一代 （祈使）
——美国亨氏婴儿食品广告标题

（四）悬念式标题

在标题中制造悬念和疑团，激发消费者的好奇心，是悬念式标题创作的重点。悬念式标题要抓住消费者的注意力，使他们产生惊奇感，进而促使他们阅读正文去探秘、去追根究底。后面的正文要与标题呼应，解开标题中令消费者感到好奇的疑团。例如：

梅兰芳
——上海丹桂第一大戏院广告标题

该广告的悬念是梅兰芳何许人也？现在人们大多都知道梅兰芳是著名的京剧大师，可是在 20 世纪的 30 年代初，上海人还不大了解他。梅兰芳首次赴沪演出时，第一大戏院连续三天在一家大报用整版登出只有"梅兰芳"三个字的大广告，造成轰动效应，到第四天梅兰芳大广告下面才登出几行小字："京剧名旦，明日丹桂第一大戏院演出《彩楼配》《玉堂春》《武家坡》"。人们终于知道了梅兰芳的身份，急不可耐地去"丹桂"，争睹"芳容"。于是，梅大师在上海的演出场场爆满，足见悬念式广告的威力。

（五）赞美式标题

赞美式标题又被称为炫耀式、夸耀式、颂扬式广告标题，顾名思义，这种标题就是对广告所宣传的商品特征、功能或服务的优点合理赞许，使受众对商品或服务产生美好的期望，从而产生消费行为。

这类标题由于满足了人类希望自己做得更好的心理欲求，因此广告人很喜欢使用。这种标题多用于享有盛誉的名牌商品或消费者信得过的名牌商品。

创作这类标题必须实事求是，言之有物，用词要有分寸，不可随意拔高或吹牛拍马，否则会使人产生反感，降低广告的可信度。例如：

臭味远扬，香飘万里
——臭豆腐广告标题

（六）对比式标题

对比式标题又被称为比较广告标题，即在标题中将所宣传的商品或服务与其他同类商品或服务从质量、价格、维修等方面进行比较，突出本商品或服务的优越性或独特之处，使消费者加深认识。对比式的广告标题有较强的说服力，有许多标题运用这种方式。同类商品可对比，同一商品的新与旧可对比，一种商品的使用前后可对比，但是在对比时，要注意对比的可比性、对比的准确性、对比的科学性及合法性等，绝不能以对比的方式来打击别人抬高自己。例如：

比这更好的鞋还未制作出来哩。

——童鞋公司广告标题

与其他轮胎最小的区别是价格

——××轮胎广告标题

（七）情感式标题

情感式标题，强调情真意切，文字优美，标题传递给消费者情感，使其产生喜悦之情，留下美好的心理感受。情感式标题写情深于理，充分发挥情的感染力，亲情、爱情、友情是人类永恒的美好情感，以此入题最能打动人、吸引人。

例如：

输入千言万语，打出一片深情

——四通打字机广告标题

在时光的流逝中，女人呼唤着爱；在时光的流逝中，男人呼唤着人生。

——日本星辰表广告标题

（八）修辞式标题

修辞式标题，即在标题中运用修辞方式，使标题生动活泼，令受众回味无穷、持久难忘。常用的修辞方式有对偶、回环、拟人、双关、排比、回环、省略、引用等。例如：

见证历史　把握未来　　　　　　　　　　　　　　　　　　　　（对偶）

——瑞士欧米茄手表广告标题

大众办"大众"
"大众"为大众　　　　　　　　　　　　　　　　　　　　　　　（回环）

——上海大众出租汽车公司广告标题

今年二十
明年十八　　　　　　　　　　　　　　　　　　　　　　　　　（荒诞式）

——白丽美容香皂广告标题

路漫漫其修远分，吾将上下而求索。　　　　　　　　　　　　　（引用）

——康柏台式机、服务器平面广告标题

与您的皮肤相亲相爱　　　　　　　　　　　　　　　　　　　　（拟人）

——香皂广告标题

当您踏上征途去征服世界时……　　　　　　　　　　　　　　　（省略）

　　　　　　　　　　　　　　　　　　　　　　　——轮胎公司广告标题

再敢拍我，我就要越街过篱、穿林过河、攀上那座山头，把那台鬼相机摔到你脸上

　　　　　　　　　　　　　　　　　　　　　　　　　　（夸张）

　　　　　　　　　　　　　　　　　　　　　　　——相机广告标题

（九）故事式标题

　　故事式标题又被称为叙事式标题或情节式标题，类似于一则故事的题目，标题提示或暗示故事的发生和情节的展开。故事式标题的重要作用是吸引受众关注正文。例如，大众轿车故事型广告标题"妈妈，我不是故意的"——这显然是孩子做错了事才对妈妈讲的话，那么，孩子到底做错了什么事？妈妈的态度如何呢？标题深深地吸引着受众。小企业贷款机构 ICFC 广告标题"我不干了！"（主题）"不行，你是老板。"（副题）为什么不干？为什么是老板就不能不干？到底发生了什么事？又如，美国加州的兰丽绵羊油广告标题"一双手展开了一个美丽的传奇故事！"一双手会展开什么样的传奇故事呢？申花牌洗衣机广告标题，"一天少抽一包烟　半年买台洗衣机"。展现了故事最精彩的情节：一天少抽一包烟，半年就能买台洗衣机。标题能够吸引消费者去看正文。再如，箭牌机械防缩处理衬衫广告标题，"我的朋友乔·霍姆斯　他现在是一匹马了"，人怎么会变成马呢？令人震惊的标题吸引受众探索文案中离奇的故事。

（十）承诺式标题

　　承诺式标题又被称为许诺式、利益式广告标题，这种标题在标题中向消费者承诺某种利益和好处，如服务承诺及商品的优越性能、品牌的价值、价格、赠品等的承诺，从物质利益、身体健康、精神享受等多方面满足人们的需求。这种标题运用范围广，又不受时间限制，对消费者常常具有极大的吸引力，能极大地促进消费者购买商品，接受服务。大卫·M.奥格威(David M.Ogilvy)、克劳德·C.霍普金斯（Claude C.Hopkins）十分推崇这种标题，认为"这类文案会有一半以上的人记住"，这种写作技巧具有持久的魅力。

　　创作承诺式标题要注意的是保证承诺能兑现。例如：

如果"佩利纳"还不能使你的鸡下蛋，那它们一定是公鸡。

　　　　　　　　　　　　　　　　　　——美国佩利纳饲料公司广告标题

保住营养与水分，保鲜时间延长 50%

　　　　　　　　　　　　　　　　　　——美菱保鲜冰箱平面广告标题

（十一）实证式标题

　　实证式标题是运用证言和数字表达的广告标题，其用消费者、专家、名人的评价或典型事例，用科学而可靠的实证性数据，来证明商品或服务的优良。

　　请看有专家证言的标题。

中国营养学会研制　　　　　　　　　　　　　　　　　　　（引题）

黄金搭档 （主题）

组合维生素片 （副题）

——黄金搭档广告标题

请看有数字证言的标题。

您生命的三分之一是在床上度过的

——某床具广告标题

为什么实证式标题具有很强的说服力呢？原因在于人们普遍存在"眼见为实"的心理倾向，消费者的证言是最有说服力的；专家一般是指在某一领域有权威的人，其受人尊重，人们对其证言的信任度高；名人主要是指影视演员、体育健将等，如果名人又是消费者，人们对其证言的信任度也是比较高的。

创作实证式标题务必了解证言的真实性、可靠性，不能欺骗人，在表述上最好使用第一人称。

运用这类标题，如果离开了实证的意义，不仅标题没有说服力，而且广告也会大大降低可信度，甚至变得一文不值。例如，有个啤酒广告的标题是，"赢得了无数美誉的啤酒"，"无数"表述空泛；又如某鞋的广告标题，"托比帮您行万里"，"万里"也是一个概数，不具体，像这样的广告标题就无法赢得消费者的信任。

（十二）对话式标题

对话式标题就是采用对话形式创作的标题，它的最大特点是在谈天说地中传达广告信息，具有现场感、生活感。例如：

"妈咪！你看！我做的米老鼠"

"哇！好可爱，妹妹好聪明"

——台北妇幼医院杂志广告标题

（十三）解题式广告标题

解题式标题，是围绕商品品牌名称或企业来创作的标题形式，其可以加深受众对品牌的记忆。例如：

金利来——男人的世界

——香港金利来有限公司广告标题

世界第一名表——劳力士

——劳力士牌手表广告标题

（十四）否定式标题

否定式标题，即采用否定词和否定句创作的标题，这种标题能表现出传播者的坚定和自信，不过创作时要谨慎，以免给受众留下"否定"的印象。

例如：

邦迪坚信，没有愈合不了的伤口。

——邦迪创可贴广告标题

如果"使尔美"也无法改变你的形象，你还是什么也别穿就上街去吧。

——"使尔美"服装广告标题

"使尔美"服装广告标题是一则否定式标题，同时也是幽默式广告标题，消费者不会不穿衣服就上街，此标题巧妙地点出了"使尔美"服装能改变人的形象。

（十五）格言式标题

格言式标题，又被称为口号式标题，其结合商品特点，挖掘商品的深层内涵，用简短有力、易记易诵的格言形式来表现商品或服务，这种标题大多同广告口号互转，既是广告标题，又是广告口号。格言式标题比一般的广告标题传播效果好，因为格言所具有的言简意赅、易记易诵、令人咀嚼的特点，会令商品或服务具有特殊的魅力。

例如：

喝孔府宴酒，做天下文章

——孔府宴酒广告标题

千里之行，始于足下

——鞋广告标题

生命在于运动

——银燕牌冰鞋广告标题

广告标题的创作形式不只以上这些，历来的广告人都非常重视标题，他们认为标题有无穷的魅力，如日本的八卷俊雄、尾山皓在《广告学》中指出："广告的劝导作用多数是从标题开始的。"其将广告制作的首要任务，放在了广告标题的制作上。

成功的广告标题是创作者在透彻地理解了商品、市场和消费者之后创作的。广告标题写作尽管没有固定的模式，但仍然是有章可循的，一则好的广告标题必须紧密结合广告主旨，与正文内容相符，诉求单纯，突出重点，富于创造性。

第二节　广告正文

一、广告正文的结构

广告正文是广告文案中的主体部分，是广告文案传播信息、说服受众，促成消费者产生消费行为的重要部分，是对广告标题的进一步解释和说明，为标题中的内容提供事实证明材料，能够充分表现广告主题，因此广告正文写作是广告文案写作中一个非常重要的环节。广告正文要表现广告标题中吸引消费的利益点、承诺的理性或感性的理由，并将受众的心理渴望转化成购买欲望与行动。

广告正文与广告标题一样，不同的媒体其形式也不相同：印刷广告正文以文字语言表述，称作文稿；广播广告正文以口头语言加音响表述，称作脚本；电视广告正文以语言文字加画面活动表述，称作故事板；实物广告以文字与商品实体结合表述。

广告正文的结构段落与一般文章的结构段落一样，由开头、主体、结尾三部分构成。

开头部分又被称为引子，位于正文的开端，起承上启下的作用，即承接标题，开启下文，主要任务是引出广告正文的中心段。开头部分可以涉及正文的主要内容，也可以不涉及正文的主要内容。

广告开头的方式灵活多样，除了开门见山直奔主题，还可运用概述式开头，概括介绍广告的主要内容；也可运用提问式，即把广告宣传的主要内容作为问题扼要地提出或交代广告的目的、动机、事由；还可以从释疑入手。总之，广告开头方式并非千篇一律，起到承上启下的作用即可。

主体部分又被称为中心段，是广告正文的重心所在。根据广告的主题，主体部分突出阐述商品或服务的独特特征与优势等，以关键性的、说服力强的事实进行说明，表现广告主题。这部分按照说明问题的复杂与否及文字结构特点，可以整段，也可以分成几个段落。主体部分要能唤起消费者的购买欲望，促使消费者产生购买行为。

主体部分的写法也是丰富多彩的，可按时间顺序写，有头有尾，脉络清楚；也可按事物的逻辑联系，分若干问题或几个侧面写，有点有面，层次分明。无论哪种写法都要围绕广告主题，观点与材料要统一，切忌杂乱无章，空泛议论。

结尾一般是敦促消费者迅速付诸购买行动。结尾的方式也很多，可用祈使、启发、鼓动、号召等语言文字；也可以醒目的文字再次突出强调产品的特色，宣传广告的主题；还可直接提出欢迎选购或采取其他相应举动等建议。这里以广州名粤花园广告为例。

名粤花园：广州真正的花园

在众多的楼宇中，我为什么选择了名粤花园？因为她唯一感到不便的是紧贴广州大道，离地铁出口太近，因为亲朋好友会轻易找上门来。唯一需要承受的心理压力是意想不到的升值，因为她坐落在广州市重点发展区中心。唯一缺少的东西是污染，孩子认识的第一种颜色是绿色，因为数百亩受重点保护的果树园林环绕周边，让人不看也难。……

这就是名粤花园，令人神往的花园！

集别墅、住宅、写字楼、商场于一体，拥有宝蓝玻璃幕墙、快速电梯、自动扶梯，送IDD 电话、空调器、抽油烟机；每平方英尺仅 357 元起，一次性付款 8.5 折优惠（15 天内有效），每 10 套房设大奖一份。免一切代理费和转让费。

我是生意人，打惯了算盘，算来算去，还是这里最划算。

这则广告一开头就紧扣标题提出核心问题："我为什么选择了名粤花园？"接着用三个"唯一"把名粤花园的特色、优点突出地表现出来，虽然表面上用的是否定句式，实质是炫耀自己，其传播效果远比肯定式语气更坚定、更自信、更胜一筹。

结尾又强调名粤花园的特殊优点和实惠，强调该商品房提供给消费者的利益及购买方法。最后一句，情真意切，颇能打动消费者，号召力和说服力强，尤其是突出"我"是生意人的身份，使消费者动心，进而产生购买欲望和行动。

二、广告正文的类型

广告内容决定广告正文的形式，广告正文的形式因产品、消费者、广告媒体不同而有所不同，广告正文的形式五彩纷呈，常见的广告正文形式有以下十几种。

（一）新闻式

新闻式是采用类似新闻报道的写法，对最新发生的有关商品或企业情况的事实迅速、及时地做简要报道，减少广告的商业色彩，突出新闻价值，增强传播效果。这类事实型广告多用于新产品、新服务的宣传或对老牌产品经过改进所产生的新功用、新特点、新荣誉的宣传等，创作时把主要的新鲜事实开门见山地告诉受众，先声夺人，吸引受众的关注。

创作新闻式正文的原则要遵循广告思维，要考虑广告的特征与要求，然后再考虑使用新闻的形式宣传商品，即选用新闻的一些表现方法。

例如双鹿电冰箱广告文案：

新春时节，京华传喜讯。新华社公布了轻工业部质量等级公报，中国家用电器工业质量检测中心对电冰箱九个指标进行测试，按国家标准划分等级。双鹿冰箱跃入国际先进水平A级（优良）行列。

该广告言简意赅，先介绍背景材料，具体说明双鹿冰箱为何会"跃入国际先进水平A级行列"，为双鹿的先进水平提供事实依据，使消费者对双鹿的质量更信任、更放心；再传达主要信息，突出其新闻价值。

再看这则广告文案：

热烈祝贺河南省中医中风病工程技术研究中心成立。

河南省中医中风病工程技术研究中心，是经河南省、市卫生主管部门隆重推荐，河南省科委审批并报省政府、科技部备案的全国第一家省级中医中风病工程技术研究机构。机构中心主任是韩群英。韩主任系首届中国百名杰出青年中医、河南省"五一劳动奖章"获得者、中医学术研究会理事。河南省中医中风病工程技术研究中心设有偏瘫康复研究所、脑性瘫痪研究所等十多个大机构，拥有脑瘫研究室、脑病实验智能检测仪、语言及肢体brunstrom诊断评价康复设备以及OT、PT、ST等国际最先进的医疗康复设施。其研制开发出治疗脑瘫的药物和产品共6种之多，均获得国家生产批准文号；承担两项脑瘫省级重大科技攻关课题，堪称脑瘫患者康复的希望。

这则文案首先采用消息导语的写法，开门见山地报道最主要的事实："河南省中医中风病工程技术研究中心成立"，接着介绍该研究中心成立的背景，然后再从多角度突出其特点：从医学地位上分析，从领导角度分析，从机构设置、设施角度分析，从科研角度分析，有力地突出其新闻价值，有效地吸引了目标消费者——脑卒中患者。这则广告文案是又一典型的新闻式广告文案。

（二）证言式

证言式正文又被称为引证法、证明法正文，它由证人（消费者、权威人士、知名人士）出面，以亲身体验对商品发议论，谈看法，或以专家的鉴定、获奖的等级等进行评价。采用这一正文形式需注意证人必须说自己了解的事实，说符合自己身份和个性的话，使用的材料应具有代表性、典型性、真实性，不能名不符实，欺骗消费者。请看下例：

深圳华星卡是真正的微机病毒免疫卡。

在众多的同类产品中，只有它，是世界上第一的微机病毒免疫卡。

只有它，唯一获国家发明专利 [专利号 IL90103037·6]，获部优、省优。

只有它，获国际科学和平特别奖。

只有它，经国际病毒权威组织严格测试，被称为"伟大的产品"。

只有它，在保险公司为客户代投保险。

该例主要通过有说服力的内容，即获"国家专利""国际科学和平特别奖"等以及为客户投保等受众熟悉和认可的奖项和事例来赢得消费者的心，使目标消费者深信不疑。

（三）诗歌和歌曲式

诗歌和歌曲式正文，即以诗歌和歌曲的文学形式表现广告信息。这种文案的特点是句式整齐、分行排列，具有和谐的结构美，表达感情强烈，想象丰富，语言生动，富有意境，节奏鲜明，朗朗上口，易记易诵。其对激活消费、促进销售、传播信息有事半功倍之效。

诗歌和歌曲式正文类型常见的有旧诗体、自由诗体、民歌体、广告歌等几种。

1. 旧诗体

旧诗体广告文案，是依照唐代沿袭下来的近体诗的格律形式写成的广告诗，结构要求比较严格，根据诗句的安排和音韵的规则，又可将这种正体诗分为律诗和绝句两种。律诗，即每首由八个单句构成，五字一句的是五言律诗，七字一句的是七言律诗。如湖笔店"王一品斋"广告。

湖笔争传一品王，

书来墨迹助堂堂。

蓼滩碧浪流新韵，

空谷幽兰送远香。

垂统以还二百二，

求精当作强中强。

宏文今日超秦汉，

妙手千家写报章。

湖笔店"王一品斋"是我国最早经营湖笔的名店，这首广告诗原系郭沫若为其创建

220 周年而作，后来，该店以此七律诗作广告文案，大大提高了该店的知名度和美誉度，从而销售额大幅度增长。

绝句，即每首由四句构成，五字一句的是五言绝句，七字一句的是七言绝句。绝句与律诗的押韵、平仄规律基本一致，律诗要求对仗，绝句则可自由处理。

2. 自由诗体

自由诗的特点是"自由"，不像旧诗体那样受格律的限制，它写法灵活，语言通俗，篇幅长短、章节组织、用词押韵都不拘一格。

创作自由诗体的广告文案要注意营造情感氛围，一切情感和情感表达都要来自产品，围绕产品展开，不可因追求诗意、诗境的形式美而使文案的内容抽象难懂或模糊不清，难以被受众领会。请看下面两则自由诗体广告文案。

例一　著名诗人闻捷为上海灯泡写的广告文案。

向太阳里取来的熔岩，

从碧空中摘来的星星，

耐得住千度高温，

负得起延长白昼的使命，

把五彩缤纷的晚霞，

焊接上金光灿烂的晓云。

例二

子夜　灯一盏一盏熄了，

浓密的夜色淹没了初歇的灯火，

万物俱眠，

怎舍得未归的人

独自在黑夜赶路？

且点上一盏灯，

点上家的温馨与期待，

让晚归的人儿

不觉孤伶。

菲利浦真柔灯泡

为晚归的人点上一盏温馨的灯。

上述两则自由诗体广告文案，都富有浓郁的情感和深邃的意境，读来朗朗上口，具有韵律美，语言隽永，耐人寻味，区别仅在于：例一文案未能准确地反映产品特征，过于抽象华丽，例二文案围绕着"灯"这个产品的现实感受氛围展开，它没有脱离产品"真柔"的特点，而且为这一特点赋予了情感内涵，这种形式文案有效地为广告主题服务、增色。前者是一首美诗、好诗，若比起后者来，却不一定是具有推销魅力的广告文案。

诗歌式广告文案切忌为形式美而形式美，广告文案之所以要用这一形式，是因为它能简洁生动地传递广告产品信息，容易为受众欣赏和接受。因此，自由体广告文案在表达上要做到简洁、生动、明快、传神和易于理解。

3. 民歌体

民歌体广告文案是用民歌的形式进行创作，内容朴实清新，通俗易懂，易唱好记，生活气息浓。这种民歌配乐后可以唱，但更多的时候是用来念的。例如请欣赏五丰行平面广告。

五丰正宗"南瓜饼"

三斤南瓜一斤饼，

做工地道手艺精，

锅里上下翻筋斗，

黄袍加身传美名。

这是用古老的民歌形式创作的广告正文，有浓郁的乡土气息，语言生动活泼，富于情趣，充分体现了五丰行南瓜饼品牌制作的精良，以及传统的正宗南瓜饼特色与其生动的形象。

4. 广告歌

广告歌广告文案是用歌曲形式进行创作的，其歌词简短，曲调活泼，是人们喜闻乐见的广告形式。广告歌借助歌曲的独特艺术魅力宣传商品，传播效果好。广告歌词的创作应根据商品的品牌、特点、使用价值等方面的内容运用联想、重叠等手法进行艺术加工，写出内容贴切、语言凝练、合乎音韵、有艺术魅力的歌词。

请欣赏中国移动动感地带的广告歌——《我的地盘》（节选）。

在我地盘这

你就得听我的

把音乐收割

用听觉找快乐

开始在雕刻

我个人的特色

未来难预测

坚持当下的选择

在我地盘这

你就得听我的

节奏在招惹

我跟街舞亲热

我灌溉原则

培养一种独特

观念不及格

其他全部是垃圾

…………

（四）描写式

描写式正文，是以生动形象的语言对商品服务的特点或对消费者可获得的利益作绘声绘色的描述和渲染，展现具体鲜明的商品形象，给消费者留下深刻印象。这种形式的正文，是运用文学艺术的力量打动消费者，使他们动情、动心，进而产生购买欲。描写式正文要防止华而不实，一定要展示出产品具体的有价值的信息。

请欣赏第七届全国优秀广告作品展获奖作品竹叶青茶叶平面广告。

秀色可餐竹叶青

品"竹叶青"，观其色，赏其形，汤色嫩绿清明，如皓月中天，空明澄碧；茶形饱满挺直，翩若竹影，未尝其味，心已怡然……

暗香浮动竹叶青

品"竹叶青"，细闻其香，虽无茉莉之馥郁，但有山水之清芳，至纯至真，此刻，品茗渐入佳境……

余味悠远竹叶青

品"竹叶青"，初尝似乎味淡，继而一缕太和之气弥沦于唇齿之间，久久不散……

尝鲜喽！

在灵秀的峨眉山麓／我们培育着一片葱绿的茶园／农历立春／雨水过后／那浸足了大地精华和鲜山灵气的嫩茶芽／已悄然缀满浓密的茶树梢／一年一度／采制"竹叶青"的季节到了……

该文案以优美的文学语言描绘了竹叶青茶叶的"色、形、香、味"：嫩绿清明之茶色，饱满挺直、翩若竹影之茶形，有山水清芳之茶香，还有一缕太和之气弥沦于唇齿之间而久久不散之茶味。该文案构建了特有的意境，渲染了一种特有的氛围，塑造了特有的产品形象，令人心驰神往，情有独钟。

（五）故事式

故事式正文就是采用百姓喜闻乐见的故事形式传递广告信息，赋予广告生活气息，避免简单说教。这种广告文案的主要特点是以故事中的人物和情节引发人们对广告的兴趣，强化广告主题或商品特点，故事中的人物一般是购买或使用某种商品的人，故事情节一般是购买或使用商品的过程。因此，故事式正文应有生动、紧凑、曲折的故事情节，否则难以引人入胜。

请欣赏广告大师乔治·葛里宾为箭牌衬衫写的广告文案。

我的朋友乔·霍姆斯，他现在是一匹马了

乔常常说，他死后愿意变成一匹马。

有一天，乔果然死了。

5月初我看到一匹拉牛奶车的马，看起来像乔。

我悄悄地凑上去对他耳语：

"你是乔吗？"

它说："是的，可是现在我很快乐！"

我说："为什么呢？"

它说："我现在穿着一件舒服的衣服，这是我有生以来的第一次。以前我衬衫的领子经常收缩，简直在谋杀我。事实上有一件衬衫的领子令我窒息，而那就是导致我死亡的原因！""天哪，乔！"我惊讶失声。

"你为什么不把你衬衫的事早点告诉我？我就会告诉你关于'箭牌'衬衫Arrow Shirt的事。它们永远合身而不收缩，甚至织得最紧的深灰色棉布做的也不收缩。"

乔无力地说："唉！深灰色棉布是最会收缩的了！"

我回答说："可能是，但我知道'戈登标'的箭牌衬衫是不会收缩的。我正在穿着一件。它经过机械防缩处理，收缩率连1%都不到。此外，还有箭牌所独有的'迷淘夏'特适领！"

"'戈登标'每件只卖两美元！"我们的谈话达到了高潮。

乔说："真棒，我的老板正需要一件那种样子的衬衫。我来告诉他'戈登标'的事。也许他会多给我一夸脱燕麦。天哪，我真爱吃燕麦呀！"

箭牌——机械防缩处理。

如果没有箭牌的标签，那它就不是箭牌衬衫。

箭牌衬衫，机械处理防缩——如有收缩不合，免费奉送一件作赔。

这一广告文的主题是箭牌衬衫不缩水、不变形，是经过机械处理的防缩优质产品，如果将这一信息平直地说出，必然平淡无味，很难吸引人，乔治·葛里宾因此利用丰富的想象、大胆的夸张，构思了一个动人心弦的童话故事："我"的朋友乔·霍姆斯变成了马！文中通过"我"与"马"的对话，才知道"我"的朋友是因为被衬衫衣领的收缩勒死而变成马的，从而强调了衣服不收缩的重要性，它让受众震惊、恐惧，对受众冲击力无疑是巨大的——广告是否具有冲击力和震撼力是衡量广告优劣的三大指标之一。故事中的对话写得绘声绘色、幽默风趣，文案把箭牌衬衫的特点一一穿插在故事的对话中，读者在看该文案时便不知不觉地接受了广告的宣传。为什么作者把文案写得如此出色呢？乔治·葛里宾认为，写文案的人应该对商品有深刻的了解，要知道哪一类人会买它，以及什么样的动机使得他们想去买它。这则文案据乔治·葛里宾说，是以他太太的经历为原型创作出来的。

（六）对话式

对话式正文，即由两个或两个以上的人物，采用日常对话的形式介绍商品或服务的广告信息的文案形式。对话式正文创作的关键是要写好对话，要写得富于生活气息，要生动活泼，自然清新。

请欣赏第四十四届戛纳国际广告节获铜狮奖的作品《番茄汁烤豆》（流行篇）电视广告。这则广告是祖孙两人吃饭时就"番茄汁烤豆"的对话，一老一少的对话巧妙地突出了

"番茄汁烤豆"食品的优点以及它对身体的好处，对话充满浓郁的生活气息，引人入胜。

一个八岁男孩同他爷爷在一起。男孩坐在餐桌旁，爷爷把两份排骨、土豆和番茄汁烤豆放在桌上，一人一份。这时，男孩与爷爷开始对话：

"所以他们让你来管我？"

"是的，我是主管。"

"你合格吗？"

"合格。"

"你有经验吗？"

"你爸爸小时我就照看他。"

"你给他许多烤豆吃？"

"是的。"

"是番茄汁烤豆吗？"

"是番茄汁。"

"有什么特别的原因吗？"

"番茄汁烤豆吃起来很香。"

"妈妈说你不能因为什么东西好吃就吃它。"

"番茄汁烤豆含有蛋白质。"

"还有别的东西吗？"

"它含有极少的脂肪。"

"别的呢？"

"纤维含量高。"

"纤维？我要纤维干吗用？"

"使你的身体营养均衡。"

"什么叫均衡？"

"你是什么人，警察吗？"

"爷爷，我只是想了解事实。"

"你的确问了好多问题。"

"我是孩子，我应该这样做。"

最后推出广告语："想吃烤豆，唯有番茄汁。"

（七）论述式

论述式正文的主要特点是具逻辑性和说理性，即在事实的基础上进行分析，凭借事实的内在逻辑对受众进行广告宣传，以充足的论据或雄辩的评论来说服受众，旨在唤起人们对商品的明确认识，从而促成购买行动。这类广告文案文字严谨、针对性强、有理有据。请看下面两个例子。

例一　凯迪拉克轿车广告文案（部分节录）。

出人头地的代价

在人类活动的每一个领域，得到第一的人必须长期生活在世人公正无私的裁判之中。无论是一个人还是一种产品，当它被授予了先进称号之后，赶超和妒忌便会接踵而至。在艺术界、文学界、音乐界和工业界，酬劳与惩罚总是一样的。报酬就是得到公认，而惩罚则是遭到反对和疯狂的诋毁。当一个人的工作得到世人的公认时，他同时也成了个别妒忌者攻击的目标。……杰出人物遭到非议，就是因为他是杰出者，有人要力图赶上他，只能再次证明他是出色的；由于未能赶上或超过他，那些人就设法贬低和损害他，但只能又一次证实那些人所努力想取代的人的优越。这一切都没有什么新鲜的，如同世界和人类的感情——有嫉妒、恐惧、贪婪、野心以及赶超的欲望一样，历来就是如此，一切都徒劳无益。如果杰出人物确实有其先进之处，他终究是一个杰出者。杰出的诗人、著名的画家、优秀工作者，每个人都会遭到攻击，但每个人最终也会拥有荣誉。不论反对的叫喊声如何喧嚣，美好的或伟大的，总会流传于世，该存在的总是存在。

凯迪拉克轿车广告文案在广告史上是著名的论述式文案精品，这个文案虽然创作于1915年，却影响着好几代广告人。它的论辩式风格和与目标消费者之间产生的观念沟通是极有说服力的。它散发的理性之光，它的无穷魅力使得凯迪拉克轿车公司被塑造成了卓越的品牌形象，使凯迪拉克轿车成为世界名车。

例二　爱力牌麦粉广告文案。

买对的，不是选贵的！

买麦粉时，多花一点儿钱值得吗？

其实这正是厂商利用消费者"贵"就是"好"的错误心理，故意抬高价钱以谋取更多利润的一种手段。说"多花一点钱，不也是值得"这句话，牟取暴利的企图就很明了了。我们不否认，好的东西可能会贵些，但是贵的东西却未必就一定好！如果您一时失察错以为贵的东西就是好的，不求其对不对，只问其贵不贵，您不是正中了商人图利的下怀吗？

好的麦粉，粉质细腻，营养均衡，卫生可靠，而且价钱公道。您在买麦粉的时候，应该注意品质是否纯正，营养是否均衡，价格是否合理，包装是否完整，新鲜而不过期。简而言之，就是买对的，不是选贵的。

花钱，要有代价，否则，多花一点钱也是冤枉的！

子母牌 V 麦粉。爱力麦粉。

例一是立论式文案，例二则是驳论式广告文案，通过反驳"贵的就是好的"这一错误的认知，证明"贵的东西未必一定好"，由此论证了爱力牌麦粉价格不贵且质量好这一广告主题，水到渠成，传播效果自然显著。

（八）自述式

自述式又被称为自白式，是运用拟人的手法以商品自身的口吻传达广告信息的表现形式。

自述式广告文案在写作上的特点就是使商品人格化，有人情味，拉近商品和人的距离，引起受众的情感共鸣，它具有亲切、可爱、有趣、对话感强等特点。例如下面这篇广告文案。

肥城桃

我叫肥城桃，这次来香港，还是生平第一次。因此也难怪各位看见我直叫"啊呀"了（谁叫我生得体大惊人呢）！在咱们家乡——山东，我可是早与莱阳梨、烟台苹果齐名了。人们只要一提起山东水果的三绝，总不会忘记提到我。

我迟迟不出"闺门"，并不是因为我架子大，更不是因为我丑怪见不得人，不是说大话，我可比莱阳梨好吃多了。就是比香甜，我也不比那两位差。讲内在质量呢，在某些方面，我还比他们强得多，什么维生素 A、维生素 B、维生素 C 我都有，而且含量丰富。只有一样，我始终没法跟他们比，那就是我生来皮肤单薄，而且越到好吃的时候，皮越薄，汁越多，谁只要用指头一挑，我的甜汁就会流个涓滴不剩……

自述式广告文是"自述"，需以第一人称作为叙事视角，可以按时间的顺序来安排结构，即从商品的发展历程角度展开叙述，也可以按性质分类安排结构，即以商品的特点为切入点作自我介绍。上例就是借桃子之口说出其种种优点：好吃、香甜、维生素丰富、皮薄，广告文案塑造了一个快言快语、活泼惹人爱的"桃姑娘"形象，趣味性十足，让人印象深刻。

同样，沈乐吸尘器广告也是运用自述式写就的，请欣赏。

我是沈乐吸尘器，吸力大，噪声小，别忘了有事来找我，拜拜了！

（九）散文式

散文式广告文案借散文"形散神不散"的写作艺术传播商品或服务信息，一般借助于抒情、叙事、描写等手法表达审美情思，激发读者对广告意境产生审美联想。这类广告文案创作时要注意以情感贯通全文，精心安排结构，所选用的词语要具有形象感，能将人、事、物、景真切地展现出来，使人如临其境，如见其物，如闻其声。

如《风流一代》杂志广告运用诗的语言，正文写得形象、优美、富有激情、联想丰富，充满着青春的活力。《风流一代》杂志在时代的召唤下，以绚丽多姿的语言打动青年朋友的心，引人向上，发人深思，树立起了杂志的良好形象。

我爱读《风流一代》，因为我的血管里有青春的热血在奔流。生活中何处没有风流？年轻人谁不向往风流？一本《风流一代》，一曲"风流短笛"，把时代和青春的音符高奏。

我爱读《风流一代》，因为它的封面给了我美的享受：月光、溪谷、少女、鲜花……还有我喜爱的吉他手。

我爱读《风流一代》，因为众多的栏目为我打开了理解人生的窗口："时代能人谱"和"青春交响曲"告诉我如何在改革的浪潮中击流；"生活、理想、情操"升起了我心中理想的星斗；"爱的思考"引导我对珍贵的感情怎样追求；"知识的海洋"让我荡起双桨，在科学的天地中泛舟……

因此，我向青年朋友们推荐《风流一代》。我愿在《风流一代》的读者队伍中，结识更多的挚友。

（十）悬念式

悬念式正文就是设置某种悬念与疑团，使人感到有趣而又迷惑不解，引发受众的好奇心理，吸引受众的注意力，从而激发受众寻根究底、探求真相或结局的强烈兴趣。这种文案形式的特点是看似不急于传达广告信息，实际上是欲擒故纵，它能更有效地引发受众对广告信息的关心。这种形式的文案关键是要设置好悬念，它与设问不同，设问的问题受众一般可预知，而悬念的真相常常在受众预料之外或与受众期待的相反。

美国广告大师乔治·葛里宾为美国旅行者保险公司所作的保险广告文案，因成功地运用了悬念手法而被誉为经典。

当我28岁时，我认为今生今世我很可能不会结婚了。我的个子太高，双手及两腿的不对称常常妨碍我。衣服穿在我身上，也从来没有像穿到别的女郎身上那样好看。似乎绝不可能有一位护花使者会骑着他的白马带我走。

可是终于有一个男人陪伴我了。爱维·莱特并不是我在16岁时所梦想的那种练达世故的情人，而是一位羞怯并笨拙的人，也会手足无措。

他看上了我不自知的优点，我才开始感觉到不虚此生。事实上我俩当时都是如此。很快的，我们互相融洽无间。我们如不在一起就有怅然若失的感觉。因此，我们认为这可能就是小说所写的那类爱情故事，后来我们就结婚了。

那是在4月中的一天，苹果树的花盛开着，大地一片芬芳。那是近30年前的事了，自从那一天以后，几乎每天都如此不变。

我不能相信已经过了这许多岁月，岁月载着爱维和我安静地度过，就像驾着独木舟行驶在平静的河中，你感觉不到舟之移动。我们从来未曾去过欧洲，我们甚至还没去过加州。我认为我们并不需要去，因为家对我们已经够大了。

我希望我们能生几个孩子，但是我们未能达成愿望。我很像圣经中的撒拉，只是上帝并未赏赐我以奇迹。也许上帝想我有了爱维·莱特已经够了。

唉！爱维在两年前的4月故去。安静的，含着微笑，就和他生前一样。苹果树的花仍在盛开，大地仍然充满了甜蜜的气息。而我则怅然若失，欲哭无泪。当我弟弟来帮助我料理爱维的后事时，我发觉他是那么体贴关心我，就和他往常的所作所为一样。在银行中他并没有给我存很多钱，但有一张照顾我余生全部生活费用的保险单。

就以一个女人所诚心相爱的男人过世之后而论，我实在是和别的女人一样的心满意足了。

文案的第一句写道："当我28岁时，我认为今生今世我很可能不会结婚了。"一开头就给了受众一个大疑团：为什么"我"可能不会结婚呢？受众为主人公悬心。于是追着读下去，查其因，方知主人公因个子太高、外貌不理想，所以对婚姻颇为悲观。受众虽解了第一个悬念，接着又产生了第二个疑团：难道"我"真的没有男人爱了吗？难道"我"

真的要孤单过一辈子吗？受众为主人公忧虑，带着疑点又继续看文案："可是终于有一个男人陪伴我了。"他们结了婚，第二个悬念又解了，受众的心放松了。那么，婚后生活如何呢？他们生活平静而幸福，"我"希望有几个孩子，可是未能如愿，后来"我"的丈夫"故去"了，看到这里受众不得不又担心"主人公"的命运了，"主人公"将如何继续生活下去呢？正文写道："我"的弟弟来帮助料理死者后事时，发现有一张照顾"我"余生全部生活费用的保险单——受众为之惊喜。在解疑的过程中，受众不仅庆幸主人公的好命运，而且很自然地接受了广告的宣传，在美的享受中加深了对商品信息的印象。这个广告的魅力就在于把一个个悬念寓于优美的文字之中，使受众为之忧、为之喜。正如乔治·葛里宾说的，一则广告文案的成功与否在于"这个标题是否使你想去读文案的第一句话？而文案的第一句话是否能使你去读第二句话？并且使你看完整个文案。一定要做到使读者看完广告的最后一个字再想去睡觉"。

（十一）幽默式

幽默是一种有力的销售武器，在广告界越来越受重视。麦克柯伦·施德曼研究机构对500个电视广告进行了调查，在对各种创意不同的广告的效益进行测试发现，引人发笑的幽默广告明显胜过名人、平民广告等流行的广告形式。幽默的广告文案能使人在轻松愉快中对商品产生浓厚兴趣，起到意想不到的商业效果——造成一种自然的传播默契，使受众接受广告的宣传。

创作幽默式广告必须明确幽默是一种手段，不是目的，幽默式广告最终的目的是推销产品，是增加产品的市场占有率。因此，幽默式正文不是单纯地追求幽默，而必须紧扣广告内容，不可离开广告的商品或服务。

请欣赏幽默式广告 Diploma 奶粉平面广告文案。

亲爱的扣眼：

你好，我是纽扣。

你记得我们已经有多久没在一起了？

尽管每天都能见到你的倩影，

但肥嘟嘟的肚皮横亘在你我之间，

让我们犹如牛郎与织女般不幸。

不过在此告诉你一个好消息，

主人决定极力促成我们的相聚。

相信主人在食用 Diploma 脱脂奶粉后不久，

我们就可以天长地久，永不分离。

该文案用拟人的手法，把主人衣服上的位于肚皮处的扣子与扣眼称为一对恋人，他们幽默诙谐地倾诉着因为主人肚皮太大而不能相聚的痛苦，同时述说了 Diploma 脱脂奶粉的好处，让人忍俊不禁。

由上例可知，幽默式广告是在打破人们的思维定式和巨大的反差下产生的。因此，这种广告首先要在独特的构思和想象力上下功夫，激发人们的兴趣，让消费者在获得审美愉悦的同时，将广告信息深深铭刻在心。其次，广告中的幽默要含蓄深沉，不能太浅显和流于庸俗。

（十二）对联式

对联又叫对子、楹联，是中华民族的传统文学形式，为大众喜闻乐见，其特点是讲究对仗和平仄格律，形式优美，韵律和谐，易读易记，能增强语言的感染力。因此古往今来，对联式广告的运用很普遍。

请欣赏几例书店对联。

藏古今学术

聚天地精华

横批：智慧结晶

广搜中外名篇

嘉惠四方来学

横批：精品荟萃

翰墨图书皆成凤彩

往来谈笑尽是鸿儒

横批：金相玉质

再欣赏几例饭店对联：

路旁小店最随意

家常便饭更称心

横批：方便实惠

名驰塞北

味压江南

横批：誉满全国

下榻宜留哲士

授餐每款高人

横批：高朋满座

综上所述，一则广告文案正文的内容是由广告目的和广告的诉求重点决定的，因此不要追求正文内容的大而全，而应根据实际需要，将可传播的广告信息进行合理取舍，以集中笔墨，突出重点。

广告文案写作更强调别出心裁的创意，广告文案人员要在前人的基础上，创造出更多的表现形式。威廉·伯恩巴克曾说："我所求的，就是有一构想，能把我们的商品的优点传达给人们，并且让他们记住（一定要是新奇的与有创造性的，才能使它值得记忆）。"

以上是广告正文的几种主要类型。在许多情况下，创作某一具体广告文案，往往是两种甚至多种表现形式配合运用。

第三节 广告口号

口号是一种带有鼓动性的简短有力的语言，其广泛地运用于政治、宗教、艺术、商业及各种社会活动中，是鼓动大众行动的一种宣传形式。

口号用在广告上，就叫作广告口号。广告口号又被称为广告标语、广告词、广告主题句、广告中心词等。它是广告主从长远销售利益出发，为了加深受众对企业、商品或服务的认知和印象，在一定时期内反复使用的表现商品特性或企业理念的简短的口号式语句。

在商品社会里，广告口号成为现代广告中常用的、重要的宣传方式，在产品推销或企业形象宣传中广告口号有着特殊的地位和作用。从某种意义上说，广告口号就像企业的商标一样，是企业营销的一个重要方式。

一、广告口号的特点

（一）简短易记，鼓动性强

广告口号使用的目的是通过反复宣传使消费者对商品、服务或企业留下深刻印象，因而广告口号要简短，要朗朗上口。广告口号不仅要简短，还要有力，要有鼓动性，软弱无力的口号是无法坚定自信地传播企业或商品的观念的，是没有竞争力的。如"盗版万碎"（江西东方广告有限公司广告口号）、"车到山前必有路，有路必有丰田车"（日本丰田汽车公司广告口号）、"长城电扇，电扇长城"（长城电扇广告口号）、"我选择，我喜欢"（安踏鞋广告口号）、"可爱清新，一见倾心"（摩托罗拉 T191 广告口号）、"喝孔府宴酒，做天下文章"（山东孔府宴酒广告口号）等都是简短有力、家喻户晓的广告标语，已形成口碑效应。

（二）反复运用，长远促销

一条成功的广告口号，可以连续在不同时期的广告活动和不同媒体、不同内容的广告作品中使用多年，甚至更长的时间，除非企业或产品的核心观念发生变化。这样做是留给人们一个一贯的、个性的、深刻的产品或企业印象，达到长远促销的目标。例如，雀巢咖啡在 20 世纪 80 年代中期进入我国市场，广告口号是"味道好极了！"这条世界知名的广告口号一直使用至今，使消费者将雀巢咖啡与"味道好极了！"紧紧联系在一起。

（三）信息单一，倡导观念

广告口号一般都是用一两句完整的句子表达一个信息或一种观念，如"只溶在口，不溶在手"（MM 巧克力广告口号）、"人头马一开，好事自然来"（人头马洋酒广告口号）、"喝了娃哈哈，吃饭就是香"（娃哈哈奶广告口号）、"农夫山泉，有点甜"（农夫山泉广告口号）、"中华永在我心"（中华牙膏广告口号）、"为了美好的明天"（杜邦公司广告口号）等，这些广告口号信息单一、明确，容易理解，不必做解释和说明。

有一部分广告口号为了引起受众的认同，吸收了受众的人生理念、价值观念等丰富的内容。如 IBM 公司宣传 PC 产品时曾经使用"先天下之有优而优"的广告口号，杉杉男装的广告口号是"立马沧海，挑战未来"；铁达时表的广告口号是"不在乎天长地久，只在乎曾经拥有"，喜之郎广告口号是"水晶之恋，爱你一生不变"，静心口服液广告口号是"女人更年要静心"，以及黑松汽水广告口号是"用心让明天更新"等，旨在传达一种追求成功、追求卓越的人生境界和价值观念，引导新的流行文化，改变受众的消费观念，培养受众的消费意识，<u>塑造企业或商品的形象</u>。

二、广告口号与广告标题的区别

在广告作品中，广告口号与广告标题的作用都很重要，二者有许多相似之处，如都是引人注目的简短的语句，都居于广告作品醒目的位置，都追求引发受众兴趣、使受众过目不忘的效果，二者有时也可以互相转化，因此，二者在概念上和使用上容易混淆。而实际上，广告口号与广告标题存在着明显的区别。

（一）位置不同

广告口号在广告文案中的位置十分灵活，可以在广告作品的任何位置出现；广告标题一般被放在广告作品的上方或前面，且通常与文案正文以及图片等配合使用。

（二）功能不同

广告口号是为了宣传广告主倡导的观念，指导消费者的消费行为，或塑造企业或产品的良好形象；而广告标题是对一则广告内容的高度概括，是广告主题的体现，旨在引导消费者注意该广告并阅读其广告正文。

（三）风格不同

广告口号不仅要通过广告作品传播，还要通过受众的口头传播，因此语言表达力求口语化，简明有力，如海口满香阁中西餐厅广告口号是"不尝不知道，一尝忘不了"，《专业户》杂志广告口号是"要想富，快订《专业户》"等；而广告标题在表现上则要更新颖、有特色、吸引人，既可采用口语风格，又可采用书面语言和较长的语句。

（四）时限不同

广告口号在一个广告的长期运作过程中会持续运用，很少变化；而广告标题是一则一题，一般用后即弃，运用时间很短。

（五）范围不同

广告口号适用于在一个长期性的广告运作中在任何媒体上所作的任何形式的广告；广告标题只适用于一则具体的广告作品，不能单独使用。

（六）构成不同

广告口号能单独使用，它要求意义相对完整，概念明确，一般只有一句话或一个短语；而标题是文案不可分割的构成部分，不能单独使用，因而它可以是一句话，也可以是半句话，不要求完整，但形式复杂多变，长短不一，长标题可以由数行构成。

三、广告口号创作形式

广告口号一般是为建立企业形象和产品品牌形象、销售产品与服务而写作的，必须结合广告主题，突出商品、服务或企业的独特之处进行创作。

广告口号的类型是多种多样的，常见的类型有以下几种。

（一）号召式

号召式广告口号，写作时运用富鼓动性词句，直接号召、诱导消费者购买广告所宣传的商品或服务。例如：

穿李宁鞋　踏成功路

——李宁牌运动鞋广告口号

（二）情感式

情感式广告口号，用富有感情、引人联想的语言进行渲染，显示商品的优点，打动消费者。例如：

不在乎天长地久，只在乎曾经拥有。

——铁时达表广告口号

（三）颂扬式

颂扬式广告口号，是用直接陈述的方式，展示商品或服务的优越性，使消费者鉴别并牢记其突出优点。例如：

只溶在口，不溶在手

——ＭＭ巧克力广告口号

（四）风趣式

风趣式广告口号，运用幽默、风趣的语句来显示商品或服务的特点，使人愉快，激发人们购买商品的兴趣和欲望。例如：

省优、部优、葛优？

——双汇火腿肠广告口号

（五）利益承诺式

利益承诺式广告口号，就是向消费者承诺使用商品或接受服务后可以得到的好处。如可节省金钱，免除各种威胁，或改善不利状况等。例如：

要想皮肤好，早晚用大宝

——大宝护肤品广告口号

（六）标题式

标题式广告口号就是把广告口号放在广告标题的位置上，起到代替广告标题的作用。例如：

心病还需心药医

——日本救心药广告口号

（七）综合式

综合式广告口号，就是将两种或两种以上的口号综合起来，如将号召式、颂扬式、标题式等几种类型口号综合起来使用。例如：

禁止吸烟，皇冠牌也不例外

——美国皇冠牌香烟广告口号

喝汇源果汁，走健康之路

——汇源果汁广告口号

广告口号在企业和商品的宣传中有特殊的地位与作用，是广告主所提供的商品、服务的优良品质和良好形象的体现或是对广告主所倡导的理念的言简意赅的概括。创作广告口号时要谨慎，创作的广告口号要使消费者易于、乐于接受。

然而在当代广告实践中，一些广告商对广告口号功用目的的认识和理解粗浅或有偏差，导致广告口号价值无法充分体现出来，主要表现在以下几方面。

（1）没有把握好"度"。一些广告商以为要体现广告口号的功用目的，就要在口号中不讲分寸地大唱赞歌，如堆砌高级形容词、采用绝对化词句、自吹自擂、自我陶醉、违反科学规律，甚至为达到某种商业目的而不择手段、不顾事实地吹嘘。

（2）盛气凌人，以"我"为中心。有的广告主把口号当作市场消费行为的指挥棒，采用命令的口吻，以"家长"自居，要人们按照他们的意志行事。如"××产品是您唯一的选择"之类的口号，忽视消费者的主体地位和促销过程的互动性。

（3）玩文字游戏，说大话、空话。有些广告口号看上去华丽精彩，掷地有声，却远离广告主旨，让人不知所云。例如，某酒类广告口号"典雅至尊，卓尔不凡"、某房地产广告口号"品质非凡，尊贵典范"，这些口号华而不实，叫人难以理解。

第四节　广告附文

一、广告附文的概念和作用

（一）广告附文的概念

广告附文又叫随文，是对广告内容必要的交代或进一步的补充说明，传达购买商品或接受服务的方法等信息，促进或者方便目标受众采取行动。附文的位置一般出现在广告文案的结尾。

（二）广告附文的作用

附文不是广告文案中可有可无的附带部分，而是一则完整的广告文案不可分割的有机组成部分，它在广告文案中的作用不可忽视。

广告文案的标题、正文、广告语虽然包括了一则广告所要传达的最主要信息，但它们难以穷尽一则广告所要传达的所有信息，尤其是品牌、企业名称、标志、联系方法等有固定形式的信息。因此，附文就专门承担这一职能，对广告文案标题、正文、广告语的内容进行必要的补充。

如果取消一则广告文案的附文，将附文所要传达的信息全部融入其他部分，这样势必会使其他部分信息繁杂，缺乏重点，又会使有关企业、产品或服务的基本信息被其他更吸引受众的信息淹没，影响广告信息的最终传播效果。因此，附文要突出有关企业、产品或服务的基本信息，增加广告的宣传效果。

二、广告附文的内容

广告附文包括以下几方面的内容。

（一）商品情况

广告附文中传达的商品情况信息，包括商品或服务的商标、品牌名称等。

（二）企业情况

广告附文中传达的企业情况信息，包括企业名称（企业的全称或规范简称）、企业标志等。

（三）联系方式

广告附文中传达的联系方式信息，包括企业地址、邮政编码、联系人、联系方式等。

（四）购买商品或获得服务的方法

广告附文中会附上购买商品或获得服务的方法，该项内容包括经销商及其联系方式和窗口服务机构的名称、地址、联系方式以及直销或邮购的办法等。

（五）权威机构证明图片

如果在正文中引用或列举了权威机构的证明，如专利认可、卫生许可证、ISO（国际标准化组织）认证等，应在附文中列出相应的图片，这些内容常常是说服受众的极为重要的因素。

（六）特别说明

如果消费者对广告信息存在理解偏差，其权益可能会受到损害，因此，在广告附文中应做预防性声明。若广告中提供的产品图片与实物不符，应注明"产品以实物为准，图片仅供参考"；若广告中的演示或示范过程短于实际需要的时间，应注明"实际用时XX分钟"；赠品、抽奖、优惠等促销活动的广告，无法在正文中说明具体操作办法，应在附文中补充说明。

（七）热线电话

如果希望获得目标消费者的电话反馈，可在附文中醒目地标明"咨询热线""服务热线""销售热线"或者"免费咨询电话"等字样。

（八）网址

如果企业或产品拥有网站，应明确标明网址，鼓励消费者访问网站获取更多信息。

（九）表格

如果需要得到消费者的信息反馈或需要消费者提供有关的信息以参与抽奖等活动，附文中应附一份简单的表格，必要时还可以加上消费者回邮信封的格式，与消费者建立进一步的联系。

附文的内容通常根据广告的具体目的和广告形式而定，因此一则附文中不一定出现上面所列的所有内容，要有所取舍，突出主要信息。在大版面的印刷广告中，附文包括的内容可以多一些；小版面印刷的广告容量有限，附文应尽量精简。电视广告除在内容部分配合画面以字幕出现"产品以实物为准，图片仅供参考"等声明，结尾部分只出现品牌（企业）名称与标志，以及广告语。广播广告附文部分一般只包含购买地点和电话号码。

三、广告附文的写作

广告附文是对广告正文的补充，主要是把在广告正文中无法表现的有关内容作必要的交代。在具体的写作中，要根据正文的信息、广告目标受众、媒体特征对附文进行创意性表现：其一，可用较为全面的表现方法，在附文中全面、完整地表现附文内容；其二，可用重点展现方式，突出重点信息；其三，可用标签形式，设计一张简短、明确的标签，通过方格、虚线等形式标明，也可以是一张回邮单，或其他内容；其四，可用表格形式，有些信息语言表达比较困难，使用简单的表格却可以表达得更明确，如附文中常出现的"消费者意见表""参加抽奖活动报名表"等。

虽然广告附文位于广告文案的结尾，但广告文案的附文直接关系到文案产生的效益，因此，要写明受众最想要知道的信息，表述要条理清晰、干净利落，不允许出现差错。附文内容上有失误，信息交代不清楚、不准确，没有突出真正具有促销作用的条文等，可能会导致整篇文案失去存在的意义。因此，广告商必须注重广告附文的写作，不可虎头蛇尾，轻此重彼。

阅读·思考·实训题

1. 鉴赏四大国际广告奖（克里奥广告奖、戛纳广告奖、伦敦国际广告奖、纽约广告奖）获奖作品，任选一则获奖广告分析其广告创意。

2. 广告标题与主题是怎样的关系？举例说明。

3. 尝试为沐浴液、洗衣液、运动衣、美肤品、自嗨锅、牛奶、咖啡、果汁等商品各写一个广告标题。

4. 选一个品牌按引题＋主题、主题＋副题、引题＋主题＋副题的表述形式各写一个广告标题。

5. 就一种商品从不同角度写一至三个广告标题。

6. 鉴赏四大国际广告奖（克里奥广告奖、戛纳广告奖、伦敦国际广告奖、纽约广告奖）获奖作品的广告正文。

7. 如何理解不同媒介的特点与广告文案写作的关系？

8. 为一处旅游景区或景点写一则广告，形式不限。

9. 选择一种商品做一个微视频广告。

10. 搜集有关信息，为经济适用房楼盘写一份报纸广告正文。

11. 为大白兔奶糖写一份广播广告正文。

12. 选择一种商品，如品牌牙膏、服装、洗发水、沐浴液、饼干等，写一份新媒体广告正文。

13. 鉴赏四大国际广告奖（克里奥广告奖、戛纳广告奖、伦敦国际广告奖、纽约广告奖）获奖作品里的广告口号。

14 什么是广告口号？广告口号有什么特点？

15. 广告口号与广告标题有何区别？

16. 广告口号的写作有哪些常见的类型？

17. 收集可口可乐近几年的广告口号，尝试探讨每一句广告口号背后的策略思考，并分析其写作方式。

18. 尝试为沐浴液、洗衣液、运动衣、护肤品、自嗨锅、牛奶、咖啡、果汁等商品写作一句话广告词。

19. 广告附文有什么重要作用？

20. 以小组为单位，为学校内的商铺做一套广告推广方案。

21. 选择某品牌商品，制作成报纸、电视、广播或短视频广告。

22. 用新媒体技术，自选品牌设计一则具有互动性的户外广告。

Part 5
第五篇　新媒体、移动新媒体新闻写作

第十五章　新媒体、移动新媒体概说

第一节　新媒体的特点

新媒体，主要指在数字技术、计算机信息技术基础上产生的以互联网媒体为代表的新型媒体形式，包括网络媒体、移动媒体、数字化媒体三种基本类型。它既可以承载传统媒体的各种形式，如文字、图像、视频、音频等，又具有良好的交互性、海量性、即时性、共享性，呈现出多媒体、个性化、社群化、跨时空、多元化等特点。计算机网络技术、移动通信技术、数字技术三大技术系统融合在一起，构成新媒体发展的技术平台，并为新媒体兼容各种新信息提供了技术基础。

相较传统媒体，新媒体有几个核心的变化：一是传播媒介由传统媒介变成基于互联网的新媒介；二是自媒体迅猛发展，传播者由权威媒介组织变成了社会大众；三是传播内容多元化和融合化。

一、新媒体的传播特点

与传统媒体相比，新媒体主要有以下几个传播特点。

（一）交互性

交互性是新媒体的第一个核心特点、本质特点，也是新媒体与传统媒体的根本区别之一。交互式传播改变了传统媒体单向、被动地传播的方式，赋予网络用户极大的自主权——信息发送者和接收者之间的信息交流是双向的，参与个体在信息交流过程中拥有控制权。互动即创造，因为互动的过程就是用户创造内容的过程。

（二）数字化

数字化是新媒体的第二个本质特点和第一个技术特点，新媒体最重要的特点就是科学技术的进步所带来的数字化传播方式。所谓的数字技术指的是运用 0 和 1 两位数字编码，通过电子计算机、光缆、通信卫星等设备，表达、传输和处理所有信息的技术。数字技术一般包括数字编码、数字压缩、数字传输、数字调制与解调等技术。[1] 在数字化基础上，人们可以在任何时间、任何地点以数据、文字、语言、声音、图画等方式同任何人进行对话和交流。这是新媒体与传统媒体的显著差异。

数字化新媒介在改传统媒介的模拟传播为数字传播后，不仅信息的保真性更强，传输质量更高，而且信息内容在信号形式上获得了同一性，便于信息复制、传送和相互转换。如今，世界上的一切信息内容都可以经数字化技术处理，成为互联网上的信息资源，这就决定了新媒体在信息资源上的无限丰富性。[2]

（三）非线性

非线性是新媒体的第三个本质特点，也是它的传播特点。非线性本是数学中的一个概念，在传播学中，简单理解，即线性是"死"的，而非线性是"活"的。这里说的"死"，是指线性传播的主要特点是无间断性和方向确定性，线性传播关系好比两个固定的点之间的"一线牵"，即我们通常所说的传统媒体是由传向受的单向传播关系。所谓的"活"是指非线性传播的特点在于交互而非单线、交叉而非径直、动态而非稳态，即新媒体时代的多向传播。

传统媒体的传播都是线性的，而新媒体的传播则是非线性的。传统媒体传播是传播者制作、发布信息，受众通过媒体被动地接收信息。当媒体迈入新时代，这种关系发生了变化，它强调受众的自主选择和反馈——不仅可以双向交流，还可以多向地交流新闻信息。

（四）及时性

及时性是新媒体的第二个核心特点，也是新媒体的第一个内容特点。随着计算机和网络技术的发展，信息得以即时传播，大众可以随时把自己的所见所闻、所思所想传播到网络中去；同时，大众可以决定接收信息的时间、内容、主题，还可以随时反馈信息。传统媒体点对点或点对面的单向传播，被新媒体点对点、点对面、面对面等丰富多样的传播方式取代。新媒体的新闻信息极为丰富，不受时间、地点的限制，在网络上永远没有第一新闻——新闻总是在不断更新，甚至做到了"零时传播"，充分满足了人们获得即时信息的需要。例如，通过网络或手机媒体我们可以观看事件特别是突发事件的现场直播，了解事件的最新进展。在内容的制作过程中，网络新闻的制作比报纸编辑制作的时间更短、更迅速，公众在网络上可以即时看到事件每分钟的发展情况。

（五）全球化

全球化是新媒体的第二个内容特点，即全球信息共享。从传播范围看，新媒体的特点

---

[1] 蒋宏，徐剑. 新媒体导论 [M]. 上海：上海交通大学出版社，2006：36.

[2] 罗青，马为公. 新媒体传播 [M]. 北京：中国传媒大学出版社，2011：11.

是无边界的传播，具有跨时空的特性，其实现了异步性、跨地域性，突破了以往受众收听、收看广播电视节目必须同步的限制。全球正逐渐由"地球村"变为"小木屋"，大众能够在一个平台上真正实现信息共享。

（六）个性化

个性化是新媒体的第三个内容特点。大众传播不再是单向传播，而是一对多传播。新媒体真正实现了个性化的传播，表现在人们可以根据自己的兴趣选择阅读或观看相关的主题和内容，获取相应的信息；可以根据自己感兴趣的程度，自主地决定获取信息的深浅度；可以就自己关心的话题发表意见与建议；可以在新生的社交媒体，如博客、微信、微博等发表自己的看法、意见，彰显个性。

（七）多媒体

多媒体是新媒体的第二个技术特点。数字技术使新媒体在表达形式上突破了传统媒体的限制，打破了传统媒体的固定表达模式，以多种方式呈现新闻，如文字、声音、图像、动画、视频甚至虚拟环境，综合了传统的文字媒介（报刊）、声音媒介（广播）、视觉媒介（电视）之间难以逾越的鸿沟，信息形象生动，可以使受众有一种临场感，获得视、听、触、动等多方位的体验与享受。

多媒体的基础是数字技术的应用，现在媒体形式越来越丰富，媒体之间的联系也更加紧密，文字、视频、声音不再是被简单地单独使用，而是统一在同一大背景之下，可以互相转换，如虚拟和现实可以随需而变。

（八）跨媒体

跨媒体是新媒体的第三个技术特点。新媒体不仅加速了媒介融合的进程，而且成了媒介融合的有力践行者，媒介融合是对跨媒体传播的描述，更是当今社会信息传播的趋势。媒介融合不是简单地做加减法，不是媒介之间的物理结合，而是两种或两种以上的媒介多层次、多领域、多维度地相互渗透。新媒体集合了文字、声音、图像、动画、游戏等拟态环境，样样俱全。这说明新媒体本身就是一个融合媒体，它体现了媒体的"跨域传播"和"跨界融合"的特点。

与此同时，新媒体与传统媒体之间能实现有效的融合，因为新媒体从诞生的那一天，就与传统媒体相互融合，即使在新媒体发展的高峰期，也没有摆脱与传统媒体之间的关联。新媒体与传统媒体的结合正在推进传媒产业的跨媒体融合与发展，新媒体与传统媒体之间的融合是当今媒体的聚焦点，掀起了新时期新媒体的浪潮。

（九）虚拟性

虚拟性作为新媒体最重要的基本属性，虚拟产品伴随着新媒体的成长不断增加，如出现了虚拟商品、虚拟人类、虚拟社区等具有虚拟价值的新媒体产物。

新媒体的虚拟性不仅指信息本身的虚拟性，还指传播关系的虚拟性。人类之间信息传播的目的是进行信息的沟通和交流。在传统媒体环境下，传播者和受众的角色是既定的（至少传播者的角色是既定的）——人们知道信息的来源。然而在新媒体的环境下，传播者和受众的角色大部分是虚拟的，交流双方对彼此都了解，因而，建立在虚拟信息交流基础上的人际关系也具有一定的虚拟性，而这种虚拟性的人际关系将极大地改变传统社会的人际关系模型。

新媒体的虚拟性体现在网络环境、社交空间、用户身份等各个方面，它们都是网络世界对现实社会的拟态模仿，如电子游戏中的身份、婚恋场所等都是虚拟的。

虚拟社区也存在一定的弊端，即不真实、不现实以及容易传播不良信息，在网络时空中，用户身份隐匿，一些不良信息在虚拟化社区中的传播速度会比在现实社会中更快、影响更大。

二、新媒体新闻写作特点

新媒体与传统媒体相比，新闻写作特点体现在以下几个方面。

（一）作者

新媒体中的新闻写作都是私人化、自主化的行为，对作者没有学历、专业知识等的限制。无论是社会精英还是草根百姓，只要把采写好的文字、图片、音频、视频，经过简单编辑、剪辑，即可发布在自媒体平台上，表达自己的所思所想、所见所闻。

（二）审稿

新媒体中的新闻写作不需要经过传统媒体的三审三校编审流程，只要作者在选定的自媒体平台上把写好的文稿发布出来，即可让受众直接浏览阅读。

（三）写作

传统媒体是媒体主导受众，新媒体是受众选择媒体。新媒体写作的内容包罗万象，可满足受众多元化的需求，并且不拘泥于篇幅和风格，写作讲究短、平、快，标题力求突出要点，精彩易懂。

（四）发稿

网络媒体24小时滚动播出新闻，手机等自媒体可以帮助人们随时随地在自媒体平台发送信息。不存在传统媒体发布时效和发稿时段的限制。

（五）传播

传统媒体发布新闻，因发行或播出区域限制，传播范围也受到限制。而新媒体的作品被发布之后，可以不断在网络上扩散，甚至可以实现全球传播。

第二节　移动新媒体的特点

所谓移动即信息脱离了固定场景接收模式，用户可以随时随地交互信息。移动互联新时代，新闻报道进入了一个新阶段，信息制造向多极化、多媒体、分众化、碎片化、交互性、共识化等方向转化，因此，移动报道需要建立新观念。

进入 21 世纪第二个 10 年后，信息的传播渠道从 PC 端全面延伸到移动端，传播介质从台式机、笔记本电脑扩展到智能手机、平板电脑、电子阅读器等智能移动终端，从而诞生了移动新媒体。由此可知，移动新媒体是依托智能手机、平板电脑、电子阅读器等智能移动终端发展起来的，新兴媒体的典型代表是微博、微信、微视频、新闻 App 客户端等。我们正快速进入移动新媒体时代。传播信息是媒体的使命，随着传播手段逐渐与人类日常生活融合发展、传播信息的功能日益强大，移动新媒体时代的信息传播发生了革命性的变化，实现了无时空限制的无界传播。媒体的信息传播在新技术推动下，向移动化、个性化、网络化、数字化、智能化方向发展，其前景无与伦比。移动传播已成为新型主流媒体建设的战略重点，亦是主流媒体舆论引导、价值引领的主战场。全媒体传播是移动传播优先发展的必然结果，没有移动传播优先发展，就不可能实现全媒体传播效果。

一、移动新媒体的传播特点

（1）全民传播，即每一位公民都可以发布信息和推广作品。

（2）全媒传播，即移动新媒体传播的信息、作品，不仅有文字、图片形式的，还有音频、视频、动画、可视化数据新闻等。

（3）全互动传播，即所有受众都可以参与信息的收集和发布活动，可以与作者直接互动，就作品发表自己的观点和建议。作者也可以对作品进行修改，不断优化，完善传播。这种互动性是传统媒体无法比拟的。

（4）注重个性化，实现去固定程式化传播、去中心化传播。

（5）全时传播，信息传播的时效性有四个发展阶段，即定时、即时、实时、全时。全时是指 24 小时随时可以发布信息。

（6）全域传播，即只需要设备和传输信号就可以发布和接收信息。

（7）全速传播，即在新闻事件发生的同时移动新媒体就能传播，且能实现大范围传播，甚至实现全球传播。

二、移动新媒体的写作特点

移动新媒体写作的核心内涵是"创新、创意"，创新是新媒体发展的驱动力，也是推动传统媒体与新兴媒体融合的重要保证。2015 年，习近平在视察解放军报社时说："要顺应互联网发展大势，勇于创新、勇于变革，利用互联网特点和优势，推进理念、内容、手段、体制机制等全方位创新，努力实现军事媒体创新发展。"他还强调："对新闻媒体来说，内容创新、形式创新、手段创新都重要，但内容创新是根本。"①

　　推动媒体创新的根本在于内容创新，实现内容创新既需要新闻工作者加强自身的理论学习，以保证在内容创新的过程中能坚持正确导向；又需要新闻工作者积极提高自身专业素养，以专业知识推动内容创新。内容创新需要新闻工作者贴近实际、贴近生活、贴近人民群众，发掘社会热点与人民群众关心的问题，创造出更多人民群众喜闻乐见的内容。

　　传统媒体写作偏重于对语言文字符号的运用，网络PC端媒体的写作加入了照片、视频、音频等元素，而移动新媒体的写作则把创新和创意结合起来，不仅综合运用文字、照片、音频、视频，还需要善用静态图、动态图、表情包等"以图表意"，这就需要作者具备综合的创作能力，在写作方法上要充分调动各种表意符号进行创作。

阅读·思考·实训题

　　1. 鉴赏近5年中国新闻奖获奖的移动直播新闻、网络新闻、新媒体新闻。

　　2. 如何理解新媒体是一个动态发展的多维概念？

---

① 新华网. 习近平视察解放军报社并发表重要讲话 [EB/OL]. （2015−12−26）[2023−10−11].http://www.xinhuanet.com/zgjx/2015−12/26/c_135932625.htm.

第十六章　移动新媒体的新闻写作

2010 年以来，全球进入移动智能时代，新闻载体转向以手机为主的移动终端，新闻生产主体、受众等都发生了根本变化，新闻信息生产和传播为适应移动设备的特点而发生重大改变。移动终端呈现的新闻状态具有碎片化、短、平、快等特点，具有随时随地接收、播发、智能计算与节连传播（指媒体不再是一对多的传播模式，而是每个个体、每个节点都有接收信息的可能，也有转发、改造、评价、创新信息的可能，网络传播构成了无数节点连接的立体网络—高维交互）等新功能，具有融合重构与交互连接等新特点。

移动互联网是未来互联网的发展重点和趋势，是媒体融合和变革的主导力量。移动互联的大潮正在重塑各行业、各关系。各种媒介形态不断叠加、共荣共存，各种组合构成皆有可能，不仅传统媒体向新媒体转型，而且整个社会正在被移动互联网重塑。

第一节　微传播——新的主流传播

微传播是以微博、微信、微视频、移动客户端等新媒体为媒介的信息传播方式，微传播已经成为一种新的主流传播。

微传播具备针对性强、受众明确、传播内容碎片化等特性，是比传统的大众传播更加精确的传播形式。它创新了公共信息的传播方式，丰富了信息交流方式与社会交流模式。

一、微传播的现状

（一）微时代

经过近几年的发展，政务微博作为官方的发声器，队伍庞大。中国政府网同时入驻腾讯微博和微信，开启了政府的"两微"模式。同时，作为微博空间的主流声音传播者，媒体微博已经进入常态化运营。一些中央级媒体，如《人民日报》、新华社、中央广播电视总台等的微博、微信和国家级政务微博、微信一起，共同组成了"微传播国家队"。

传统主流媒体放下身段纷纷触微，互动融合，加速形成微平台，其通过网站、微博、微信、客户端等平台，立体化、互动式、全天候传播新闻信息，发出主流声音，成为微传播一支特别的生力军，依托自身强大的影响力和公信力，其成为改善网络舆论生态和舆论环境的重要力量。如建党百年重磅系列微视频：2021年6月29日央视网微视频《路》，2021年6月30日中国网信网《理想》，2021年7月1日国防大学政治学院创作出品的微视频《中国，这一百年》。又如获得"融合创新"特别奖的微电影《新中国密码：15665，611612！》（新华社客户端，2019年9月27日）。微媒体、微传播、微动力在大数据的护航下，推动人类传播从单向、集中、宏大的传统方式，向多点开花、随时随地、互动交流的方式转变，满足人们对媒介内容"微小、精悍、迅速"的需求，这是颠覆和重塑当代中国新闻传播格局的"微革命"，也是中国新媒体发展的"微时代"景观。

（二）微政务

微政务是指由中国政府部门推出的以"微博＋微信"为主要平台的电子政务2.0模式下的公共管理方式。微博、微信和新闻客户端等新媒体所具有的及时性、开放性、移动性等特征改变了公众的阅读习惯和信息获取方式。两微一端等新媒体综合运用图片、图表、视频等可视化方式，为公众提供客观、可感、可信的信息，以增强政务信息的解读效果，同时也为公众参政议政，表达政见提供了有效平台。社交媒体的交互性和针对性等特征增强了政府账号的服务性属性，使政府更加贴近公众。微传播在我国的政治传播中产生了重要作用和意义。

（三）微经济

微经济是指以微博、微创新、微应用、微产品、微电影、微健身、微旅游等为代表的经济。互联网具备"开放、平等、共享"等特征，移动互联网的发展增加了便携性、随时性，使互联网金融更加蓬勃发展。相较于传统的金融业务，依托于互联网和移动互联网的金融业务更具有透明性、开放性、交互性特征，同时更加节省成本，基于互联网和移动互联网的微传播为商业领域带来了巨大的利益。

二、微传播的特点

（一）微节奏

从依赖于互联网到如今移动互联网的飞速发展，新媒体的移动化趋势愈加明显，我们正迅速进入一个崭新的移动新媒体时代。随着移动互联网技术的发展，手机作为上网的第一大移动终端的地位日益稳固；随着用户的转移，目前微传播热潮也从传统的 PC 端向手机端转移。

截至 2022 年 6 月，我国网民规模达 10.51 亿，互联网普及率已达到 74.4%，我国手机网民规模达到 10.47 亿，也就是说全国 99.6% 的网络用户使用手机移动端上网。这些数据清晰地显示，以手机为载体的智能移动设备已经成为万物互联的基础设施。

（二）微热度

现在，微信和移动新闻客户端发展火爆，依托于及时沟通、免费便利等特性，微信自上市以来备受用户的青睐，而传播力更为强劲的微信公众号平台更是发展迅猛。腾讯 2023 年财报显示，微信及 WeChat 的合并月活跃账户数增至 13.43 亿，微信及 WeChat 已经成为大众日常沟通不可或缺的工具，其广泛的传播力和影响力不容忽视。

（三）微表达

微传播具有微博、微信等传播载体的短、平、快的特点，因信息发布碎片化、移动性、门槛低，普通用户传播信息的参与度明显提高，通过点赞、评论、转发信息，形成信息传播链，这改变了传统信息的传播模式，信息传播速度、广度呈几何级扩散。

微传播使普通用户可以充分表达，通过简单的操作，用户便由受众变为传播者，由围观变为评论参与，从而掀起舆论风暴。

三、微传播的重大意义

（一）政治层面——提升党的网络执政能力

微传播作为一种新型的传播方式，在提升党的网络执政能力上具有巨大的功效，已成为党政机关、领导干部走好网上群众路线，引领网络舆论，实现政策宣传和社会治理有效连接的重要渠道。微传播使民众了解党和政府的各项方针政策，使大众越来越方便地对党和政府表达、建议、批评、监督，实现参政议政，为政务部门提供了全新的传播途径，增加了政府政策的普及率，拉近了政府和普通民众的距离，进一步提升了政府的公信力，有利于打造服务型政府。

截至 2023 年 8 月 31 日，国家政务服务平台共服务 8.26 亿网民线上办事，总访问量超过 865 亿人次。根据《2022 联合国电子政务调查报告》，我国的电子政务水平在 193 个联合国会员国中排名第 43 位，创历史最高纪录，是全球增幅最大的国家之一。[1]

---

[1] CNNIC 中国互联网络信息中心. 第 51 次中国互联网络发展状况统计报告 [EB/OL].(2022–03–02)[2023–08–10].https://www.cnnic.cn/n4/2023/0303/c88–10757.html.

（二）经济层面——新媒体产业成为重要的经济增长点

随着信息技术创新不断加快，各类信息产品和信息服务大量涌现。网络消费已成为大众生活中不可或缺的重要组成部分，新媒体产业成为众多企业关注和角逐的焦点，移动互联网更是迅速实现了实体、个人和设备之间的连接。借助微传播，新媒体产业已成为重要的经济增长点。

（三）文化层面——微传播成为新的文化载体

日益社交化的新媒体不断滋生一些新的文化，且迅速汇集强大能量，具体表现为以网络流行语文化盛行为代表的文化理念和文化行为。随着一些社会热点事件的产生及其在网络上的广泛传播，网络用语文化逐渐盛行，网络用语的广泛使用描绘了当前社会转型期的现状，反映了普通网络用户的心理，形成了网络新文化浪潮。微博、微信等微传播工具成为新的文化载体，如用户使用微博、微信的动画视频拜年，把传统的过年"发红包"文化打造为微信"抢红包"文化。

第二节　移动新媒体——微媒体

微传播已经深刻地影响了媒体的新闻采访、编辑、传播和与受众互动等各个环节，悄然改变着既有的传媒图景。不仅自媒体用户纷纷进驻"三微"，开辟市民新闻的广泛疆土，专业新闻媒体还纷纷把"三微"作为新媒体传播的标配。

"微媒体"的作者需要具有比一般人更深刻的思想和更高的写作水平，需要具有新闻职业素养，以及新闻敏感和追踪探索的执着精神；需要掌握文字、声音、图片、视频制作技能，编发微新闻的记者应具备全媒体记者的技能。

一、微博的新闻写作

微博，又被称为微型博客、迷你博客，是表达自己、传播思想、吸引关注、人际交流的最快、最方便的网络传播平台。微博能接纳人际传播、群体传播、组织传播、大众传播四种传播方式，成为近年来媒体报道的重要传播途径。国际上最早、影响力最大的微博是美国的推特（Twitter），国内微博市场份额最大的是新浪微博（见表16-1）。

表16-1　三大中央媒体在新浪微博上的粉丝数（截至2024年1月5日）

媒体	新浪微博矩阵	
	账号	粉丝数
《人民日报》	人民日报	1,5300万

媒体	新浪微博矩阵	
	账号	粉丝数
《人民日报》	人民网	8537.6 万
	环球时报	3120.2 万
	环球网	2764.4 万
	侠客岛	1018.4 万
	人民日报评论	571.4 万
	人民日报海外版	642.6 万
	证券时报网	260.4 万
新华社	新华视点	1,1100 万
	新华网	9735.4 万
	新华国际	1544.7 万
	新华社中国网事	1367.4 万
	环球杂志	1401.6 万
	参考消息	2444.8 万
	瞭望	1269.8 万
	半月谈杂志社	1969.9 万
	瞭望东方周刊	812.8 万
	新华体育	515.3 万
中央广播电视总台	央视新闻	1,3300 万
	央视财经	3780.2 万
	央视网	1930.2 万
	国际在线新闻	599.9 万
	中央人民广播电台	582 万
	CGTN	606.8 万
	央广网	695.7 万
	国际在线	707.1 万
	央视影音	230.3 万
	央视新闻评论	185.3 万
	央广视讯	29.8 万

资料来源：根据公开信息整理。

微博的新闻写作有以下几点要求。

（一）开门见山、主题集中、内容单一、结构简单

短小精悍是微博的主要特点，微博新闻比消息还要简短，一句话、一张图片就可以成为一条新闻。大多数微博对博文有字数限制，如新浪微博、腾讯微博等的字数限制是 140 个字。由于字数的限制，微博新闻写作时应开门见山，直接点出重要事实和观点，围绕一个重点来表述。一篇微博新闻最好只报道一件事、一个观点、一个情境。由于微博没有换行功能，不管输入多少段文字，在点击"发布"之后，都会自动合并成一段，因而微博报道要求角度单一。

这里以《人民日报》官方微博的两条博文为例：

【你好，明天】过去 7 天，一场暴雨让我们感到生命的无常与重要，也看到周遭的种种不足与缺陷，同样铭记于心的，是灾难中爱的赠予和传递，是对责任的坚守和护卫。想起最近很流行的一段话：你所站立的地方，正是你的中国。你怎么样，中国便怎么样。你是什么，中国便是什么。你有光明，中国便不黑暗。

【你好，明天】清晰的领海基线，勾勒出中国捍卫钓鱼岛主权的严正立场和坚定决心。历经百余年坎坷，中国懂得和平之珍贵，也深知改革发展局面来之不易。然而，没有道义互相，何谈礼尚往来；没有主权尊严，哪有和平发展？吾国虽大，寸土不让，犯我疆域，其远必诛！念东海碧波，故土孤悬，今夜难安！

第一条博文内容写北京遭遇多年不遇的暴雨，遍地汪洋，信息量不大，但思想浓度很高——"你所站立的地方，正是你的中国。你怎么样，中国便怎么样。你是什么，中国便是什么。你有光明，中国便不黑暗。"寥寥数语，掷地有声，传递出满满的正能量。第二条博文直指日本挑起钓鱼岛争端——"吾国虽大，寸土不让，犯我疆域，其远必诛！"具有匕首投枪之力。这两篇博文的结构都非常简单，只报道一个事件、一个观点、一个情景，角度单一，主题集中，彰显了语言文字的力与美。这两篇博文体现了《人民日报》官方微博"参与、沟通、记录时代"的宗旨，以及"权威声音、主流价值、清新表达"的定位。

（二）新闻五要素齐全

微博新闻虽然篇幅短小，但不能遗漏任何一个新闻的基本要素，否则这条微博新闻就不完整。要在短短的 140 个字内，完整地展现新闻的基本要素，是一项颇具难度的工作，这要求记者善于运用简洁的语言对新闻事件进行高度概括，开门见山，直奔主题，不讲空话套话，用最少的文字表达最多的内涵。尽管微博在 2016 年 2 月取消了文本信息的字数限制，规定字符可以控制在 2000 字以内，但其简洁凝练的文本风格并未改变。如微博《人民网》在 2024 年 11 月 4 日 01：53 报道了一则新闻，不到一百字，新闻的基本要素完整。

【#神十八载人飞行任务圆满成功了#！】#神十八乘组航天员身体状态良好 #神舟十八号载人飞船返回舱在东风着陆场成功着陆，现场医监医保人员确认航天员叶光富、李聪、李广苏身体状态良好，神舟十八号载人飞行任务取得圆满成功。#欢迎神十八回家#@新华社

微博写作在内容上可分为三部分：开头、中间、结尾。开头的第一句话就是微博的导语，很重要，要吸引人，甚至可以合理地劲爆、煽情。中间要清晰、有条理，结尾要突出重点，最后一句话用醒目的字眼再次点题，或写一句互动性的话，让大家思考，或诱导大家转发评论。上例中第一句话即微博的导语"神舟十八号载人飞船返回舱在东风着陆场成功着陆"，是关键的新闻事实，中间清晰地阐述现场医监医保人员确认三位航天员身体状态良好，结尾突出重点、点题，即"神舟十八号载人飞行任务取得圆满成功"。

（三）选材典型，善用细节，善用现场

微博新闻如何抓住读者的注意力？其中很重要的一条即微博新闻写作时要善于运用典型材料表现新闻事实，刻画新闻人物，用细节打动受众。

如新华社2010年3月2日发布的新闻（如图16-1所示），2010年3月13日发布的新闻（如图16-2所示），这两则新闻，前者报道的是著名演员濮存昕，后者报道的是著名演员陈道明。

图 16-1　新华社："两会微照"话题新闻

图 16-2　新华社："现场微报"话题新闻

这两条博文善于抓住人物细节：如濮存昕穿着灰白色的羽绒服、戴着红色的御寒帽、骑着自行车；陈道明戴着黑色棒球帽，帽檐压得很低。又如，濮存昕笑眯眯地看着照相机镜头，陈道明脸上露出了难得的笑容，等等，生动形象地展现了两位艺术家不同的性格特征，濮存昕的平易近人和陈道明低调的个性跃然纸上。

再如同年两会报道中，记者詹国枢在3月9日发布的一条微博：

清晨用餐，与赵启正一桌，旁边是胖胖的毛新宇。见毛盘中实在丰盛，赵笑道：医生说，不在锻炼，关键在吃。毛嗯了一声，未予理睬，赵又笑道，小老百姓，爱瞎操心。人渐多，曰，团结在赵主任身边。赵说，错，紧密团结在毛委员周围。众皆大笑，毛亦乐。

该条微博内容丰富有趣，具有鲜活的细节，生活气息浓郁。记者抓住人们用早餐时的鲜活细节，再现了赵启正、毛新宇早餐时的音容笑貌，形神兼备，如见其人、如闻其声、如临其境。

（四）多媒体写作，多媒体传播

微博是一个呈现多媒体信息的平台，记者要充分利用多媒体传播的优势，使微博新闻报道更加立体化、全面化。这就需要记者具备综合的创作能力，在写作方法上要充分调动各种表意符号进行创作，除文字表述，可以添加图片、视频、音乐。多媒体写作可以补充因文字表达限制而缺损的信息，还可佐证文字的真实性，丰富报道形式，使新闻报道更直观、更形象。

如 2021 年 6 月 13 日，湖北省十堰市张湾区艳湖社区的集贸市场燃气爆炸的重大事故发生后，微博平台上立即形成专题报道，以视频、文字、图片等方式全方位地对事件进行了报道（如图 16-3、图 16-4 所示）。

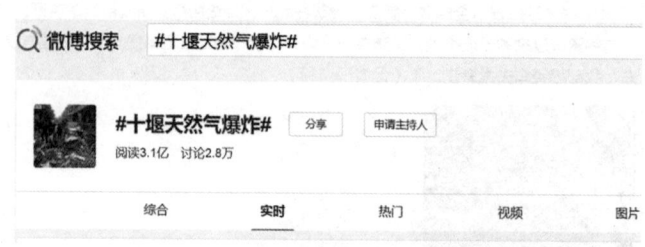

图 16-3　微博搜索：十堰天然气爆炸

图 16-4　头条新闻对十堰天然气爆炸的报道

（五）导读式写作，超链接配合

导读式写作可以是标题式写作——不添加任何内容，为的是引人注意；可以是摘要式写作——写出新闻的核心思想；可以是不完整写作——只有一部分内容，意思不完整，文字也不完整；可以是悬念式写作——设置问题，吸引微博用户点击超链接观看。导读式写作适用于内容丰富、资料翔实、不便于用 140 个字表达的内容。

《人民日报》的官方微博 2016 年 3 月 17 日报道的《暖男医生：手术苏醒室，抱 3 岁患儿半小时》（如图 16-5 所示）。这则微博新闻仅 106 个字，图文并茂，点明新闻的核心思想——传递医患正能量。新闻附加链接"暖男医生'怀抱'3 岁男童半小时"吸引受众眼球，促使受众了解事件背后更为翔实的内容。

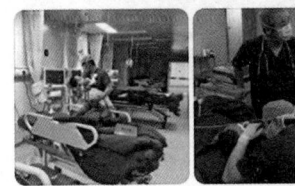

人民日报 ⓥ
2016-3-17 11:23 来自 人民日报微博
【暖男医生：手术苏醒室，抱3岁患儿半小时❤】15日晚，湖北武汉同济医院麻醉室，一身穿手术服的医生，抱着刚做手术的3岁患者，轻抚他的背，帮他肺复张，小患者也顺势将手搭在医生胸口。据悉，医生叫梅伟，如父亲般安抚的一幕被同事拍下，传遍朋友圈。❁暖男医生"拥抱"3岁男童半小时 转发，传递医患正能量！

图 16-5　《人民日报》方官微博发布的新闻《暖男医生：手术苏醒室，抱 3 岁患儿半小时》

（六）直播式呈现

直播式呈现是微博与传统媒体、网络门户和其他社交媒体呈现方式上的一个重要区别。用户可以将自己看到的、接触到的世界，利用简短的语言、图片或不加修饰的视频呈现出来，以自己的想法发布信息，就像杜子建所说的，"有人的地方就有微博，有微博的地方就有直播"①。保罗·莱文森在《新新媒介》中也说，移动媒介会使每个地方都更加有用，停顿的电梯、塞车时的汽车、等候医生看病的候诊室——在所有这些地方，只要有一个无线移动设备，无论是手机还是平板电脑等接收终端，原来的无用之地就变得有用了。② 就时效性而言，传统媒体的新闻时效性是以日计算，网络新闻是以小时计算，而微博新闻是以分钟计算，比网络新闻还要快，即写即发。其原因，一是微博可以与手机、电脑等绑定，各家媒体可以随时随地通过网络发布新闻；二是微博新闻篇幅短，结构简单，为记者节省了思考、编辑的时间。

针对 2015 年 5 月 3 日发生的成都男司机暴打女司机事件，头条新闻立即在新浪微博作了文字报道，男司机为什么要暴打女司机？结果如何？现场照片与视频都进行了直播式呈现，吸引了大量微博用户评论和转发（如图 16-6 所示）。

---

① 杜子建. 微力无边 [M]. 沈阳：万卷出版公司，2011：163.
② 莱文森. 新新媒介 [M]. 何道宽，译. 上海：复旦大学出版社，2011：190.

头条新闻 ⓥ
2015-8-21 来自 微博 weibo.com
#热点#【成都女司机开斗气车被暴打 打人男子获缓刑】成都男司机暴打女司机案宣判，
打人者获刑8个月，缓刑1年，此前其已赔偿4万。今年5月，女司机卢某开车时连续变
道，与男司机张某发生矛盾，双方随后开斗气车并发生口角，张某逼停卢某后将其打成
脑震荡，此事在网上引发巨大争议。🔗成都男司机打女司机获刑8个月

🔁 1097　　　💬 5238　　　👍 1659

图 16-6　头条新闻的报道

（七）善用特殊符号

微博新闻与报纸等传统媒体发布的新闻不同，报纸上的标题可以有双行标题、三行标题，而微博一般只制作单行标题，要用最少的字将新闻事件的核心内容体现在标题中。微博新闻没有版面设计，为了将标题和正文区别开，可以用一些特殊符号比如"【】"隔开，以突出标题的重要性，使读者一目了然。

在微博写作中，可以直接"@"提到的人或某一机构，意思是"对某人说"或者"需要引起某人的注意"，感兴趣的受众可以根据@后面的提示选择是否点击获得更多信息。新闻发布后，网友会有大量留言，发布者也可以继续与受众留言互动。

由两个"#"号框起来的文字，就是话题。微博新闻是碎片化新闻，单篇微博只能报道一个事件、一个主题，容易产生新闻的断裂，如果加上"#"号，就能把相同主题的新闻集纳到一个话题下，实现对新闻的完整阅读。"#"号标签相当于新闻的关键词，给写作者和阅读者提供了很大的方便。

如中国新闻网在播报中国女排战胜荷兰女排时，就使用了特殊符号。"【点赞！#中国女排战胜荷兰女排#】"（如图16-7所示），符号"【】"里面的内容就是新闻标题，文中新闻发布者专门@中国女排和女排朱婷ZT。如果受众想多了解中国女排的信息，可以点击@后面的内容。

图 16-7　中国新闻网：《点赞！中国女排战胜荷兰女排》

标题中的"# 中国女排战胜荷兰女排 #"就是把中国女排战胜荷兰女排这一主题相同的新闻集纳在一个话题下，受众在这个话题下可以对 2021 年世界女排联赛中国女排 3：0 战胜荷兰女排的新闻进行全方位的阅读，了解赛事全部资讯。

（八）网址链接

微博新闻不仅可以是纯粹的文字内容，需要时也可以加上网址链接，链接到其他网站、其他微博等外部资源——信息之间的相互链接有助于网友快速找到原始信息和相关信息位置，扩大阅读范围。

如澎湃新闻官方微博就湖北十堰燃气爆炸事故进行连续新闻报道时，添加了有关事件的调查信息链接（如图 16-8 所示），新闻事件不仅可以得到迅速报道，写作者、传播者还可以快速得到回馈，大大增强了新闻传播效果，实现双向互动交流。

图 16-8　澎湃新闻：《十堰爆炸现场为 1990 年代（20 世纪 90 年代）建造菜场，投入救援超两千人》

点击标题字就可转到下面 16-9 所示的页面。

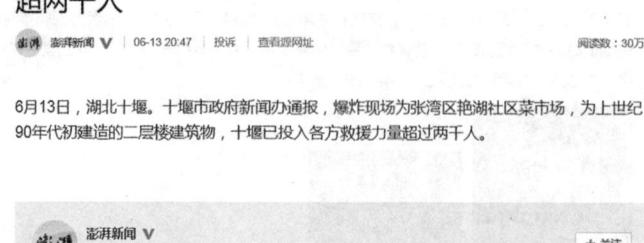

图 16-9   澎湃新闻:《十堰爆炸现场为上(20)世纪 90 年代建造菜市场,投入救援超两千人》

再点击该页面的"查看源网址",则弹出十堰市人民政府新闻办公室召开的第一场新闻发布会现场的视频报道(如图 16-10 所示)。

图 16-10   十堰市人民政府新闻办公室召开第一场新闻发布会视频

二、微信的新闻写作

微信是腾讯公司在 2011 年 1 月提出的一个为智能手机终端提供即时通信服务的应用程序。它可以跨运营商、跨平台地发送文字、语音、图片、微视频等信息,可以实现视频通话、即时通话等功能。面对诸多类似通讯社交类产品的激烈竞争,微信有强大的优势:一是相比移动的手机短信,微信使用基于流量,无通信费用,除具有短信即时推送的功能,推送内容的类型也呈现多媒体的特征;二是相比 QQ,微信将使用者更加牢固地锁定在手机通讯录中,建立强连接关系;三是微信有腾讯强大的技术和资金支持——腾讯公司是中国最大的互联网综合服务提供商之一,有最先进的技术和雄厚的资金开发产品;四是微信除了有强大的背景依托,自身的不断完善也得到了用户的广泛肯定,微信在拓展社交功能的同时,更进一步渗透到人们的生活中。微信是传统通信手段和移动互联网技术的有机融合,其构建了一个集邮件、短信、SNS(社会性网络服务)、微博、IM(即时通信)等应用于一身的个性化立体式通信服务平台,让异步沟通更加轻快便捷。

微信诞生之初,仅作为一种个人信息发布的工具,用户利用微信进行更便捷的信息搜索、即时交流与个性展示。随着微信功能不断成熟，它基于互联网的强连接关系，使信息的传播效果得到空前提升。信息通过圈子和公众平台的传播逐渐得到人们的重视，微信介入的领域也越来越宽泛，它在政治、经济、文化等各方面都显示了不可忽视的社会影响力。众多政府部门纷纷入驻微信，借助微信平台实现政府信息传播。众多政府机构已开通微信公众平台账号，未来，政府信息将成为微信信息传播的重要内容（见表16-2）。

表 16-2　三大中央媒体的微信平台粉丝数（截至 2020 年 3 月）

媒体	微信公众号	
	账号	粉丝数
《人民日报》	人民日报	2200 万 +
	侠客岛	1163 万
	人民网	1123 万
	环球时报	844 万
	学习小组	696 万
	环球网	386 万
	人民日报评论	328 万
	海外网	48 万
新华社	新华社	1500 万 +
	新华网	1000 万
	瞭望智库	940 万
	参考消息	778 万
	半月谈	417 万
	牛弹琴	389 万
	新华视点	135 万
	中国证券报	128 万
	新华每日电讯	123 万
	财经国家周刊	94 万
	瞭望	69 万
	经济参考报	39 万
	新华网思客	37 万

续表

媒体	微信公众号	
	账号	粉丝数
新华社	新华国际头条	34 万
	瞭望东方	18 万
	奇趣谭	17 万
	新华新青年	16 万
	新华视界	11 万
中央广播电视总台	央视新闻	1000 万 +
	央视财经	754 万
	央视网	345 万
	CCTV 焦点访谈	183 万
	央广新闻	123 万
	网络新闻联播	71 万
	国际在线	18 万
	中国网络电视台	10 万

资料来源：新榜

微信在不断提升社交功能的基础上，借助口碑营销实现了用户数量的爆发式增长，逐渐成为手机客户端最重要的社交媒体之一。"临邑利用手机微信化解潜在矛盾""独龙江边防村干部微信述职""微信成立'3·15'晚会投诉新平台"等诸多社会事件，不断凸显着微信的社会价值。[1]

作为国内最大的即时通信和社交应用，微信几乎是每个人手机中的必备软件。截至2021年底，微信及 WeChat 合并月活跃账户数 12.68 亿，同比增长 3.5%。[2] 微信在全球通讯社交软件排名第三。微信的广泛应用冲击了之前的人际沟通方式，为现代人带来了前所未有的交流体验，开启了人际传播、群体传播和大众传播融合传播的新时代。媒介的每一次变革，都将改变人们对外界的感知和理解方式，从而彻底改变社会。

（一）微信新闻传播的特点

微信新闻传播在具备其他自媒体新闻传播共性的同时，还具备以下的传播特点。

---

[1] 谢新洲，安静. 微信的传播特征及其社会影响 [J]. 中国传媒科技，2013（11）：21–23.
[2] 雷科技. 腾讯公布 2021 年财报：总营收 5601 亿，净利润 2248 亿 [EB/OL].(2022–03–23)[2022–11–18]. https://baijiahao.baidu.com/s?id=1728086907941412259&wfr=spider&for=pc.

1. 设计人性化，操作便捷

微信是"会说话的短信"，用户只需按住手机屏幕相关键，就可以把想说的话传送出去，这给用户带来了沟通新体验。微信可以实现让用户永远在线。

2. 多媒体传播

微信的多媒体传播表现在可以跨终端（电脑、平板电脑、手机等）进行信息的收发、文件的传输等，综合运用视频、语言、文字、图片等多种方式，传受双方可以进行充分有效的表达，多元化的传播方式满足了用户的各种需求。"摇一摇"、"搜一搜"、实时对讲机功能，更是对社交平台的创新，丰富了用户的社交体验增加了传播效果。

在各类传统媒介竞争的时代，微信作为改变新闻报道方式的工具，被推到这场传播竞争的前沿，便利的声音传递是微信的最大特点之一，互动增强了信息传播效果，且能拉近媒介与受众之间的距离。继微博之后，微信也成了大众媒体反馈工具之一。在音响新闻、音响信息传播逐渐受限的今天，微信能够让不能发声的传统媒体发声。传统纸媒既无电视的"声情并茂"，又无广播独占专业性的优势，但微信独特的多媒体功能打破了纸媒的局限，扩大了其影响力，增强了传播效果。如《钱江晚报》尝试报纸—微信互动，纸媒通过音频、视频等工具传播新闻资讯、观点评述，其微信账号粉丝在众多纸媒中最早突破万人大关。《钱江晚报》找到一批"萌妹子"，用杭州话播西湖新闻，吴侬软语令人倍感悦耳；用普通话播即时新闻，形成了小清新的特色。《钱江晚报》还将一批年轻受众喜爱的人物的声音搬上了微信平台。2013 年春节期间，《钱江晚报》编委会成员连同众影视演员举办"向你拜年"的活动，饱受微友好评。又如在新媒体环境下，电视媒体封闭的传播形态流失了部分受众，微信的互动性弥补了传统电视节目互动性的不足。正如保罗·莱文森在《软利器》中所言：微信作为传统媒介和传统人际传播工具的弥补性媒介，能够被传统媒介所利用弥补自身的缺点，这也是未来媒介应用微信进行新闻传播活动的重要发展方向。[①]

3. 私密性与公共性

微信最早是作为社交产品诞生的，早期的朋友圈功能主要是基于使用者的"QQ"好友以及个人的手机通讯录，实现熟人之间一对一或一对多的信息发送，用户主要用它聊天或关注朋友圈，其公共性较弱。而 2012 年 7 月上线的公众平台则实现了微信公共功能的拓展，媒体公众账号、政府公众账号、企业公众账号等都可以借助微信实现公共信息的传播与服务功能的完善，其公共性增强。

4. 不同层级传播的无缝连接

微信将人际传播、群体传播、大众传播三个层级的传播对等地聚合在一起，无缝连接，全面贯通。不同的传播主体可以借由微信实现生活、工作、学习中不同类型、不同场景、不同功能的信息接收与传播，私密性强。微信面向不同的传播空间，生产面向不同用户的

---

① 李卓林 . 微信在新闻报道中的应用 [J]. 记者摇篮 ,2014（11）：40-44.

信息——这是微信与其他社交平台的不同。

5. 服务功能强, 媒体属性弱

微信在支付、生活等方面的服务功能强大, 在信息传播层面, 与微博相比, 虽然其社交属性更强, 但是媒体属性较弱。微信平台一对一的推送方式和功能设置的巨大空间, 给政务办理、服务民众创造了天然优势, 政府可通过微信平台倾听民众呼声, 务实解决民众反映的问题, 实现"线上""线下"的协同合作, 切实提高微传播力。

(二) 微信的功能

当今, 微信已拥有社交、媒体、支付、生活服务、企业服务五大业务, 这里仅从微信的媒体属性来分析其信息传播功能。

1. 信息发布功能

微信的信息发布功能表现在微信支持一对一、一对多、多对多的传播, 用户可以选择最恰当、最便捷的信息表达方式, 可以是单向的文字、图片、音频、视频链接等单一的信息形态, 也可以将两种或两种以上的形态任意组合。

2. 商业营销功能

微信, 尤其是微信公众号具备信息到达目标用户概率高、即搜即用的特性, 具备重要的商业价值。商家可以借助运营微信公众号吸引粉丝的关注, 在家降低营销成本, 扩大影响力, 提升商业价值。

3. 双向互动功能

微信的双向互动功能表现在作者将新闻发布在微信平台上, 能直观地看到新闻的传播效果——点赞、复制、转发、留言、打赏等数据, 还有信息接收者的直接反馈。微信提供的这些技术支撑, 可以看作搭建了信息传播者和接收者之间最直接、最便捷的互动桥梁。

(三) 微信新闻的分类

微信新闻按传统的分类标准, 可分为时政新闻、社会新闻、经济新闻、娱乐新闻、体育新闻等; 还可以按其传播的路径分为朋友圈新闻、微信群新闻、公众平台新闻。这里主要介绍后者。

1. 朋友圈新闻

朋友圈新闻指发布在朋友圈, 以时间为序呈线性排列的新闻, 位于第一个传播层级。朋友圈新闻传播局限于小圈子的内部传播, 其优势在于容易得到朋友们的反馈, 或被好友再复制、转发, 互动效果良好。写作者在朋友圈发布新闻时, 仍然要重视新闻的真实性、客观性。

2. 微信群新闻

一般的微信群不超过百人, 少数群可以达到五百人至千人的规模, 微信群是微信中小规模的多对多互动平台, 是典型的圈子文化平台, 其成员主要是基于现实社交关系、行业关系、兴趣爱好相同等聚集在一起。写作者在利用微信群发布新闻时, 要尽量选择与新闻内容本身相关的群，选择与群体成员的身份和兴趣等结合度高的新闻，这样可推动成员的互动与新闻的再次传播。

3. 公众平台新闻

微信公众平台有三种公众号：一是订阅号，以信息的传播为主；二是服务号，以服务为主；三是企业号，主要是帮助政府、企业及组织构建生态系统，连接员工、合作伙伴及内部系统和应用，以实现业务与管理的互联网化。微信新闻的主要发布平台是微信公众平台订阅号。公众号信息的发布有两种形式：单条推送和多条信息组合推送，无论选择几篇信息，其中总有一篇信息要作为重点推送，推送的标准多与新闻的重要性、显著性、接近性、趣味性等有关。

（四）微信新闻写作

1. 标题

标题是新闻的名片，需要精心制作。因为在当今时代，受众最希望通过标题迅速判断新闻主题，决定是否阅读，新闻标题担负着吸引力、引导力、表达力的职责。

（1）写标题的要求

①用最准确的字词表达最精确的内容。新闻标题要语言简洁、通俗易懂、不夸大其词，同时也要吸引用户、引导用户阅读，最好能做到贴切传神、标新立异。

②突出最为重要的新闻价值点。一则能吸引受众的标题有两个特点：一是能使受众望题知文意；二是标题中至少含有事件与原因两个价值点。

③新闻标题的创作有字数限制，一般不超过 15 个字，即一个视距的距离。

④结构尽量简化，一般采用单行体，而且采用实体。虚体和文艺化的标题难以让受众立即领会新闻的重要性。

（2）标题的写作——多姿多彩

①简洁型。如《山里来信了！》（《成都日报》锦观新闻微信公众号，2021 年 6 月 2 日）、《那些值得铭记的"第一"》（《农民日报》微信公众号，2021 年 7 月 12 日）、《复兴大道 100 号》（《人民日报》微信公众号，2021 年 6 月 30 日）。

②突出人性型。如《"活过来了！"19 天，456 个小时，我们终于救活了他》（《长江日报》微信公众号，2020 年 2 月 29 日）。

③突出关键画面型。如《致敬最可爱的人①丨泪目！86 岁志愿军老战士含泪向四位老首长敬礼》（《人民政协报》微信公众号，2020 年 10 月 30 日）。

④突出悬念型。如《合村并居问题，能否在民法典里找到答案？》（《人民日报》政文微信公众号，2020 年 6 月 24 日）。

⑤展示冲突型。如《豪宅法拍也疯狂？二手参考单价 13 万，拍出 27.6 万！再加 3900 万税费……专家：参与需谨慎》（《证券时报》微信公众号，2021 年 6 月 23 日）、《震惊！券商老总也讨薪，成功要回 639 万》（《证券时报》微信公众号，2021 年 6 月 23 日）。

⑥曝光热点矛盾型。如《货拉拉道歉：每次改进都用生命来换，代价太惨痛！》（中

工网、《工人日报》微信公众号，2021年2月24日）。

⑦突出名人型。如《习近平：我是如何跨入政界的》（《北京青年报》、政知道微信公众号，2015年1月9日）、《袁隆平：我的两个梦》（《人民日报》微信公众号，2021年5月22日）。

⑧强调动作型。如《今天，发条微信一起点亮武汉》（人民日报微信公众号，2020年4月7日）、《北京一处级干部当外卖小哥，12小时仅赚41元："我觉得很委屈"》（《北京日报》微信公众号，2021年4月28日）。

⑨直接喊话型。如《"戴口罩"入法，下月起施行！福建出台全国首个专项法规》（《福建日报》微信公众号，2021年1月21日）。

⑩运用修辞手法型。如运用比喻，《蔬菜专家当"红娘" 汝南蔬菜成功"嫁入"广东市场》（汝南发布微信公众号，2017年1月15日）；运用对比，《那年头，大学老师是讲学而不是教学》（高教志微信公众号，2018年12月20日）；运用拟人法，《小蚂蚁啃下"硬"骨头》（中国石化江汉油田微信公众号，2023年3月22日）；运用反问，《育儿，真的是一场战争吗？》（财新传媒、财新mini微信公众号，2021年6月22日）。

2. 提要

微信写作的提要一般在百字内，其目的是简述背景、提出问题、引发受众思考。

如2021年6月23日《南方都市报》微信公众号报道的《88岁老院士开讲！直播间刷屏》一文："今天（6月23日）上午，'航天科学家团队进校园'暨当代杰出华人科学家公开讲座活动首场讲座在香港理工大学开讲。首场讲座由中国工程院院士、神舟飞船首任总设计师戚发轫院士带来题为《中国航天与航天精神》的报告分享。"该提要介绍了新闻人物戚发轫的背景：中国工程院院士、神舟飞船首任总设计师。

又如2021年6月22日《南方周末》微信公众号报道的《"特殊"脱口秀演员小佳：承认缺陷，然后笑吧》一文："'Yes，and'是即兴喜剧中一个非常重要的喜剧原理，它指在舞台上，无论队友或受众给予什么样的反馈，演员都要首先表示'yes'，接住它，然后再给出自己的反馈，制造一种喜剧效果。这在小佳身上有了不一样的哲学意味——承认身体的残障，然后直面它。"该例在提要中提出问题——脱口秀演员小佳如何直面身体的残障，引发受众的思考。

3. 正文

微信正文写作要有重点、有深度、语言通俗。微信正文写作要注意以下几点内容。

（1）紧跟时事热点

如《中国青年报》2021年8月1日在微信公众号发布的《创历史！破纪录！苏炳添闯进奥运会男子百米决赛》一文，就是在东京奥运会男子百米半决赛完赛后五分钟内发布的，是全民关注的奥运赛事热点。

创历史！破纪录！苏炳添闯进奥运会男子百米决赛

东京时间19时33分、21时50分——在今晚东京奥运男子百米的两个开赛时间，赛道上都会出现中国运动员苏炳添的身影。凭借半决赛9秒83的成绩，他不仅实现了赛前定下"站上奥运会百米决赛场"的目标，更成为奥运会男子百米决赛跑道上，首位中国选手以及进入电子计时时代后的首位亚洲选手，他同时还以这个惊人的成绩创造了新的亚洲纪录。

半决赛中，苏炳添所在第三组竞争激烈，他左侧第二道是 22 岁的巴西选手卡梅罗，个人本赛季的最好成绩是 10 秒 07。右侧是意大利的头号选手拉蒙特·雅各布斯，他在百米预赛中跑出了 9 秒 94 的个人历史最好成绩，打破了意大利国家纪录，表现出良好的竞技状态，他和苏炳添一样把进入百米决赛作为自己的目标。此外，小组第 6 道的是本赛季跑出了 9 秒 85 的罗尼·贝克。苏炳添能挺进决赛，证明了中国速度。

（2）采用强烈对比，突出矛盾

微信正文写作可通过罗列相关数据，使相关内容产生强烈对比。请鉴赏 2024 年 6 月 5 日某微信公众号发布的《印度度过惊魂一夜》文章的节选。

印度度过了惊魂一夜。

对莫迪来说，这肯定是很煎熬的一夜。

最后，好消息是，6 月 5 日凌晨，大选结果公布，在印度人民院总共 543 个席位中，莫迪领导的印度人民党，赢得 240 个席位；印人党所在的全国民主联盟，拿下 295 个席位。

莫迪将梅开三度，第三次出任总理。

环顾印度历史，莫迪成了尼赫鲁之后的印度政坛第二人。

坏消息是，印人党的席位大大减少，比 2019 年大选减少了 63 席，要知道，莫迪此前预期，印人党席位过半，执政联盟过 400；相比之下，在野党国大党，则比 2019 年多拿了 47 席。

以至于社交媒体上一度传闻，莫迪大选失败，印度股市随即崩盘，股指大跌近 6%，创下 4 年来最大暴跌。

印度选情，真是看得人目瞪口呆。

……

文章通过印度大选的数据对比，说明印度选情的确让人看得目瞪口呆。

（3）以故事化讲述新闻，生动感人

请欣赏《人民日报》微信公众号 2021 年 8 月 1 日发布的《粉了！"00 后铁汉"抱娃，手法专业！》一文（如图 16-11、图 16-12 所示）。

连日来

河南暴雨牵动全国人民的心

暴雨中的感人画面

也温暖了不少人

一段被网友称为"铁汉萌娃"组合的视频

引起大家"围观"点赞

画面太暖

别问我看了多少遍…

画面中的武警战士名叫陈焕泽

是个"00 后"
今年 21 岁
来自广东潮州

图 16-11　陈焕泽用军帽帮小宝宝遮阳截图

年轻的他已经参加过两次救援
面对记者的采访，他略显羞涩
"第一次抱这么小的宝宝。"
陈焕泽说，当天太阳太晒了
他怕宝宝眼睛不舒服
就顺手摘掉帽子帮她挡住阳光
网友纷纷留言点赞：
未来是个好爸爸！
"00 后铁汉"抱娃，手法专业！

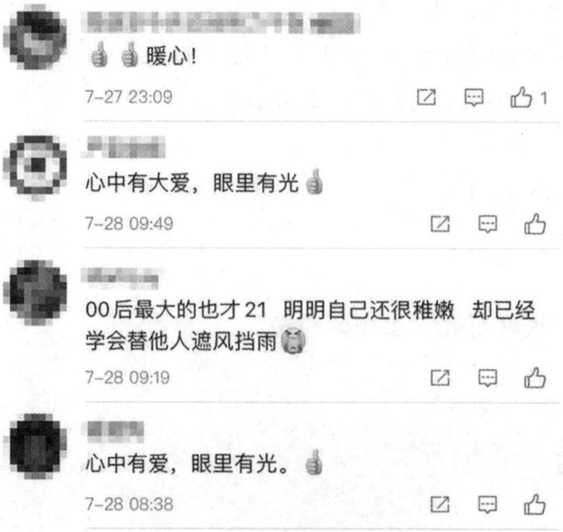

👍👍暖心！

7-27 23:09

心中有大爱，眼里有光👍

7-28 09:49

00后最大的也才21 明明自己还很稚嫩 却已经
学会替他人遮风挡雨

7-28 09:19

心中有爱，眼里有光。👍

7-28 08:38

图 16-12　网友留言点赞陈焕泽

陈焕泽救援的视频火爆网络

远在家乡的妈妈也看到了视频

"原本没告诉家人，

怕他们担心……"

陈焕泽说妈妈没说太多

就交代他"一定注意安全！"

谢谢你们

不畏艰险

在暴雨中

为我们托起一片暖阳！

该例通过 21 岁的武警战士陈焕泽在河南暴雨救援中抱娃的感人微视频，彰显了军民鱼水情。该文以故事化的方式讲述新闻，语言通俗、生动、有深度，易使受众产生共鸣。

4. 排版

整洁的排版让文章条理清晰，美观的排版可以增加印象分、点击率、传播率，因此，微信新闻不仅要专注图文内容，也应重视排版风格。

（五）微信与微博的比较

微信和微博都是自媒体的代表，它们的区别见表 16-3。

表 16-3 微信与微博的比较

比较内容	微信	微博
平台属性	社会化关系网络	社会化信息网络
用户关系	点对点	点对面
传播方式	侧重人际传播与群体传播	侧重大众传播
社交关系	强人际关系	以传播信息为主
传播效果	可信度高	媒体属性强、互动性较强

三、微视频的新闻制作

（一）微视频概述

伴随互联网移动化、社交化、视频化的发展趋势，微视频新闻已经成为新闻发布的一种全新的方式。主流媒体强势布局微视频，微视频在媒体深度融合中的社会价值日益凸显。微视频在变革传统新闻生产的同时，也推动了传统媒体的转型，推动了融媒体建设与发展。微视频是时长 15 秒至几分钟，集图像、声音、文字等多种符号于一体的，适合在新媒体平台上播放的，使用户在碎片时间观看的视频短片形式。移动端蓬勃发展，手机看新闻成为用户日常习惯，加上手机上网增速降费，手机的便携性使人们可以充分地利用一切碎片化的时间获取信息，而微视频新闻正好符合当前碎片化的阅读场景，第 53 次《中国互联网络发展状况统计报告》显示，截至 2023 年 12 月，我国微视频用户规模达 10.53 亿人，占网民整体的 96.4%。

在互联网环境下，微视频日渐成为主流的信息表达方式。微视频新闻、微纪录片、动画新闻、沙画、Vlog（视频网络日志）等成为微视频形态新闻作品的创作新趋势。

国外主流的微视频应用有 Vine 的 Byte、Instagram 的 Reels、Facebook 的 Lasso、Proxima Media 的 Triller、ByteDance 的 TikTok 等。微视频在美国受众中占据着绝对主导地位，处点击排行前列的是搞笑、幽默类视频和生活、教育、新闻资讯类视频内容。国内主流的微视频应用有抖音、快手、西瓜视频、哔哩哔哩、微信视频号、腾讯微视等。

我国报业媒体《人民日报》《浙江日报》《新京报》《南方都市报》等，都开设了微视频新闻平台，如"人民视频""辣焦视频""我们视频""南都 N 视频"等，制作了一系列优秀的作品。如《为谁辛苦为谁忙》（中央广播电视总台央视新闻客户端，2021 年 12 月 20 日），用 186 个字梳理习近平 2021 年的考察足迹，该视频创新时政语态，以情感为内核，整合鲜活的时政现场画面，融合混剪、MV 等多种微视频元素，全景化呈现总书记浓浓的人民情怀，寓情于理地回答了"我们为什么能够成功，怎样才能继续成功"的"时代之问"，即"一切为了人民！"又如《地震瞬间，她们抱出 26 个新生儿：要把孩子的安全置于我们之上！》（贵州广播电视台动静新闻客户端，2020 年 7 月 3 日）、《视频丨泪目！如果我不幸倒在武汉请把我骨灰无菌处理撒在长江》（湖南红网新媒体集团时刻新闻客户端，2020 年 2 月 11 日）、《微视频丨彻夜救援 台州无眠》（台州市广播电视台无限台州新闻客户端，2020 年 6 月 14 日）、《抗洪 vlog丨记者坐拖拉机赶往安徽庐江圩堤抢险现场：数千人会战守堤坝！》（《工人日报》客户端，2020 年 7 月 22 日）、《上海医疗救治专家组组长：一线岗位全部换上党员，没有讨价还价！》（上海广播电视台第一财经客户端，2020 年 1 月 29 日）等获得了中国新闻奖。

微视频的制作门槛较低，一部智能手机就能实现制作与编辑，无须传统的专业拍摄设备，只需打开微视频 App，按下拍摄按钮，拍完后上传到微博、微信等社交媒体即可，操作过程简单方便。

（二）微视频的制作

1. 标题

新闻标题贵在短，贵在简洁直白，突出新闻的亮点，突出反映核心人物、事件等内容，力求字数最少，内涵最多。标题须扣人心弦，使受众产生强烈的阅读欲。如《母行千里儿担忧》（央视新闻客户端，2020 年 2 月 18 日），标题仅 7 个字，内涵却很丰富："母行千里"热情地歌颂了当代中国白衣战士的伟大，"儿担忧"深刻地体现了孩子们令人心疼的懂事。

①活用数字

运用数字是近几年获奖的微视频新闻标题的特点，用活数字，形式新颖，能迅速吸引用户眼球，激发用户阅读兴趣。如微视频《"活过来了！"19天，456个小时，我们终于救活了他》（《长江日报》微信公众号，2020年2月29日），这是湖北武汉同济医院救治的新冠病毒重症患者转危为安的独家报道。标题是点燃视频传播的引线，该片标题用直白的语言"活过来了！"和数字"19""456"迅速地吸引观众的视线。这一报道发布不到24小时，在《长江日报》抖音号的观看量达到近2000万，被全国各地媒体在微博、网站等平台转发推送，全网总点击量当大过亿，[①]且受到新华社、《中国青年报》等中央媒体转发，全网转发量总计2亿。同济医院救治重症患者的经验，被国务院联防联控机制医疗救治组专门发文推广，主治医生周宁于2020年4月28日获评"中国青年五四奖章"。

②巧用修辞

为了增加标题的鲜活度，增加标题的表现力，作者可在标题中运用各种修辞手法。如《全乡村民化身"爬山侠"守护雪山！村民跋涉5000米高山捡垃圾》（四川日报报业集团封面新闻客户端，2019年6月5日），雪山山民被作者喻为可敬可爱的"爬山侠"，他们自带干粮爬几千米的高山，一路拾捡游客丢下的垃圾。雪山山民保护"圣山"的自发的环保行动受到了作者的热情赞颂。又如《膙子书记》（天津津云新媒体集团股份有限公司津云客户端，2018年10月17日）讲述了天津大学"80后"青年教师宋鹏利用沙湾膙子，带领村民靠电商致富的事件。作者在标题中把宋鹏称为"膙子书记"，生动形象，通俗易懂，可亲可爱。

③善用标点

在微视频的标题制作中，要善用标点，以增强视频的表现力与吸引力。如标题中用破折号，《微纪录丨家是最小国 国是千万家——记时隔47年的两场追悼会》（新重庆客户端，2018年12月17日）；标题中用双引号，《【独家V观】习近平看望"快递小哥"》（央视新闻客户端，2019年2月1日）；标题中用省略号，如《病死猪田间乱丢知道吗……〈问政山东〉现场局长被8连问后语无伦次》；标题中用"叹号+问号"，《揭秘！周总理亲自定名的长安街华灯，为何能长亮60年？》（《人民政协报》微信公众号，2019年4月30日）；标题中用"叹号+双引号"，《上桥！今天和"溜索"说再见》（《四川观察》客户端，2018年9月1日）等，这些标点都在很大程度上润色了标题。

① 王可丰.与时代同频共振 与人民同心共情——从第三十一届中国新闻奖看短视频现场新闻如何"破圈"[J].声屏世界，2022（8）：36-37，56.

2. 片头、片尾

一般微视频新闻长度约 60 秒，片头、片尾的时间则更短，总长不要超过 10 秒，片头要迅速切入全片最精髓的内容来吸引观众的注意力。2023 年是毛主席为雷锋同志题词 60 周年，中国军网八一视频推出原创微视频《以你之名》（2023 年 3 月 1 日），微视频一开头就是皑皑雪山上一队边防战士在巡逻，哨所的玻璃窗上结满冰花的画面，画外音"冰花上，写下了谁的名字？"片尾定格在雷锋的画像上。

片头、片尾要个性化，要有特色，上例中片头、片尾的个性化、特色表现在画面、画外音上，都凸显了雷锋精神已升华为强国强军新征程上的重要精神力量。

3. 新闻要素齐全

微视频新闻在制作时，时间、地点、人物、事件、原因、结果等新闻要素要齐全，内容要真实。真实是新闻最基本的要求，也是微视频新闻必须坚守的底线。事发现场的环境特点、人物互动等所有的信息必须真实，绝不允许蓄意导演和造假，要确保现场、画面、声音真实。微视频报道的新闻事件的现场画面所带来的新闻魅力，是其他传播形式难以具备的。

4. 画面

微视频新闻制作最核心的工作是对画面进行编辑，挑选最具有视觉冲击力的画面，保留关键镜头。关键镜头是指在新闻事件中反映事件冲突变化的核心画面，或能触动观众情绪的细节画面。微视频新闻要去除原素材中的冗杂镜头，使画面简洁明了，突出新闻亮点，关键镜头、声音、画面、字母等要素要有机结合。微视频新闻作为一种新的新闻形式，具有"语言要素极简化、语言叙事场景化、语言形式视觉化"等特点。[①] 它的语言、文本结构与传统电视的新闻语言和体裁有着很大区别。长期以来，文字记者习惯于用文字去描述现场或者叙事说理，全媒体时代则要求记者会运用画面语言叙事。

微视频新闻拍摄时要借鉴电视新闻画面拍摄的五字要诀，即"稳、准、清、平、匀"。"稳"即要保持画面的稳定；"准"即要保证画面构图准确、意义明确、曝光正常；"清"即要保证焦点清晰、画面清楚；"平"即要保持画面的平衡，横平竖直；"匀"即要保持运动镜头速度均匀。

微视频新闻的现场画面可分为现场叙事性画面和现场描述性画面。现场叙事性画面主要是指叙述事件发生过程的现场画面，它要求摄像师在现场多用长镜头记录事件的变化过程，捕捉现场细节。现场叙事性画面要用现场长镜头叙述内容，表达主题，用现场画面细节升华情感，感染观众。现场描述性画面主要是指在现场拍摄到的用来交代环境、气氛的画面，通常摄影记者用远景或全景景别通过摇摄交代环境。

在现场拍摄中，怎样才能确保拍摄到精彩的场面与细节？答案是要"抓拍"。抓拍要运用"挑、等、抢"三种拍摄方法——"挑"是指记者在现场快速挑选能表现事物特点与

---

① 梁湘毅. 短视频新闻语言的嬗变及其传播效能 [J]. 学习与实践，2019(11)：116–121.

本质的材料；"等"是指记者等待最佳拍摄时机；"抢"是指记者抢拍精彩瞬间。"挑、等、抢"三种方法往往要综合运用，"等"到时机到来时要"抢"，在"抢"的过程中要"挑"。

再看前例《长江日报》微信公众号的微视频《"活过来了！"19 天，456 个小时，我们终于救活了他》，记者全程跟拍 4 小时，抓拍到精彩瞬间——2020 年 2 月 24 日，记者得知一位多次病危的重症患者，历经 19 天日夜抢救的消息，便深入同济医院光谷院区，独家抢拍到主治医生周宁撤除 ECMO（体外膜肺氧合）后，看到患者睁开双眼的奇迹，情不自禁地大喊了三声"活过来了！"的关键镜头。

我们再鉴赏央视新闻和《人民日报》的微视频。

2022 年 8 月 17 日开始，由于持续高温干旱，重庆涪陵、江津、巴南等区先后发生 10 余起山林火灾，国家应急部急调甘肃陇南森林消防支队、四川省森林消防总队、云南省森林消防总队救援，经过 10 天的奋战，各处明火全部扑灭。8 月 28 日，重庆市民夹道欢送云南省森林消防队员，央视新闻和《人民日报》的微视频均抓拍到同一幕呈现军民鱼水情深的关键镜头（如图 16-13、图 16-14 所示）。

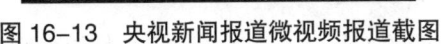

图 16-13　央视新闻报道微视频报道截图　图 16-14　《人民日报》微视频报道截图

5. 字幕

微视频新闻的字幕，相较于传统电视新闻具有更重要的意义——微视频主要依靠字幕对新闻进行解说，而不是依靠声音。微视频新闻生产机构对字幕要精心设计，强化品牌效应，字幕的位置、大小、颜色、字体等都需要经过仔细考量，字幕要有深度、广度和力度。如上例中关键镜头的字幕就具有深度、广度和力度。

微视频新闻使用的字幕主要包括描述性字幕、解释性字幕和对话字幕等。描述性字幕一般位于画面的边角位置，用来协助说明事件发生的时间、地点、人物身份等；解释性字幕多用于视频段落的衔接，有利于让观众更清晰地了解事件发生的前因后果、背景资料等；对话字幕则位于视频画面的下方，常见于有旁白或有采访片段的微视频新闻。这几种字幕往往综合运用，在不同的新闻中呈现不同的意义。上例重庆市民欢送消防队员的微视频中，央视新闻运用了描述性字幕"8月28日 重庆　市民泪别云南森林消防总队"（如图 16-15 所示）、解释性字幕"他们第一批跨省增援重庆是北碚山火火场攻坚队伍"（如图 16-16 所示）。

图 16-15　央视新闻微视频报道中
使用的描述性字幕

图 16-16　央视新闻微视频报道中
使用的解释性字幕

微视频通过"画面＋字幕"所表现的思想内容和艺术内涵，都鲜明地指向同一主题——军民鱼水一家亲。

6. 内容

由于微视频"短"，微视频的内容更强调主题鲜明，言简意赅，短小精悍。微视频内容碎片化，侧重软新闻，因而不可忽略有冲击力的细节。如小央视频围绕春节返家这一主题发布了《他们在回家的列车上笑着笑着眼眶湿润了……》（2020 年 1 月 15 日）的视频，"笑着笑着眼眶湿润了"这一生动的富有冲击力的细节，深刻地表现了春节回家路上人们惦记家人的纯朴真情。又再如中央广播电视总台央视新闻客户端 2020 年 1 月 19 日的微视频《独家视频丨游客："彭麻麻呢？"》：

习近平总书记 19 日下午在腾冲和顺古镇考察调研。在古镇小巷，游客里一个女孩问："彭麻麻呢？"习近平笑着回答说："没来。快过年了都在家里忙着呢！"阵阵笑声回荡在古镇上。

2020年1月春节前夕，习近平去云南调研。在古镇小巷里，游客偶遇总书记特别兴奋，向总书记挥手致意，总书记与游客亲切对话时，有个女孩不经意间问总书记"彭麻麻呢"，总书记若忽略女孩的有趣问话是完全可以理解的，而总书记却立即亲切地笑着回答"没来"，还接了一句"快过年了都在家里忙着呢"，赢得现场欢声笑语。

短短23秒的时间，在不期而遇的时空场景下，记者清晰地记录了游客偶遇习近平总书记时的一段对话。现场空间狭小又事发突然，在这种复杂的环境中，总台时政记者反应敏锐，全程捕捉，抢拍到女孩和总书记对话的核心画面。视频既抓拍到打招呼的游客，又捕捉到总书记亲民的家常话、表情，现场感、节奏感非常强，一问一答中有趣味、有爱、有温度，充分彰显了大国领袖的亲民、爱民形象和人民群众对总书记的真挚情感。网友们留言说："被这一幕暖到了！总书记亲民爱民没有架子，跟老百姓像亲人一样，人家都爱您祝福您。"这是一件"现象级"的时政微视频作品，这是讲述中国故事的一次创新、一次尝试。23秒的短视频发布当天点击量达23亿，全网阅读量累计达37亿，"燃爆"互联网，刷屏朋友圈，"霸占"各大网站头条，成为点击量最高的时政视频，创下中国新闻的一项新纪录。[①]点击量是表达老百姓喜闻乐见的标志，是一切社会影响和责任担当的前提和基础，没有点击量就没有影响力。

微视频《独家视频｜游客："彭麻麻呢？"》是《新闻联播》未曾公开的内容，是总台新媒体端首发并被国内外媒体迅速置顶转载的珍贵资源；是总点击量超越国庆阅兵的一条时政微视频；是打破中国新闻史上一项纪录的作品。由此可见，只有高质量的原创内容才是微视频新闻的核心竞争力，制作高清作品、精品是未来短视频行业工作的基准门槛。

微视频新闻要紧紧围绕主题展开。短意味着高效和直观，微视频的这个技术特点，决定了微视频新闻必须简洁明快，充分发挥画面的叙事功能，开门见山、紧扣主题，在"黄金7秒"内抓住观众的眼球。

微视频新闻常被人诟病内容没有深度，难以进行深度报道，但如果能挖掘到事实的较深层次的主题，做到短而深，以小见大；能聚焦新闻事实中最有价值的地方，精准地选取事实，即来龙去脉中有关事情的性质、意义等关键节点；选题能突出特色，以小见大，小而深刻，深入挖掘核心事实，突破疑点、难点，微视频报道就能颠覆"短"的瓶颈，就可以帮助受众更好地认识新闻事实的本质，上例《独家视频｜游客："彭麻麻呢？"》就是最好的例证。还有《新中国密码：15665，611612！》（新华社，2019年9月27日）、《老外看小康中国》（中国日报社中国日报网，2020年8月7日）、《"中国24小时"系列微视频》（《人民日报》客户端，2019年3月5日）、《火神山一线实录系列微视频》（央视新闻公众号，2020年2月4日）、《"数说70年"数据新闻可视化系列微视频》（《经济日报》微信公众号，2019年9月23—28日）、《"中国一分钟"系列微视频》（《人民日报》，2018年3月5日，12月14日）等视频，以系列化微视频矩阵进行报道，能够

---

① 王可丰. 与时代同频共振　与人民同心共情 ——从第三十一届中国新闻奖看短视频现场新闻如何"破圈" [J]. 声屏世界 ,2022(8)：36-37,56.

提供全面的事件信息，较以往单一视频内容丰富，视觉多元，能够形成深度报道的效果，微视频更能满足用户对于信息的需求，增强新闻的传播效果和影响力。

7. 传播新路径

微视频制作可顺应信息内容碎片化发展方向，把传统电视优质内容"化整为零"，转化为微视频。其碎片化传播新路径如下。

①将传统电视新闻节目按优质内容和主题切分剪辑，直接生成微视频。如央视新闻在微博、微信公众号、哔哩哔哩等新媒体平台，发布的传统媒体新闻节目《新闻联播》《朝闻天下》《24 小时》《新闻 1+1》的优质内容剪辑版的微视频。

②利用传统电视节目元素创作微视频。中央广播电视总台、新华社、《人民日报》等"国家队"也都上线了各自的微视频新闻产品或品牌，《中国青年报》、《浙江日报》、上海电视台、上海报业、《新京报》、《南方都市报》等主流媒体都投入到微视频新闻生产之中，并取得了优异成绩。

③利用和直接转载网络素材制作微视频。如央视新闻在微博平台对网络素材进行二次创作，这种方式被央视的 Facebook 英文账号 CCTV 广泛使用。

④对新闻直播内容进行精细化处理，把精彩的部分切割成数个独立的微视频，采用"移动新闻直播 + 微视频"的模式，在十几秒钟的时间内争取到更多不在场的受众，以实现 1+1 > 2 的传播效果。

微视频已成为移动互联网争夺的主要入口，也是传统主流媒体转型的关键突破口，传统主流媒体纷纷入驻自建微视频平台，与微视频平台融合互动，拓宽报道渠道，创新报道方式，微视频成为深度融合的"主战场"，也是实现全媒体传播的有效途径。

微视频可以从声音、图像、视频、环境、场景、情感等多角度传播信息，突破时空界限，且有极强的实时性，用户可以随时随地查看信息，因而对微视频更加青睐。微视频具有信息密度、内容创意、用户互动等多方面优势，是备受认可的新兴内容形式。"无视频、不新闻"，信息获取从"大屏时代"切换到"小屏时代"，又到"竖屏化"，再到"大小屏融合"，用户从单纯观看过渡到边播边评边互动，其大势不可逆。未来，微视频行业将在视频化、智能化、下沉化及媒介化的趋势下深度融入社会发展，网络时代是读图时代，更是看视频时代。新闻微视频化是提升媒体传播力、引导力、影响力、公信力的必然之路。用正能量净化网络空间，引领新媒体时代的主旋律，是微视频产业在未来发展中应承担的责任！

第三节　移动新媒体——手机媒体

手机媒体是以手机为视听终端，通过手机网络平台进行个性化信息传播的媒体形式，它是以分众为传播目标，以定向为传播目的，以即时为传播效果，以互动为传播应用的大众传播媒介。手机媒体集大众传播、组织传播、群体传播、个人传播于一体，融报刊、书籍、广播电视、电影、网络等于一体，用户可随时随地在移动中完成工作、学习、娱乐、资讯阅读、支付、遥控等多种任务，手机媒体开创了"全媒体式"传播的新局面，是当之无愧的"第五媒体"，且已经成为新媒体的主体之一。

一、手机媒体的传播特性

（一）高移动性、互动性

手机具有无限移动性和无限双向交流的潜力，因而成为人际传播最方便的媒介之一。[①]尤其是手机弥补了互联网无法移动的先天不足，能使人边走边拍，边拍边说。

互动性是手机媒体区别于传统媒体的核心特点，也是传统媒体无法企及的优势。所谓互动，指的是围绕新闻事件或某种消息，传媒与受众之间的信息双向传输，其反映了受众对社会生活的关注度和参与度，是直接获取受众反馈意见的便捷途径。而传统大众媒介的传播模式属于单向传播，缺乏反馈环节。手机媒体以点对点的传输为特征，借助移动通信网络的上行信道，能及时进行互动反馈，可以满足不同用户的个性化需求，给受众带来强烈的参与感，受众能通过短信、彩信、视频等方式参与互动。如2011年7·23甬温线特别重大铁路交通事故，当日20时47分，网友"羊圈圈羊"通过手机发出第一条求助微博："求救！动车D301现在脱轨在距离温州南站不远处！现在车厢里孩子的哭声一片！没有一个工作人员出来！快点救我们。"[②]这是事故发生13分钟后现场人发出的第一条消息，随即，这条微博被网友迅速转发，截至24日22时，该微博被转发11余万次，评论达两万多条，一场从线上到线下的大救援迅速地展开。这些转发量充分体现了手机媒体的高互动性、强大的影响力和号召力。

以微博、微信为代表的社交媒体，大大提高了手机媒体互动的速度、深度、广度。手机媒体用户既可通过访问网络获取个性化的信息服务，又可借助手机App提供的打赏、评论、点赞、转发等功能，实现信息传播的多主体之间的实时互动。

（二）高便捷性、即时性

手机有着其他媒体无可比拟的优点，小巧、携带方便是其与生俱来的特质，手机终端实时联网的特性，使手机成为人们形影不离的设备。手机是"带着体温的媒体"，是人性化的传播媒介，一般情况下无论何时何地受众都可以在第一时间收看、收听新闻信息。

手机媒体虽然依附于互联网，但其拥有自成一体的无线网络。比起有线网络的电脑，基于无线网络的手机媒体对信息的处理更加及时、迅速，互动性更强。虽然手机媒体的受

---

①　莱文森.手机：挡不住的呼唤[M].何道宽，译.北京：中国人民大学出版社，2004.

②　来扬.动车追尾事件的微博版本[N/OL].中国青年报，2011-07-25(3)[2023-10-11].http://zqb.cyol.com/html/2011-07/25/nw.D110000zgqnb_20110725_3-01.htm..

众群从时空上来讲是广泛和分散的，但以手机号形式出现的受众比起以网址出现的电脑网民更加固定和容易确定，能将受众与传播者的屏障抹掉——因为它拥有两个相对独立的话语空间，一个是点对点的私人空间，另一个是连接互联网形成的点对面的公共空间，而"一网打尽"的互联网只有一个互联网空间，里面的各种话语割据空间而立。手机媒体人性化传播的特点代表着未来新媒体的发展方向。

　　霍华德·莱茵戈德（Howard Rheingold）在《聪明暴民：下一次社会革命》（Smart Mobs: The Next Social Revolution）一书中提到了新媒体全新的沟通模式：互联网的力量从电脑转移到手机上，形成了全新的社会现象，产生了全新的沟通模式。如果说电视的收视率、报纸的订阅率更多地依赖于用户的传统媒体习惯，那么，具有相当可读性、必读性、互动性、新奇性的类型丰富的，能以不同内容、不同形式满足用户需求的手机媒体，就会成为用户随时随地获取信息的新的习惯使用的媒体。

　　手机的高即时性传播特点是任何传统媒体都无法比拟的，手机的信息流动迅速及时，信息传递没有中间因素的干扰，到达率高，效果显著。在社会发生重大事件或突发事件时，受众最有可能是通过手机获得消息。手机媒体的发展促进了"市民记者"的勃兴。手机媒体具有及时接收和动态传播的特点，在突发公共事件的场域中有着独特的价值，不受时空限制，可以涵盖报纸无法涵盖的独特新闻时段——从夜间至凌晨发生的本地新闻，以及存在时差的、发生在西方的重大事件等（见表16–4）。

表16–4　手机媒体在突发公共事件发展各阶段中所起的作用

突发公共事件各阶段	传播工作重点	手机媒体优势特性	手机媒体价值	主要形式
潜在期	收集预兆信息，发出预警信号	即时性、便携性、高到达率	发出预警信号，避免谣言产生	手机官方短信平台、手机官方微博、微信、短视频平台等
突发期	传播事实真相，消除恐慌心理	即时性、媒介融合特性、更新快	及时告知事实真相，事件发展态势，表明政府积极态度	手机报、手机广播、手机网络新闻、手机电视、手机微博、微信、短视频平台等
蔓延期	发布详尽信息，畅通政府与公众的信息交流	即时性、互动性、更新快、媒介融合特性	发布详尽信息，建立政府与公众的互动平台	手机报、手机电视、手机广播、手机官方短信平台、手机网络（新闻、官方网站、微博、QQ、微信、短视频平台等）
解决恢复期	总结经验教训，完善危机处理系统	互动性、即时性、媒介融合特性	发布危机处理工作情况，接收公众反馈	手机报、手机电视、手机广播、手机官方短信平台、手机网络（新闻、官方网站、微博、QQ、微信、短视频平台等）

（三）整合性

手机媒体的整合形式具有以下几种。

（1）手机媒体能整合多样的传媒形态，承载报纸、广播、电视等传统媒体的内容，并充分发挥新媒体本身所具备的一切传播优势。

（2）手机媒体能整合多元的传播主体——将电信基础运营商和各种类型的SP（服务提供商）、CP（内容提供商）融合到一起，将生产信息、传播信息的传播者与接收信息、消费信息的受众合二为一。手机独具随写、随拍、随录、随发功能，每一个用户都能在手机网站或互联网网站上发布音视俱佳、图文并茂的新闻信息、视频、图片等内容，同时又可及时接收、整理用户的反馈。

（3）手机媒体能整合同步传播与异步传播——手机媒体可以实时接收传播者传递出来的信息，与其他用户进行实时交流，也可以自己选择时间接触传播者传递出来的信息，与其他用户进行跨时空交流。手机媒体的特殊性在于与人形影不离，手机媒体具有留言功能、提醒功能，因而能有效缩短甚至消除异步传播的时间差，实现同步传播与异步传播的有机统一。

（4）手机媒体能整合多样的传播方式，即可实现点对点（单个用户对单个用户）、一点对多点（聊天）、多点对多点（群组等的传播）、点对面（手机网站对用户）、面对点（多个用户向网站）的信息传播。

（5）手机媒体能整合时间与空间，手机可以实现移动状态下的传播，时间和空间的分离状态不复存在。

（四）多媒体

手机是当代社会中最具兼容性和综合性的多媒体之一，承载了各种媒体的传播方式和内容，如文字、图片、音视频、网页、电子邮件、实时语音、实时影像等。这些传统、新颖的传播方式和内容结合在一起，为不同终端的用户提供不同内容，满足他们的不同需求。也可多种传播形式形成一定的互补和替代，确保同一类内容在手机媒体中以不同的形式实现最广泛的传播。

手机可以传播视频、语音、文字、音乐、动画，几乎一切能被受众感知的符号和形式都包括在手机的传播内容中。它是电话，是信，是报纸，是电视，是电影，是网络，是以往一切媒体的大融合，是现代社会中最具兼容性和综合性的超级媒体、万能终端。

（五）分众化、个性化

分众化是大众传播媒体发展的一个结果，报纸分块、电视频道的专业化就是分众传播的结果。媒体市场的饱和使得媒体市场的竞争异常激烈，所有的媒体都在尽最大力量吸引受众，争取受众。对媒体而言，受众的注意力就是资源，是媒体赖以生存的资本。然而，在新旧媒体都想要获得一席之地的形势下，要抓住全部的受众是不可能的，因而很多媒体便力求在某一方面做得更深、更专，以牢牢抓住受众。

手机短信新闻在传播中就具备了这样的特性。目前短信新闻一般分为国际新闻、社会新闻、体育新闻、财经新闻、娱乐新闻等几大种类,用户可以根据自己的喜好定制不同的新闻,服务提供商根据用户的定制要求,有选择地向用户发送新闻。这样用户就可以只看自己喜欢的新闻,而不必从传统媒体新闻的大量资讯中搜寻自己想要看的新闻。

被誉为"数字时代的麦克卢汉"的保罗·莱文森认为,数字时代的特征是用视窗和浏览器选择信息而实现个人化。手机终端是私人携带的个性化通信终端设备,通过定制各种服务,实现分众化和个性化的传播,满足个性化的需求。手机媒体的这种个性化主要来自移动通信的特有网络结构——归属位置寄存器(HLR)和拜访位置寄存器(VLR)。这两个结构决定并存储着手机媒体使用者的各种个性化信息,这是以前任何媒体所不具备的。

(六)定向性、私密性

定向性是指手机短信新闻的受众是明确的,正如 21 世纪报系资深发行人沈颢先生在 2006 年 5 月的演讲中所言:"短信新闻受众的明确性是很厉害的,这一点是传统媒体想要达到,却永远都不可能达到的,同时也是传统媒体无法与手机短信新闻相比的优势之一。"报纸、广播、电视、网络等新闻媒体在传播新闻时没有明确的方向,其将所有公众都视为受众。

短信新闻私密性的特点同样是由手机本身的特点决定的,每一个手机终端都对应一个具体的受众。对信息服务提供商来说,信息传播可以针对不同的受众群体,甚至针对特定用户设定,从而提供有吸引力的个性化服务。

二、手机媒体新闻制作

手机新闻泛指用户通过手机上的新闻客户端、新闻网页、社交媒体平台(如推特、微博等)、RSS 阅读器以及手机报道等渠道获取的新闻。

近年来,用户对于手机新闻的需求不断增加,越来越多的新闻受众开始依赖手机获取新闻,知悉时事。皮尤研究中心(Pew Research Center)在 2017 年发布的调查数据显示,美国 2013 年成年人通过智能手机获取新闻的比例是 54%,2016 年上升到 72%,2017 年上升到 85%。另外,针对美国最受欢迎的 50 大新闻网站的一项调查显示,39 家网站的移动流量已经超越桌面流量,越来越多的桌面用户开始通过智能手机获取新闻。用手机浏览与阅读新闻逐渐成为人们获取新闻的主要渠道。

2020 年 7 月 22 日,中国社会科学院新闻与传播研究所及社会科学文献出版社共同发布了新媒体蓝皮书《中国新媒体发展报告 No.11(2020)》。蓝皮书指出,截至 2019 年 8 月,新闻资讯类 App 用户规模达 6.2 亿,渗透率达 53.9%。这意味着过半数的中国移动网民装有手机新闻客户端。碎片化的休闲时间成为用户阅读新闻资讯的主要时间场景。

根据中国互联网络信息中心《第 45 次中国互联网发展状况统计报告》,截至 2020 年 3 月,我国网民规模达 9.04 亿,网民使用手机上网的比例达 99.3%。

"人们选择不同的传播途径,是根据传播媒介及传播的信息等因素进行的。"① 从手机中获取新闻既方便又快捷,手机新闻可以囊括用户对所有新闻的需求,可以最大限度节省读者阅读新闻的时间,读者不用在众多新闻中花费不必要的时间来寻找自己感兴趣的新闻。

这里重点介绍手机新闻客户端和手机短信新闻制作。

（一）手机新闻客户端

手机新闻客户端是近年来十分流行的一种新闻传播载体,配合音频、视频、组图、语音互动等丰富的媒体形式和终端媒介,可以定向推送、个性化定制、社交互动,并集合众多类型的新闻,实现新闻的个性化和专业化传播,是为用户量身打造的"订阅平台 + 实时新闻"的阅读应用。

1．"推送"新闻

大多数手机新闻客户端都有自己的门户网站（指在互联网上进行信息收集、加工并向其他用户或访问者发布的公司）,有传统媒体基础,因此其依靠自身的媒体优势,就可以获取很多新鲜热门的新闻报道。

"推送"新闻有三类:一是加工新闻,即对传统媒体的资源进行加工整理;二是组织新闻,即对现成的新闻资源进行整合;三是解读新闻,即对新闻事件或关键环节解难释疑。"推送"新闻注重原创和权威信息的整合。

2．"定制"新闻

手机新闻客户端还邀请其他媒体入驻,实现资源整合、优势互补,打造内容定位精准、应用技术超前、功能齐全的聚合性新闻客户端,从而在当前激烈的竞争中占据优势。各家新闻客户端都提供了新闻定制功能,手机用户可以自主订阅该终端内的任何媒体,及时获得自己中意的新闻。现在应用最广的新闻客户端主要包括今日头条新闻客户端、百度手机新闻客户端、网易手机新闻客户端。打造多元信息、整合资源是现在新闻客户端的重要发展方向。

在当今信息爆炸的时代,对传统媒体而言,手机媒体是一个极佳的突破点,传统媒体与手机媒体的结合改变了信息的传播方式和内容表现形式,这有利于传统媒体强化自身的品牌优势,有利于使主流媒体借助移动传播,牢牢占据舆论引导、思想引领、文化传承、服务人民的传播制高点。如《美不行待客之道,中方严正回应！》（央视频客户端"玉渊谭天",2021 年 3 月 19 日）、《吾家吾国｜科学精神就是老老实实地干活 独家专访百岁院士陆元九》（央视新闻客户端,2021 年 10 月 1 日）、《"东北黑土保护调查"系列报道》（新华社客户端,2021 年 4 月 1 日）、《2021,送你一张船票》（新华社客户端,2021 年 1 月 2 日）。

---

① 段鹏.传播学基础:历史、框架与外延 [M].北京:中国传媒大学出版社,2006:192.

（二）手机短信新闻写作

从新闻角度讲，手机短信是指通过手机收发的具有新闻价值的信息。

手机短信主要有三类：一是普通短信，即发送文字的短信；二是加强型短信，即结合文字、图像、铃声的短信；三是多媒体短信，即传送文字、图片、声音、视频等在内的多媒体信息。

世界上第一条手机短信诞生于 1992 年的英国（中国于 1998 年开通手机短信业务），从诞生之日起，手机短信作为一种基于移动网络的短消息传送方式，保持了高速迅猛的发展势头，构筑了一个全新的人际交往方式，它通过与大众媒介的结合，在新闻传播上显示出巨大的成长空间，且形成自己的个性和特色。手机短信新闻为人们提供了获取新闻信息的崭新渠道。

1. 手机短信新闻的标题 ——结构简单、形式单一

手机短信新闻标题基本上只有一行，力求简明与新鲜，方便用户浏览和翻页，迎合"读题"新闻时代的年轻受众。手机标题通常只有十多个字，这决定了短信新闻的标题必须高度凝练，因此"以题概文"的报道方式是短信新闻特有的表现形式，其单音节、缩略语以及简称用得较多。据统计，在 13 种不同版本的 286 期手机报共计 5974 则新闻中，不超过 11 个字的标题就有 4125 个，占 69%。如《京豫因球迷过激遭罚款》（《新闻早报》，2010 年 4 月 7 日）标题仅有 10 个字；《乳品新国标昨日公布》（央视手机报，2010 年 4 月 23 日）标题仅有 9 个字，其中，"乳品"指"乳制品"，"新国标"是"新的国家标准"的简称。

2. 手机短信新闻的内容——短小精悍

手机文字信息受接收终端、字数、阅读环境的限制，只有短信才能最大限度地发挥手机新闻的特点和优势。短信新闻写作手法是围绕"短"产生的，手机新闻的"短"，更彰显其独特之处，这些特点对常规的新闻写作是极大的挑战。

请看 2021 年 6 月 15 日的手机新闻报道。

【微语简报，一分钟知天下事】

例一　湖北十堰燃气爆炸事故已致 25 人遇难，目前搜救出被困群众 35 人。

此例包含两个新闻事实，即十堰燃气爆炸事故遇难 25 人及解救被困群众 35 人。

例二　3:0 击败东道主意大利队，世界女排联赛中国女排拿下四连胜。

此例包含两个新闻事实，即中国女排击败东道主及在世界女排联赛中拿下四连胜。

这两条短信新闻言简意赅，都未超过 70 个字。

3. 手机短信新闻的结构——打破常规，务求单一

新闻结构是指消息这一文体的内部构造及其组合方式。内部构造是组成一篇消息的基本零部件，它包括标题、消息头、导语、背景、主体与结尾等部分。这些部分即使在篇幅最短小的简讯里也是必要成分，缺一不可。手机短信新闻却彻底颠覆了这一规则，它把所有要传达的信息浓缩在一两句话中，省略新闻的标题、背景、结尾，剩下的导语和主体部分都被放入短信新闻中，短信新闻不存在新闻内部构造的划分，仅仅是呈现新闻事件中最新鲜、最主要的事实，它的结构是一个无法再划分的基本单元，因而传统的新闻结构不再适用于短信新闻。

另外，短信新闻没有消息头，消息头的一个重要作用是表明新闻来源，以便读者判断消息的真实性与权威性，因此，短信新闻采用在结尾处注明新闻出处的做法告知读者新闻来源。

4.手机短信新闻的新闻五要素——不求完备，只求价值

传统的消息写作，不需要将消息的所有要素都写进消息中，而是选择最有必要的要素（何事、何时、何地）来写；手机新闻写什么不写什么，也是根据新闻价值高低来做出判断和选择的。

新闻的五要素即 Who（何人）、What（何事）、When（何时）、Where（何地）、Why（何因），交代每个要素是新闻写作的基本要求。然而，实际上，短信新闻不可能完整地具备这五要素，作为短信新闻，真实性和时效性是其最基本、最核心的两大特点，在编辑短信时必须在有限的字数里，用最简洁的文字将新闻事实叙述清楚，便于读者在短时间内清晰地理解内容，如 365 资讯简报，每天通过手机微信、微博分享精选的 15 条热点新闻简报。请看 2021 年 6 月 15 日一分钟新闻简报中的几条。

（1）重庆：6 月起实行企业所得税、财产行为税合并申报。

（2）广州：原定 20 日至 22 日举行的广州中考延期到 7 月举办。

（3）山西代县铁矿透水事故第五天：搜寻出 3 名遇难者。

（4）端午假期全国国内旅游出游 8913.6 万人次，同比增长 94.1%。

这四例中都具有"何事""何地""何时"三要素，传达了最具有新闻价值的事实，言简意赅。

在制作手机短信新闻的时候，要尽量做到叙事结构简单，便于受众更迅速地获知和理解新闻内容。即便是故事性、戏剧性较强的消息，也要做到叙事结构单一。

三、手机媒体的发展趋势

手机媒体在技术上日新月异，已成为一个集成性的智能多媒体，由于很多媒体应用的开发，其在政治、经济、社会等多方面发挥着越来越重要的作用——手机媒体将成为人们与世界进行连接的最重要的媒介载体，未来，人们通过手机媒体与世界进行的连接，让全球尽折腰！

1.政治方面

手机媒体将极大地拓宽党和政府与人民群众的联系渠道，使人民群众更方便地了解党和政府的各项方针政策，使大众越来越方便地对党和政府表达、建议、批评、监督。手机政务微博是手机微博在政务系统的运用，是政府机构与其工作人员通过微博进行实名认证

后开设的网络互动平台，真实身份和真实信息是政务微博的重要特质。其主要作用一是发布权威信息，手机政务微博发布的内容绝大部分是与其职能相关领域中民众关心的信息。例如作为公安微博代表的北京市公安局官方认证微博"平安北京"，发布的微博信息就是安全提示、公共交通服务、警务信息、公益信息和政策提示等方面的内容；二是听取民众意见。政府可以通过手机微博平台以"微访谈"、意见征集、问题反馈等方式，倾听民众呼声，回答民众疑惑，让民众实现参政议政，凝聚社会共识。

快捷性、权威性、互动性、时效性是手机政务微博在信息发布时的突出优势，政务微博创设了政府形象传播新场景，提升了政府公信力，这种"微博问政"的新形式受到高度重视。人民网舆情数据中心（人民网舆情监测室）发布的《2020年政务微博影响力报告》统计，截至2020年12月，经过微博平台认证的政务微博已达到177，437个，其中政务机构官方微博140，837个，公务人员微博3.66万个。[①]

2. 经济方面

中国移动数据业务发展迅猛，不断出现新的经济增长点。手机媒体产业极为活跃，无论在中国还是全球，手机用户数量都超过了人口总数，受众资源极其丰富。据统计，2021年，全国移动电话用户总数16.43亿户，全年净增4875万户，普及率为116.3部/百人。其中，4G移动电话用户为10.69亿户，5G移动电话用户达到3.55亿户。[②] 衡量一个媒体是否具有竞争力的重要指标就是现实或潜在的受众数量，全球人口中拥有手机的人数是所有报纸读者的两倍多，手机用户也远远超过网民数。从2011年至2017年，我国手机电视的受众规模增长了近七倍，手机电视的网络使用率增长了3倍多（见表16-5）。

媒体经济是一种注意力经济，眼球资源成为媒体最短缺的资源，而受众却有大量的离散时空可供耗费，如休息、等车、坐地铁等。手机媒体随时随地、无处不在地服务，通过吸引受众非连续的、间歇的和零散的时间段及空间段的注意力来获得经济收入，创造出"离散眼球经济"。

表 16-5　中国互联网发展状况统计报告部分内容

年份（年）	用户规模（万）	网民使用率（%）
2011	8001	22.5
2012	1，3425	32.0
2013	2，4669	49.3
2014	3，1280	56.2
2015	4，0508	65.4

---

① 人民网舆情数据中心.2020年政务微博影响力报告 [EB/OL].(2021-01-25)[2023-10-11].http://yuqing.people.com.cn/nl/2021/0125/c209043-32011430.html.

② 艾媒咨询.2022年H1中国移动通信消费市场研究报告 [EB/OL].(2022-04-26)[2023-12-10].https://xueqiu.com/9582690951/218232404.

2016	4，9987	71.9
2017	5，4857	72.9

3. 社会方面

手机媒体高举智能、摄像、音乐三面旗帜，给人们带来了崭新的生活方式。手机自诞生以来，就已经渗透到日常生活的方方面面，渗透到各行各业当中，涵盖了政府、公安、税务、工商、质检等行业中相关的各种业务，如移动警务、移动税务、移动采编、企业办公、销售管理、手机查勘、智能公交、平安校园、手机证券、手机银行等。无论是作为新闻媒介，还是作为生活工具，手机媒体将不断加深与社会各个领域的深度融合，成为我们不可或缺的新的"器官"。它以无可抗拒的魅力和前所未有的力度，迅速影响着生活中的每一个人。手机媒体包罗万象的功能，不仅解决了信息的书写和传播方式中存在的问题，还解决了消费文化和日常生活方式中的诸多不便，带给人们全新的生活方式。

保罗·莱文森提出了媒介演化的"人性化趋势"理论。他认为，人类的技术越来越完美，越来越"人性化"[1]，手机是"作为人体组成部分"的媒体，具有有机体的性质，是"媒介即人的延伸"的生动诠释。手机媒体在很多方面克服了其他媒体的不足，越来越张扬自己"人性化"的独特个性，这一伟大的创举意义深远，它不像传统媒体那样把人与媒体分开，也不像其他新媒体那样把人"淹没"其中，而是更能凸显人的主体性。人性化的传播特点使手机成为最有前途的移动媒体。昔日的短信和彩信已经不再以绝对优势占领手机功能，手机新闻、手机游戏、手机电视、手机广告、手机服务等功能以脱胎换骨式的进步让新媒体的市场发生了翻天覆地的变化。

4. 积极构建手机电视新型主流媒体

手机媒体带来的新的语言组合方式让新闻有了不一样的诉说方式，从过去以文字为主演变为图文为主，再到视频时代——是一场伟大的革命！视频新闻传播打破电视新闻传播的传统模式，在数码媒介环境中，空间无限，可容纳无数视频，视频新闻传播不再需要栏目设置，不再需要选题范围，视频可随时上传，保持信息的新鲜——互联网时代的新闻生产，因职业和非职业共存，人人都是内容生产者。

"全时在网、随时在线、即时消费"的手机电视是广播电视网络与移动通信网络融合的最新产物，它以手机为接收终端，为用户提供以视频为主要形式的节目体验，手机电视传播平台的构建已成为极其重要的战略任务。

传统电视具备权威信息的品牌资源、丰富的内容资源、庞大的受众资源，但作为大众传媒却难以达到与受众之间的深度互动，而手机电视可以作为受众与传统电视互动的一种方式，直接深入地渗透到传统电视的传播过程中——通过门户网站、QQ、微博、微信、客户端应用（App）等渠道渗透到各种社交媒体中，通过视频标签、视频集锦、视频链接

---

① 莱文森.手机：挡不住的呼唤[M].何道宽，译.北京：中国人民大学出版社，2004.

等形式，在复杂的社交网络中被用户成千上万次地转发、分享——对优质内容的坚守和挖掘，提升了手机电视的传播影响力。通过手机传播和接收各种信息的人口数量，早超过通过电视传播和接收信息的人口数量，微传播已经成为国际传播的一种主流方式。

新型主流媒体建构的目标是公信力、传播力、影响力，手机媒体虽已成为新媒体主体，但未与传统主流媒体构成合力。从现代传媒发展的趋势看，在媒体融合的大趋势下，手机电视需强化互联网思维，在遵循互联网传播规律的前提下，以受众需求为核心，着力提升手机电视的传播影响力，大力推动手机电视与传统媒体融合发展，积极建构手机电视为新型主流媒体。

阅读·思考·实训题

1. 鉴赏近四年中国新闻奖获奖的微（短）视频。

2. 鉴赏政务微视频佚名《习近平用典》（人民网 2016 年 6 月 27 日）（《习近平用典》政论微视频以人民日报评论部编写的《习近平用典》一书为基础，通过新媒体、新技术进行再创造，以可视化形式生动呈现习近平总书记重要讲话和文章中的典故。微视频第一季共包括 10 集，每集围绕一则典故展开，包括原典、释义和解读 3 个部分，介绍古典名句的出处，阐释其蕴含的深邃寓意，解读习近平总书记用典的现实意义。）

3. 鉴赏建党百年重磅系列微视频《路》（央视网 2021 年 6 月 29 日）、微视频《理想》（中国网信网 2021 年 6 月 30 日）、微视频《中国，这一百年》（国防大学政治学院 2021 年 7 月 1 日）、微视频《粮稳天下安》（新华社 2022 年 8 月 29 日）。

4. 如何理解微视频新闻中的网络用语？

5. 很多媒体从业者认为，现在是浅表性阅读泛滥、微视频追求感官刺激的时代，在"流量为王""关注为王"的微视频领域，深度理性的信息无疑会提高用户的理解门槛，但对严肃、冗长的信息，用户并不感兴趣，更不会产生互动与转发。你是怎样理解这一观点的？

6. 请分析微博的优势和不足。

7. 微视频新闻与传统的电视新闻有什么不同？请解释它们之间的关系与区别。

8. 依照微博、微信、微视频的制作要领，就近期校园发生的新闻事件，制作一条微博、微信、微视频新闻，通过手机拍摄、传播并互相点评，在自媒体平台上发布。计入本学科的平时成绩，老师将择优在课堂上点评。

9. 把消息《中国人首次进入自己的空间站》（人民日报 2021 年 6 月 18 日）制作成微视频。

10. 把新华社酒泉 11 月 29 日电 题：《圆梦会有时——神舟十五号航天员出征目击》（新华社 2022 年 11 月 30 日）一文制作成微视频，互评 + 教师点评。

11. 把羊城晚报 2022 年 4 月 17 日的《"太空出差三人组"回来啦！》（全文见"消息背景"一节）尝试制作成微博、微视频新闻。

12. 如何理解手机媒体是新媒体的主流？

13. 请你畅想未来智能手机的发展。

14. 分析说明新媒介对人类的影响。

15. 选择具体的案例，探讨传统媒体如何应对新媒体的挑战。

16. 说说不同媒体写作类型的优缺点。

17. 互动性的新闻写作需要记者掌握哪些技能？

18. 用智能手机拍摄人物微视频新闻训练，每小组对采访对象拍摄三到五组镜头，要求每组镜头是一个完整的叙事链，分析点评拍摄作品。

19. 如果《厉害了，我的国！》又征集受众自拍微片，你能否自拍一个你自己的实景讲述，时长 25 秒？

20. 打开抖音手机软件，使用三分钟分段拍功能，在教室里完成一次无剪辑拍摄，画面信息需要包括教室门、黑板、讲台、课桌、上自习的同学、窗外，注意每个镜头的时长和前后镜头的合理衔接，看看能否成功。

21. 用智能手机制作微视频《我们喜爱的老师》。

22. 一张新闻图片中，马路边的地上，一字排开，坐着几位姿态各异的外地大妈，她们在喝水、吃零食、闲聊，如果就这张图片设计一个微视频评论，你觉得着眼点应该放在哪里？

23. 把《心怀山海　眼有星辰》（《人民日报》，2022 年 6 月 5 日）制作成手机新闻。

后 记

　　党的十九届四中全会通过的《中共中央关于坚持和完善中国特色社会主义制度 推进国家治理体系和治理能力现代化若干重大问题的决定》提出，构建网上网下一体、内宣外宣联动的主流舆论格局，建立以内容建设为根本、先进技术为支撑、创新管理为保障的全媒体传播体系——这是广大新闻舆论工作者的行动指南和基本遵循。

　　我的第二本专著《系统新闻写作学》1998 年由广州出版社出版后，2005 年我与广东高等教育出版社签订了《系统新闻写作学》修订版的出版合同，并全身心地投入了写作。万万没料到癌魔正迅速地侵蚀着我的身体，2006 年切除了肺部恶性肿瘤。原以为做完手术后即可投入写作，万万没料到癌魔"不离不弃"，陪伴我至今。

　　五年前即 2019 年当我重新审视《系统新闻写作学》（修订版）时，我想到二十多年前在该书后记中写的一段话："早几年我就有一种预感，感到报纸、广播、电视等大众传播媒体将来必打破门户，走联合发展的道路……我琢磨 21 世纪的记者将是全能型记者，不再是文字记者只搞报纸报道，不能搞电视和广播，而摄影记者又不能搞文字报道，他们应该是通才，复合型人才。正是这一思考给了我启示，使我萌生出要写一部全新体系的新闻写作书的想法……"《系统新闻写作学》当时仅探讨了报纸、广播、电视三大媒体的新闻写作，而今媒体发生了颠覆性的、创新式的变革，我深感现在必须以卓越思维、全媒体思维，从全媒体传播格局考虑，方能培养和造就卓越的新闻传播后备人才。历经五年之久，我终于完成了《全媒体新闻写作》。

　　本书有几小节内容曾经以论文形式发表在《新闻大学》《现代传播》《当代传播》《中国广播电视学刊》、《新闻战线》等学术期刊上，我衷心感谢这些刊物的支持。我还要感谢众多同行专家学者、新闻业界人士的著述，他们给了我创作的启示和灵感，给了我转载、引用、借鉴的文献资料和数据，吸收了有价值的研究成果。由于笔者学养所限，书中如有疏漏和错误，请专家和读者提出宝贵意见。

　　在本书即将出版之际，要感谢的很多，首先感谢中国传媒大学出版社的黄松毅编审、裴向敏责编等严谨负责的工作作风！

　　还要感谢广州大学图书馆的大力支持！

还要感谢广州大学新闻与传播学院的深切关爱！

在本书即将出版之际，深切缅怀故去的良师益友段增福[①]、张国扬[②]、朱碧玉[③]先生！深切怀念良师益友钟伟芳[④]、张凤翥[⑤]先生！！

武汉是我的故乡，那里长眠着我生命中最重要的父母[⑥]与亲人。父亲一生爱好读报，关心国家大事，晚年还天天在街道里的报栏前津津有味地看新闻。父亲的执着，母亲育儿的开放无不给我以鞭策。

高校处于科技第一生产力、人才第一资源、创新第一动力的结合点，要实现"两个一百年"奋斗目标和中华民族伟大复兴之中国梦，要实现教育强国，必须为党育人，为国育才。殷切期望我国高校多多培养学生为党为国为人民的深厚情怀和担当意识！多多培养各行各业的卓越后备人才！多多培养又红又专、德才兼备的高精尖人才！

谨以此书献给我心心念念的祖国。

韩炼于2024年6月广州大学桂花苑

[①]　段增福：武汉公安管理干部学院领导、武汉汉阳公安局、武汉硚口公安局局长。
[②]　张国扬：教授、广州师范学院院长。
[③]　朱碧玉：广州大学纪委书记。
[④]　钟伟芳：教授、华中理工大学副校长。
[⑤]　张凤翥：华南理工大学人事处处长。
[⑥]　父亲：韩星五（1890—1980），湖北省机器米厂民营企业家，见《湖北省年鉴》，1937年，湖北省政府秘书处统计室编印，第300-355页。

图书在版编目（CIP）数据

全媒体新闻写作 / 韩炼著. -- 北京：中国传媒大学出版社, 2024. 12
ISBN 978-7-5657-3492-2

Ⅰ. ①全… Ⅱ. ①韩… Ⅲ. ①新闻写作 Ⅳ. ①G212.2

中国国家版本馆CIP数据核字(2023)第192890号

全媒体新闻写作
QUANMEITI XINWEN XIEZUO

著　者	韩　炼
责任编辑	裴向敏
封面设计	拓美设计
责任印制	李志鹏

出版发行	中国传媒大学出版社		
社　　址	北京市朝阳区定福庄东街1号	**邮　编**	100024
电　　话	86-10-65450532　65450528	**传　真**	65779405
网　　址	http://cucp.cuc.edu.cn		
经　　销	全国新华书店		

印　　刷	艺堂印刷（天津）有限公司
开　　本	787mm × 1092mm　　1/16
印　　张	20
字　　数	444千字
版　　次	2024年12月第1版
印　　次	2024年12月第1次印刷

书　　号	ISBN 978-7-5657-3492-2 / G·3492	**定　价**	69.00元

本社法律顾问：北京嘉润律师事务所　　郭建平